D1719518

Michael Buback
**Der zweite Tod
meines Vaters**

Michael Buback

Der zweite Tod meines Vaters

Droemer

Besuchen Sie uns im Internet:
www.droemer.de

Die Folie des Schutzumschlags sowie die Einschweißfolie sind
PE-Folien und biologisch abbaubar.
Dieses Buch wurde auf chlor- und säurefreiem Papier gedruckt.

Copyright © 2008 bei Droemer Verlag
Ein Unternehmen der Droemerschen Verlagsanstalt
Th. Knaur Nachf. GmbH & Co. KG, München
Alle Rechte vorbehalten. Das Werk darf – auch teilweise – nur mit
Genehmigung des Verlages wiedergegeben werden.
Bildredaktion: Sylvie Busche (Ltg.)
Umschlaggestaltung: ZERO Werbeagentur, München
Umschlagfoto: dpa Picture-Allianz / Heinz Wieseler
Satz: Adobe InDesign im Verlag
Druck und Bindung: GGP Media GmbH, Pößneck
Printed in Germany
ISBN 978-3-426-27489-7

5 4 3 2 1

Meiner Mutter gewidmet,
die zwei für sie sehr wichtige Menschen
durch Gewalt verloren hat:
ihren Vater im Zweiten Weltkrieg und
ihren Mann in scheinbarer Friedenszeit,
und die bei beiden die genauen Umstände
des Todes nicht kennt.

Inhalt

1   Zermatt, Gründonnerstag 1977

Wir wohnten in dem vertrauten Hotel. Auf der nach der Zahl der Sterne gereihten Rangliste Zermatter Hotels stand es deutlich im hinteren Feld, aber nicht an letzter Stelle. Die Unterkunft entsprach unseren finanziellen Möglichkeiten, auch denen unserer Freunde, die mit uns im Skiurlaub waren. Als Lehrerin war meine Frau an die Schulferien gebunden, und es gab nicht sehr viele Orte mit so hoher Schneesicherheit für die Ostertage.

Es kündigte sich ein herrlicher Skitag an. Meine Frau fühlte sich allerdings an diesem 7. April 1977 – Gründonnerstag – nicht recht wohl und kehrte bereits gegen 10 Uhr ins Hotel zurück. Mit den Freunden fuhr ich bis in den späten Nachmittag Ski. Wir waren erschöpft, aber glücklich, als wir zum Hotel zurückkehrten. Meine Frau stand am Fenster des Speisesaals und sah zu, wie ich meine Skier zu der kleinen Hütte im Garten trug und dort verstaute. Obwohl sie wusste, dass ich die Skier wenig später wieder herausholen würde, ließ sie es geschehen. Als ich die Stufen zur Hoteltür hinaufstieg, kam sie mir entgegen. Sie war sehr blass und sagte, sie müsse mit mir sprechen, allein. Wir gingen in den leeren Frühstücksraum. Ich solle mich erst setzen. Dann fasste sie meine Hände und sagte: »Die haben deinen Vater erschossen.«

Meine Frau erinnert sich, dass ich zunächst ungläubig »Was?« rief und dann leiser: »Diese Schweine!«

Zu diesem Zeitpunkt war meine Frau seit mehr als sieben Stunden informiert. Schreckliche Stunden lagen hinter ihr, und noch heute ist sie, obwohl sie inzwischen viel hinnehmen musste und beide Eltern recht früh verloren hat, überzeugt, dass dieser 7. April der schlimmste Tag ihres Lebens war. Jetzt aber lenkte die Sorge um mich sie von ihrem Kummer ab.

Bei der Rückkehr ins Hotel hatte sie in unserem Schlüsselfach einen Zettel gefunden, sie möge sofort bei ihren Eltern in Karlsruhe anrufen. Ihr Vater war am Telefon, offenbar stand er unter Schock. Er müsse ihr etwas Furchtbares mitteilen, sagte er: »Auf Siegfried ist ein Attentat verübt worden. Er ist tot.«

Meine Frau hatte meinen Vater sehr gern. Sie konnte die Nachricht nicht fassen und rief immer wieder: »Nein, nein!«, bis sich ihr Vater schließlich nicht mehr anders zu helfen wusste und sagte: »Elisabeth, mit so etwas scherze ich nicht.«

Mit diesem sehr formalen Satz, wie er zu einem Juristen passt, versuchte er wohl vor allem sich selbst zu beruhigen und Halt zu gewinnen. Er war ein Kollege meines Vaters und arbeitete als Bundesanwalt in der Revisionsabteilung der Behörde.

Kurze Zeit später hatten unsere engsten Karlsruher Freunde angerufen und Elisabeth gefragt, ob sie uns denn nicht abholen oder uns zumindest entgegenfahren sollten. Gegen Mittag dann kamen zwei Beamte der Zermatter Polizei. Ihre Frage, ob sie denn schon wisse, was geschehen sei, beantwortete sich beim Blick auf meine Frau von selbst.

Ob man uns irgendwie helfen könne? Elisabeth vereinbarte mit den Beamten, dass uns die Polizei, sobald ich zurück sei, auf der für Urlauber gesperrten Straße zu unserem Auto nach Täsch hinunterfahren würde. Sie konnte keinen festen Zeitpunkt verabreden, da ich ja nicht zu erreichen war; schließlich gab es damals kein Handy. Ihr war der Gedanke schrecklich, dass ich die Nachricht, die sich schnell verbreiten würde, womöglich an einer Bergstation aus dem Radio oder beim Anstehen am Lift aus einem Gespräch Dritter erführe.

Die Hotelbesitzerin, die extrem kurzsichtig war, so dass wir schon meinten, sie registriere vieles in ihrer Umgebung nicht, hatte die Tragweite des Geschehenen sofort erfasst. Sie versuchte, meine Frau zu einem Kaffee oder einem Cognac zu überreden, aber Elisabeth war nicht in der Lage, irgendetwas zu sich zu nehmen. Stattdessen begann sie alle Vorbereitungen für die Abreise zu treffen. Ich konnte ja jeden Moment kommen, und wir mussten so schnell als möglich nach Karlsruhe zurück. Da ich aber nicht kam und auch nicht anrief, wusste Elisabeth, dass ich noch nichts vom Tod meines Vaters gehört hatte. In ihrer qualvollen Situation versuchte sie sich damit zu trösten, dass wenigstens ich jetzt noch die für lange Zeit letzten unbeschwerten Stunden verbringen konnte. Immer wieder schaute sie nach mir, manchmal vom Balkon unseres Zimmers, dann wieder vom Fenster des Speisesaals aus. Als ich schließlich gegen 18 Uhr mit den Freunden kam, ausgelassen und bester Dinge, war ihr klar, dass sie mir die schreckliche Nachricht würde mitteilen müssen.

Ich bewundere es noch heute, wie überlegt und souverän Elisabeth in dieser schlimmen Situation gehandelt hat. Noch nie hatte ich eine so furchtbare Nachricht erhalten, sie wusste nicht, wie ich reagieren würde.

Zunächst beherrschte mich eine verwirrende Vielzahl von Gedanken, Empfindungen und Erinnerungen. Zorn und Schmerz wurden allmählich von der Sorge überlagert, wie alles weitergehen sollte. Wie würde es meine Mutter verkraften?

Und dann war da auch das bedrückende Gefühl, nichts mehr für meinen Vater tun zu können. Es belastete mich, und ich schämte mich, dass ich im Urlaub war und ihm nicht geholfen, ihn nicht gewarnt hatte – merkwürdige, auch törichte Gedanken, für die aber nicht viel Zeit blieb. Wir mussten ja schnell los.

Wir sagten unseren Freunden, was geschehen war. Auch ihr Urlaub war damit zu Ende, wenn sie auch nicht sofort abreisten. Sie kannten meinen Vater seit vielen Jahren und mochten ihn sehr. Die Freunde halfen uns mit dem Gepäck und begleiteten uns.

Am Ende des Stichwegs, der zu der größeren Straße führt, schaute ich noch einmal zum Hotel zurück. Es sah so aus wie immer. In diesem Moment dachte ich an einen anderen Abend in diesem Hotel. Damals, vor drei Jahren, konnte ich nicht einschlafen, weil mich der Gedanke wach hielt, dass mein Vater in wenigen Wochen Generalbundesanwalt werden würde. Der Bundesrat hatte seiner Ernennung zugestimmt, und ich war sehr stolz auf ihn. Ohne Mitglied einer Partei zu sein und ohne einem Netzwerk anzugehören, hatte mein Vater die Position als ranghöchster Staatsanwalt der Bundesrepublik erreicht.

Jetzt war alles dahin. Die glanzvolle Amtseinführung vom Mai 1974 erschien nun eher bedrohlich. Wäre es nicht besser gewesen, er wäre Bundesanwalt geblieben? Andererseits, er war sehr gern Generalbundesanwalt geworden, und er wollte ein sehr guter Generalbundesanwalt sein.

Die letzten Sätze seiner Antrittsrede waren uns in Erinnerung geblieben. Er und seine Mitarbeiter wollten alles in ihren Kräften Stehende tun, um ihren durch das Gesetz übertragenen Aufgaben gerecht zu werden, sagte er, und er fügte hinzu: »Mit Hingabe an unseren Beruf, mit Besonnenheit und Entschlossenheit, mit dem Glück, das auch der Tüchtige braucht, und mit der Hilfe des Allmächtigen wollen wir unsere Pflicht stets so erfüllen, dass wir vor den Bürgern unseres Landes bestehen können.« Und genau so hatte er es gemeint. Nur waren ihm das Glück und auch die Hilfe, die er brauchte, nicht zuteil geworden.

Am Ortsausgang wartete das Polizeifahrzeug. Man fuhr uns rasch zum Parkplatz nach Täsch. Als wir vor dem Lötschbergtunnel auf die Autoverladung warteten, brachte das Radio die Nachricht, dass der deutsche Generalbundesanwalt einem Attentat zum Opfer gefallen sei. Elisabeth hatte diese Meldung den Tag über schon so oft gehört, und auf der Fahrt nach Karlsruhe hörten wir sie noch viele Male gemeinsam. Durch die ständige Wiederholung der Meldung wurde es gleichsam in unser Bewusstsein eingemeißelt, dass mein Vater ermordet worden war.

Bei der Passkontrolle in Basel fragte der deutsche Grenzbeamte, ob wir denn schon von der Sache mit unserem Namensvetter gehört hätten. Ich zögerte und wusste nicht recht, was ich antworten sollte, denn ich wollte den Beamten nicht in Verlegenheit bringen. Dann sagte ich aber doch: »Es ist mein Vater.« Sofort erhielten wir die Ausweise zurück. Im Nachhinein meine ich, dass dies wohl der Punkt war, an dem ich die neue Situation angenommen habe.

Allmählich wurde mir dann auch bewusst, dass mein Vater nicht allein gestorben war. Wolfgang Göbel, den ich gut kannte und der ein so liebenswerter, fröhlicher Mensch war, lebte auch nicht mehr, und Georg Wurster lag mit schwersten Verletzungen im Krankenhaus.

Kurz vor Mitternacht kamen wir im Haus meiner Eltern an. Zum ersten Mal an diesem Tag sah ich Menschen in Trauerkleidung. Meine Mutter und Großmutter waren recht gefasst, aber es lag eine ungewohnte Düsternis über dem Haus, und wir spürten, wie viel Güte, Liebe und Seele uns verlorengegangen war. Auf dem Wohnzimmertisch sah ich erste Beileidstelegramme und Briefe. Viel Anteilnahme an unserer schwierigen persönlichen Situation kam darin zum Ausdruck, manche sprachen aber auch davon, dass dieses Attentat unsere freiheitlich-demokratische Grundordnung und den Rechtsstaat treffen sollte. So saßen wir kleines Häuflein der Bubacks in dem plötzlich viel zu großen Zimmer und versuchten den verheerenden Treffer auszuhalten, den wohl doch nicht der Rechtsstaat, sondern im Wesentlichen wir und die Angehörigen der Begleiter meines Vaters würden hinnehmen und ertragen müssen.

Nach etwa zwei Stunden fuhren Elisabeth und ich nach Ettlingen in unsere Wohnung. Ein Gedanke quälte mich noch vor dem Einschlafen: Während wir und die anderen Angehörigen nun mit so viel Schrecklichem konfrontiert waren, saßen die Mörder vielleicht noch zusammen und feierten ihre Tat als großen Erfolg.

2   Die ersten Wochen und Monate danach

Schon früh am nächsten Morgen fuhren wir zu meiner Mutter. Es blieb keine Zeit zum Innehalten an diesem Karfreitag. Telegramme und Blumen wurden abgegeben, Freunde kamen, und das Telefon stand nicht still. Viele Bekannte wollten uns sagen, wie erschüttert sie seien. Es waren Gespräche im Minutentakt. Auch die Türklingel ließ keine Pausen zu. Pressevertreter kamen. Einige nutzten das Durcheinander im Haus, um auf eigene Faust nach Fotomotiven zu suchen. Sie schossen ihre Bilder, fragten aber auch nach Fotos, die meinen Vater im privaten Bereich zeigten. Gleichsam um uns freizukaufen, trennten wir sogar Bilder aus Fotoalben heraus und gaben sie den Journalisten mit.

In dieser Hektik würde es uns kaum gelingen, eine Todesanzeige aufzusetzen. So flüchteten wir aus dem Haus, um unsere Gedanken bei einem Spaziergang zu ordnen. Auch dabei begleiteten uns Medienvertreter, wenn auch in respektvoller Entfernung.

Es würde ein Staatsbegräbnis geben. Dafür sollten wir eine Liste der einzuladenden Freunde und Bekannten aufstellen. Alle Vorbereitungen waren eilig, denn es mussten ja noch umfangreiche Sicherheitsmaßnahmen geplant und in den wenigen Tagen bis zur Trauerfeier am Mittwoch nach Ostern umgesetzt werden. Wir merkten, dass unser Vorrat an Trauerkleidung sehr spärlich war. Wegen der Osterfeiertage war es schwierig, schnell Abhilfe zu schaffen. Es belastete uns, in die Stadt zu fahren. Denn wo immer wir in Karlsruhe auftauchten, erkannten uns in diesen Tagen viele.

Wir versuchten wenigstens die Fernsehnachrichten anzuschauen, um zu erfahren, ob die Polizei bereits wusste, wer die

Täter waren. Offensichtlich gab es starke Hinweise auf drei dringend Tatverdächtige. Ihre Bilder wurden im Fernsehen gezeigt: drei junge Männer, Günter Sonnenberg, Knut Folkerts und Christian Klar. Unfassbar: Sie stammten aus Karlsruhe. Einer von ihnen war, wie ich später hörte, sogar in meinem Tennisclub. Ich kannte ihn allerdings nicht und hatte ihn nie, zumindest nicht bewusst, beim Tennisspielen gesehen.

Eine für uns schreckliche Nachrichtenmeldung war, dass Karl Schiess, der für den Schutz der Bundesanwaltschaft zuständige Innenminister des Landes Baden-Württemberg, erklärt hatte, mein Vater habe den ihm angebotenen Schutz nicht in Anspruch genommen. Wir waren ohnehin schon völlig am Boden, und nun mussten wir uns auch noch anhören, dass mein Vater durch eine falsche Einschätzung seiner Gefährdungslage gleichsam eine Mitverantwortung für seinen Tod tragen würde.

Hatte mein Vater denn überhaupt Einfluss auf die Planung und Durchführung von Maßnahmen zu seinem Schutz gehabt? Der Frage wollte ich unbedingt nachgehen, sobald ich wieder etwas Zeit hätte. Nicht auszudenken, wenn mein Vater durch Leichtsinn nicht nur sein Leben, sondern auch das von Wolfgang Göbel aufs Spiel gesetzt hätte und so auch mitschuldig geworden wäre an den schweren Verletzungen von Georg Wurster, um dessen Leben die Ärzte kämpften. Ich konnte das nicht glauben. Meinem Vater war die enorme Gefahr, in der er sich befand, doch sehr bewusst gewesen! Sogar am Heiligabend, als wir uns in der Christmette trafen, hatte er seine Waffe in Griffweite, und wir erschraken bei dem Kontrast, den der Revolver zu dem mit vielen Kerzen erleuchteten Christbaum bildete.

Ich wollte meinen Vater noch einmal sehen. Er war in der Leichenhalle des Karlsruher Stadtfriedhofs aufgebahrt. Vor dem Raum stand Polizeischutz für den Toten. Es fiel mir schwer, allein neben dem Sarg zu stehen. Mein Vater war so bleich und so ungewohnt schmal. Beides, vor allem auch die

15

Totenstille passte nicht zu ihm. Ich kannte ihn ja nur voller Leben, und sogar wenn er schlief, war er immer deutlich vernehmbar gewesen.

Ich blieb in dem kleinen Raum, bis mich der Anblick zu sehr zu quälen begann. Im Freien kamen bald die anderen Erinnerungen wieder, aber ich merkte auch, dass ich das Bild bewahren wollte, von dem ich mich gerade getrennt hatte. Am nächsten Tag bat ich in der Behörde darum, noch ein Foto von meinem Vater machen zu lassen.

Die Vorbereitungen für das Staatsbegräbnis diktierten den Zeitplan nach den Osterfeiertagen. Es würde ein eindrucksvoller Staatsakt werden, mit dem Bundespräsidenten, dem Bundeskanzler, mit Ministerpräsidenten und Ministern. Für die Angehörigen aber wurde es ein sehr schwerer und langer Tag.

Noch schlimmer als für uns war der Tag wohl für die Familie Wurster. Die Hoffnung, dass Georg Wurster das Attentat überleben würde, hatte sich nicht erfüllt, er war in der Nacht vor dem Staatsbegräbnis gestorben. Nun standen drei Särge in der Kirche.

Georg Wurster war am 7. April 1977 eher zufällig im Dienstwagen gewesen, um meinem Vater zu helfen. Er war kein Sicherheitsbeamter. Auch Wolfgang Göbel gehörte nicht zur Standardbesatzung des Wagens, sondern war am Gründonnerstag für den Cheffahrer eingesprungen.

In die Organisation des Staatsakts war ein enormer Aufwand gesteckt worden, den die Gäste und die Zuschauer vor der Stadtkirche sicher mehr registrierten als die Angehörigen und engen Freunde. Es durfte keine Störungen geben. Auch sollten die Stärke und Wehrhaftigkeit des Staates demonstriert werden.

Meiner Mutter war es recht, dass ihr Mann in einem so besonderen Rahmen geehrt wurde. Vielleicht war ihr auch klar, dass dies die einzige und letzte Gelegenheit sein würde, bei der ihr so viel Aufmerksamkeit zuteil werden würde. Als Angehörige des Toten fügten wir uns in das, was von anderen geplant worden war. Dazu gehörte auch, dass der Bundespräsident meine Mutter an ihren Platz in der Kirche führen sollte. Allerdings befanden wir uns schon auf unseren Plätzen, als der Bundespräsident eintraf, so dass meine Mutter noch einmal hinausgebeten wurde, um kurz darauf von Walter Scheel wieder zu ihrem Platz gebracht zu werden.

Zwar hatten wir kaum Möglichkeiten, in den Ablauf des Staatsbegräbnisses und den weiteren Verlauf des Tages einzugreifen, aber ich wollte wenigstens einen kleinen eigenen Akzent setzen. Dazu hatte ich mir vorgenommen, einen Rosenstrauß dort niederzulegen, wo die Morde geschehen waren. So zwangsläufig wie meines Vaters tägliche Fahrt zum Dienst am Linkenheimer Tor, dem Tatort, vorbeigeführt hatte, würde auch sein letzter Weg zurück von der Stadt zur Friedhofskapelle in der Nähe meines Elternhauses hier vorbeiführen.

Meinen Wunsch hatte ich den Organisatoren und Sicherheitsbeamten vorher mitgeteilt. Es sind diese wenigen Minuten, in denen der Trauerzug anhielt und ich zu der Stelle ging, an der mein Vater gestorben war, dieser kurze Moment, in dem ich dort stand, die meine Erinnerung an diesen 13. April 1977 bestimmen. Meines Vaters Opfer für den Rechtsstaat war zuvor im Staatsakt eindrucksvoll gewürdigt, aber eben auch für eine politische Botschaft genutzt worden. Jetzt, am Linkenheimer Tor, hatte ich das Gefühl, mein Vater gehöre noch einmal nur uns, der Familie, in diesem Moment sogar in besonderer Weise mir. Ich fühlte mich meinem Vater so nahe, dass ich kaum die Fotografen unmittelbar vor mir bemerkte, die es natürlich auch erfahren hatten, dass ich auf diesem kurzen Zwischenhalt bestand.

Die private Trauerfeier fand in deutlich kleinerem Kreis statt. Danach wurde der Sarg meines Vaters gleich abtransportiert. Mir schien es, als sei man in Eile, als dürfe jetzt nichts mehr schiefgehen. Tagelang hatte man die Leiche des Generalbundesanwalts bewacht, nun sollte umgehend die Einäscherung erfolgen.

Kurzes Gedenken am Rande des
Trauerzuges (13. April 1977)

Am Nachmittag fuhren wir, eskortiert von einem kühn auf einem Motorrad agierenden Polizisten, zur Trauerfeier für Wolfgang Göbel nach Gölshausen. Georg Wurster wurde einige Tage später in Ettlingen begraben.

Der Eindruck der Leere stellte sich bei uns nur allmählich ein. Hunderte von Briefen waren gekommen. Wir merkten erst jetzt, mit wie vielen Menschen mein Vater in Verbindung gestanden hatte und wie viel Zuneigung es für ihn gab. Meine Mutter bemühte sich, alle Briefe persönlich zu beantworten.

Von einigen Staatsanwaltschaften wurden uns aber auch Schriftstücke vorgelegt, in denen mein Vater diffamiert wurde. Obwohl sich die Angriffe und Beschimpfungen eindeutig gegen die dienstliche Person des Generalbundesanwalts richteten, konnten nur wir als Angehörige Strafantrag wegen Verunglimpfung des Andenkens Verstorbener stellen. Es war eine unangenehme und belastende Zusatzaufgabe, zu der wir gedrängt wurden. Die meisten Fälle schienen uns und den Staatsanwälten, die uns angesprochen hatten, geradezu beispielhaft den Tatbestand der Verunglimpfung zu illustrieren. Dennoch nahmen die Verfahren einen teils sonderbaren Verlauf: Ein

Mann, der den umstrittenen »Buback-Nachruf« verteilt hatte, wurde vom Landgericht Augsburg mit der bemerkenswerten formalrechtlichen Begründung freigesprochen, nach den tödlichen Schüssen auf den früheren Generalbundesanwalt Buback sei für die Rechtsprechung noch nicht geklärt, ob der Anschlag tatsächlich rechtswidrig war oder nicht durch besondere Umstände zu rechtfertigen.

Als ich von dieser Entscheidung erfuhr, schrieb ich an Bundesjustizminister Hans-Jochen Vogel, dass ich wegen dieses Vorgangs, aber auch wegen einiger anderer Entscheidungen in diesem Zusammenhang gelegentlich an der Justiz verzweifelt sei. Zwar würde ich keine bereits gestellten Strafanträge zurückziehen, aber mit weiteren Anträgen wollte ich nun außerordentlich zurückhaltend sein.

In den Wochen nach der Tat wurde die öffentliche Diskussion von dem Ende April 1977 in einer Göttinger Studentenzeitschrift veröffentlichten Artikel »Buback – Ein Nachruf« beherrscht, den ein »Göttinger Mescalero« geschrieben hatte. Wir waren in dieser Zeit so wund und litten unter den Folgen der Ermordung meines Vaters, die erst wenige Wochen zurücklag. Und jetzt mussten wir in dem »Nachruf« lesen, dass dessen Autor seine klammheimliche Freude über den »Abschuss von Buback« nicht verhehlen könne und wolle. Für uns noch grausamer war die Passage, in der es der Autor bedauert,

> »daß wir dieses Gesicht nun nicht mehr in das kleine, rot-schwarze Verbrecheralbum aufnehmen können, das wir nach der Revolution herausgeben werden, um der meistgesuchten und meistgehaßten Vertreter der alten Welt habhaft zu werden und sie zur öffentlichen Vernehmung vorzuführen«.

Mein Vater musste nun auch noch dafür herhalten, dass sich ausgerechnet an dem ihn diffamierenden Artikel enorme Spannungen in der Gesellschaft entluden. Viele Deutungen des wirren »Nachrufs« wurden präsentiert. Dabei hatte doch der Verfasser selbst davon gesprochen, er habe einen »Rülpser« zu Papier gebracht. Manche entdeckten im »Nachruf« sogar Anzeichen von Pazifismus. Es fand eine großangelegte Debatte zur Meinungsfreiheit statt, die unter Beschädigung des Andenkens an meinen Vater geführt wurde.

Am 17. August 1977 stellte ich Strafantrag gegen die Herausgeber einer Dokumentation mit dem Titel *Buback – ein Nachruf*. Dreiundvierzig Professoren aus dem norddeutschen Raum, von denen keiner in Göttingen lehrte, ein Akademischer Oberrat und vier Rechtsanwälte hatten den Göttinger »Mescalero-Nachruf« abgedruckt und um Stellungnahmen, Zeitungsartikel und andere Dokumente ergänzt. Zu dem Strafantrag hatte ich mich entschlossen, weil die Herausgeber eine Passage aus den *Gesammelten Werken* von Rosa Luxemburg in den Zusammenhang des »Buback-Nachrufs« gestellt und mit abgedruckt hatten. Darin wird eine terroristische Aktion erwähnt, bei der der »Bluthund« Sergius Romanow im Jahr 1905 in Moskau getötet wurde. Jeder anständige und rechtlich denkende Mensch müsse bei dieser befreienden Tat moralische Befriedigung empfinden. Weiter steht dort:

> »Es atmet sich förmlich leichter, die Luft scheint reiner, nachdem eine der abstoßendsten und beleidigendsten Bestien des absolutistischen Regimes ein so schnödes Ende gefunden hat und wie ein toller Hund auf dem Straßenpflaster verendet ist.«

Angesichts der Tatsache, dass mein Vater auf der Straße ermordet wurde, erscheint mir diese Passage von Rosa Luxemburg im Kontext zum »Buback-Nachruf« noch immer als geradezu exemplarische Verunglimpfung des Andenkens an einen Verstorbenen. Trotzdem wurden die Herausgeber – soweit überhaupt Verfahren eröffnet wurden – nicht verurteilt.

Auch die Debatte zu den Sicherheitsmaßnahmen für meinen Vater fügte unserem Leid neues Leid hinzu. Viele fragten, weshalb es keinen besseren Schutz für meinen Vater gegeben habe und wer für den Schutz verantwortlich sei. Die Zuständigkeit lag beim baden-württembergischen Innenministerium. Von dort kam bereits am Tattag die Pressemitteilung 79/1977, in der es am Schluss heißt:

»Der Generalbundesanwalt gehörte zu den gefährdeten Personen. Nach den bundeseinheitlich geltenden Richtlinien über Gefährdungsstufen und Schutzmaßnahmen für Personen und Objekte war Generalbundesanwalt Buback in die Gefahrenstufe 1 eingestuft. Als Schutzmaßnahmen waren ständige Begleitung sowie ständiger Schutz seiner Wohnung angeordnet. Der Generalbundesanwalt hat jedoch einen ständigen Begleitschutz abgelehnt und sich nur in einzelnen Fällen von einem Polizeibeamten begleiten lassen. Ein Polizeibeamter war für den Fall der Anforderung ständig – so auch heute – abrufbereit.«

Damit war der Minister fein raus: Der Generalbundesanwalt hatte Schutz abgelehnt, nicht einmal den vom Innenministerium dennoch vorgehaltenen Polizeibeamten angefordert. Wer das hörte, musste sich ja fragen, wie Herr Buback so leichtfertig sein konnte. Er war wohl nicht ganz schuldlos an dem schrecklichen Ausgang.

Aber stimmte denn das, was da vom Ministerium verbreitet wurde? Mir leuchtete es nicht ein. Wenn ständiger Schutz angeordnet war, passte es nicht, dass nur ein abrufbereiter Polizeibeamter bereitgestellt wurde. Wenn die Presseerklärung der Wahrheit entspräche, hätte sich mein Vater zudem einer wichtigen Anordnung widersetzt. Das erschien mir nicht glaubhaft. Zudem hätte sich das zuständige Ministerium in einem solchen Fall sicher die Ablehnung des Schutzes quittieren lassen – davon jedoch hatte ich nie etwas gehört, auch nicht nach dem Attentat. Ich konnte es mir nicht vorstellen, dass mein Vater sich selbst um seinen Schutz zu kümmern hatte. Zwar befand er sich in der höchsten Gefährdungsstufe, aber er war kein Sicherheitsexperte. Er hatte weder die Zeit noch die Kompetenz, bei seinen vielen Aufenthaltsorten mit unterschiedlicher Gefährdung die jeweils geeignete Schutzmaßnahme zu erkennen und deren Durchführung zu veranlassen. All das musste doch für ihn geplant und durchgeführt werden.

Die Diskussion über die Schutzmaßnahmen war für uns nicht deshalb wichtig, weil wir uns über unzureichenden Schutz für meinen Vater beklagen wollten. Wir wussten, dass es für ihn angesichts seiner grausamen und gewaltbereiten Feinde keinen sicheren Schutz gab. Aber dass die Verantwortlichen, die ja offensichtlich seine Gefährdung nicht richtig eingeschätzt und keine angemessenen Schutzmaßnahmen vorgesehen hatten, ihn nun für das Unheil mitverantwortlich machten, ging einfach zu weit.

Die Diskussion war für uns vor allem deshalb so wichtig, weil mein Vater ja nicht allein getötet worden war, sondern zwei seiner Begleiter mit ihm gestorben waren. Nach den irritierenden Äußerungen des Innenministers mussten wir ja damit rechnen, dass uns die Familien von Wolfgang Göbel und Georg Wurster fragten, warum mein Vater so sorglos gewesen sei und leichtfertig das Leben ihrer Männer und Väter aufs Spiel gesetzt habe. Zudem stellten die Behauptungen des Innenministers meinen Vater in einem nicht eben günstigen Licht dar: ein oberster Strafverfolger, der nicht einmal in der Lage ist, seine eigene Gefährdung durch Terroristen richtig einzuschätzen.

Mir blieb nur eines: Ich musste versuchen herauszufinden, welche Regeln bei Schutzmaßnahmen galten und wie überhaupt verfahren worden war. Zu meiner Überraschung jedoch konnte niemand in der Behörde meine Fragen beantworten. Auch ein Bundesrichter, der ein guter Freund der Familie ist und eigentlich immer alles wusste, konnte mir nur sagen, dass es eine Polizeidienstvorschrift »PDV 100« gebe, in der alles geregelt sei. Allerdings gab es keine Anzeichen, dass die gefährdeten Personen durch Sicherheitsverantwortliche anhand dieser Verordnung informiert und eingewiesen worden wären. Niemand in der Behörde hatte diese PDV 100.

Ich beschloss, ins Polizeipräsidium zu gehen und den für die Schutzmaßnahmen in Karlsruhe zuständigen Beamten zu fragen. Ja, es war die PDV 100, in der die Regeln standen. Der Beamte legte das dicke Buch vor mich auf den Tisch, sagte aber, er dürfe es mir nicht geben, weil der Inhalt vertraulich sei. Dabei hatte ich ihm erklärt, warum es für mich so wichtig war, die Passagen über die Schutzmaßnahmen für Personen der höchsten Gefährdungsstufe nachzulesen.

Während wir noch sprachen und ich ihn zu überzeugen versuchte, wurde dem Beamten telefonisch mitgeteilt, es sei ein Telegramm für ihn eingetroffen. Er verließ das Zimmer, um das Telegramm abzuholen. Das Buch blieb auf dem Tisch liegen. In der Rückschau erscheint es mir fast so, als habe der Beamte das Buch bewusst dort gelassen, denn ihm musste klar sein, dass ich darin nach der »Gefahrenstufe 1« suchen würde, sobald er aus dem Zimmer war.

Ich blätterte hastig und fand schnell, was ich suchte. In der Polizeidienstvorschrift hieß es, für die höchste Gefährdungsstufe seien Schutzmaßnahmen anzuordnen und, soweit nötig, auch gegen den Willen der gefährdeten Person zu treffen; Ansinnen, die den Schutzauftrag beeinträchtigen, seien abzulehnen. Es war also ganz klar: Mein Vater hätte gar keine Möglichkeit gehabt, von den Experten für notwendig gehaltene und angeordnete Schutzmaßnahmen nicht zu akzeptieren. Die vom Stuttgarter Innenminister verbreitete Behauptung war also zumindest irreführend, um nicht zu sagen unerhört.

Dummerweise hatte ich nichts zum Schreiben mitgebracht, ich musste also versuchen, mir den Text einzuprägen. Als der Beamte zurückkehrte, war ich recht wortkarg aus lauter Sorge, die unter so viel Mühen ergatterte Textpassage würde mir wieder entfallen. Ich verabschiedete mich rasch und fuhr zur Universität zurück. Dort schrieb ich auf, was ich mir unterwegs immer wieder vorgesagt hatte. Es war dann wohl nicht mehr der exakte Wortlaut, aber die Aussage war ja eindeutig. Am folgenden Tag, dem 11. Mai 1977, fuhr ich mit meiner Mutter zum Innenminister nach Stuttgart. Bereits am 26. April 1977 hatte ich ihm einen ausführlichen Brief geschrieben, weil mich seine Äußerungen über die vermeintlich abgelehnten Schutzmaßnahmen so empört hatten. Daraufhin war das Treffen vereinbart worden.

Der Minister begrüßte uns sehr freundlich und drückte uns seine Anteilnahme aus, auch die seiner Frau. Bereits nach wenigen Minuten versuchte er, das Gespräch auf die hervorragende Staufer-Ausstellung zu lenken, die gerade in Stuttgart zu sehen sei und die wir unbedingt besuchen sollten. Ihm wäre es wohl am liebsten gewesen, wenn ich mich mit meiner Mutter sofort zu dieser Ausstellung aufgemacht hätte. Deshalb war ich aber nicht nach Stuttgart gekommen.

Ich fragte den Minister, was eigentlich geschehe, wenn Schutz von einer gefährdeten Person nicht angenommen würde. Ob es dafür Regelungen gebe? Er antwortete, dass Schutzmaßnahmen nur im Einvernehmen durchgeführt werden könnten. Ich musste ihn an die PDV 100 erinnern, die er, wie ich in dem Buch im Karlsruher Polizeipräsidium gesehen hatte, selbst etwa eineinhalb Jahre zuvor erlassen hatte. Der Minister geriet in Bedrängnis, zumal ich ihn noch fragte, wie es eigentlich mit dem Schutz für den Fahrer meines Vaters aussehe. Ob er etwa behaupten wolle, mein Vater habe auch für seinen Fahrer Schutz abgelehnt? Nachdem der Minister gemerkt hatte, dass ich von der PDV 100 wusste, räumte er ein, dass sich aus der Fürsorgepflicht des Staates die Durchführung einer Schutzmaßnahme auch gegen den Willen der gefährdeten Person ableiten lasse.

Nach einer Gesprächspause, die ich nutzte, um zur Toilette zu gehen, fand ich eine deutlich vergrößerte Gruppe vor. Offenkundig hatte der Minister vorsorglich den Polizeiinspektor von Baden-Württemberg, den Karlsruher Landespolizeipräsidenten und seinen Referenten in einem Nebenraum versammelt; die zog er nun zum Gespräch hinzu. »Herr Dr. Buback hat die PDV 100 ausgegraben«, eröffnete ihnen der Minister. Diese Formulierung erschien mir reichlich ungewöhnlich für eine eineinhalb Jahre alte Polizeidienstvorschrift von besonderer aktueller Bedeutung. Es wurde hinzugefügt, die PDV 100 gelte nur bei anstehender Gefahr, eine solche habe bei meinem Vater aber nicht vorgelegen.

Ich entgegnete, es sei ja ein ausdrückliches Kennzeichen der höchsten Gefährdungsstufe, dass die Möglichkeit eines Anschlags ständig bestehe. Das hatte ich noch von meiner kurzen Durchsicht der PDV 100 am Vortag in Erinnerung. Ich wies auch auf die sogenannten Haag-Papiere hin, also die bei der Festnahme des Baader-Rechtsanwalts Siegfried Haag im November 1976 gefundenen »Regiepläne« für künftige Terroranschläge, aus denen sich eine mögliche Gefährdung ergab. Im Dezember 1976 hatte mein Vater Elisabeth und mir erzählt, dass die Haag-Papiere auf eine Attacke gegen ihn oder gegen das nicht weit von meinem Elternhaus gelegene Kernforschungszentrum Karlsruhe hindeuteten. Aber auch dieses Argument konnte die Gesprächspartner im Innenministerium nicht beeindrucken. Man entgegnete mir, mein Vater habe solche Kenntnisse aufgrund von Verfahren der Bundesanwaltschaft gehabt, im Ministerium habe man von dieser Gefährdung nichts gewusst. Ich hielt dagegen, die Information sei doch sogar im *Stern* publiziert worden. Darauf wurde mir gesagt, dass ich wohl keine rechte Vorstellung von den finanziellen Möglichkeiten des Innenministeriums habe. Man könne sich da keinen *Stern* kaufen. Ich war sprachlos.

Es ärgerte mich, dass man uns für dumm verkaufen wollte. Natürlich waren wir ohne Macht und Einfluss, aber so darf man doch nicht mit Menschen umgehen, die einen Monat zuvor ihren nächsten Angehörigen verloren haben. Nur, was konnte ich tun? Das Gespräch beruhigte sich wieder.

Plötzlich sagte der Referent des Ministers, vielleicht um die Handlungsbereitschaft des Ministeriums gegen den Terrorismus zu unterstreichen, man habe nach Durchsicht der Haag-Papiere Maßnahmen für das Kernforschungszentrum ergriffen. Ich glaubte, meinen Ohren nicht trauen zu können. »Eben hieß es doch noch, das Ministerium könne sich keinen *Stern* leisten und habe die Haag-Papiere nicht gekannt«, sagte ich. Das Gespräch wurde recht laut, weil auf einmal jeder gleichzeitig sprach. Es wurde eine Art akustischer Schutzwall vor dem Referenten aufgebaut. Der Landespolizeipräsident, der neben mir saß, reagierte schnell. Er hatte eine Idee, wie er mich vielleicht versöhnlich stimmen könnte. Er stieß mich mit dem Ellenbogen an und fragte, ob ich denn nicht eine Pistole haben wolle. Das wollte ich aber nicht.

Es war eine deprimierende, fast makabre Situation. Warum nur wurden wir so übel behandelt? Meine Mutter fühlte sich angewidert und trat auf einen Balkon oder Vorbau hinaus, der hinter meinem Rücken an der Fensterseite des Raums lag, um etwas frische Luft zu schnappen. Das hatte eine überraschende Folge: Was all meine Argumente nicht vermochten, schaffte sie mit diesen wenigen Schritten. Der Minister wurde augenblicklich sehr kleinlaut. Er wirkte, als habe er Angst davor, meine Mutter könnte sich in ihrer Verzweiflung von dem Balkon vor seinem Zimmer stürzen. Geradezu inständig flehte er mich an, ich möge doch bitte meine Mutter zurückholen. Ich konnte mir gut vorstellen, was im Kopf des Ministers vor sich ging, er sah wohl das Titelblatt der Zeitungen vom nächsten Morgen vor sich: Die Witwe des Generalbundesanwalts hatte sich aus Verzweiflung über ein Gespräch mit dem für die Sicherheit ihres Mannes zuständigen Minister in die Tiefe gestürzt. »So etwas tut meine Mutter nicht«, sagte ich zu ihm. Er aber war erst beruhigt, als sie wieder auf ihrem Platz saß.

Das Gespräch war nach diesem Zwischenfall leichter zu führen. Wir sprachen über den Satz in der Presseerklärung des Ministers, der uns so sehr verletzt hatte, und fragten, warum mein Vater von Seiten des Ministeriums überhaupt in so irreführender Weise ins Gespräch gebracht worden war. Der Minister antwortete, man habe auf Angriffe der Presse reagieren und irgendetwas sagen müssen. Er sei an diesem Gründonnerstag sehr unter Druck gewesen. Das glaubte ich ihm uneingeschränkt. Zum Schluss sagte der Minister über die Einstellung meines Vaters zu den Sicherheitsmaßnahmen: »Er hat es recht gemacht.«

Zwei Wochen später schrieb er uns noch. Nun klang alles viel besser als zuvor: Zu den Schutzmaßnahmen habe er in der Landtagssitzung unmissverständlich zum Ausdruck gebracht, dass keine Versäumnisse seitens meines Vaters vorlagen. Der Schaden war aber längst eingetreten. Noch Jahre später mussten wir uns anhören, mein Vater habe angebotenen Schutz abgelehnt.

Es enttäuschte uns, dass wir keine wirkungsvolle Hilfe aus dem Bundesjustizministerium erhielten. Warum unterstützte Hans-Jochen Vogel uns nicht in dem Disput mit dem Stuttgarter Innenminister? Vogel schrieb, nachdem ich mich im Ministerium beklagt hatte, im Oktober 1977 an meine Mutter: Meines Vaters

»Mut und seine Unerschrockenheit waren ebenso vorbildlich wie seine Sorge und sein Bemühen, ein Maximum an Sicherheit zu erreichen. In Besprechungen mit den für seinen und seiner Behörde Schutz zuständigen Landesbehörden hat er die sicherheitsmäßigen Belange mit Nachdruck und Zähigkeit vertreten.«

Es hätte uns sehr viel Kummer und Mühe erspart, wenn der Bundesjustizminister das in dieser Klarheit gleich im April/ Mai 1977 öffentlich gesagt hätte, als die unzutreffenden, uns belastenden Äußerungen zu den Schutzmaßnahmen für meinen Vater verbreitet wurden. Warum hat er sich nicht deutlicher vor den seinem Ministerium nachgeordneten Generalbundesanwalt gestellt?

Es bedurfte eines erheblichen Einsatzes von Seiten unserer Familie, bis wir im November 1977 aus dem Bundesjustizministerium erfuhren, dass mein Vater mit Schreiben vom 3. Dezember 1976 um Verlängerung einer seit 1975 bestehenden Anordnung des Bundesministers der Justiz gebeten hatte, 1. jederzeit erreichbar zu sein; 2. auch außerhalb der Dienstzeit den Dienstwagen zu benutzen und 3. keine öffentlichen Verkehrsmittel zu benutzen. Im Schreiben des Bundesjustizministeriums heißt es weiter:

»Die Verlängerung wurde von Herrn Buback mit der Begründung erbeten, die seine Person betreffende Sicherheitslage habe sich nach den bei der Festnahme des Rechtsanwalts Haag gefundenen Unterlagen erheblich verschärft.«

So war es also: Mein Vater hatte sogar auf dem Dienstweg auf seine Gefährdung hingewiesen. Was hätte er denn noch tun sollen? Es war erschreckend, wie wenig man sich um diesen Generalbundesanwalt gekümmert hatte. Spätestens jetzt war das erbärmliche Verhalten des Stuttgarter Innenministers offenbar.

Von einem Bundesanwalt hatte meine Mutter schon bald nach der Tat erfahren, dass mein Vater, als er erschossen wurde, einen Brief bei sich hatte, in dem die Schutzmaßnahmen für die Bundesanwaltschaft beanstandet wurden. Es ging dabei nicht speziell um seinen eigenen Schutz. Das Dokument war mir dennoch wichtig, da ich etwas in Händen haben wollte, mit dem ich belegen konnte, dass sich mein Vater sehr wohl um Sicherheitsmaßnahmen gekümmert hatte. Ich bat den Nachfolger meines Vaters Monate später, mir dieses Schreiben zuzusenden. Kurt Rebmann antwortete mir, er sehe sich nicht in der Lage, mir Einsicht zu gewähren,»weil dieses Schriftstück in der Sicherheitsakte der Bundesanwaltschaft geführte dienstliche Vorgänge betrifft«. Aber mir ging es doch gerade um Sicherheitsaspekte! Deshalb wollte ich das Schriftstück ja sehen.

Erneut schrieb ich an Rebmann und sagte ihm, dass ich auf Einsicht in das Schreiben bestehen müsse. Wenn er es mir vorenthalte, würde er mich um eine Möglichkeit bringen, unzulässigen Beeinträchtigungen des Andenkens an meinen Vater wirksam entgegenzutreten. Ich erhielt das Schriftstück nicht. Der Generalbundesanwalt zeigte kein Verständnis für mein Anliegen und teilte mir vielmehr mit, das fragliche Schreiben werde in der Behörde als Verschlusssache behandelt. Rebmann schrieb weiter:»Einsicht in Verschlußsachen kann nach den insoweit zu beachtenden Vorschriften nur besonders ermächtigten, zur Geheimhaltung verpflichteten Personen gewährt werden.« Zu diesem Personenkreis gehörte ich offensichtlich nicht. Ich beschwerte mich daraufhin beim Bundesjustizminister. Im Bonner Ministerium konnte ich das Schriftstück dann später lesen. Weshalb mir Rebmann die Einsicht verwehrt hat, konnte ich nach der Lektüre noch weniger verstehen als zuvor.

Auch bei anderer Gelegenheit war ich nicht sehr glücklich über Rebmanns Äußerungen im Zusammenhang mit Schutzmaßnahmen. Unmittelbar nach seinem Amtsantritt sagte er in einem Rundfunkinterview:»Ich werde alle Anordnungen befolgen [und] nehme angebotenen Personen- und Objektschutz wahr.« Das war unbestreitbar mustergültig, aber ich dachte auch:»Mein armer Vater!«

Meine Sorge, dass sich die Angehörigen der getöteten Begleiter darüber beklagen könnten, mein Vater sei leichtfertig gewesen, war glücklicherweise unbegründet. Es gab keine einzige solche Bemerkung, im Gegenteil. Der Vater von Wolfgang Göbel erzählte mir, sein Sohn habe über meinen Vater gesagt:»Für diesen Generalbundesanwalt gehe ich durchs Feuer.«

Nach einer kurzen Pause fuhr er fort: »Und so ist es dann ja auch gekommen.«

*

Einige Wochen nach dem Attentat hatten wir wieder Tritt gefasst. Elisabeth musste ja gleich nach den Osterferien, ohne sich erholt zu haben, wieder in die Schule. Das volle Deputat am Karlsruher Lessinggymnasium half ihr aber auch, von den düsteren Gedanken wegzukommen. Ich widmete mich mit aller Kraft meiner Habilitation, die kurz vor dem Abschluss so eine massive Unterbrechung erfahren hatte. Am schwierigsten war es natürlich für meine Mutter. Ihr Leben hatte sich völlig verändert. Aber sie ließ den Kopf nicht hängen. Es war ja nicht im Sinne meines Vaters, wenn sie jetzt mehrere Jahre nur mit Trauern verbringen würde. Danach wäre ihre Situation noch schwerer und noch deprimierender. Ihr war auch klar, dass sie das Schicksal, ohne Partner weiterleben zu müssen, mit vielen Menschen teilte. Wie wir alle versuchte auch sie sich mit dem Gedanken zu trösten, dass mein Vater einen ehrenvollen Tod gestorben war.

Max Güde, der Vorvorgänger meines Vaters im Amt des Generalbundesanwalts, hatte es im Nachruf auf meinen Vater in der *Zeit* so tröstend und treffend ausgedrückt: Er schreibe den Nachruf mit Schmerz, weil ihm mein Vater persönlich nahegestanden habe, und er tue es mit Stolz, weil mein Vater das Amt des Generalbundesanwalts beispielhaft geführt habe. »Gesamtbilanz sorgenvoll«, habe mein Vater zu Anfang des Jahres 1977 an ihn geschrieben, aber auch: «Wir wollen unsere Aufgaben mit vollem Einsatz wahrnehmen, solange unsere Kräfte dies hergeben.« Max Güde schrieb über meinen Vater: »Jetzt wurde ihm der letzte Einsatz abverlangt«, und:

»Er ist auf dem Felde der Ehre gefallen. Bewußt gebrauche ich das althergebrachte Wort für den Tod des Soldaten in der

Schlacht. Denn für ihn und seinesgleichen galten und gelten noch die alten Werte und Worte, die einen Mann in die Pflicht binden und ihn auszeichnen – im Leben und im Tod.«

Max Güdes Worte klingen etwas pathetisch und für unsere Ohren heute ungewohnt. Dennoch, ich erkenne meinen Vater in diesen Zeilen wieder. Auch die Überschrift des Nachrufs trifft zu: »Fast ein antiker Mensch«. Max Güde schrieb dann noch:

»Das Beste, das ich über ihn sagen kann, heißt: Er war ein Mann. Tapfer und mutig, unerschütterlich, willensstark, furchtlos, völlig unberührt von der Hysterie der Zeit und der Zeitgenossen und bei all dem von innerer Heiterkeit. Seinen Mitarbeitern war er in Treue verbunden, und er hat den Schild der eigenen Verantwortung immer vor sie gehalten. Besonnen und nüchtern hat er seine Aufgabe ins Auge gefasst, für die er in der deutschen Rechtsgeschichte kein Vorbild fand.«

Natürlich hört man gute Worte lieber als böse, aber es ist nicht nur das. Man merkt, wie gut Max Güde meinen Vater kannte.

Es gab so viel Zuspruch und Trost, dass die wenigen schlimmen Äußerungen bald keine Bedeutung mehr für uns hatten. Wir erfuhren auch von Briefen, die mein Vater wenige Wochen vor seinem Tod geschrieben hatte. Von einem seiner Freunde erhielten wir einen Brief in Kopie, den ihm mein Vater am 24. Februar 1977, also sechs Wochen vor seinem Tod, geschickt hatte. Darin steht:

»Natürlich bin ich nach wie vor um eine positive berufliche Bilanz bemüht. Dies wird allerdings von Monat zu Monat schwerer, und der Zeitpunkt, an dem ich mit dem Rücken zur Wand stehen werde, ist abzusehen […] Bei uns gibt es keinen geregelten Dienstbetrieb mehr. Oft leben wir aus der Hand in den Mund. Die Personalausstattung ist unzureichend [...] Da unsere Prozesse nicht Tage und Wochen, sondern Monate, meist mehrere Jahre dauern, werden wir Mitte 1977 nur noch wissenschaftliche Hilfsarbeiter in Karlsruhe haben, die dann die laufenden Geschäfte bewältigen müssen. Nun, wenn ich frisch gestärkt aus dem Urlaub zurückkomme, werde ich Bonn auf die Pelle rücken. Angekündigt habe ich es schon.«

Diese Zeilen erschütterten uns. Mein Vater hatte es uns nicht gesagt, wie schwierig sein Amt 1976/77 geworden war, wie hart er arbeiten musste und dies noch dazu unter enormer Bedrohung. Die »Bonner« hat er vermutlich nicht überzeugen können, vielleicht hat sein angekündigter Besuch im Ministerium gar nicht mehr stattgefunden. Für die Bundesanwaltschaft hat mein Vater aber dennoch viel erreicht, denn nach seinem Tod wurde die Behörde personell erheblich vergrößert, und die Sicherheitsmaßnahmen wurden dramatisch verstärkt.

3   Die Zeit bis Ende 2006

Noch zwei weitere spektakuläre Attentate gab es 1977: den Mord am Dresdner-Bank-Chef Jürgen Ponto im Sommer und die Entführung und Ermordung des Arbeitgeberpräsidenten Hanns Martin Schleyer im Herbst 1977. Auch in den folgenden Jahren erschreckten uns die terroristischen Morde. Würde dieses Grauen denn nie ein Ende nehmen? Jedes Mal wurde für uns schlagartig wieder das Geschehen am Linkenheimer Tor wach, und wir merkten, wie zerbrechlich die Normalität war, in der wir uns eingerichtet hatten.

Es gab Fahndungserfolge. Sie beruhigten uns, aber es belastete uns auch, die Bilder der Männer zu sehen, die verdächtigt wurden, meinen Vater und seine Begleiter getötet zu haben. Nachdem die bereits am Tag nach dem Attentat im Fernsehen genannten mutmaßlichen Täter in Haft waren – Günter Sonnenberg seit Mai 1977, Knut Folkerts seit September 1977 und Christian Klar seit November 1982 –, hatte ich die Hoffnung, nun endlich zu erfahren, wer von ihnen die tödlichen Schüsse auf meinen Vater abgegeben hatte. Vielleicht machten die Inhaftierten eine Aussage zum Tathergang; ansonsten würde die Wahrheit spätestens in den Gerichtsverfahren herauskommen.

Zu den Stammheimer Prozessen wollte ich allerdings nicht fahren, denn mir fehlte die Zeit, um an einem solchen Mammutverfahren teilzunehmen. Aber es gab noch einen Grund: Wir hatten Schutz und Halt in der Überzeugung gefunden, dass nicht der Privatmann Siegfried Buback, also mein Vater und der Ehemann meiner Mutter, getötet worden war; vielmehr war der Generalbundesanwalt der Bundesrepublik Deutschland ermordet worden. Es war ein Angriff auf den Rechtsstaat. So hatten wir es in vielen Reden gehört und in den Zeitungen gelesen, also sollte sich nun auch der Staat mit den Tätern befassen. Die Justiz war ohnehin dafür zuständig, die Tat aufzuklären und die Täter anzuklagen. Wir wollten zwar wissen, wie das Verbrechen geschehen war und wer genau welchen Beitrag geleistet hatte, aber mit den Tätern wollten wir nichts zu tun haben.

Für Elisabeth und mich verbesserte sich vieles durch unseren Umzug nach Göttingen im Januar 1982, wo ich seit April 1981 eine Professur für Angewandte Physikalische Chemie an der Georg-August-Universität innehatte. Und zum Glück gab es die Kinder. Beide konnten mühelos all unsere traurigen Gedanken vertreiben. Ich weiß nicht mehr, wann sie von dem Karlsruher Attentat erfahren haben. Wir haben ihnen dieses Wissen nicht aufgedrängt, haben die Geschehnisse aber auch nicht verborgen. Vermutlich haben sie irgendwann meine Mutter gefragt, wo der Opa sei.

Ihre anderen Großeltern haben unsere Kinder nicht kennengelernt. Mein Schwiegervater starb 1980, kurz bevor unsere Tochter geboren wurde, und als unser Sohn 1983 zur Welt kam, lebte auch meine Schwiegermutter nicht mehr.

In unserer Umgebung wussten viele nichts davon, dass mein Vater der 1977 ermordete Generalbundesanwalt war. Wenn ich bei Einladungen nicht gerade als der »arme Herr Buback« vorgestellt wurde, dessen Vater erschossen worden war, wurde ich nur selten auf die Karlsruher Ereignisse angesprochen. In der Öffentlichkeit war unsere Familie nicht präsent. Nur meine Mutter nahm jedes Jahr an der Kranzniederlegung am Gedenkstein teil. Es erschien dann jeweils ein Bericht mit Foto in den *Badischen Neuesten Nachrichten*, den Elisabeth ihrer 1977 nach dem Tod meines Vaters angelegten Sammlung von Zeitungsausschnitten hinzufügte.

Im Sommer 1992 wurde ich zu *Talk im Turm*, einer seinerzeit sehr erfolgreichen Talkshow auf Sat.1, eingeladen. Thema der von dem ehemaligen *Spiegel*-Chefredakteur Erich Böhme moderierten Sendung sollte die sogenannte Kinkel-Initiative sein: Um weiteren Freipressungen von RAF-Häftlingen vorzu-

Gedenkstein für die Opfer des Karlsruher Attentats

beugen, hatte der damalige Justizminister Klaus Kinkel vor-
geschlagen, inhaftierte Terroristen freizulassen, wenn es »nach
der Lage des Gesetzes« möglich war. In der Öffentlichkeit war
sein Vorschlag heftig umstritten.

Ursprünglich hatte man die Witwe eines von Terroristen
ermordeten Polizisten als Diskussionsgast vorgesehen, doch
sie hatte, wie mir erzählt wurde, ihre Zusage zurückgezogen,
als sie merkte, dass die bevorstehende Fernsehsendung sie zu
sehr belastete. Man war dann auf mich gekommen. Zwar
spürte ich keine besondere Neigung, im Fernsehen aufzutreten, zumal ich vermutete, dass die ungewohnte Umgebung
und das Thema auch mich belasten würden, hatte meine Ablehnung beim ersten Telefonat aber offensichtlich nicht deutlich genug gemacht, denn ich wurde ein zweites Mal angeru-

fen, wobei ich wiederum nicht zusagte. Nach diesem Telefonat ärgerte ich mich allerdings, denn ich musste mir eingestehen, dass ich mich auch aus Ängstlichkeit gedrückt hatte. Wie oft hatte es mich gestört, dass ich mir im Fernsehen Dinge anhören musste ohne irgendeine Möglichkeit, einzugreifen oder zu widersprechen. War es da nicht töricht von mir, nun die Chance nicht zu ergreifen, meine Meinung einmal öffentlich auszusprechen? Ich beschloss zuzusagen, wenn ich noch ein drittes Mal gefragt würde.

Der dritte Anruf kam. Zur Überraschung des Anrufers, der sich mit schlagkräftigen Argumenten gerüstet hatte, um mich von der vermeintlichen Notwendigkeit meines Kommens zu überzeugen, nahm ich die Einladung diesmal gleich an. Mir war nicht bewusst, dass ich durch die Bereitschaft, als Angehöriger eines Terroropfers an einer Fernsehdiskussion teilzunehmen, auf eine Liste geraten war, die immer dann abgearbeitet wird, wenn Angehörige von Terroropfern für Sendungen oder Berichte »benötigt« werden.

Es wurde dann weniger schlimm, als ich befürchtet hatte. Die Kameras nahm ich während des Gesprächs gar nicht wahr. Mir half auch, dass ein Sohn von Hanns Martin Schleyer ebenfalls in der Runde saß. Mir erschien er zu Beginn der Sendung fast noch aufgeregter als ich, aber wir stabilisierten uns während der Diskussion. Ich schaffte es, den für mich wichtigen Punkt zur »Kinkel-Initiative« vorzubringen: Wenn es schon um eine Annäherung an Terroristen oder sogar um eine Aussöhnung mit ihnen ging, dann mussten nach meiner Überzeugung die Täter, die sich durch ihre Verbrechen weit von den Maßstäben eines menschlichen Miteinanders entfernt hatten, den wesentlich weiteren Weg zurückgehen. Ein Treffen in der Mitte, einen Kompromiss, fand ich nicht akzeptabel.

Nach der Sendung hatten Elisabeth und ich eine aufwühlende Begegnung. Am Fahrstuhl trafen wir Christiane Ensslin; sie ist die Schwester von Gudrun Ensslin, die 1968 gemeinsam mit Andreas Baader die Brandanschläge auf zwei Kaufhäuser verübt hatte und im Oktober 1977, wie auch Baader und Jan Carl Raspe, in ihrer Zelle in Stuttgart-Stammheim tot aufgefunden worden war. Auch Christiane Ensslin hatte an der Diskussionsrunde teilgenommen. Zu unserer Überraschung schien sie sich zu freuen, dass ich zu der Talkrunde gekommen war. Im Gespräch wurde Elisabeth und mir bewusst, dass die Terroristen durch ihre Verbrechen nicht nur die Angehörigen ihrer Opfer, sondern auch ihre eigenen Angehörigen schwer beschädigt hatten.

Es folgten Jahre, in denen die Erinnerungen an das Karlsruher Verbrechen für uns völlig hinter Beruf und Familie zurücktraten. Nur wenn wir meine Mutter besuchten, wurden die Folgen des Attentats immer sehr deutlich. Sie hielt sich zwar bewundernswert, wanderte viel mit ihrem Schwarzwaldverein, spielte Bridge, musizierte mit einem Cellisten und einem Geiger und reiste häufig und weit, wenn auch nicht sehr komfortabel. Doch all ihre Unternehmungen waren vor allem Ersatzhandlungen und der beständige Versuch, ihrer Einsamkeit zu entrinnen.

Im Frühjahr 1997, zum zwanzigsten Jahrestag des Karlsruher Attentats, fand im Hauptgebäude des Bundesgerichtshofs für die drei Opfer des Anschlags eine Gedenkfeier in kleiner Runde statt, die Generalbundesanwalt Kay Nehm einfühlsam vorbereitet hatte. Zwei von Nehms Vorgängern, Ludwig Martin und Kurt Rebmann, waren auch gekommen, so dass ich bei meinem Redebeitrag drei Generalbundesanwälte unter den Zuhörern hatte. Wir fühlten uns geborgen bei der Bundesanwaltschaft. Das sagte ich auch in meiner Rede und fügte hinzu, wie wohltuend wir die fortwährende Verbindung zur Behörde empfanden. Bei dieser Veranstaltung wurde unseren Kindern die Tragweite des damaligen Geschehens wohl zum ersten Mal voll bewusst.

Elisabeths Bruder, der Publizist Heinz Ludwig Arnold, hatte für das Jahr 1999 die Idee, aus Anlass des fünfzigsten Geburtstags der Bundesrepublik eine Anthologie herauszugeben.

Für jedes Jahr wählte er ein charakteristisches Gedicht mit einem erkennbaren oder zumindest mittelbaren historischen Bezug aus und für jedes Gedicht einen speziellen Leser, der allgemeine oder sehr persönliche Anmerkungen und Gedanken zum Gedicht äußerte. Für das Jahr 1977 fiel seine Wahl auf Erich Frieds Gedicht »Auf den Tod des Generalbundesanwalts Siegfried Buback« – und ich sollte den Kommentar dazu schreiben. Die Aufgabe reizte mich, zumal ich zu einer Gruppe von fünfzig Autoren gehören würde, in der sich sowohl literarische Kapazitäten befanden wie der Germanist Albrecht Schöne oder die Literaturwissenschaftlerin Ruth Klüger als auch weniger literarisch geprägte Persönlichkeiten wie etwa Hans-Dietrich Genscher oder Gerhard Schröder.

Das Friedsche Gedicht hatte meine Familie sehr verletzt. Mein Vater ist darin der von Schüssen zerfetzte, auf der Straße liegende Tote:

»Dieses Stück Fleisch / glaubte Recht zu tun / und tat Unrecht«

Im Gedicht steht auch:

»Was er für Recht hielt / hat dieses Recht / in Verruf gebracht«

und:

»Was er getan hat / im Leben / davon wurde mir kalt ums Herz«

oder zum Abschluss:

»Es wäre besser gewesen / so ein Mensch / wäre nicht so gestorben // Es wäre besser gewesen / ein Mensch / hätte nicht so gelebt«

Das war schlimm. Mir wurde später noch eine andere, angeblich frühere Fassung der drei letzten Verse zugeschickt, bei der sich durch einen Satzfehler ein »so« verirrt haben sollte. Dort heißt es sogar:

»Es waere besser gewesen / so ein Mensch / haette nie gelebt«

Wir waren entsetzt über das Gedicht. Erich Fried war ein geachteter, berühmter Lyriker. Erst aus der Distanz vieler Jahre beachteten wir die ersten Verse des Gedichts stärker:

»Was soll ich sagen / von einem toten Menschen / der auf der Straße lag / zerfetzt von Schüssen // den ich nicht kannte / und nur wenig zu kennen glaubte / aus einigen seiner Taten / und einigen seiner Worte?«

Das war wohl genau der Punkt: Das Gedicht eines Unkundigen. Fried kannte meinen Vater gar nicht! Aber woher kam seine Abneigung, die in meinen Ohren wie Hass klang? Es erschütterte mich, dass gerade Erich Fried, dessen jüdische Familie unendliches Leid ertragen hatte, nicht bemerkte, welche Seite er mit seinen Versen stützte. Mir fiel die Passage in Max Güdes Nachruf ein, in der er über die Terroristen schreibt:

»Die halbirren, unreifen, feigen Meuchelmörder sind die wahren Nachahmer und Nachfolger der braunen Verbrecher; sie wollen Männer wie Siegfried Buback aus dem Weg räumen, die im Kampf stehen, um das Recht wieder als Waffe des Friedens in Kraft zu setzen.«

Erich Fried musste dieses Gedicht unter enormer emotionaler Anspannung, aber wohl weniger unter intellektueller Kontrolle geschrieben haben. Schwer verständlich ist für mich auch sein Gedicht »Zum Prozess gegen Peter-Jürgen Boock«

aus dem Jahr 1983, von dem ich aber erst zwei Jahrzehnte später erfuhr. Die erste Strophe lautet:

»Was ihr / Dem Boock tun wollt / Was ihr dem Peter-Jürgen Boock tut / Was ihr ihm schon getan habt / Als ihr locktet und drohtet / Und als er krank lag / Das ist nicht gering«

Und die dritte Strophe:

»Dem Boock / Den ihr zum Sündenbock machen wollt / Was ihr getan habt / Dem Peter-Jürgen Boock / Ihr Pharisäer / Ihr christlichen Demokraten / Das habt ihr mir getan«

Ich erinnere mich noch, wie ich beim Schreiben des Beitrags für die Anthologie meines Schwagers eine Pause machte und das Hörfunkprogramm der folgenden Woche durchblätterte. Darin wurde eine Sendung zum zehnten Todestag von Erich Fried angekündigt. Sie trug den Titel: »Nicht mitzuhassen, mitzulieben bin ich da«. Ich habe sie mir nicht angehört.

In meinem kurzen Kommentar zum Friedschen Gedicht stellte ich eine Verknüpfung zum »Buback-Nachruf« des Göttinger »Mescalero« her:

»Im Unterschied zu Fried, der mit offenem Visier in Erscheinung getreten ist, hält sich der ›Mescalero‹ allerdings noch immer im Dunkeln, das ich nicht durchbrechen werde.«

Es geschah dann etwas, womit ich nicht gerechnet hatte: Der »Mescalero« trat aus der Deckung hervor und schrieb mir am 18. Mai 1999. Er bedaure die »Performanz« seines damaligen Artikels (einschließlich der »klammheimlichen Freude«) nicht, aber die auf meinen Vater persönlich gemünzten Wörter (»Verbrechervisage« und ein paar andere) täten ihm heute weh. Ich habe ihm zurückgeschrieben, dass mir dieser Hinweis auch nach der langen Zeit noch wichtig sei. Damit war für mich ein Abschluss erreicht. Viele hatten lange vor mir gewusst, wer der »Mescalero« war, nun wusste ich es endlich auch. Wir haben den Namen nicht öffentlich gemacht. Das geschah von anderer Seite gut eineinhalb Jahre später.

Wie oft hatte ich mir gewünscht, auch die unvergleichlich wichtigere Frage, wer meinen Vater und seine Begleiter ermordet hatte, mit Gewissheit beantworten zu können. Die Antwort zu kennen würde mir genügen. Es müsste mir auch genügen, denn was sollte ich weiter tun?

Als ich 1999 von der Identität des »Mescalero« erfuhr, hätte ich es für ausgeschlossen gehalten, dass über einen sehr engen Kreis von RAF-Terroristen hinaus mehrere Menschen bereits seit langem wussten, wer die Karlsruher Mörder waren, es mir und den anderen Angehörigen aber nicht sagten. Inzwischen bin ich mir nicht mehr sicher, ob das so ausgeschlossen ist.

Im Januar 2001 wurde ich gefragt, ob ich bereit sei, in die Sendung *Sabine Christiansen* zu kommen. Dort solle über Konsequenzen aus der kurz zuvor bekanntgewordenen Beteiligung von Joschka Fischer, dem amtierenden Bundesaußenminister, an viele Jahre zurückliegenden Gewaltaktionen gegen Polizisten diskutiert werden. Die Entscheidung für die Teilnahme an der Sendung fiel mir wiederum nicht leicht, zumal *Sabine Christiansen* wesentlich mehr Zuschauer hatte als *Talk im Turm*. Das schlimme Karlsruher Geschehen wäre wieder voll präsent, weil in der Diskussion allein durch meine Anwesenheit Bezüge zu dem Attentat vom Gründonnerstag 1977 hergestellt würden. Da aber der Redakteur, der mich bei *Talk im Turm* betreut hatte, inzwischen im Team von *Sabine Christiansen* war und damals alles gut gegangen war, ließ ich mich ohne größeren Widerstand zur Teilnahme überreden.

Mit den Frankfurter Aktivitäten von Fischer war ich nicht vertraut; ich hatte nichts davon gewusst, dass er Steine geworfen hatte. Angesichts der enormen Popularität des Außenministers schien es mir sehr unwahrscheinlich, dass es zu einer

41

nachhaltigen Missbilligung seiner gewalttätigen Handlungen kommen würde. Seine Beliebtheit hatte ihn längst aus den Niederungen erhoben, in denen man öffentliche Angriffe fürchten oder gar parieren muss. Sicher durften die damaligen Ereignisse nicht verharmlost werden, aber sie hatten für mich, der ich ja seit mehr als zwei Jahrzehnten mit den Folgen eines so viel gravierenderen Verbrechens leben musste, doch auch etwas von »Jugendsünden«. Fischer hatte sich klar von seiner Beteiligung an Gewalttätigkeit distanziert, so dass ich sein Verhalten zwar in einem Grenzbereich sah, aber eben auch als gerade noch akzeptabel.

Diesen Punkt wollte ich, wenn sich in der Sendung die Gelegenheit ergab, an einem Beispiel illustrieren, das in meinen Augen nicht mehr tolerierbar war und bei dem es um einen anderen Bundesminister, um Jürgen Trittin, ging. In einem ausführlichen Bericht der *Frankfurter Allgemeinen Zeitung* vom 24. Februar 1999 hatte ich gelesen, dass Trittin, als er bereits niedersächsischer Minister war, den »Buback-Nachruf« als eine »radikal pazifistische Absage an den Terrorismus« und die klammheimliche Freude des Autors als eine lediglich »sehr unstaatsmännische Einleitung« betrachtet hatte. Als Bundesratsminister, so die *FAZ*, habe er sich dazu bekannt, zu dem Teil der Studentenschaft gehört zu haben, der nicht bereit gewesen sei, sich von diesem »Nachruf« zu distanzieren.

Ich konnte es kaum glauben, dass ein Minister so etwas gesagt hatte. Natürlich, die Angehörigen waren eine lächerlich kleine Gruppe, die man leicht übersieht. Aber hatte Trittin nie daran gedacht, wie der »Nachruf« auf uns wirkte und wie grausam es war, wenn ein Minister es als eine für ihn prägende Erfahrung bezeichnete, dass er dem öffentlichen Druck, sich von dem schlimmen »Nachruf« zu distanzieren, standgehalten habe?

Ich fragte noch vor der Sendung bei der *FAZ* nach, ob es inzwischen eine Gegendarstellung von Jürgen Trittin gegeben habe und so die bedrückenden Aussagen keine Gültigkeit mehr besäßen. Doch es gab keine Gegendarstellung, die Aussagen im *FAZ*-Artikel über Trittin waren voll belastbar.

Auf dem Weg zur Sendung geschah etwas Überraschendes: Als ich mit Elisabeth im Göttinger Bahnhof noch Zeitungen kaufen wollte, kam uns Jürgen Trittin entgegen. Es war das erste Mal, dass ich ihn aus unmittelbarer Nähe sah. Ausgerechnet jetzt, wenige Stunden vor der Sendung, in der ich ihn erwähnen wollte, lief er direkt an mir vorbei. Elisabeth und ich waren völlig perplex.

Als wir auf den Bahnsteig gingen, kam uns seine Begleitung entgegen. Damit war klar: Er würde ebenfalls im Zug nach Berlin sein. Dort sahen wir ihn dann auch gleich: Er saß allein an einem Vierertisch.

Ich war unsicher, was ich tun sollte. Hatte Trittin seine Meinung zum »Buback-Nachruf« geändert? Und sei es auch nur, dass er dies für sich ganz persönlich getan und es weder für erforderlich noch für opportun gehalten hatte, seine Meinungsänderung öffentlich zu machen?

Eigentlich hatte ich gar keine andere Wahl, als ihn zu fragen. Also atmete ich durch, ging an seinen Tisch, stellte mich vor und erwähnte auch, dass ich an der Göttinger Universität arbeitete. Dann fragte ich ihn, ob er sich inzwischen vom »Buback-Nachruf« distanziert habe. Er antwortete: »Warum sollte ich?«, und fragte mich: »Haben Sie ihn zu Ende gelesen?«

Die Frage erschütterte mich. Mir hätte eigentlich schon an dieser Stelle klar sein müssen, dass mein Gesprächsversuch erfolglos enden würde. Konnte er ernsthaft glauben, dass ich nur bis zu der Stelle mit der »klammheimlichen Freude« oder eventuell noch bis zu der Passage mit dem Verbrecheralbum gelesen hatte, in das meines Vaters Bild hätte eingefügt werden sollen?

Jürgen Trittin sagte dann noch: »Ich habe mir diesen Artikel nicht zu eigen gemacht.« Um sicherzustellen, dass ich mich nicht verhört hatte, fragte ich nach, und der Minister wiederholte den Satz. Aber es wurde mir nicht klar, ob Trittin nun anders über den Nachruf dachte oder ob er noch immer darauf beharrte, sich ausdrücklich nicht von dem Text zu distanzieren. Es erschien mir richtig und fair, ihn darauf hinzuweisen, dass ich am Abend in der Sendung *Sabine Christiansen* sein würde. »Viel Spaß!«, war alles, was er dazu sagte. Damit war unser kurzes Gespräch beendet, und Jürgen Trittin wandte sich wieder seinen Akten zu. Weder in den verbleibenden zwei Stunden Zugfahrt noch in den nächsten drei Stunden vor der Sendung nahm Trittin Kontakt zu mir auf.

Als ich der mich betreuenden Redakteurin von der Begegnung im Zug berichtete, konnte sie es kaum glauben. Sie erzählte es aber Sabine Christiansen. In der Sendung war ich etwas zurückhaltend; doch das sollte man besser nicht sein, wenn man von Politikprofis umgeben ist, denen man als Normalbürger das Wort so schwer entreißen kann wie einem Fußballnationalspieler den Ball.

Da war es nur gut, dass Sabine Christiansen von meinem Zusammentreffen mit Trittin wusste. Sie brachte mich gegen Ende der Sendung gezielt ins Gespräch, so dass ich meine Meinung zu Fischer und vor allem zu Trittin vorbringen konnte. Ich schilderte auch das Treffen im Zug wenige Stunden zuvor. Schon im Studio war zu spüren, dass die Zufälligkeit der Begegnung viele Menschen elektrisierte. Theo Baltz, der Geschäftsführer der Produktionsfirma, sagte im Anschluss an die Sendung, ihm habe der Atem gestockt, als ich mein Treffen mit Trittin beschrieb.

Nach der Sendung trafen sich die Teilnehmer der Gesprächsrunde, das große Redaktionsteam und einige Gäste in den Räumen der Redaktion zu einem Ausklang. Es gab erregte Diskussionen. Viele sprachen auf mich ein. Mit Sabine Christiansen diskutierte ich in ihrem Büro über Trittins Verhalten. Es beeindruckte mich, wie professionell und kompetent sie die Thematik so kurz nach den Anstrengungen der Sendung analysieren konnte. Ich zumindest war sehr erschöpft.

Noch während wir diskutierten, teilte man mir mit, der Pressesprecher von Minister Trittin habe angerufen und wolle mich sprechen. Teilnehmer des »Sendungsausklangs« warnten mich allerdings gleich, das sei ein erfahrener, ausgefuchster Mann, dem ich in meinem augenblicklichen Zustand nicht gewachsen sei. Die Sendung hatte mich tatsächlich angestrengt, zudem hatte ich inzwischen Alkohol getrunken. Ich bat daher, man möge antworten, dass ich am nächsten Vormittag – nach meiner Rückkehr nach Göttingen – gern das gewünschte Gespräch führen würde.

An der dringlichen Erwartung im Bundesministerium für Umwelt, Naturschutz und Reaktorsicherheit, mich sofort ans Telefon zu bekommen, änderte das nichts. Inzwischen war es kurz vor Mitternacht. Offensichtlich war Trittin durch den Bundeskanzler, dessen Frau angeblich die Sendung verfolgt hatte, vielleicht auch durch die Medien unter Druck geraten. Nun hatte er Zeit für mich, und er versuchte auch selbst anzurufen. Ich sprach gerade mit Antje Vollmer, die ebenfalls an der Sendung teilgenommen hatte, als Jürgen Trittin seine Parteifreundin anrief. Fast ein wenig bittend hielt sie mir ihr Handy hin, ich möge doch mit Trittin sprechen. Ich konnte schlecht nein sagen. Es wäre mir auch feige vorgekommen, jetzt wegzuducken. Ein längeres Gespräch folgte, das von Jürgen Trittin in einem sehr angenehmen Ton geführt wurde. Sicher war es günstig für ihn, dass er, sollte ihn die Presse darauf ansprechen, sagen konnte, er habe gleich nach der Sendung mit mir geredet. Wir vereinbarten dann noch ein ausführlicheres Gespräch in naher Zukunft.

Als Elisabeth und ich nachts gegen 2 Uhr ins Hotel zurückkehrten, fanden wir bereits die erste Anfrage für ein Fernsehinterview vor. Schon unmittelbar nach der Sendung hatte man uns gesagt, dass wir unruhige Wochen vor uns hätten.

Da wir noch etwas frische Luft brauchten und ohnehin nicht schlafen konnten, machten wir einen frühmorgendlichen Spaziergang. Auf dem Kurfürstendamm wurde uns bewusst, dass vor wenigen Stunden unser dreißigster Hochzeitstag begonnen hatte.

Es kam ein weiterer sehr anstrengender Tag, und zwei schwere Wochen folgten. Das Telefon stand nicht still. Viele Journalisten befragten mich. Jürgen Trittin wehrte sich gegen die Angriffe, die sich nach der *Christiansen*-Sendung auf ihn richteten. Das war verständlich, wenn mich auch die Art seiner Entgegnung enttäuschte. Am Tag nach der Sendung sagte er:

>»Herr Professor Buback hat das knappe Gespräch mit mir unvollständig wiedergegeben. Ich habe ihn deshalb unmittelbar nach der gestrigen Sendung angerufen. Ich habe ihn am Sonntagnachmittag im ICE nach Berlin ausdrücklich zweimal darauf hingewiesen, dass ich mir den Aufsatz eines Göttinger Studenten aus dem Jahr 1977 ›Buback – ein Nachruf‹ nicht zu eigen gemacht habe.«

Das klang nicht gut für mich, sondern so, als hätte ich Dinge unzutreffend dargestellt, um einen für Trittin ungünstigen Eindruck zu erzeugen. Natürlich konnte ich in der Sendung nicht unser gesamtes Gespräch wiedergeben. Ich hatte ja auch keine Aufzeichnungen davon. Aber alles Wesentliche in Bezug auf meine Frage nach einer Distanzierung Trittins vom »Nachruf« hatte ich, so gut ich konnte, wiedergegeben. Andererseits war Trittins Erklärung nicht unversöhnlich, denn er sagte auch:

>»Der Mord an dem Generalbundesanwalt Buback gehört zu den schlimmsten Verbrechen, die der Terrorismus in Deutschland in den siebziger Jahren begangen hat. Den davon betroffenen Angehörigen gilt mein Mitgefühl.«

Trittin erwähnte noch, dass er dies auch im Telefonat mit mir ausgedrückt habe und dass er es nachdrücklich bedaure, wenn bei dem nicht einmal zweiminütigen Gespräch mit einem ihm bis dahin Unbekannten ein anderer Eindruck entstanden sein sollte.

Einen Tag später ging Jürgen Trittin zu meiner großen Überraschung sogar noch einen Schritt weiter. In einem *Stern*-Interview stand unter der Überschrift: »Trittin lehnt Rücktritt ab, distanziert sich aber von Mescalero-Brief – ›Das war ein schwerer Fehler‹«:

> »Bundesumweltminister Jürgen Trittin (Grüne) hat sich vom sogenannten Mescalero-Brief distanziert [...] er habe als Student im Streit um die Veröffentlichung des umstrittenen Nachrufs auf den ermordeten Generalbundesanwalt Siegfried Buback ›auf eine vielleicht zu trotzköpfige Art‹ die Meinungsfreiheit verteidigen wollen. [...] Trittin gestand ein, dass er damals nicht sehen wollte, dass unabhängig vom Inhalt ›allein die Sprache für die Angehörigen der Opfer unerträglich‹ gewesen sein musste. ›Das war ein schwerer Fehler.‹«

Das war erstaunlich und weit mehr, als ich erwartet hätte. Ich bildete mir nicht ein, dass diese Äußerungen durch die Kraft meiner Argumente im Gespräch mit dem Minister hervorgerufen worden waren.

Als ich mich mit Jürgen Trittin Ende Januar 2001 in einem Göttinger Restaurant traf, überraschte er mich durch seine Sensibilität. Ich erzählte von meinem Vater und zeigte Trittin den Brief, in dem mein Vater wenige Wochen vor seinem Tod schrieb, dass er bald mit dem Rücken zur Wand stehen werde. Jürgen Trittin sprach viel über seinen Vater, und im Gespräch wurde mir deutlich, wie klar, unkompliziert und vertrauensvoll mein Verhältnis zu meinem Vater stets gewesen war.

Wir sprachen auch über den Hannoveraner Professor Peter Brückner, einen der Herausgeber des »Buback-Nachrufs«, der deswegen vom Dienst suspendiert worden war. Trittin war noch immer bestürzt darüber. Mir schien, er wusste gar nicht, dass die Herausgeber dem »Mescalero-Artikel« unter anderem jene Passage aus den Schriften von Rosa Luxemburg beigestellt hatten, in der die Tötung des »Bluthundes« als befreiend empfundene Tat geschildert wird.

Während unseres Gesprächs war ich mir nicht sicher, ob Trittin noch hinter dem »Mescalero-Artikel« stand. Er war damals einer der Wortführer von Tausenden Studenten, die sich alle nicht distanzieren wollten. Viele von ihnen bildeten wohl noch immer sein politisches Hinterland, so dass er, auch wenn er es inzwischen wollte, diesen damaligen Konsens kaum aufkündigen konnte. Vielleicht würde man ihm ein öffentliches Abrücken nicht verzeihen.

Mitunter weicht die Rede von Politikern im kleinen Kreis sehr von ihren Bekundungen in der Öffentlichkeit ab. Im Zug traf ich vor vielen Jahren einen Abgeordneten, und wir sprachen über die Situation an den Hochschulen. Es war, so dachte ich, eine wunderbare Gelegenheit, einem Entscheidungsträger Informationen aus erster Hand zu geben, schließlich konnte er die Probleme im Detail ja gar nicht kennen. Während ich auf ihn einsprach, wurde sein Blick immer milder. Schließlich sagte er: »Herr Buback, das weiß ich doch alles. Nur, wenn ich es öffentlich sage, bin ich weg vom Fenster.«

Ich vermag nicht zu beurteilen, ob dies für Jürgen Trittin in ähnlicher Weise zutraf. Eigentlich hatte ich ein gutes Gefühl, als wir unser Gespräch beendeten, aber bald merkte ich, dass es dafür keinen Grund gab.

Etwa eine Woche danach, am 6. Februar 2001, war Jürgen Trittin in der Sendung *Maischberger* auf n-tv. Auf die sehr berechtigte Vermutung von Sandra Maischberger hin, unser Gespräch im Zug wäre nie öffentlich gemacht worden, wenn er sich dabei mir gegenüber anders geäußert hätte, antwortete Jürgen Trittin:

»Er [Michael Buback] ist ja mit dem Vorsatz hierher gekommen, und er ist mit dem vorbereiteten Artikel der *Frankfurter Allgemeinen Zeitung*, der am Montag, also zu einem Zeit-

punkt schon gedruckt war, als die Sendung lief. Das hätte die
Auseinandersetzung mir nicht gespart.«

Ich war entsetzt und enttäuscht. Bei unserem Treffen hatte ich
Trittin gesagt, dass keine Gruppierung hinter mir stehe und
ich nicht Teil einer Kampagne sei. Nur um ihm nicht Unrecht
zu tun, hatte ich bei der *FAZ* angefragt, ob er eine Gegenäu-
ßerung zu dem über ein Jahr zurückliegenden *FAZ*-Artikel
gemacht hatte. Dass die Redaktion daraufhin einen Artikel
für die Montagsausgabe vorbereiten würde, konnte ich nicht
ahnen. Dafür durfte Trittin mich nicht verantwortlich machen.

Es war wohl zu naiv von mir gewesen, zu glauben, dass ich
einen bekannten und gewichtigen Politiker bekehren könnte,
und sei es auch nur in einem Punkt. Trittins Angriff verletzte
mich. Ich schrieb ihm am 14. Februar, er habe in der Sendung
Maischberger eine Unwahrheit über mich verbreitet, und das,
obwohl ich ihm meine Situation und besonders meine Unabhängigkeit ausführlich dargelegt hatte. Ich teilte ihm mit:

»Für mich bestand kein Zugang zu Vorabdrucken der *FAZ*.
Ich wurde nicht mit dem am Montag (22. Januar 2001) er-
schienenen Artikel versorgt, hatte ihn in der Sendung auch
nicht bei mir und wusste nichts davon, dass er in Vorbereitung war.«

Am Schluss des Briefes schrieb ich, ich würde spätestens zum
22. Februar 2001 erwarten, dass er mit einem von ihm unterzeichneten Schriftstück die über mich öffentlich verbreitete
Unwahrheit zurücknehme. Das war mein verzweifelter Versuch, bei all dem Kummer, den wir ohnehin schon hatten und
mit dem wir uns sehr allein auseinandersetzen mussten, nun
nicht auch noch in eine konspirative Ecke gestellt zu werden.

Am 22. Februar kurz vor 18 Uhr erhielt ich ein Fax des Bundesministers für Umwelt, Naturschutz und Reaktorsicherheit

mit dem Bezug »Sendung Maischberger«. Es war von Jürgen Trittin unterzeichnet, der schrieb, dass er den Text der Sendung nicht zur Hand habe. Sollte er sich missverständlich ausgedrückt haben, so tue ihm das leid. Im ersten von sechs Punkten, die vorwiegend die *FAZ* betrafen, erklärte Trittin:

> »Die *FAZ* ist erst am Montagmorgen nach der Sendung erschienen. Sie konnten den von Herrn Stefan Dietrich für Montag gefertigten Artikel deshalb sonntags in der Sendung nicht dabeihaben.«

Das musste mir genügen. Trittin zog sein Fazit: »Unabhängig von unserer Begegnung im Zug wäre mir die Auseinandersetzung nicht erspart geblieben.«

Das sehe ich zwar anders, aber ich habe die Diskussion nicht weitergeführt. Zu enttäuscht war ich, und es war mir klar geworden, dass es ein lächerliches Unterfangen ist, wenn ein Normalbürger eine Auseinandersetzung mit einem im politischen Machtgefüge dringend benötigten Bundesminister hat. So sehr kann man gar nicht im Recht sein, dass man einen solchen Konflikt unbeschadet oder gar erfolgreich übersteht, zumal der Politiker stets eine Vielzahl von Möglichkeiten hat, sein Verhalten noch im Nachhinein zu deuten, zu interpretieren und nachzujustieren, wenn dem Normalbürger schon längst kein Mikrofon mehr in die Hand gegeben wird. Zu diesem Zeitpunkt wusste ich noch nicht, dass noch sehr viel bitterere Erfahrungen auf uns zukommen sollten.

Die unmittelbaren Nachwirkungen der *Christiansen*-Sendung ebbten erst Wochen später ab. Eine gravierende Folgewirkung meiner Auseinandersetzung mit Jürgen Trittin erreichte mich sogar erst eineinhalb Jahre später: Im Oktober 2002 rief die persönliche Referentin des Oppositionsführers im niedersächsischen Landtag bei mir an und sagte, Christian Wulff würde gern mit mir sprechen. Worum es gehe, konnte sie mir nicht sagen.

Das verabredete Telefonat mit Wulff fand an einem Sonntagnachmittag Ende Oktober statt. Wir mussten uns zunächst etwas kennenlernen. Wulff wusste, dass ich parteilos bin, und so wollte er sich zunächst einen Eindruck verschaffen, wie ich politisch einzuordnen sei. Das Gespräch richtete sich dann allmählich auf die Wahl zum niedersächsischen Landtag gut drei Monate später, am 2. Februar 2003. Gegen Ende des etwa einstündigen Gesprächs fragte Wulff, ob ich mir vorstellen könne, meinen Lehrstuhl an der Universität Göttingen gegen einen Ministersessel einzutauschen und Wissenschaftsminister in einer von ihm geführten Landesregierung zu werden.

Obwohl sich unsere Unterhaltung erkennbar auf eine solche Frage hin entwickelt hatte, war ich sehr überrascht, dass sie gleich bei unserem ersten Gespräch gestellt wurde. Nie zuvor hatte ich ein öffentliches Amt von auch nur annähernd dieser Größenordnung für mich in Betracht gezogen. Ich war sehr beeindruckt und bedankte mich für das Vertrauen, sagte aber auch, dass ich vor einer endgültigen Entscheidung einige Zeit brauchte, denn meine Hochschullehrertätigkeit aufzugeben sei eine enorme Veränderung, und die Folgen für die Familie seien kaum abzuschätzen. Auch musste ich ja klären, ob sich meine Vorstellungen über die Förderung von Hochschulen mit dem Programm der CDU vereinbaren ließen. Verbiegen wollte ich mich nicht, und wenn die Anschauungen eines Ministerkandidaten mit der Parteilinie nicht genügend übereinstimmen, kann das fatale Folgen haben.

Wieso war ausgerechnet ich ausgewählt worden? Einflussreiche Personen in der niedersächsischen CDU hatten, wie ich später erfuhr, meine Auseinandersetzung mit Trittin verfolgt und waren davon angetan, wie ich mich geschlagen hatte. Auch hatte man offenbar in den Reihen der Landes-CDU keinen für das Amt des Wissenschaftsministers besonders vorweisbaren Bewerber. Es lag somit nahe, nach einem Kandidaten außerhalb der Partei zu suchen, der die Hochschule aus

jahrzehntelanger beruflicher Erfahrung kannte. Einen parteilosen Kandidaten zu präsentieren machte zweifellos einen guten Eindruck in der Bevölkerung, denn beim Wähler musste
der Eindruck entstehen, dass man Kompetenz über parteipo-
litische Zugehörigkeit stellte.

Das Fehlen herausragender hochschulpolitischer Kompetenz in der niedersächsischen CDU machte mir die Suche nach
Eckpunkten im Programm leicht: Es fand sich nicht sehr viel,
und in dem Wenigen konnte ich keine Aspekte ausmachen, die
in Widerspruch zu meinen Anschauungen standen.

Elisabeth war sehr dagegen, dass ich ein politisches Amt
übernahm. Ich sprach mit Kollegen, auch solchen aus anderen
Fakultäten und anderen Hochschulen, und mit Freunden, ob
sie mir eine solche Aufgabe zutrauten. Nur sehr wenige rieten
mir generell ab: »Ein anerkannter Hochschullehrer begibt
sich nicht in die Politik«, meinten sie. Das wollte ich nicht
gelten lassen, und die weit überwiegende Mehrheit derer, die ich
fragte, bestärkte mich, das Angebot anzunehmen. Ihr Argument war: »Wenn wirklich einmal einer vom Fach die Chance
erhält, Einfluss in der Politik zu nehmen, muss er sie ergreifen.«

Wenige Tage später sagte ich Christian Wulff zu, in sein
»Zukunftsteam Niedersachsen« einzutreten. Wir trafen uns
zu einem mehrstündigen Gespräch in Göttingen, wobei es ihm
zwar nicht recht gelang, Elisabeths Bedenken zu zerstreuen,
aber sie war inzwischen bereit, die Aktion zu tolerieren. Wulff
hatte versucht, ihr die Sache schmackhaft zu machen, indem
er darauf verwies, von einem Minister für Wissenschaft und
Kultur werde erwartet, dass er möglichst oft Theater- und
Opernaufführungen besuche. Der Fahrer würde uns beide
abends abholen, und wir könnten die Vorstellungen gemeinsam genießen. Elisabeth meinte darauf nur, sie finde es auch
ganz hübsch, wenn wir mit dem eigenen Auto zu solchen Veranstaltungen führen.

Im Nachhinein betrachtet, hat Elisabeth übrigens wesentlich mehr politische Wirkung erzielt als ich. Beim Mittagessen erklärte sie Christian Wulff, dass die Regelung zu den Präsenztagen der Lehrer, wie sie in Niedersachen gehandhabt wurde, nicht sinnvoll sei. Alle Lehrer mussten an fünf Ferientagen für Fortbildungsmaßnahmen in der Schule sein, drei davon an den Tagen vor Schuljahresbeginn. Es war allerdings nicht möglich, an denselben Tagen für alle niedersächsischen Schulen geeignete Referenten für Fortbildungsveranstaltungen zu finden, weshalb Elisabeth meinte, ein Tag vor jedem Schulhalbjahr sei völlig ausreichend, um im Kreis der Lehrer organisatorische Dinge zu besprechen.

Christian Wulff nahm das Argument auf, und ich erinnere mich noch sehr gut, wie er diesen Punkt kurze Zeit später beim Parteitag in Oldenburg erwähnte. Ursula von der Leyen, die neben mir saß, horchte auf und sagte, Wulff habe zuvor noch nie darüber gesprochen, dass man den Lehrern Präsenztage ersparen müsse.

Die Zahl dieser Präsenztage wurde dann tatsächlich von der Regierung Wulff reduziert. Wenn ich daran denke, wie viele Lehrer es in Niedersachsen gibt und dass jeder von ihnen nun über zwei oder sogar drei zusätzliche Tage frei verfügen konnte, bereue ich meinen Ausflug in die Politik nicht. Meine Frau hatte mir gezeigt, wie Politik gemacht wird. Auf diesem Sektor musste ich ja nun noch einiges dazulernen.

Eine warnende Stimme aus dem familiären Umfeld gab es allerdings gleich zu Beginn meines Engagements für die CDU: »Du bist ein Blödmann. Die wollen doch nur deinen Namen und dein wissenschaftliches Ansehen benutzen. Wenn es an die Verteilung von Ministerämtern geht, bist du nicht dabei.« Dem, der da so skeptisch Einspruch erhob, habe ich erklärt, wie sehr er sich täusche. Die CDU habe beschlossen, den Bereich Hochschule, Wissenschaft und Technologie zu fördern, und das sei ihr so wichtig, dass sie jemanden ausgewählt habe, der kein CDU-Mitglied ist. Überzeugt habe ich ihn mit diesen Worten nicht.

Am 19. November 2002 wurde die Nachricht öffentlich. Die Pressemeldung der CDU in Niedersachsen hatte die Überschrift: »Zukunftsteam Niedersachsen: Wulff beruft parteilosen Professor Buback als zukünftigen Minister für Wissenschaft, Forschung und Kultur«. Christian Wulff wurde darin mit den Worten zitiert: »Michael Buback soll der Wissenschaft eine Stimme in der Politik und der Politik eine Stimme in der Wissenschaft verleihen.«

Es begann eine anstrengende Zeit, denn mein Wahlkampf musste während der Lehrveranstaltungen des gerade begonnenen Semesters und parallel zu allen Forschungsaktivitäten erfolgen. Ich stellte alle mir wesentlichen Gesichtspunkte zur Hochschul- und Kulturpolitik zusammen, um sie dann bei vielen Veranstaltungen zu präsentieren. Christian Wulff hatte gemeint, ich solle einige Hochschulen besuchen, was ich so interpretierte, dass er es gern sähe, wenn ich mich möglichst flächendeckend zeigen würde. Das war auch mein eigener Wunsch. Ich habe dann alle Universitäten, die meisten Hochschulen und Fachhochschulen, aber auch mehrere Theater und Museen besucht, schließlich ging es ja um das Amt des Ministers für Wissenschaft und Kultur. Der sehr tüchtige und aus seinem RCDS-Vorsitz erfahrene Ulrich Stegemann, den mir die CDU an die Seite gestellt hatte, organisierte alle Termine. Im Wahlkampf merkte ich, was für ein weites Land Niedersachsen ist. Nach den Veranstaltungen fuhr ich abends, meist nachts, mehrere Stunden zurück, um am nächsten Morgen wieder in der Universität zu sein. Elisabeth hatte oft Sorge, ich könnte am Steuer einschlafen.

Die Häufigkeit der Veranstaltungen nahm zu, je näher die Landtagswahl rückte. Schon im November und Dezember 2002 hatte ich viele Termine wahrgenommen, aber im Januar 2003 wurde mein Einsatz besonders anstrengend und zeitaufwendig. Schon die erste Januarwoche war hart:

Montag, 6. Januar: Fachhochschule Hannover, Tiermedizinische Hochschule Hannover, Fachhochschule für die Wirtschaft Hannover

Dienstag, 7. Januar: Erste Sitzung des Zukunftsteams Niedersachsen mit Pressekonferenz, Universität Oldenburg, Fachhochschule Oldenburg, Pressetermin *Nordwest-Zeitung,* Treffen mit dem Generalintendanten des Oldenburgischen Staatstheaters, RCDS-Diskussionsveranstaltung

Donnerstag, 9. Januar: Fachhochschule Ostfriesland in Emden, Pressegespräch, Fachhochschule Lingen

Freitag, 10. Januar: Treffen in Braunschweig mit Oberbürgermeister Hoffmann und Persönlichkeiten aus dem Kulturbereich, Besuch der »Kultur im Gifhorner Land«

Sonntag, 12. Januar: Zentrale Wahlkampferöffnung der CDU Niedersachsen in Braunschweig mit Fernsehinterview

Alles musste neben meinem Beruf geschehen, und die folgenden Wochen waren noch härter. Die Stimmung bei den regelmäßigen Treffen des Zukunftsteams wurde allerdings immer günstiger, und das wirkte sehr stimulierend. Es zeichneten sich gute Chancen für einen Machtwechsel und eine Regierungsübernahme durch die CDU ab. Christian Wulff, den ich nun häufig traf, beeindruckte mich sehr, und er wurde im Verlauf des Wahlkampfs immer stärker. Bei den Pressekonferenzen parierte meist er alle Fragen, wenn sie nicht ausdrücklich an ein Mitglied seines Teams gerichtet waren. Die *Frankfurter Allgemeine* äußerte sich nicht gerade euphorisch über die Mitglieder von Wulffs »Zukunftsteam«. »Kärrner machen Karriere« hieß es im Bericht über Wulffs dünne Personaldecke, nur Ursula von der Leyen und ich würden in dem Schattenkabinett auffallen.

Trotz des Doppelengagements in Beruf und Politik war es eine gute und interessante Zeit. Ich kann mich nicht erinnern, jemals in so kurzer Zeit so vieles über Menschen und Menschliches gelernt zu haben. Es war verblüffend, dass plötzlich alles, was ich sagte, wichtig war und als klug und durchdacht bezeichnet wurde. Das Angebot, ein Ministeramt zu übernehmen, hatte in den Augen vieler einen anderen, besonderen Menschen aus mir gemacht. Auch wenn ich hoffte, dass sie damit Recht hätten, konnte ich keine Veränderungen an mir registrieren. Auch Elisabeth fiel nichts Derartiges auf, vor allem entdeckte sie keine so außergewöhnlichen Qualitätsverbesserungen. Dennoch waren die Reaktionen auf mich sehr positiv; Christian Wulff hatte offensichtlich eine hervorragende Basis für mich geschaffen. Als er mich am 23. November 2002 auf dem Parteitag in Oldenburg »seinen Leuten« vorstellte, sagte er:

> »Ich bin stolz darauf, dass wir mit Professor Dr. Michael Buback einen herausragenden Wissenschaftler der Georgia-Augusta-Universität in Göttingen für unser Zukunftsteam gewonnen haben. Michael Buback steht für ein positives Klima für Wissenschaft und Forschung, für hochwertige Studienangebote und exzellente Forschungsbedingungen, für Kunst und Kultur als Beitrag zu mehr Lebensqualität in Niedersachsen!
> Michael Buback ist parteilos. Aber er sieht seine Verantwortung für dieses Land.«

So steht es im Manuskript der Rede. Mir wurde erst später klar, dass Wulff sich mit all den lobenden Worten wohl auch dafür rechtfertigen musste, dass er für das Ministerium einen Parteilosen ausgesucht hatte.

Am ausführlichsten fand ich die hochschulpolitischen Vorstellungen der CDU Niedersachsen in einer zehnseitigen Darstellung mit dem Titel »Hochschulreform als politische Herausforderung«. Verfasst hatten sie die Landtagsabgeordneten Bernd Busemann, der auch stellvertretender CDU-Fraktionsvorsitzender war, und Heidemarie Mundlos, die wissenschaftspolitische Sprecherin der CDU. Unter den zahlreichen

»wesentlichen Problem- und Kritikpunkten« wird darin auch das von dem damaligen SPD-Wissenschaftsminister Thomas Oppermann entwickelte Konzept der sogenannten Stiftungshochschule aufgeführt. Im CDU-Papier steht: »Hier wird ein Luftballon aufgeblasen, der mit heißer Luft gefüllt ist und schon bald platzen wird.«

So kritisch sah ich das Konzept keinesfalls, aber es erschien mir wichtig, die aufgekommenen Zweifel an der Verfassungsmäßigkeit – etwa durch den Staatsgerichtshof – prüfen zu lassen, damit es nicht zu einer Einrichtung von Stiftungshochschulen auf rechtlich unsicherem Fundament käme. In Interviews sagte ich: »Ich möchte, dass die Flexibilität dort ankommt, wo gelehrt, gelernt und geforscht wird, und wenn die Stiftung das besser garantiert als andere Konstruktionen, fördere ich – wenn ich Minister werde – das Modell nach besten Kräften.«

Den meisten anderen Punkten konnte ich uneingeschränkt zustimmen, etwa Ausführungen zur Selbstverwaltung der Hochschulen, zur Sicherung des wissenschaftlichen Nachwuchses oder zum »Kahlschlag an niedersächsischen Hochschulen« in den vergangenen Jahren.

Ein wichtiger Punkt im Wahlkampf waren die Studienbeiträge. Die CDU war für ein gebührenfreies Erststudium. Mit dieser Frage habe ich mich lange beschäftigt und zahlreiche Vorträge dazu gehalten. Es gab gute Argumente für, aber auch gegen Studienbeiträge. Nach sorgfältiger Abwägung war ich zu der Überzeugung gelangt, dass ein Erststudium in angemessener Länge kostenfrei bleiben sollte. Diesen Standpunkt habe ich bei all meinen Veranstaltungen engagiert vertreten.

Besonders wichtig war mir eine Entbürokratisierung an den Hochschulen. Sie hatte für mich Vorrang vor einer »Entstaatlichung«. Die Gefahr einer zu großen Staatsferne lag ja darin, dass sich die Politik nicht mehr um die Universitäten kümmern musste, ihnen alle Arbeit und Verantwortung übertrug, keine Fachaufsicht mehr hatte, aber dennoch die Finanzen fest im Griff behielt und im Rahmen von Zielvereinbarungen jederzeit Einfluss nehmen könnte. Wenn es so käme, hätte die Politik durch die Reform den größeren Vorteil als die »in die Freiheit entlassene« Hochschule. Gerade bei Stiftungsuniversitäten wollte ich vermeiden, dass es in schwerer Zeit heißt: »Stiftung, nun mach mal!« Nach meiner Vorstellung sollte ein Minister verantwortlich sein, ohne die Hochschulen zu gängeln und durch Erlasse unnötig einzuschränken. Das war sicher ein idealistischer Ansatz, aber ich hätte gern versucht, zumindest in diese Richtung zu wirken.

Der amtierende Wissenschaftsminister, Thomas Oppermann, wohnte ebenfalls in Göttingen und war hier mit absoluter Mehrheit gewählter Landtagsabgeordneter. Wir trafen uns bei Diskussionsveranstaltungen, und vom *Göttinger Tageblatt* wurde sogar ein »Wissenschaftsministerduell« zwischen ihm und mir organisiert. Es war nicht leicht für mich, gegen den mit dem Wissen aus seinem mehrjährigen Ministeramt ausgestatteten Politiker anzutreten, der zudem über ein sehr gewinnendes Auftreten verfügt. Unsere Debatten waren hart, aber doch stets sportlich und fair. Thomas Oppermann verlor dann in der Landtagswahl sein Direktmandat an einen Göttinger Rechtsanwalt.

Elisabeth und ich erlebten den Wahlabend im niedersächsischen Landtag. Man musste auf der Hut sein, um von den hastig von einem Sender zum anderen jagenden Spitzenkandidaten und dem sie jeweils umgebenden Konvoi nicht überrannt zu werden. Elisabeth beobachtete die Akteure und das Geschehen sehr genau und meinte bei der Rückfahrt, in die Umgebung, die sie gerade erlebt habe, würde ich nicht passen.

Das Wahlergebnis war vorzüglich für Christian Wulff. Die CDU hatte hoch gewonnen: 91 von 183 Sitzen; nur ein Sitz fehlte zur absoluten Mehrheit. Das bedeutete, dass die FDP zur Regierungsbildung gebraucht wurde und dass der eine der CDU fehlende Landtagssitz der FDP zwei Ministerposten bringen würde. Im »Zukunftsteam« schien mir eine Art unausgesprochener Konsens zu bestehen, wonach diejenigen Mitglieder des »Zukunftsteams«, nach deren Posten die FDP griff, verzichten würden.

Gleich nach der Wahl äußerte ein FDP-Landtagsabgeordneter seine Ambition, Wissenschaftsminister zu werden. Mit ihm und einigen seiner FDP-Kollegen führte ich als Leiter der CDU-Delegation für den Bereich Wissenschaft, Technologie und Kultur die Koalitionsverhandlungen. Wir kamen gut voran und präsentierten dem zentralen, aus den Führungspersonen von CDU und FDP bestehenden Koalitionsausschuss am 13. Februar 2003 Ergebnisse unserer Arbeit.

Von vielen Seiten erhielt ich bereits Glückwünsche zur bevorstehenden Wahl zum niedersächsischen Minister für Wissenschaft und Kultur. Meist antwortete ich darauf, dass ich nicht sicher sei, ob ich nach Abschluss der Koalitionsverhandlungen noch einziger oder erster Kandidat der CDU für diesen Posten sei. Viele hielten diese Skepsis für unbegründet. Noch vier Tage vor der Wahl hatte Christian Wulff geschrieben, dass Professor Buback »in einer CDU-geführten Landesregierung Wissenschaftsminister werden wird«. Es kam hinzu, dass der FDP-Bewerber für dieses Amt seinen Anspruch nach den Koalitionsvereinbarungen nicht mehr aufrechterhielt und auch niemand sonst aus der FDP danach strebte. Eigentlich war die Sache damit klar, und ich versuchte mich mit dem Gedanken anzufreunden, in Zukunft nicht mehr an der Universität zu arbeiten. Es war ein wehmütiges Gefühl, als ich am 13. Februar 2003 vormittags meine letzte Vorlesung im Wintersemester 2002/2003 hielt und überlegte, ob dies wohl meine letzte Vorlesung überhaupt als hauptamtlicher Hochschullehrer sei.

So kam es dann aber nicht; ich halte noch immer Vorlesungen. Ich bin glücklich darüber, weiter als Hochschullehrer arbeiten und sogar ein Buch über meinen Vater schreiben zu können, was aus einem Ministeramt heraus wohl nicht möglich gewesen wäre. Dennoch waren es bittere Tage in der zweiten

Februarhälfte 2003. Nachdem ich am 17. Februar mittags die Koalitionsverhandlungen mit der FDP erfolgreich abgeschlossen hatte, berichtete mir später an diesem Tag mein Schwager, der es von Thomas Oppermann wusste, dass nicht ich Wissenschaftsminister werden würde, sondern Lutz Stratmann, der im »Zukunftsteam« für das Umweltministerium vorgesehen gewesen war. Auch Oppermann war von der Entwicklung überrascht. Er hatte mir bereits Unterlagen zur Struktur des Wissenschaftsministeriums zukommen lassen und mich gefragt, wann es mir passen würde, dass er mir – nach meiner Vereidigung – das Ministerium übergeben würde.

Von CDU-Seite hatte ich bis dahin noch nichts gehört. Als ich nach einem NDR-Interview am 18. Februar vormittags in den Landtag kam, erfuhr ich, dass Wulff mit mir sprechen wollte. Es war klar, worum es gehen würde. Kläglich saß Christian Wulff auf seinem großen Sofa, und ich hatte den Eindruck, dass wohl ich das Gespräch führen müsste, was ich dann auch tat. Ich müsse nicht unbedingt Minister werden, sagte ich, die CDU schulde mir nichts. Weiterhin in meinem Beruf zu arbeiten, in dem ich mich sehr wohl fühle, sei kein Problem für mich. Wulff schien erleichtert und meinte, warum nicht alle so sein könnten.

Ich machte ihm aber auch klar, dass ich von mir aus keinen Rückzieher machen würde. Ich hatte mich vor gut drei Monaten entschieden, sein Angebot anzunehmen, und würde dazu stehen. Nun musste er handeln. Christian Wulff sagte zwar noch, er werde bei einem bevorstehenden Gespräch mit den Bezirksvorsitzenden versuchen, sich für mich einzusetzen, aber uns beiden dürfte klar gewesen sein, dass er damit keinen Erfolg haben würde.

Es begann für mich und für Elisabeth eine schlimme Zeit. Wir erfuhren am 19. Februar aus dem Fernsehen, dass ich der »Verlierer« sei. Erst am 21. Februar rief Christian Wulff an, um mir die endgültige Entscheidung mitzuteilen. Ich verschwand so schnell aus der Öffentlichkeit, wie ich in sie hin-

eingeraten war. Der Adel, der all meinen Aktivitäten innezu-
wohnen schien, seit mir der bisherige Oppositionsführer und
neue Ministerpräsident in einer wohl nicht einmal mit seiner
Partei sorgfältig abgestimmten Aktion ein Amt angeboten
hatte, verflog schnell, als dieser »Gunsterweis« nicht mehr andauerte.

Am 23. Februar kam Christian Wulff noch zu einem Besuch zu uns nach Hause. Auf dem Niedersachsentag der Jungen Union in Göttingen hatte er zuvor erklärt, er werde sich
auch weiterhin darum bemühen, mich als Innovationsberater
für die neue Landesregierung zu gewinnen: »Auf einen im
besten Sinne so unabhängigen Geist können wir nicht verzichten«, hatte er gesagt.

Wulff war bei der Jungen Union unter Druck geraten. In
einem auch im Internet veröffentlichten Brief hatte die Nach-
wuchsorganisation geschrieben, es sei ein tragischer Fehler,
den Göttinger Universitätsprofessor Michael Buback nicht ins
Kabinett aufzunehmen. Die Menschen im Land würden, nachdem die CDU kompetente Persönlichkeiten zur Mitwirkung
an der Politik eingeladen habe, nun mit Entsetzen darauf reagieren, dass mir die Tür vor der Nase zugeschlagen wurde.
Viele Menschen seien der Meinung, dass es nicht um Kompetenz, sondern wieder mal ausschließlich um parteiinterne Interessen gegangen sei. So war es ja auch. Man hatte mich zunächst mit Lorbeeren überschüttet, und jetzt schob man mich
beiseite.

Über den Brief aus der Jungen Union habe ich mich gefreut.
Der Mut dieser jungen Leute gefiel mir, nachdem ich in den
Monaten zuvor auch viel Duckmäusertum und Opportunismus erlebt hatte. Viele andere beschwerten sich in Briefen an
Wulff, die ich oft in Kopie erhielt. Nicht nur bei der Opposi-
tion, sondern auch in der CDU stieß dieser Umgang mit mir
auf Unverständnis.

Trotzdem sprach bald kaum noch jemand von meinem Einsatz für die CDU. Das war gut für die Partei. Bei der Land-

tagswahl fünf Jahre später wurde mit keinem Wort mehr erwähnt, dass es einmal einen Wissenschaftsministerkandidaten Buback gegeben hatte. Auch die Medien befragten den ausgemusterten Kandidaten nicht mehr zu hochschulpolitischen Aspekten. Der Name Buback war längst wieder unter der Rubrik »RAF-Terroropfer« einsortiert.

Im März 2003 gratulierte ich Wulff zu seiner Wahl zum Ministerpräsidenten, aber ich erwähnte dabei auch, wie schwer es für mich und meine Frau geworden war:

> »Da gibt es einerseits Hohn und Spott für den, der unbedingt Minister werden wollte, aber zu töricht war zu erkennen, dass er doch nur wegen seines Namens und seiner wissenschaftlichen Reputation ›benutzt‹ wurde. Andererseits begegnet uns viel Mitleid, das ähnlich schwer zu ertragen ist. [...] Die Art, in der von Seiten der CDU mit mir umgegangen wurde, hat zu einer enormen Beschädigung meines Ansehens beigetragen. Es wird vielfach von Brüskierung und sogar von Demütigung gesprochen. Ich frage mich, ob niemand bei der CDU diese für mich absehbaren, schwierigen Folgen bedacht und die Entwicklung mit meinen Augen zu sehen versucht hat.«

Ich habe Christian Wulff auch gefragt, ob denn die Erklärung, die mir für mein Ausscheiden gegeben wurde, zutreffe. Es hieß, man habe zu spät bemerkt und bedacht, dass im Falle meiner Berufung in ein Ministeramt der südniedersächsische Bezirk drei und der Oldenburger Bezirk keinen Minister hätte, so dass an meiner Stelle ein Oldenburger ins Kabinett berufen wurde. Das würde ja bedeuten, dass man in der Führung der niedersächsischen CDU mehrere Monate lang das kleine Einmaleins der Politik verdrängt hatte.

Der sehr unterschiedliche Umgang mit mir – vor und nach der Wahl – stieß auf Unverständnis. Ich schrieb Wulff noch: »Viele sprechen nun sogar von Wählertäuschung.« Das Ministerium für Wissenschaft und Kultur war ja nicht an die FDP »verlorengegangen«.

Später habe ich Christian Wulff noch einige Male getroffen. Er machte mich zum Mitglied in der größeren Gesprächsrunde »future minds«, die sich im unregelmäßigen Abstand von mehreren Monaten mit dem Ministerpräsidenten traf und vielfältige Themen diskutierte. Zuletzt nahm ich an einem solchen Treffen am 8. Februar 2005 teil, dann wurde ich nicht mehr eingeladen.

Besonders enttäuscht war ich, als ich merkte, dass wesentliche Punkte der Politik, die ich im Wahlkampf im Sinne der CDU und für die CDU vertreten hatte, nicht umgesetzt wurden. Gelegentlich geschah sogar gerade das Gegenteil. Es ist bitter für mich, eingestehen zu müssen, dass derjenige, der mich gewarnt hatte, man würde mich nur wegen meines Namens und meiner Reputation benutzen, vermutlich Recht hatte. Ohne den Namen Buback wäre ich wohl nicht in eine solche Situation gelangt. Angehörige von Terroropfern sollte man nicht in dieser Weise benutzen.

Wir kamen über die bedrückende Situation hinweg, allerdings mit Schrammen, die ungerechterweise Elisabeth in stärkerem Maße hinnehmen musste als ich, der ich uns – gegen ihren Rat – in das Abenteuer gestürzt hatte. Gelegentlich werde ich noch darauf angesprochen, ob ich nicht doch gern Minister geworden wäre. Ja, es wäre für mich schon interessant zu wissen, wie ich mich bewährt hätte und wie es ausgegangen wäre, aber ich trauere keiner verlorenen Chance nach.

Es dauerte lange, bis all das nachgearbeitet war, was sich während des Wahlkampfs im Bereich meiner Forschung verzögert hatte. Als Folge der Ermordung meines Vaters hatte ich in der Auseinandersetzung mit Jürgen Trittin eine schwierige Zeit gehabt und mehrere Wochen verloren. Der Aufwand in Verbindung mit Wulffs Angebot kostete mich mehrere Monate. Ich hätte es damals nicht für möglich gehalten, dass es noch einen dritten Einsatz in Verbindung mit der Ermordung meines Vaters geben könnte, der noch viel anstrengender und zeitraubender sein würde als die beiden vorherigen Unternehmungen.

In den folgenden Jahren gab es kaum Aktivitäten außerhalb von Beruf und Familie. Ende Mai 2006 war ich zum Festakt aus Anlass der Verabschiedung von Generalbundesanwalt Kay Nehm und der Amtseinführung von Monika Harms eingeladen. Die aktiven Beamten der Behörde kannte ich nicht mehr, aber ich fühlte mich wohl im Kreise der Bundesanwaltschaft. Kay Nehm hat den Kontakt über all die Jahre aufrechterhalten.

Mit der neuen Generalbundesanwältin hatte ich bei der Amtsübergabe ein sehr angenehmes Gespräch. Sie rief mich in der Folgezeit einige Male an und besuchte uns am 8. November 2006 in Göttingen. Es wurde ein fast familiäres Treffen, als würden wir uns seit Jahren kennen. Mit Elisabeth freute ich mich über diesen guten Kontakt, der die Aussicht eröffnete, dass die Verbindung zur Karlsruher Behörde, die uns immer wichtig war, über die Amtszeit von Kay Nehm hinaus fortbestehen würde.

4   Januar bis März 2007

An den Weihnachtstagen 2006 waren die Kinder und auch meine Mutter bei uns in Göttingen. In früheren Jahren hatten wir gelegentlich davon gesprochen, wie schade es sei, dass nichts in der Öffentlichkeit an meinen Vater erinnerte. Es gab kein Buch über ihn, und auch fast drei Jahrzehnte nach seiner Ermordung – am 7. April 2007 stand der dreißigste Jahrestag bevor – wussten wir von keinem Weg, keiner Straße und keinem Platz, der nach ihm benannt war. Bei früheren Gedenkfeiern hatte ich gelegentlich beiläufig gefragt, was denn aus dem Vorhaben geworden sei, eine Straße in Karlsruhe nach Siegfried Buback zu benennen. Die Antwort lautete stets, dass gerade eine Initiative angedacht oder sogar schon auf bestem Wege sei. Im Lauf der Zeit wurde mir das Nachfragen unangenehm.

Irgendwann war auch der Punkt erreicht, an dem wir uns nicht mehr sicher waren, ob wir uns wirklich noch eine Siegfried-Buback-Straße wünschten. Nach dem Tod von Politikern war es meist recht schnell gelungen, die Erinnerung durch Straßennamen wachzuhalten. Wenn ein solches Zeichen der Erinnerung und Anerkennung bei meinem Vater erst nach so vielen Jahren erfolgte, könnte der Eindruck entstehen, es hätten sehr viele Widerstände überwunden werden müssen, die Maßnahme sei fragwürdig und nicht von breiter, vorbehaltloser Unterstützung getragen.

So waren wir zur Jahreswende 2006/2007 fest überzeugt, dass es kein besonderes öffentliches Interesse mehr an meinem Vater gab. Nachdem so viel Zeit verstrichen war, mussten wir das akzeptieren. Wir nahmen uns vor, keinesfalls mehr danach zu fragen, ob und in welcher Weise das Gedenken an meinen Vater öffentlich wachgehalten werden sollte.

Von Monika Harms, der Generalbundesanwältin, hatten

wir bei ihrem Besuch im November 2006 allerdings erfahren, dass zwei Gedenkfeiern für das Jahr 2007 geplant seien, im April eine interne Feier im Gebäude der Bundesanwaltschaft für meinen Vater, für Wolfgang Göbel und Georg Wurster und später im Jahr eine größere Gedenkfeier in Berlin für alle Opfer des RAF-Terrors. Elisabeth und ich waren froh über diese Nachricht. Die Vorbereitungen lagen bei der Generalbundesanwältin offensichtlich in den besten Händen.

Zwei andere Themen hatte Monika Harms, wie ich einige Wochen später bemerkte, bei ihrem Besuch nicht angesprochen: die anstehenden Entscheidungen über die Haftentlassung von Brigitte Mohnhaupt, die nach vierundzwanzig Jahren Haft ihre Mindestverbüßungsdauer erreicht hatte, und das Gnadengesuch von Christian Klar, dessen sechsundzwanzigjährige Mindestverbüßungsdauer erst am 3. Januar 2009 enden würde.

Davon hörte ich zum ersten Mal, als am 11. Januar 2007 der für die Rubrik »Außenansicht« zuständige Redakteur der *Süddeutschen Zeitung* bei mir anfragte, ob ich Interesse hätte, einen Kommentar zur Frage der vorzeitigen Haftentlassung früherer RAF-Terroristen zu verfassen.

Ich war froh, dass diese Anfrage als E-Mail gekommen war und ich nicht am Telefon damit überrascht wurde. So konnte ich zunächst meine Gedanken ordnen. Angesichts des erstaunlich starken und weiter ansteigenden öffentlichen Interesses an der Begnadigungsdebatte würden die Angehörigen der Terroropfer sicher bald von mehreren Seiten angesprochen werden. Es dauerte dann auch nur wenige Tage, bis zahlreiche weitere Anfragen kamen. Ich hätte nun in vielen Interviews meine Meinung darstellen können, doch das ist leichter gesagt als getan, da ich den Gesamteindruck eines Interviews letztlich nicht beeinflussen kann. Daher hielt ich es für besser, einen eigenen Beitrag zu schreiben, und nahm das Angebot der *Süddeutschen Zeitung* an. Meine »Außenansicht« erschien in der Ausgabe vom 24. Januar 2007.

Die Redaktion wählte als Titel des Beitrags »Fremde, ferne Mörder«. Gleich zu Beginn schrieb ich: »Es ist gut und richtig, dass Angehörige der Opfer an Entscheidungen über die Begnadigung von Mördern nicht beteiligt sind.« Und ich fügte hinzu, dass sich mein Beitrag eigentlich auf diesen Satz beschränken könnte. Das wäre dann aber doch etwas knapp gewesen, so dass ich weiter schrieb: Mein Vater sei nicht als die private Person, die er für uns ja ausschließlich war, getötet worden, sondern als ein Repräsentant der deutschen Justiz. Deshalb seien uns seine Mörder fern und fremd.

Mir wurde beim Schreiben wieder bewusst, dass ich zwar seit Jahrzehnten die Namen der drei Karlsruher Täter kannte, als die man uns Folkerts, Klar und Sonnenberg genannt hatte, aber ich konnte nicht sagen, wer von ihnen meinen Vater und seine beiden Begleiter erschossen hatte. Dabei war die Beantwortung dieser Frage für mich sehr wichtig. Auch wenn alle Mittäter nach dem Gesetz dieselbe Strafe verdienten, wollte ich doch wissen, wer geschossen, und auch, wer noch auf dem Motorrad gesessen hatte.

Dass bei einem so schweren Verbrechen eine Gruppe pauschal die Verantwortung dafür übernimmt, kam mir wie eine Bagatellisierung vor. Bei weniger bedeutsamen Straftaten mag es nicht erforderlich und auch nicht lohnend sein, alle Tatumstände genau zu klären, aber bei Mord?

Es beschädigte in meinen Augen die Würde der Toten, wenn man nicht darauf bestand, die einzelnen Tatbeiträge exakt zu ermitteln, und sich damit begnügte, das Verbrechen diffus einer Gruppe von Tätern zuzuordnen. Die Ungewissheit, wer die tödlichen Schüsse abgegeben hatte, belastete mich. Warum eigentlich gaben die Täter nicht wenigstens jetzt Auskunft? Sie hatten ja nichts mehr zu befürchten, denn schließlich waren sie entweder schon aus der Haft entlassen, oder sie hatten ihre Strafe weitestgehend verbüßt.

Enttäuschend war auch, dass gerade dieses schwere Verbrechen nicht aufgeklärt worden war. Mordfälle werden zu mehr als 90 Prozent gelöst, warum dann nicht die Ermordung des obersten Anklägers der Bundesrepublik?

Ich wurde plötzlich unsicher: Wusste man vielleicht inzwischen, wer geschossen hatte, und es war mir nur entgangen? Elisabeth konnte sich aber auch nicht an Ergebnisse einer genaueren Aufklärung erinnern. Sie meinte allerdings, dass wir von den Tätern keine Auskünfte erhalten würden und mit Sicherheit kein Recht auf solche Information hätten. Trotzdem erwähnte ich in meinem Beitrag für die *Süddeutsche Zeitung*, dass es mich störte, nicht zu wissen, wer meinen Vater erschossen hatte. Diesen Satz habe ich anschließend mehrfach in der Öffentlichkeit wiederholt. Daraus ergab sich eine dramatische Entwicklung, die uns mehr als ein Jahr in Atem halten sollte.

Da die Entscheidung über das Gnadengesuch von Christian Klar allein beim Bundespräsidenten lag, hatte ich nach Fertigstellung meines Beitrags den Text vorab an den Bundespräsidenten geschickt. Ich hatte zwar ausdrücklich geschrieben, dass Angehörige an Entscheidungen über Haftentlassungen nicht beteiligt sind, aber mein Kommentar wurde in der Öffentlichkeit intensiv registriert – und natürlich auch instrumentalisiert: als Votum gegen eine Begnadigung Klars. Das hatte ich allerdings weder so gesagt noch so gemeint.

Meine Annahme, mich durch einen ausführlichen eigenen Beitrag vor weiteren Presseanfragen schützen zu können, bestätigte sich nicht. Dadurch, dass ich, der Angehörige eines Opfers, mich öffentlich geäußert hatte, wurde ich geradezu zum »Protagonisten« in der Gnadendiskussion. Bereits vor Erscheinen meines Beitrags in der *SZ*, besonders aber unmittelbar danach, wurde ich zu weiteren öffentlichen Äußerungen gedrängt. Mehrere Fernseh-Talkrunden planten in diesen Januartagen einen Beitrag zur RAF-Gnadendiskussion, und die Redaktionen erklärten mir jeweils, wie wichtig es wäre, dass ich gerade in ihrer Sendung mitdiskutierte.

Besonders schnell und hartnäckig war die Redaktion *Ker-*

ner. Gleich am 25. Januar sollte ich zur Sendung nach Hamburg kommen. Das ließ sich aber nicht einrichten, denn ein kanadischer Gastprofessor in meiner Gruppe war nur noch wenige Tage in Göttingen, und wir hatten ihn und seine Familie für diesen Abend zum Essen zu uns nach Hause eingeladen. Das wollte ich nicht absagen.

Der Redakteur nahm meine Entscheidung schließlich hin, rief aber kurz darauf wieder an, Johannes B. Kerner sei inzwischen fest überzeugt, dass ich unbedingt an diesem Abend in seiner Sendung sein müsse. Ich könne doch meinen Gast und dessen Familie nach Hamburg mitbringen, meinte er, aber ich lehnte es ab, in dieser Weise über unsere Gäste zu verfügen. Damit war die Angelegenheit für mich erledigt.

Ich kannte mich im Mediengeschäft zu wenig aus, um zu wissen, dass sich ein Fernsehmann, der Witterung aufgenommen hat, nur noch durch Naturkatastrophen abhalten lässt, wenn überhaupt. Kurze Zeit später rief der Redakteur wieder an: Man habe beschlossen, ein *Kerner*-Studio in unserem Wohnzimmer aufzubauen.

Der große Übertragungswagen war bereits auf dem Weg zu uns. Als er eintraf, begannen hektische Vorbereitungen. Es wurde ein geeigneter Platz in unserem Wohnzimmer gesucht, an dem man mich vor einer Wand mit der Aufschrift »Kerner« plazierte. Die Licht- und Tonverhältnisse wurden geprüft, zwischendurch wurde ich für den Auftritt geschminkt. Der Kontakt mit dem Studio in Hamburg, wo bereits zwei weitere Gäste und das Publikum warteten, wurde ständig gehalten.

Das Vorgespräch mit Johannes B. Kerner dauerte kaum eine Minute. Fest verkabelt saß ich mitten in unserem Wohnzimmer, umgeben von mir bislang unbekannten Menschen, wie ein Gefangener im eigenen Hause. Im Gespräch ging es dann um die eventuellen Haftentlassungen von Mohnhaupt und Klar, also um die Fragen, zu denen ich mich bereits in der *Süddeutschen Zeitung* geäußert hatte. Nach der Aufzeichnung befreite ich mich sofort von all den an mir haftenden Zuleitungen und fuhr los. Mein Gastprofessor wartete bereits mit Frau und Tochter in der Januarkälte darauf, dass ich ihn abholte. Als ich mit unseren Gästen nach Hause zurückkehrte, war der Spuk vorüber und der Tisch festlich gedeckt. Meine Frau musste gezaubert haben.

Vier Tage später war ich einer der Gäste in der *Sabine Christiansen*-Sendung »Gnade für Gnadenlose – Eine zweite Chance für Mörder«. Der Titel erschien provokativ und der Nachsatz nicht übermäßig klar, aber es wurde dennoch eine interessante Runde. Ich war das zweite Mal in dieser Talkshow und etwas mutiger als sechs Jahre zuvor, als ich noch jeweils darauf gewartet hatte, angesprochen und zu einer Äußerung aufgefordert zu werden. Die Diskussion kreiste vor allem um das im Rahmen der Begnadigungsdebatte häufig gebrauchte Wort »lebenslänglich«, das für die unmittelbaren Angehörigen eine viel elementarere und unverrückbarere Bedeutung hat als für Verbrecher, die auch nach der schwersten Tat irgendwann in Freiheit gelangen.

Es ging ja hier um Täter, die wegen mehrerer Morde zu fünfmal »lebenslänglich« plus fünfzehn Jahren verurteilt worden waren. Die tatsächliche Haftdauer würde, wenn man den Anträgen von Klar und Mohnhaupt entsprach, vierundzwanzig Jahre betragen. Den hiermit verbundenen Strafnachlass illustrierte ich in der Sendung mit einer Überschlagsrechnung: Die Täter hatten bei ihrer Verurteilung eine statistische Lebenserwartung von noch etwa fünfzig Jahren, so dass eine fünfmal lebenslängliche Strafe plus fünfzehn Jahre, wenn man den Urteilsspruch wörtlich nahm, eine Haft von zweihundertfünfundsechzig Jahren bedeuten würde. Vierundzwanzig Jahre tatsächliche Haft entsprächen dann gut 9 Prozent der verhängten Strafe.

Natürlich war diese Rechnung anfechtbar. Das lag allerdings nicht oder zumindest nicht ausschließlich an einer Schwäche meines Ansatzes, sondern an der Merkwürdigkeit der Strafe »fünfmal lebenslänglich«. Mir ging es vor allem darum, dass sich Täter, die nach einer gegenüber dem Urteil erheblich verkürzten Haftstrafe in Freiheit gelangen wollten, eindeutig zu ihren Taten bekennen und ihren Tatbeitrag nennen sollten. In Verbindung mit Begnadigungen erschien mir dies geradezu zwingend. Wie kann Gnade erwiesen werden, wenn man nicht genau weiß, für welche Tat sie überhaupt gewährt wird?

Der ehemalige Bundesinnenminister Gerhart Baum plädierte in der Talkrunde sehr für eine Begnadigung und für die Freilassung nach Ablauf der Mindestverbüßungsdauer. Gegenüber den anderen Diskussionsteilnehmern hatte er den Vorteil, mit der juristischen Materie und vor allem mit der Entscheidung des Bundesverfassungsgerichts zur Frage lebenslanger Strafen am besten vertraut zu sein. Trotzdem konnte er mit seinen Argumenten nicht recht durchdringen; eine parallel zur Sendung durchgeführte Umfrage ergab nur geringe Zustimmung für seine Position.

Ein Grund für die schwierige Vereinbarkeit der Standpunkte mochte darin liegen, dass Gerichte einerseits die Strafe »lebenslänglich« verkünden, während andererseits vom Bundesverfassungsgericht entschieden wurde, dass auch zu lebenslänglicher Haft Verurteilte die Perspektive haben müssen, wieder in Freiheit zu gelangen. Eigentlich müsste also die Verhängung von »lebenslänglich« stets mit dem Nachsatz verknüpft werden, dass diese lebenslängliche Strafe aber keinesfalls lebenslänglich andauern dürfe.

Nach dem Wortsinn würde man unter »lebenslänglich« verstehen, dass ein Verbrecher für den Rest seines Lebens in Haft bleibt, wenn sich nicht besondere Gesichtspunkte für eine Haftverschonung ergeben. Mir ist diese Sachlage erst nach der *Christiansen*-Sendung voll bewusst geworden. Manche der Baumschen Äußerungen klangen für mich so, als ob die lange Haftdauer der Terroristen in irgendeiner Weise mit der Unversöhnlichkeit der Angehörigen verknüpft wäre. Die Angehörigen aber hatten nichts zu entscheiden; sie hatten auch gar keine einheitliche Meinung zu dieser Frage, hatten auch nie versucht, solch eine gemeinsame Ansicht zu entwickeln.

Schon in der *Süddeutschen Zeitung* hatte ich geschrieben, dass ich die Haftdauer der Mörder weder beeinflussen wolle noch könne und dass es für mein Befinden nahezu unerheblich sei, ob etwa Christian Klar noch bis Anfang 2009 in Haft bleibe oder durch einen Gnadenerweis des Bundespräsidenten bereits früher in Freiheit gelange. Was das Gesuch von Brigitte Mohnhaupt anging, so hatte ich inzwischen von der Generalbundesanwältin erfahren, dass ihre Behörde die Entlassung aus der Haft befürworte. Zwar erinnerte ich mich, dass mein Vater Brigitte Mohnhaupt als die gefährlichste Person unter den in Freiheit befindlichen RAF-Terroristen betrachtete. Aber ich hatte uneingeschränktes Vertrauen in die Arbeit der Bundesanwaltschaft, und wenn sie für eine Haftverschonung plädierte, gab es für mich keinen Anlass, Einwände dagegen vorzubringen.

Für den Tag nach der Sendung hatte ich mich bereit erklärt, an einer weiteren Diskussionsrunde in Berlin teilzunehmen, wieder mit Gerhart Baum, diesmal bei *Was erlauben Strunz* auf N24. Ich war zwar bereits vor Ort, hatte allerdings übersehen, dass es unaufschiebbare dienstliche Verpflichtungen in Göttingen gab; unter anderem musste ich Diplomprüfungen abnehmen. So fuhr ich am Montagmorgen mit dem ersten Zug nach Göttingen und am Nachmittag zurück nach Berlin. Es war spät, als die Sendung mit Gerhart Baum beendet war, und ich beeilte mich, ins Hotel zu kommen, um wenigstens noch ein paar Stunden Schlaf zu kriegen, bevor mich am nächsten Morgen der erste Zug nach Ludwigshafen bringen würde, wo eine Projektbesprechung bei der BASF angesetzt war.

Die Begnadigungsdebatte machte weiter Schlagzeilen. Sogar das niederländische Fernsehen wollte ein Gespräch mit mir führen. In den Niederlanden war die Gnadendiskussion vor allem wegen Knut Folkerts von Bedeutung, der bei seiner Ergreifung in Utrecht am 22. September 1977 einen Polizisten erschossen hatte und dafür zu zwanzig Jahren Haft verurteilt worden war. Man lieferte ihn aber an die Bundesrepublik aus, wo ihm eine lebenslängliche Haftstrafe drohte. Wegen »dreier durch dieselbe Handlung begangener Verbrechen des Mordes« beim Karlsruher Attentat und »eines Verbrechens des versuchten Mordes in Tateinheit mit schwerem Raub« beim Überfall auf ein Waffengeschäft in Frankfurt erhielt er dann auch tatsächlich »lebenslänglich«. Allerdings wurde Folkerts nach siebzehn Jahren aus der Haft entlassen. In den Niederlanden fragte man nun, wieso die Haft in Deutschland nicht wenigstens so lange andauerte, wie es allein das niederländische Urteil vorgesehen hatte. Ich lernte daraus, dass es in den Ländern der Europäischen Union zwar eine hohe Regelungsdichte, aber offenbar keine übereinstimmenden Ansichten in der Frage lebenslänglicher Haftstrafen gab.

Das niederländische Fernsehen kam nach Göttingen. Wegen des Medieninteresses, das Ende Januar fast meine gesamte frei verfügbare Zeit aufbrauchte, schaffte ich es nicht mehr, zu Sendungen hinzufahren. Die Anfragen waren an manchen Tagen so zahlreich, dass mich allein die Versuche zu erklären, dass ich keine Zeit und Kraft mehr hätte, RAF-bezogene Interviews zu geben, voll auslasteten. Es sei doch aber ganz im Sinne meiner Interessen, entgegnete man mir, jede sich bietende Gelegenheit zu nutzen, um öffentlich Stellung zu nehmen. Gelegentlich fragte ich zurück, welche Interessen das denn sein sollten. Als Angehörige haben wir keine Interessen und Ziele in dem Sinn, dass es darum ginge, einen Vorteil erreichen zu wollen. Wir haben ja auch nichts zu gewinnen. Und vielen Angehörigen ist es durchaus nicht angenehm, wenn ihr Familienname immer wieder in bedrückendem Zusammenhang in der Öffentlichkeit erscheint.

Auch für mich waren die Fernsehauftritte stets belastend. Wenn ich dabei über meine wissenschaftliche Arbeit hätte sprechen können, wäre es leichter gewesen, aber stets ging es nur um das furchtbare Karlsruher Attentat. Dennoch hatte ich irgendwann beschlossen, nicht wegzuducken, wenn ich aus nachvollziehbarem Grund gefragt wurde. Als normaler Bürger – das hatte ich inzwischen gemerkt – bestand für mich kaum eine Möglichkeit, mir dann Gehör zu verschaffen, wenn ich einen wichtigen Umstand mitzuteilen hatte. Der Anstoß kam stets von den Medien. Unmittelbar vor runden und halbrunden Gedenktagen stieg das Interesse an den Ereignissen um die Ermordung meines Vaters rapide an, um danach ebenso rasch zu versiegen. So ergab sich die merkwürdige Situation, dass das Medieninteresse bereits nahe bei null war, wenn mir die Geschehnisse gerade wieder voll bewusst waren. Für die neuen Einsichten, die ich aus der Distanz der Jahre gewonnen hatte, gab es nun kein Interesse mehr. Derselbe Journalist, der mir noch kurz zuvor gesagt hatte, wie außerordentlich bedeutsam ein Kommentar aus meinem Munde sei, erklärte mir dann fast mitleidig: »Aber, Herr Buback, das möchte doch jetzt niemand mehr lesen.«

In den Jahren zuvor hatten wir uns weitgehend aus der RAF-Debatte herausgehalten. Nie hatten wir danach gefragt, wo Christian Klar oder andere Terroristen inhaftiert waren und wie lange die Haft noch andauern würde. Dass es Mindestverbüßungsdauern gab, erfuhren wir erst im Januar 2007.

Erstaunlicherweise hielt das öffentliche Interesse an Klars Begnadigung auch Anfang Februar noch an. Ging es da nur um Christian Klar? Eine eventuelle Begnadigung durch den Bundespräsidenten würde doch nur einen Bruchteil seiner Gesamtstrafe betreffen, falls er im Januar 2009 nach Ablauf der Mindestverbüßungsdauer in Freiheit gelangte. Bei früheren Begnadigungen hatte es kaum öffentliche Reaktionen gegeben, und wir waren nie nach unserer Meinung gefragt worden. Spielte es vielleicht eine Rolle, dass Klar der letzte männliche Inhaftierte der RAF war? Oder spürten einige, dass es da noch etwas Wichtiges gab, was bislang nicht geklärt war?

Mir scheint, dass ohne die sorgfältige Befassung des Bundespräsidenten mit dem Klarschen Gnadengesuch das meiste von dem, was ich im Folgenden beschreibe, nie bekannt geworden wäre. Da die Entscheidungen über die Anträge von Brigitte Mohnhaupt und Christian Klar noch nicht gefallen waren, blieb die öffentliche Diskussion wach, und es gab weitere Interviewanfragen. Eigentlich hatte ich alles gesagt, und es wurde mir unangenehm, meine Punkte ständig zu wiederholen. Eines hatte ich allerdings nicht bedacht: Es hörten und sahen mich auch Personen aus dem RAF-Bereich. Obwohl ich meine Äußerungen ohne jegliches taktische Kalkül gemacht hatte, sollten sie wichtige Konsequenzen haben, weil ein bei Freiburg lebender Mann aus dem Kernbereich der früheren RAF, Peter-Jürgen Boock, meinen Wunsch nach Aufklärung in einer Radiosendung von SWR 2 gehört hatte.

Am 6. Februar 2007 startete ich mit meiner Frau zu einer Tagungsreise nach Australien und zu einer seit langem geplanten mehrwöchigen Gastprofessur an der University of Canterbury in Christchurch auf der neuseeländischen Südinsel. Es war wohltuend, auch räumlich so sichtbar auf Distanz zur RAF-Debatte in Deutschland zu gehen. Die Sache erschien uns abgeschlossen, und bereits bei der Zwischenlandung in Singapur war die RAF-Problematik kein Gesprächsthema mehr für uns. In Sydney, wo wir uns eineinhalb Tage erholen konnten, hatten wir zwar das Gefühl, nicht so recht wach zu sein, aber zwei Tage später war die Zeitumstellung geschafft, gerade rechtzeitig zu Beginn der Tagung in Hobart.

Im Hotelzimmer ragte ein Internetkabel über die Kante des Schreibtischs. Irgendwann verleitete es mich dann doch, kurz nach meinen E-Mails zu schauen. Dabei bemerkte ich, dass die RAF-Debatte daheim immer noch voll im Gange war. Inzwischen war das Interesse sogar über den Atlantik geschwappt: Zwei US-amerikanische Radiostationen erkundigten sich, ob ich bereit sei, ein Interview zu geben. Von den *Tagesthemen* wurde angefragt, ob ein kurzes Gespräch vor der Kamera am 12. Februar möglich sei – an jenem Tag, an dem über die Entlassung von Brigitte Mohnhaupt entschieden würde. Auch die Einladung zu einer *Berlin Mitte*-Sendung erledigte sich von selbst, da ich ja auf der gegenüberliegenden Seite der Erdkugel war.

Etwas diffiziler war die Entscheidung bei den Anfragen nach Zeitungsinterviews, denn schließlich war es kein Problem, über E-Mail Fragen zu beantworten. Nach den Wochen mit sehr intensivem Pressekontakt kam es mir jetzt merkwürdig, fast etwas beunruhigend vor, nun gar nicht mehr an der Diskussion beteiligt zu sein.

Elisabeth war entschieden dagegen, dass ich mich wieder zu Wort meldete. Es sei nun wirklich genug, meinte sie. Doch dann kamen neue Fragen auf, und wir lasen Äußerungen, bei denen es schmerzte, nicht Stellung beziehen zu können. Deshalb verständigte ich mich mit Elisabeth darauf, dass ich gelegentlich Presseanfragen beantworten würde, aber nur dann, wenn wirklich eine Antwort von unserer Seite erforderlich war.

So nutzte ich die Gelegenheit, im Zusammenhang mit der bevorstehenden Freilassung von Brigitte Mohnhaupt noch einmal die Frage aufzuwerfen, ob es wirklich richtig sei, dass Verbrecher nach Verbüßung einer Mindesthaftdauer in Freiheit gelangen, ohne sich zu ihrer Tat zu bekennen. Schließlich könnten sie mit dem Eingeständnis ihrer Taten doch auch das Zeichen setzen, dass sie sich aus ihrer engen Verflechtung in das RAF-Milieu gelöst und der Gesellschaft angenähert haben, in der sie nun wieder als freie Menschen leben wollten. Ob es mich stören würde, wenn Frau Mohnhaupt nach ihrer Freilassung in Talkshows aufträte, wurde ich weiter gefragt. Meine Antwort war: Wenn es rechtens ist, dass Terroristen in Freiheit gelangen, muss man es akzeptieren, dass sie dann auch die Möglichkeit haben, ihre Sichtweise öffentlich darzustellen, so bitter das für die Angehörigen der Opfer, aber auch für viele andere sein mag.

Seit dem 17. Februar 2007 waren wir in Christchurch. Das hübsche Häuschen, das Freunde für uns gemietet hatten, lag in Gehweite zur Universität, und wir machten regen Gebrauch von dem großen Gasgrill auf der Veranda und von der schnellen Internetverbindung im Haus. Da meine Vorlesungen, Seminare und Übungen erst in der zweiten Woche beginnen sollten, hatte ich in der ersten Woche Zeit, einige dieser Veranstaltungen vorzubereiten. Die Vorlesungen waren natürlich auf Englisch, aber ich hatte gehofft, wenigstens meine mit deutschen Beschriftungen versehenen Powerpointfolien verwenden zu können. Mein Gastgeber war davon aber nicht begeistert, so dass ich mich in das Schicksal ergab, jede Woche etwa vierzig Powerpointfolien zu bearbeiten. In den nächsten vier Wochen hatte ich Gelegenheit, das Studium unter Bachelor-Master-Bedingungen erstmals ganz unmittelbar zu erleben. Es war überaus zeitintensiv, und ich ahnte, was bald daheim auf meine Kollegen und mich zukommen würde.

Die neuseeländischen Fachkollegen waren sehr an Deutschland interessiert. Als einer von ihnen, der gut deutsch sprach, merkte, dass ich es neben den Vorlesungen nicht mehr schaffte, mich über Aktuelles daheim ausführlicher zu informieren, brachte er mir die ihm wichtig erscheinenden Internetnachrichten über Deutschland. Wir sprachen während der obligaten Teestunde auch über die Begnadigung von Klar. Wenn auch sehr sparsam, gab ich weiterhin einigen deutschsprachigen Zeitungen Interviews.

Mittlerweile erreichten mich auch Anfragen von anderer Seite. So ließ der Vorsitzende der CSU-Fraktion im Bayerischen Landtag fragen, ob ich bereit wäre, im Rahmen des Symposiums »Gnade vor Recht« am 4. April 2007, also kurz nach unserer Rückkehr aus Neuseeland, einen Vortrag zu halten. Einerseits erschien es mir vermessen, vor Spitzenvertretern der bayerischen Justiz einen Vortrag zu halten, andererseits hatte ich mich inzwischen intensiver mit der Problematik der »lebenslänglichen« Haftstrafe befasst. Vielleicht war es ja doch sinnvoll, dass ich die Sichtweise des Angehörigen eines Opfers vor juristischen Experten präsentierte. Ich sagte zu.

Eine andere Anfrage kam von der Generalbundesanwältin, die mich bat, am 7. April 2007 bei der Gedenkfeier in der Bundesanwaltschaft das Wort zu ergreifen und eine kleine Ansprache zu halten. Es war für mich ganz selbstverständlich, diesen Wunsch zu erfüllen. Für den 5. April 2007 war bereits vereinbart, dass in Göttingen ein halbstündiges Gespräch für die Ostermontagsausgabe von *RadioDuo Extra,* einer Sendung von Bayern 2, aufgenommen werden sollte. Die Woche nach unserer Rückkehr würde also sehr unruhig werden und ganz im Zeichen des dreißigsten Jahrestages der Ermordung meines Vaters stehen. Danach aber würde sicher schnell Ruhe einkehren, wie nach allen bisherigen Gedenktagen auch.

Ich freute mich auf diese Zeit, in der ich mich wieder ganz meiner Arbeit an der Universität widmen könnte. Bald würden auch die Tennisplätze wieder eröffnet. In Neuseeland hatte ich schon ein wenig für die neue Saison geübt. So gab es schöne Perspektiven für den Frühling daheim.

5   April 2007

Auf dem Rückflug von Neuseeland lasen wir nach vielen Wochen erstmals wieder eine deutsche Zeitung. Darin war eine Werbeanzeige für das Buch der Brüder Bernhard und Hans-Jochen Vogel: *Deutschland aus der Vogelperspektive. Eine kleine Geschichte der Bundesrepublik.* Es interessierte mich, was Hans-Jochen Vogel, der ja damals Justizminister und somit zuständig für die Bundesanwaltschaft war, wohl zu den Ereignissen vom 7. April 1977 geschrieben hatte, und ich beschloss, mir das Buch irgendwann zu kaufen.

Als wir am 29. März morgens in Frankfurt eintrafen, war es, als hätte uns ein Zeitsprung in den Januar mit seinen RAF-Diskussionen zurückversetzt: Auf dem Bahnsteig des Flughafen-Fernbahnhofs begegneten wir Gerhart Baum. Auf der kurzen Fahrt zum Frankfurter Hauptbahnhof unterhielten wir uns. Er sagte, die RAF-Debatte sei noch nicht abgeschlossen und werde uns rasch wieder einholen. Wie recht er damit hatte!

Am nächsten Tag war ich noch sehr müde. Ich hatte mich tagsüber nicht ausgeruht, um die zwölfstündige Zeitverschiebung rascher verkraften zu können. Deshalb fühlte ich mich, als am Abend des 30. März das Telefon läutete, zu erschöpft, um den Hörer abzunehmen. Kurz darauf kam unsere Tochter in mein Arbeitszimmer. Sie wirkte sehr irritiert, hielt mir den Telefonhörer entgegen und flüsterte: »Peter Boock.« Der Name sagte ihr etwas. Nach dem starken öffentlichen Interesse zu Jahresbeginn hatte sie ein Buch über die RAF gelesen und wusste deshalb in diesem Moment besser über Peter-Jürgen Boock Bescheid als ich.

Da es für meine innere Uhr so war, als hätte ich gerade eine lange Nacht ohne Schlaf hinter mir, war ich für ein Gespräch mit Boock nicht besonders gut gerüstet. Sollte ich in dieser

Verfassung zum ersten Mal in meinem Leben mit einem Mann sprechen, der als RAF-Mörder verurteilt worden war? Soweit ich wusste, hatte Boock nicht bei dem Karlsruher Attentat mitgewirkt. Das machte das Gespräch für mich ein wenig leichter. Außerdem hatte ich gar keine Wahl: Wie oft hatte ich in den vergangenen Wochen gesagt, dass ich wissen wollte, wer meinen Vater und seine Begleiter erschossen hatte? Vielleicht konnte er mir etwas dazu sagen.

Das Gespräch kam nur zögerlich in Gang. Das lag vor allem daran, dass ich so überrascht, müde und unsicher war. Es ärgerte mich, dass ich zunächst kaum einen vernünftigen Satz zusammenbrachte, aber ich empfand die Situation geradezu als gespenstisch. Zeitweise war ich mir nicht sicher, ob es Wirklichkeit oder Traum war.

Boock hatte mich in einer Sendung von SWR 2 gehört. Gleich zu Beginn des Telefonats erklärte er, dass er mir etwas zu der Tat in Karlsruhe sagen könne. Er habe bereits vor fünf Jahren in einer *Kerner*-Talkshow, an der auch die früheren Bundesminister Gerhart Baum und Hans-Jochen Vogel teilgenommen hatten, angeboten, Angehörigen Fragen zu beantworten. Da ich die fünf Jahre zuvor ausgestrahlte Sendung nicht gesehen hatte, wusste ich nichts von diesem Angebot.

In den Wochen, in denen wir in Australien und Neuseeland waren, hatte Peter-Jürgen Boock mich mehrfach telefonisch zu erreichen versucht. Auf unserem Anrufbeantworter, den ich bis dahin noch nicht abgehört hatte, waren mehrere Nachrichten von ihm. Mit jedem weiteren erfolglosen Anruf klangen sie enttäuschter und zunehmend ungehalten. Am Ende seiner letzten Nachricht hieß es, er werde nun nicht mehr anrufen. Boock, der nicht ahnen konnte, dass wir so lange weg waren, konnte nicht verstehen, weshalb ich ihn in all den Wochen kein einziges Mal zurückgerufen hatte. Trotzdem hatte er sich nun doch noch einmal gemeldet.

Zunächst sprachen wir über meinen Vater. Anders als ich war Boock nicht der Ansicht, mein Vater sei nur in seiner

Funktion als Generalbundesanwalt getötet worden und nicht als der Mensch, der er für uns und alle war, die ihn näher kannten. Boock meinte vielmehr, mein Vater sei durchaus wegen seiner Persönlichkeit gehasst und umgebracht worden, vor allem wegen seiner Äußerung, man müsse die RAF isolieren, entsolidarisieren und eliminieren.

Das könne keine Aussage aus dem Munde meines Vaters sein, entgegnete ich. Die Begriffe »entsolidarisieren« und »eliminieren« in Verbindung mit Menschen hätten gar nicht zu seinem Wortschatz gehört. Ob Boock sich davon überzeugen ließ, vermag ich nicht zu sagen.

In diesem Telefongespräch erfuhr ich, wie stark die in Freiheit agierenden RAF-Mitglieder von den in Stammheim inhaftierten Terroristen abhängig waren. Boock hatte es damals als wesentliches Ziel all seiner Aktivitäten angesehen, die »Stammheimer« herauszuholen. Schließlich habe Andreas Baader ihn ja auch herausgeholt, als er in einem Heim für schwer erziehbare Jugendliche gewesen sei. Der Druck der »Stammheimer« war enorm. Wenn die RAF-Mitglieder draußen nicht endlich etwas unternähmen, werde man es ihnen nicht mehr erlauben, den Namen »RAF« zu tragen, hieß es. Aber es gab noch eine weitere, viel schwerer wiegende Drohung: Die »Stammheimer« würden, wenn nichts zu ihrer Befreiung geschähe, ihr Schicksal selbst in die Hand nehmen. Das konnte nur bedeuten, dass die Inhaftierten Selbstmord begehen würden. Für die von den »Stammheimern« Abhängigen war das eine schreckliche Vorstellung, vor allem, da zumindest einige von ihnen etwas wussten, was jeder Normalbürger Anfang 1977 für undenkbar gehalten hätte: Die »Stammheimer« hatten in ihren Zellen schussbereite Waffen. Als dann der Kassiber mit den vier Wörtern »Der General muss weg« aus den Stammheimer Zellen eintraf, wurde dies als eindeutige Anweisung verstanden, den Generalbundesanwalt zu ermorden.

Mir wurde bei diesem spätabendlichen Gespräch mit Peter-

Jürgen Boock wieder die ganze Perversion der damaligen Situation bewusst: Aus der RAF nahestehenden Kreisen – und das waren nicht nur einige wenige, kleine Gruppen – wurde mein Vater angegriffen. Ihm wurde unterstellt, er wolle die »Stammheimer« in Isolationsfolter halten und vernichten. Auch unter den RAF-Rechtsanwälten waren einige, die solche Behauptungen verbreiteten oder zumindest die Begriffe »Vernichtungshaft« und »Isolationsfolter« benutzten, um die Bundesanwaltschaft und deren Chef zu diffamieren. In Wirklichkeit war es ja gerade umgekehrt: Die »isolierten« Terroristen verbrachten jeden Tag viele Stunden miteinander. Sie diskutierten und planten, und sie ordneten die Vernichtung meines Vaters an.

Schließlich kam Boock zum eigentlichen Anlass seines Anrufs: Er wolle mir sagen, dass Christian Klar und Knut Folkerts definitiv nicht an der Durchführung des Attentats in Karlsruhe beteiligt gewesen seien. Keiner von ihnen habe auf dem Motorrad gesessen, von dem aus mein Vater und seine beiden Begleiter erschossen wurden.

Das widersprach allem, was ich wusste. Die Nachricht konnte eigentlich gar nicht wahr sein, denn dann bliebe aus dem Kreis der drei Täter nur noch einer übrig, der auf dem Motorrad gesessen hätte: Günter Sonnenberg. Auf dem Motorrad saßen aber zwei Personen, daran gab es keinen Zweifel.

Ich überlegte kurz, ob ich wohl zu erschöpft war, um das Gespräch noch weiterführen zu können. Wenn es stimmte, was Boock da gerade gesagt hatte, würde ja ein Tätername fehlen. Und, was auch undenkbar erschien, von den uns stets genannten drei Männern – Folkerts, Klar und Sonnenberg – würde dann wenigstens einer nicht zu dem engeren Kreis der unmittelbar am Attentat Beteiligten auf dem Motorrad und im Fluchtauto gehören, es sei denn, Folkerts *und* Klar hätten im Fluchtauto gewartet. Verzweifelt versuchte ich, die Boocksche Information in Einklang mit dem zu bringen, was die Bundesanwaltschaft der Öffentlichkeit als Ergebnis ihrer Ermittlungen mitgeteilt hatte: Folkerts, Klar und Sonnenberg waren die Männer, von denen zwei vom Motorrad aus die Tat verübten und der dritte im Fluchtauto wartete.

Das Gespräch stockte. Wenn ich Boocks Angaben ernst nehmen sollte, musste er mir ja nun einen weiteren Namen nennen: Wer saß anstelle von Folkerts oder Klar auf dem Motorrad? Es war ein Ringen, bei dem ich unbedingt den Namen des Mörders meines Vaters erfahren wollte, während Boock vor dem Problem stand, dass er mir ein Mitglied aus seiner früheren RAF-Umgebung als Täter preisgeben sollte. Wie schwierig es an diesem Punkt für Boock wurde, war mir bei diesem Gespräch noch nicht klar, denn ich war der Meinung, ein Mord sei nach dreißig Jahren verjährt. Das stimmt aber nicht, Mord verjährt nicht mehr. Wenn nun ein neuer Name ins Spiel gebracht wurde, also der einer Person, die noch nicht wegen des Karlsruher Verbrechens verurteilt worden war, konnte das zur Folge haben, dass diese Person wegen Mordes angeklagt und verurteilt würde.

Boock sagte, der zweite Mann auf dem Motorrad sei bereits viele Jahre in Haft gewesen und es sei für ihn, Boock, schlimm, wenn dieser Mann noch einmal eingesperrt würde. Dann nannte Boock den Namen aber doch: »Günter Sonnenberg und Stefan Wisniewski haben auf dem Motorrad gesessen.«

Den Namen Wisniewski hatte ich schon einmal gehört. Er war zwar ein RAF-Terrorist, aber er war bis dahin noch nie mit den Karlsruher Morden in Verbindung gebracht worden. Das passte auch überhaupt nicht zu dem, was Ermittler und Gerichte schon vor mehr als zwanzig Jahren festgestellt hatten. Nein, Boocks Behauptung konnte nicht stimmen.

Aber es gelang mir nicht, seine Information einfach abzutun. Dafür war der Umstand viel zu gewichtig, dass ein RAF-Terrorist einen anderen RAF-Terroristen als Täter bei einem konkreten Verbrechen genannt hatte und das, obwohl der von Boock genannte Täter noch für die Karlsruher Morde verurteil werden konnte. Wusste ich jetzt vielleicht doch, wer die beiden Täter auf dem Motorrad waren?

Wenn Boocks Hinweis stimmte, müsste Wisniewski geschossen haben. Von Sonnenberg war bekannt, dass er das Motorrad geliehen hatte, so dass er vermutlich auch bei dem Attentat der Fahrer war.

Ich war viel zu aufgeregt, um Boock direkt zu fragen, wer von den beiden Männern, Sonnenberg und Wisniewski, vorn und wer hinten auf dem Motorrad gesessen hatte. Die Antwort war mir so wichtig, dass ich nicht durch eine direkte und vielleicht zu plumpe Frage unser Gespräch belasten und Boock unter Druck setzen wollte, der dann vielleicht gar nichts mehr sagen würde.

Boock erzählte, die Ermordung meines Vaters sei bereits 1976 im Jemen geplant worden. Nachdem die RAF für eine kurze Zeitspanne nicht mehr als aktionsfähige Einheit bestand, hatte Rechtsanwalt Haag die Aufgabe übernommen, die vereinzelten Splittergruppen zusammenzuführen. Im Jemen erfolgte die militärische Ausbildung der so entstandenen RAF-Gruppe. Christian Klar habe damals noch nicht dazugehört und somit auch nicht an der Ausbildung mit schweren Waffen teilgenommen. Deshalb habe er beim Karlsruher Attentat nicht eingesetzt werden können: Er war nicht dafür »qualifiziert«.

Nachdem die RAF-Aktionen im Jemen beschlossen worden waren, wurden die jeweiligen Projekte als interne Aktionen einzelner Kommandos weitergeführt. Zwischen diesen Kommandos, erklärte Boock, habe es keinen Austausch von Informationen gegeben. Die Terroristen gingen offensichtlich davon aus, dass ein RAF-Mitglied im Falle einer Verhaftung so lange unter Druck gesetzt oder sogar gefoltert würde, bis es alles Wissen preisgegeben hatte. Für die Durchführung des Attentats auf den Generalbundesanwalt seien bereits im Jemen Günter Sonnenberg und Stefan Wisniewski ausgewählt worden.

*Stefan Wisniewski: War er
der Mörder meines Vaters?*

Dieses erste Gespräch mit Peter-Jürgen Boock dauerte über
zwei Stunden. Als ich den Hörer aufgelegt hatte, war ich hell-
wach. Elisabeth hatte mit unserer Tochter gebannt auf das
Ende des Telefonats gewartet. Ich erzählte ihnen so genau wie
möglich, was ich in Erinnerung hatte, und wir suchten sofort
in dem Buch von Butz Peters *Tödlicher Irrtum. Die Geschichte der RAF* nach dem Bild von Stefan Wisniewski. War er der
Mörder meines Vaters? Oder hatte Boock lediglich versucht,
mich in der nach wie vor anhaltenden Begnadigungsdebatte
zu Schritten zu verleiten, die günstig für Christian Klar wären?

Ich musste unbedingt noch einmal mit Boock über Klar
sprechen. Bevor ich an diesem Abend zu Bett ging, machte ich
mir noch einige Notizen zu dem langen Telefonat und versuchte im Internet und in den Büchern zur RAF festzustellen,
für welche Verbrechen Boock verurteilt worden war. Aufgewühlt, wie ich war, fiel es mir nicht leicht einzuschlafen.

Am nächsten Morgen, einem Sonntag, gab es kein anderes
Thema zwischen uns als Boocks Anruf. Konnte es wirklich
sein, dass ein bislang nie mit dem Attentat in Verbindung ge-
brachtes RAF-Mitglied die tödlichen Schüsse in Karlsruhe ab-

gegeben hatte? Oder war der Name »Wisniewski« vielleicht doch schon in diesem Zusammenhang aufgetaucht, und wir wussten es bloß nicht?

Elisabeth hatte im April 1977 Zeitungsausschnitte über die Ermordung meines Vaters in einem ausgedienten Briefmarkenalbum zu sammeln begonnen, so dass ein kleines »Archiv« entstanden war. Möglicherweise würden wir darin etwas entdecken. Schon nach wenigen Minuten hatte sie es geholt. Auf die vielen Einlageblätter des Albums waren Zeitungsmeldungen geklebt, einige davon stammten aus der Zeit, in der mein Vater Generalbundesanwalt war, aber vor allem waren es Ausschnitte aus der Zeit nach dem Attentat.

Mein Vater hatte täglich viele Zeitungen gelesen und abends die ihm wichtig erscheinenden Beiträge ausgeschnitten und in Alben eingeklebt. »Wenn du mehrere ordentliche Zeitungen liest«, sagte er, »weißt du, was los ist, und mit etwas Erfahrung weißt du meist auch, von wem die Information stammt.« Seinen Spürsinn hatten wir natürlich nicht, aber es war Elisabeth 1977 naheliegend erschienen, die Presseberichte über den Tod meines Vaters auf seine Weise zu sammeln.

Wir begannen in dem Album zu blättern. Bislang hatten wir nie die Zeit dazu gefunden, wir hatten aber auch keine Notwendigkeit für irgendwelche Nachforschungen gesehen. Die vielen Berichte aus der Zeit unmittelbar nach dem Mord waren eher mechanisch abgelegt worden. Später würden wir sie gründlicher lesen, hatten wir uns damals gesagt, vielleicht auch mit unseren Kindern oder Enkeln. So war es an diesem 1. April 2007 das erste Mal, dass wir die Zeitungsausschnitte über das Karlsruher Attentat genauer durchsahen. Aber in keinem einzigen Artikel wurde der Name »Wisniewski« erwähnt. Weder unmittelbar nach der Tat noch in den Wochen danach hatte sich ein Verdacht auf ihn gerichtet. Das sprach nicht für Boocks Information.

Dafür stießen wir auf einen ganz anderen Hinweis in den Zeitungsartikeln: Mit Erstaunen lasen wir in einem kleinen

Ausschnitt aus der *Frankfurter Allgemeinen Zeitung* vom
9. April 1977, dass die Person auf dem Soziussitz des Tatmotorrads, die auch geschossen hatte, möglicherweise eine Frau
gewesen sei.

Eine Frau? Wir hatten nie etwas davon gehört, dass eine
Frau die Karlsruher Morde begangen haben könnte. Als Täter
waren stets nur Klar, Folkerts und Sonnenberg genannt worden. Nach allem, was wir wussten, war keiner von ihnen so
klein oder zierlich, dass man ihn für eine Frau halten konnte.

Wir suchten weiter in den Zeitungsausschnitten, diesmal
nach Hinweisen auf eine Frau, und wurden fündig. Was uns
bei diesem hastigen Lesen noch nicht auffiel, war, dass der
Hinweis auf eine Frau nur in einigen Zeitungen zu finden war
und dort auch nur in der jeweils ersten Ausgabe nach der Tat,
also am 9. April 1977. Am Karfreitag, dem 8. April 1977,
waren ja keine Zeitungen erschienen.

In den Zeitungen nach Ostern fanden sich dann nur noch
die Bilder von Folkerts, Klar und Sonnenberg. Diese drei
Männer hatte ein leitender Ermittler des Bundeskriminalamts,
wie wir uns später überzeugen konnten, bereits am 8. April
1977 in der *Tagesschau* als Tatbeteiligte präsentiert. Zeitungen mit spätem Redaktionsschluss hatten schon am 9. April
nicht mehr über eine mögliche weibliche Täterin berichtet,
sondern gleich den aktuellen Ermittlungsstand übernommen,
wonach Folkerts, Klar und Sonnenberg die drei Tatverdächtigen waren.

Ein besonders ausführlicher Artikel stand in der *Welt* vom
9. April 1977. Dort heißt es über den jugoslawischen Augenzeugen, dessen Auto bei der Tat unmittelbar neben dem Dienstwagen meines Vaters stand: »Ein Kriminalbeamter führt ihn
etwas abseits und erfragt sich gezielt eine Täterbeschreibung.«
Der Jugoslawe sagt über die Motorradbesatzung, die » beiden
Terroristen seien zwischen 20 und 30 Jahren alt. [...] Die Person auf dem Sozius könnte eine Frau gewesen sein.«

Das war ja unglaublich! Soweit wir wussten, war diese

Aussage eines unmittelbaren Augenzeugen in keinem der beiden Prozesse zum Karlsruher Attentat erörtert worden.

Wahrscheinlich war der irritierende Sachverhalt so zu erklären, dass der Jugoslawe zu geringe Deutschkenntnisse besaß, um sich klar verständlich zu machen. Seine Beobachtung musste überinterpretiert worden sein. Die Ermittler am Tatort und auch die Bundesanwaltschaft hätten ja, wenn es eine belastbare Aussage gewesen wäre, diesen Hinweis selbstverständlich berücksichtigt.

Vielleicht lag des Rätsels Lösung auch in der Körpergröße von Stefan Wisniewski. Wenn er sehr zierlich war, könnte der Augenzeuge leicht denken, eine Frau habe auf dem Soziussitz gesessen.

Trotz unserer Erklärungsversuche hatte das, was wir in den Zeitungsausschnitten gelesen hatten, dem fest eingemeißelten Bild der drei männlichen Täter Folkerts, Klar und Sonnenberg doch einen leichten Kratzer zugefügt. Erstmals spürten wir einen Hauch von Zweifel an den bisherigen Ermittlungen.

Wir hatten in diesen ersten Apriltagen nicht die Zeit, um alle Zeitungsberichte ausführlich zu studieren. Unsere Koffer waren kaum ausgepackt, und im Institut erwartete mich eine Menge Arbeit. Viel Dienstliches hatte ich nicht per E-Mail von Australien und Neuseeland aus erledigen können. Zudem standen die beiden Vorträge, die ich für München und Karlsruhe zugesagt hatte, unmittelbar bevor.

*

Am 4. April 2007 sprach ich im Gebäude des Bayerischen Landtags über das Thema »Gnade vor Recht«. Bereits in Neuseeland hatte ich begonnen, den Vortrag vorzubereiten. Er sollte nicht zu viel Persönliches enthalten, aber ich scheute auch vor einem Übermaß an Juristischem zurück, da ich ja nicht vom Fach bin.

Schon am Vorabend, bei der Fahrt nach München, hatte ich bemerkt, dass meine Stimme immer heiserer und schließlich kaum noch hörbar war; eine Folge der vielen Stunden im Flugzeug. Mehrfach in der Nacht stand ich auf, um heißen Tee zu trinken und mit Salviathymol zu gurgeln, das ich in meinen Reiseutensilien fand. Als ich am Vormittag in den festlichen Saal im Maximilianeum trat, konnte ich mich wieder halbwegs verständlich machen.

Ich sprach zunächst über das schwere Amt meines Vaters und von der Überlast an Aufgaben für die Bundesanwaltschaft. Als Beispiel führte ich den Stuttgarter Baader-Meinhof-Prozess an, der ja nur eine von mehreren hundert Staatsschutzstrafsachen der Bundesanwaltschaft pro Jahr und von einigen tausend Revisions-Strafsachen war. Die Angeklagten im Stuttgarter Prozess hatten mehr Verteidiger als mein Vater Beamte auf Planstellen. Es gab damals insgesamt etwa fünfundzwanzig Oberstaatsanwälte und Bundesanwälte. Allein Andreas Baader hatte bei Beginn des Stammheim-Verfahrens einundzwanzig Verteidiger, davon sieben Pflichtverteidiger. Diese Zahl verringerte sich dann, als es den Verteidigern nicht mehr möglich war, mehrere Angeklagte zu vertreten.

Das Thema der lebenslänglichen Strafen beschäftigte mich auch in dieser Rede, denn es verwunderte mich nach wie vor, dass es de facto zwei verschiedene lebenslange Strafen gab, eine einfache lebenslängliche Strafe, die fünfzehn Jahre währt, und eine besonders lebenslange, die im Fall von Christian Klar auf sechsundzwanzig Jahre festgelegt wurde, aber eben auch nicht lebenslänglich sein wird. Durch das immer stärker gewichtete Argument der Resozialisierung der Täter und aufgrund des Wunsches, ihnen die Perspektive eines Lebens in Freiheit zu geben, werden notwendigerweise die Haftdauern begrenzt – mit der Folge, dass bei Mehrfachmördern die Strafe pro Getöteten immer geringer wird und dass eventuell ein einzelner Mord gar keinen Beitrag mehr zur Haftdauer bewirkt. Hierdurch ergebe sich eine problematische Situation, meinte ich: In der Bundesrepublik genieße das Leben jedes Menschen höchste Achtung. Deshalb gebe es auch keine Todesstrafe. Das müsse aber auch bedeuten, dass der Staat für diejenigen eine angemessene Strafe oder Strafandrohung bereithält, die diese Achtung nicht in gleicher Weise empfinden und anderen Menschen das Leben nehmen.

Ausführlicher ging ich auf die Frage ein, ob es richtig sei, Täter vorzeitig freizulassen, ohne dass sie sich zu ihrer Tat bekennen, ihren Tatbeitrag einräumen und sich von ihren Verbrechen distanzieren. Die Taten zu bekennen müsste doch auch den Tätern bei einem Neuanfang helfen. Wenn es nur unklare Erkenntnisse zu den Verbrechen der RAF gebe, bestehe die Gefahr, dass die Täter selbst oder ihre Sympathisanten das Geschehene in Zweifel ziehen, eventuell sogar abstreiten. Auch kann erst die genaue Kenntnis der Taten vor einer Verklärung der RAF schützen.

Da das Thema des Symposiums »Gnade vor Recht« lautete, musste ich natürlich etwas zum Gnadengesuch von Christian Klar sagen. Wie stets in diesem Zusammenhang begann ich mit der Feststellung, es sei die alleinige Entscheidung des Bundespräsidenten, die wir selbstverständlich akzeptieren würden; ich wolle aber meine persönliche Meinung nicht verschweigen: Für Klar sei vom Gericht eine Mindestverbüßungsdauer festgelegt worden, und es sollte besondere und nachvollziehbare Gründe geben, wenn diese Mindesthaftdauer durch einen Gnadenerweis noch unterschritten würde. Solche Gründe würde ich nicht kennen, sagte ich, allerdings sei mir der Inhalt des Gnadengesuchs nicht bekannt. Für mich sei jedoch nicht ersichtlich, dass eine besondere Härte vorliege, die gemildert werden müsste.

Es ging dann noch um die Begriffe »Schlusswort« und »Schlussstrich«, die in diesen Apriltagen in der öffentlichen Diskussion eine Rolle spielten. Für Angehörige der Opfer gebe es keinen Schlussstrich, sagte ich, vor allem nicht für meine Mutter, die seit dem Karlsruher Attentat unter sehr erschwerten Bedingungen lebt, und das lebenslänglich. Für Brigitte Mohnhaupt dagegen stelle die Haftentlassung durchaus eine Art Abschluss dar, den sie erreiche, ohne sich zu ihren Taten zu bekennen, ohne sich von ihren Verbrechen zu distanzieren und ohne ein Zeichen des Bedauerns zu äußern. Ich fügte noch an, dass mich der Begriff »Schlussstrich« an Max Güdes Nachruf auf meinen Vater erinnerte. Der frühere Generalbundesanwalt hatte ja über die RAF-Terroristen gesagt, sie seien die »wahren Nachahmer und Nachfolger der braunen Verbrecher«. Ich sei kein Befürworter von Schlussstrichen, erklärte ich, weder unter die entsetzlichen Folgen des rechten noch unter die des linken Terrors. In der Brutalität, in der sie gegen Menschen vorgehen, die nicht in ihr Bild passen, ähneln sich die Gewalttäter von »links« und »rechts«. Wir tun gut daran, an jede Art politisch motivierter Verbrechen zu erinnern, um Wiederholungen zu vermeiden.

Mit einem Blick auf die Situation der Angehörigen schloss ich den Vortrag. In der Debatte stets als Opfer aufzutreten sei eine Rolle, in der wir uns nicht besonders wohl fühlten. Deshalb würden wir trotz des Schmerzes und des Schreckens, die wir ertragen müssen, nicht nur das Belastende zu sehen versuchen. Beispielsweise gebe es für mich viele Gründe, auf meinen Vater stolz zu sein, der ohne starke Unterstützung einen letztlich aussichtslosen Kampf gegen einen grausamen Feind geführt hat. Meinen Vater, aber auch seine getöteten Begleiter empfände ich nicht nur als Opfer, sondern auch als Helden, und in meinen Augen wäre es klug gegenüber denen, die jetzt und in Zukunft unter höchstem persönlichem Einsatz schwierigste Aufgaben für die Gemeinschaft zu erfüllen haben, das Andenken an die Getöteten wach- und hochzuhalten.

Die Rede wurde positiv aufgenommen. Ein Redakteur der *tageszeitung* überraschte mich mit der Frage, ob ich einverstanden sei, wenn meine Rede in der *taz* veröffentlicht würde. Mir erschien der Spagat fast ein wenig zu weit: Mein auf Einladung des Fraktionsvorsitzenden der CSU gehaltener Vortrag sollte in voller Länge in der *taz* stehen? Welche integrative Kraft traute man mir zu? Ich stimmte der Veröffentlichung dann aber doch zu, und so erschien mein für manche *taz*-Leser möglicherweise ungewohnter, vielleicht sogar als provozierend empfundener Beitrag unter dem Titel »Die Opfer waren auch Helden« auf Seite 4 der Osterausgabe 2007. Dass in derselben Ausgabe, aber weiter hinten im Blatt, ein Artikel enthalten war, der mir wenig Freude bereitete, ist vermutlich als eine Form der redaktionsinternen Kompensation zu verstehen. »Gewalt liegt in der Luft« hieß die Überschrift auf Seite 21. Das zugehörige Bild zeigte eine Häuserwand mit der aufgemalten Parole »Macht aus Buback Zwieback«. Über mich stand in dem Beitrag, dass ich zwar keinen juristischen Beruf ergriffen hätte, aber meine Physiognomie der meines Vaters bis aufs Haar ähnele. Außerdem hätte ich von meinem Vater die Fünfziger-Jahre-Männermarotte übernommen, bei beginnender Glatze das Resthaar über einem Ohr tief zu scheiteln und in langen Strähnen über die Platte zu ziehen. Meine Erscheinung falle merkwürdig aus der Zeit, *born old*. Es gebe gespenstische Fotos, die mich und meine Mutter zeigen: der früh gealterte Michael, Ebenbild des Vaters, neben der jung gebliebenen Mutter.

Hier war es wohl besser, nicht zu reagieren, zumal die Darstellung ja wenigstens für meine Mutter positiv schien.

*

Bei der Vorbereitung des Vortrags für die Gedenkstunde bei der Bundesanwaltschaft am 7. April war ich davon ausgegangen, dass – wie in früheren Jahren – ein internes Treffen der Angehörigen der Opfer mit jetzigen und früheren Mitarbeitern der Bundesanwaltschaft sowie mit einigen der Behörde nahestehenden Karlsruher Juristen geplant wäre. Erst kurz vor der Veranstaltung erfuhr ich durch die Anfrage eines ARD-Journalisten, ob es möglich sei, mich an diesem Tag aus gebotener Distanz am Gedenkstein zu begleiten und dort nach der Kranzniederlegung ein Interview mit mir zu führen, dass mit der Behörde eine Fernsehübertragung der Gedenkfeier vereinbart worden war. Die Reden in der Bundesanwaltschaft, auch meine, sollten aufgenommen werden.

Bei den halbrunden und runden Gedenktagen zuvor, bei denen es nur um die Opfer und ihre Angehörigen ging, hatte es nie so viel öffentliche Aufmerksamkeit gegeben. Es bedrückte mich ein wenig, dass hier offenbar das noch immer starke Interesse an der Begnadigung von Christian Klar fortwirkte. Recht kurzfristig musste ich den für eine interne Gedenkfeier in der Bundesanwaltschaft vorgesehenen Vortrag nun so modifizieren, dass er für einen größeren, öffentlichen Zuhörerkreis passend war. Zum Glück hatte ich ja den Münchner Vortrag und konnte daraus einige der juristischen Passagen übernehmen, die sich auch für die Karlsruher Zuhörer eignen sollten.

Wie bei den vorangegangenen Gedenktagen war es wieder bewegend und aufwühlend, die Angehörigen der zusammen mit meinem Vater ermordeten beiden Männer zu treffen. Ich erwähnte es auch gleich zu Beginn meiner Rede: »Wenn ich in meiner Nähe die Menschen sehe, die den Schrecken erlebt haben und die schweren Folgen seit so vielen Jahren tragen müssen, fügen sich Leid und Mitleid zusammen. Die Belastung der Angehörigen wird lebenslänglich andauern.« Über die Folgen der Morde vom Gründonnerstag 1977 aus Sicht der Angehörigen zu sprechen war nicht leicht für mich. Ich fühlte die Erwartung, dass ich im Namen aller Angehörigen sprechen sollte, hatte aber gar keine Gelegenheit gehabt, mich mit den Familien Göbel und Wurster in irgendeiner Weise abzustimmen. Mir war ja nicht einmal die Zeit geblieben, den Vortrag zuvor innerhalb meiner eigenen Familie zu besprechen.

Um keine Irritationen aufkommen zu lassen, habe ich es mir in der Folgezeit angewöhnt, bei jeder Äußerung über die Gefühle von Angehörigen deutlich zu machen, dass ich nur für meine Familie spreche. In Karlsruhe sprach ich noch recht allgemein von »den Angehörigen«. Für sie sei das Verbrechen vom Gründonnerstag 1977 so gravierend, sagte ich, dass sie es nicht hinnehmen könnten, wenn diese Tat pauschal einer Gruppe zugeordnet werde. Zu wissen, wer geschossen habe, spiele für die Angehörigen eine große Rolle.

Die Unsicherheit in dieser Frage war für uns in den vorangegangenen Tagen größer geworden. Mir war plötzlich gar nicht mehr klar, wie ein Gericht damals zu dem Schluss kommen konnte, dass definitiv einer der drei uns genannten Täter der Schütze war, wenn man andererseits nicht genau wusste, wer welchen Tatbeitrag geleistet hatte. Konnte dann nicht auch eine andere Person geschossen haben? Immerhin hatte die für die Tat verantwortliche Gruppe ja mehr als drei Mitglieder.

Zur Tatbeteiligung sagte ich deshalb in meinem Vortrag bei der Bundesanwaltschaft: »Es passten nur zwei Menschen auf das Motorrad, und es saßen auch nur zwei Menschen darauf. Wenn wir nicht wissen, welche beiden von den drei uns stets genannten Tätern dies waren, beruhigt es nicht, den dritten als Reservekandidaten für die eigentliche Tat zu haben. Bei dieser unklaren Situation ist es ja letztlich nicht auszuschließen, dass ein vierter oder fünfter der Schütze oder der Motorradlenker waren.«

»Die Kenntnis des Tatablaufs und der Täter«, fuhr ich fort, »hat zentrale Bedeutung sowohl für die Angehörigen, um eher Ruhe zu finden, wie auch für diejenigen, deren Aufgabe es ist, die Ermittlungen zu einem gesicherten Abschluss zu bringen, und vor allem auch für die Täter selbst. Ich kann mir nicht vorstellen, wie sie ohne ein Bekenntnis zu ihrer Tat in die Gesellschaft zurückfinden können. Ein solches Bekenntnis wäre auch ein deutlicher Hinweis darauf, dass eine wirkliche Resozialisierung gelingen kann und dass weitergehende Chancen bestehen. Allein das Öffnen der Gefängnistore weist auf eine solch günstige Perspektive nicht hin.«

Mein Vortrag wurde allseits positiv aufgenommen, auch von der Generalbundesanwältin, die meinte, falls ich mit dem Bundespräsidenten sprechen würde, solle ich genau das sagen, was ich gerade vorgetragen hatte.

An den Gesprächen nach der Gedenkfeier konnte ich mich kaum beteiligen, da das ARD-Team wartete. Im Anschluss an das Interview war ich noch mit Bundesanwalt Rainer Griesbaum, dem Stellvertreter der Generalbundesanwältin, verabredet, um über die Boockschen Hinweise zu sprechen. Von ihm erfuhr ich, dass die Bundesanwaltschaft bereits seit mehreren Wochen von Boocks Hinweis wusste, dass Wisniewski der Schütze auf dem Motorrad gewesen sei. Schon im Februar hatte Peter-Jürgen Boock dies, als er mich nicht erreichen konnte, dem Stuttgarter Generalstaatsanwalt Klaus Pflieger berichtet. Als Generalstaatsanwalt im aktiven Dienst war Pflieger verpflichtet, diese Information an die Bundesanwaltschaft weiterzugeben. Dort wusste man also längst Bescheid, als ich mich nach Boocks Anruf ebenfalls an die Bundesanwaltschaft wandte. Die Behörde hatte mir zuvor keine Andeutung gemacht. Dazu ist sie nicht verpflichtet; Angehörige haben da keinerlei besondere Rechte. Aber bitter ist die Erfahrung doch, dass man eine für Angehörige so wichtige Information nicht erhält und dass Fremde Kenntnisse besitzen, die man an Ehegatten und Kinder eines Mordopfers nicht weitergibt. Wenn sich Boock nicht doch noch einmal bei mir gemeldet hätte, hätte ich vielleicht nie etwas erfahren.

Einige Wochen später musste ich lernen, dass es bereits seit den achtziger Jahren für uns sehr wichtige Informationen in der Behörde gab, die uns nicht mitgeteilt worden waren. Keinesfalls möchte ich darauf verzichten, alle wesentlichen Erkenntnisse über die Ermordung meines Vaters und damit auch über die Täter und Tatverdächtigen zu erfahren. Doch haben Angehörige überhaupt einen gesetzlich verankerten Anspruch? Ich befürchte, nicht.

Ich fragte Bundesanwalt Griesbaum, wie ich mich in der

schwierigen und gänzlich ungewohnten Situation gegenüber Boock verhalten könnte. Griesbaum machte mir sehr deutlich, dass ich von ihm als Amtsperson keinen persönlichen Rat erwarten könne, und beschränkte sich, wie auch bei späteren Treffen, darauf, mir energisch von Pressekontakten abzuraten. Wegen meiner starken gefühlsmäßigen Bindung an die Behörde, für die mein Vater geradezu gelebt hatte, und als Sohn des ermordeten Generalbundesanwalts hatte ich mir natürlich eine etwas fürsorglichere Unterstützung erhofft.

Stattdessen erhielt ich von Seiten der Behörde nun die Nachricht, ich müsse damit rechnen, wegen meines Kontakts zu Boock als Zeuge vernommen zu werden. Das war kein angenehmer Gedanke. Auch wusste ich von Boock über das Attentat am Gründonnerstag 1977 ja nicht mehr als das, was die Behörde schon von Pflieger erfahren hatte. Den Worten der Generalbundesanwältin, die sich kurzzeitig am Gespräch beteiligte, meinte ich entnehmen zu können, dass es aus Sicht der Bundesanwaltschaft wohl doch nicht notwendig sein würde, mich als Zeugen zu vernehmen.

Nach dem aktuellen Kenntnisstand der Bundesanwaltschaft zu den Tätern gefragt, nannte mir Bundesanwalt Griesbaum die Namen Folkerts, Klar und Sonnenberg. Sie seien die in Karlsruhe unmittelbar Tatbeteiligten gewesen. Es hatte sich also in der Zwischenzeit nichts geändert. Für die Justiz galt weiter, was in den Urteilen festgestellt und für Recht erkannt worden war.

*

An den Osterfeiertagen musste ich viel Dienstliches nacharbeiten, aber die Gedanken schweiften immer wieder ab. Was war dran an Boocks Aussage, dass Klar und Folkerts definitiv nicht an der Tat beteiligt gewesen seien? Wie oft war uns Christian Klar als einer der Täter genannt worden! Inzwischen war er der Einzige, der wegen des Karlsruher Attentats verurteilt und noch in Haft war. Wollte Boock mit seinen Hinweisen Klar entlasten und mich benutzen, um dessen Chancen auf Begnadigung zu erhöhen? Das konnte ich mir kaum vorstellen, denn ich hatte doch keinen Einfluss und nichts zu entscheiden.

Elisabeth und mir fiel wieder ein, dass der Vater von Christian Klar 1975 als Vizepräsident des Oberschulamts Nordbaden die Ernennungsurkunde meiner Frau zur Beamtin auf Lebenszeit unterschrieben hatte. Voller Stolz hatte Elisabeth als junge Gymnasialrätin meinem Vater die Ernennungsurkunde gezeigt. Und der Sohn des unterzeichnenden Vizepräsidenten wurde später als Mörder meines Vaters zu lebenslänglicher Haft verurteilt. Was für merkwürdige Verknüpfungen!

Ich wollte mit Boock noch einmal über Klar sprechen. Am Abend des 10. April rief er zurück, nachdem ich ihn tagsüber nicht erreicht hatte. Um meiner Sorge zu begegnen, er wolle mit seinen Aussagen nur etwas für einen RAF-Kumpel tun, sagte Boock, dass ihm Klar nie besonders nahegestanden habe, und er nannte Personen, die das bestätigen könnten. Boock zufolge befand sich Klar schon seit Jahren in einer Art Ritterrüstung. Er sei in eine ihm von außen angedichtete Rolle hineingewachsen, die er inzwischen voll angenommen habe. In Wahrheit sei Klar an weniger Taten beteiligt, als vermutet werde.

In diesem Gespräch wurde für mich deutlich, dass Boock als »Tat« nur die eigentliche harte Aktion gelten ließ. Das bedeutete für das Karlsruher Attentat: Nur die beiden Personen auf dem Motorrad waren in seinen Augen Täter, und nach Boocks fester Überzeugung war weder Klar noch Folkerts eine dieser beiden Personen. Ich habe aus Boock herauszufragen versucht, ob Klar denn die Person gewesen sein könnte, die in der Nähe der Autobahn im Fluchtauto auf die Motorradfahrer wartete. Er wollte das nicht ausschließen, aber er schien es wirklich nicht zu wissen. Auch hielt er eine solche Tatbeteiligung offensichtlich für so unerheblich, dass er sich damit gar nicht näher befassen wollte.

Klar solle nicht länger in Haft bleiben, meinte Boock dann allerdings doch, wenn auch nicht aus Sympathie für einen RAF-Vertrauten, sondern eher deshalb, weil er von Klars Aktionen keine hohe Meinung hatte. Boock erwähnte das Verbrechen, dem Jürgen Ponto, der Vorstandssprecher der Dresdner Bank, zum Opfer gefallen war. Trotz der Mitwirkung von Susanne Albrecht, die der Familie Ponto gut bekannt war und somit den Zugang zu deren Privathaus wesentlich einfacher machte, habe es Klar nicht geschafft, mit seinen beiden Mittätern den Bankier zu entführen. Jürgen Ponto setzte sich zur Wehr und wurde erschossen; die zur Freipressung der »Stammheimer« geplante Entführung war gescheitert.

Für mich klang Boocks Darstellung so, als wäre Klar im Sinne der damaligen RAF-Aktionen eher ein »Versager«, der in der Öffentlichkeit aber als der große Terrorist galt. Da für Klar mit sechsundzwanzig Jahren die bisher längste Mindestverbüßungsdauer festgelegt worden war, galt er gewissermaßen amtlich als der gefährlichste Terrorist. Dass Klar diesen Eindruck bestehen ließ, schien Boock zu stören.

Aber mich interessierte ja nicht das Binnenverhältnis Boock – Klar, mir ging es darum, von Boock zu erfahren, wer in Karlsruhe geschossen hatte. Seine Aussagen waren nicht so deutlich, wie ich es mir wünschte, aber Boock erklärte, dass man keine präzisen Fragen an Mitglieder eines anderen Kommandos gerichtet habe, weil man sich sonst verdächtig gemacht hätte. Wenigstens sagte er dann noch: Wenn man berücksichtige, dass von den beiden Motorradfahrern nur Sonnenberg über sehr gute Ortskenntnisse verfügte, liege es doch auf der Hand, wer der Lenker des Motorrads gewesen sei.

Auch dieses zweite Telefonat mit Peter Boock hatte sehr lange gedauert; und noch immer hatte ich keine Gewissheit darüber, wer geschossen hatte. Konnte Boock, der ja in Karlsruhe nicht dabei gewesen war, das überhaupt wissen? Ich hatte ihn, was mir nicht leichtfiel, gefragt, ob er selbst an dem Attentat auf meinen Vater unmittelbar beteiligt gewesen sei, aber er verneinte das so überzeugend, dass ich ihm glaubte. Es wäre ja auch absurd, den Kontakt zu mir zu suchen, wenn er einer der Karlsruher Täter war.

Aber woher hatte er dann seine Kenntnisse über das Attentat? Beruhten sie nur auf dem, was die RAF-Gruppe im Sommer 1976 im Jemen besprochen hatte? Um das zu erfahren, rief ich am 12. April wieder bei Boock an. Er sagte mir, seine Kenntnisse stammten von einem der Karlsruher Mittäter. Er wisse es also!

Es fiel Boock offensichtlich schwer, Wisniewski konkret als Schützen zu belasten. Dabei hatte er mir ja schon gesagt, dass Sonnenberg wohl das Motorrad gelenkt hatte. Wenn aber Sonnenberg und Wisniewski auf dem Motorrad saßen, musste ja wohl Wisniewski geschossen haben. Wieder begann ein Ringen mit Worten, und Boock fragte, ob ich nicht herausfinden könne, wie die Generalbundesanwältin gegen einen Täter vorgehen würde, der noch nicht wegen des Karlsruher Attentats angeklagt, aber wegen eines ähnlichen Verbrechens zu lebenslänglicher Haft verurteilt und inzwischen freigelassen worden sei.

Ich als Kontaktperson zwischen Bundesanwaltschaft und RAF-Terroristen? Eine merkwürdige Vorstellung! Natürlich könnte ich diese Frage an Monika Harms übermitteln, aber ich hielte es für nahezu ausgeschlossen, eine verbindliche Antwort zu bekommen.

Dann fragte ich Boock noch, ob ich seine Hinweise öffentlich machen könne. Er hatte keine Einwände, nur den Namen Wisniewski sollte ich nicht erwähnen. Als Quelle sollte ich angeben, es seien Informationen von einer Person aus der RAF-Kerngruppe, die an der Planung der Tat in Aden beteiligt war. Zum ersten Mal erwähnte Boock die Möglichkeit, seine Informationen irgendwann einmal – in ferner Zukunft, wie mir schien – in einem Fernsehinterview zu präsentieren, bei dem ich dabei sein sollte. Zum Abschluss des Gesprächs versicherte er mir noch einmal, Folkerts sei definitiv nicht an der

Karlsruher Tat beteiligt gewesen, weil er damals mit einer anderen Aufgabe befasst war.

Über die Person auf dem Soziussitz des Motorrads war ich mir nach wie vor unsicher. Dass es Wisniewski gewesen sein sollte, überzeugte mich nicht, aber ich konnte auch kein stichhaltiges Argument gegen diesen Verdacht vorbringen.

*

Unter der Woche, aber auch an den Wochenenden nahm mich die Arbeit an der Universität voll in Beschlag. Am 13. April fand die erste Sitzung der Göttinger Akademie der Wissenschaften im Sommersemester statt, am 16. April begannen die Vorlesungen; Prüfungen standen an, Besprechungen zu unseren wissenschaftlichen Kooperationsprojekten und vieles andere mehr. Es blieb kaum Zeit für Überlegungen oder gar Aktionen, um bei der Ermittlung von Tatbeteiligten voranzukommen.

Inzwischen stand fest, dass ich am 18. April den Bundespräsidenten treffen würde. Darauf musste ich mich gut vorbereiten, denn der Bundespräsident würde sicher nicht viel Zeit haben, so dass ich die Information schon sehr kompakt würde präsentieren müssen. Ich hatte bereits mit dem Staatssekretär im Bundespräsidialamt gesprochen und ihm von Boocks Hinweisen berichtet. Auch die Generalbundesanwältin wusste von mir, dass ich den Bundespräsidenten über Boocks Angaben informieren wollte. Sie meinte, ich sei gegenüber Boock zu leichtgläubig. Sie glaube ihm nicht, und es sei ja auch ein schlechtes Zeichen, dass er nicht zur Vorladung bei der Bundesanwaltschaft erschienen sei.

Die neuen Hinweise ließen Elisabeth und mich nicht los. Immer wieder fragten wir uns: War Wisniewski der Schütze? Wir wussten wenig über ihn. Um mehr zu erfahren, sah Elisabeth das umfangreiche Buch *Tödlicher Irrtum* von Butz Peters durch. Sie zeigte mir eine Passage auf Seite 406. Dort wird beschrieben, wie Hanns Martin Schleyer aus dem bei der Tat benutzten VW-Bus in den Kofferraum eines Mercedes 230 geschoben wird. Weiter heißt es: »Wisniewski legt sich zu Schleyer in den Kofferraum.«

Wir hatten in Erinnerung, dass Hanns Martin Schleyer eine kräftige Statur hatte, ähnlich meinem Vater. Wenn sich noch eine weitere Person zu ihm in den Kofferraum gelegt hatte, konnte diese Person nicht besonders groß sein. Sollte Wisniewski also wirklich zierlich sein, könnte das bei Zeugen den Eindruck erweckt haben, eine Frau habe auf dem Soziussitz gesessen. Uns wurde plötzlich klar, wie wichtig es sein kann, die Körpergröße eines Menschen zu kennen. Wir mussten unbedingt herausfinden, wie groß Wisniewski war. In der *Welt* vom 9. April 1977 fanden wir einen Beitrag, in dem unter anderem auch die Geburtstage und Körpergrößen der meistgesuchten RAF-Terroristen aufgeführt waren. Doch es war wie verhext: Stefan Wisniewski tauchte in der Liste nicht auf. Und unter den dreißig Terroristen war bei drei Personen die Körpergröße nicht angegeben – ausgerechnet bei Folkerts, Klar und Sonnenberg.

Den Hinweis, dass Folkerts und Klar nicht unmittelbar an der Tat in Karlsruhe beteiligt gewesen seien, durften wir eigentlich nicht für uns behalten. Musste ich nicht, nachdem mein Artikel in der *Süddeutschen Zeitung* vom Januar 2007 überwiegend so verstanden worden war, dass ich gegen eine Begnadigung von Christian Klar wäre, schon aus Gründen der Fairness öffentlich machen, dass Klar möglicherweise gar nicht auf dem Motorrad gesessen hatte? Von meinem Vater hatte ich gelernt, dass ein Staatsanwalt alle Aspekte zusammenzutragen habe, sowohl für als auch gegen einen Beschuldigten. Nun war ich zwar kein Staatsanwalt, aber ich war in eine Art Ermittlungsaktivität hineingeraten und wollte, was immer ich in dieser Sache unternahm, korrekt im Sinne meines Vaters tun. Wenn ich über Fakten verfügte, die – falls sie denn zutrafen – Klar unter Umständen etwas entlasten würden, diese aber nicht mitteilte, würde ich meine Unabhängigkeit und dann auch meine Selbstachtung verlieren.

Boocks Informationen hatten Elisabeth und mich in eine merkwürdige Lage gebracht: Aus der passiven Rolle als Angehörige eines der Opfer gerieten wir zusehends in die Rolle von Ermittlern, deren Erkenntnisse unmittelbare Folgen für das Schicksal anderer Menschen haben konnten. Mussten wir nicht auch darauf hinweisen, dass möglicherweise einer der Karlsruher Täter in Freiheit war und wegen des Attentats bislang weder angeklagt noch verurteilt worden war? Nach längeren Abwägungen tendierten wir dazu, dass ich noch einen zweiten Beitrag für die *Süddeutsche Zeitung* verfassen sollte.

Sicherheitshalber wollte ich Peter-Jürgen Boock ein weiteres Mal fragen, in welcher Weise ich ihn als Informationsquelle charakterisieren solle. Schließlich sollte er ja durch meinen Artikel nicht gefährdet werden. Boock jedoch war weder am 16. noch am 17. April telefonisch zu erreichen. Schlimmer noch, es kam die Auskunft, der Anschluss existiere gar nicht. Was war geschehen? War er untergetaucht, nachdem er anderen berichtet hatte, dass ich nun wüsste, wer in Karlsruhe geschossen hatte? Hatte man ihn bedroht? Die Situation war unheimlich. Waren wir durch unser Wissen womöglich selbst in Gefahr?

Wenn Boock mit anderen gesprochen haben sollte, war er sicher klug genug gewesen, nicht zu erwähnen, dass er auch den Stuttgarter Generalstaatsanwalt informiert hatte. Das hieß aber, dass man im RAF-Bereich nun meinen könnte, ich sei der Einzige außerhalb der Gruppe, der von Wisniewskis Täterschaft wusste, und folglich der Einzige, der diesen belasten könnte. Es war ein bedrohlicher Gedanke, dass wir vielleicht als einzige Außenstehende etwas wussten, was einen Mörder belasten könnte. Elisabeth machte sich besondere Sorgen, vor allem um mich. Sie meinte, dass der Vorgang inzwischen eine Größenordnung erreicht habe, die unsere Kräfte und unsere Möglichkeiten weit übersteige, und dass es wahnsinnig sei, wenn wir uns nach alldem, was unserer Familie bereits zugestoßen war, nun noch selbst in Gefahr begäben.

Es ist gut, jemanden in seiner Nähe zu haben, der, wenn es brenzlig wird, noch besorgter ist als man selbst. Aber nicht nur Elisabeth hatte Angst, auch mir machte die Situation zu schaffen. Ich schaute häufig nach verdächtigen Personen und begann einige Vorsichtsmaßnahmen zu treffen. Zudem zerrte die Ungewissheit, was aus Boock geworden war, an den Nerven. Dann wieder hielten wir unsere Sorgen für völlig übertrieben.

Es waren quälende Tage. Wir konnten nachts kaum noch schlafen. Immer wieder überlegten wir, was zu tun sei. Schließlich meinten wir, dass ich, schon allein um uns zu schützen, einen zweiten Artikel für die *Süddeutsche Zeitung* verfassen müsse, denn wenn wir unser Wissen wenigstens teilweise öffentlich machten, würde das Risiko für uns sinken. Die sehr knappe Entscheidung für die zweite *Außenansicht* fiel also letztlich aufgrund von Sicherheitserwägungen.

Wie schon drei Monate zuvor schickte ich eine frühe Version meines Artikels vorab an das Bundespräsidialamt. Ich wollte auch die Bundesanwaltschaft vorab informieren und mit Rainer Griesbaum darüber sprechen, ob eine Gefährdung für mich bestand, aber der Bundesanwalt war mit Monika Harms in Berlin, und ich erreichte ihn am Morgen des 17. April nicht. Es gelang mir dann, die Generalbundesanwältin anzurufen. Sie war in einer Besprechung, rief aber kurze Zeit später zurück und teilte mir mit, die internen Diskussionen hätten ergeben, dass keine Gefahr für mich bestehe.

In diesem Gespräch zeigte Monika Harms sich wenig erfreut darüber, dass ich so oft im Fernsehen sei und am 7. April auch den *Tagesthemen* ein längeres Interview gegeben hatte. Ich entgegnete, es sei die Bundesanwaltschaft gewesen, die mit der ARD eine Übertragung der Gedenkfeier ausgemacht habe; ich hätte keinerlei Initiative dazu ergriffen. Mit welchem Argument hätte ich im Anschluss an die Gedenkfeier ein Interview zurückweisen können, nachdem die Behörde verabredet hatte, dass meine Rede im Fernsehen übertragen wird? Monika Harms meinte, ich solle die ganze Angelegenheit der Justiz überlassen. Meinen für die *Süddeutsche Zeitung* vorgesehenen Beitrag wollte sie nicht sehen.

Diese zweite *Außenansicht* wurde bereits am 17. April nachmittags im Internet veröffentlicht. Sofort gab es viele Anfragen für Fernsehinterviews und Talkshows, und das Interesse riss auch in den folgenden Tagen nicht ab. Fast hätte man denken können, meine Meinung sei von besonderer Bedeutung. Aber meist wird man ja doch nur instrumentalisiert und soll als Zeuge für oder gegen bestimmte Anschauungen herhalten.

Neben sehr positiven Reaktionen auf meine erneute öffentliche Wortmeldung gab es auch Beschimpfungen. Besonders bitter war, dass in einigen Zeitungen Äußerungen anderer Angehöriger auftauchten, die sich deutlich von mir distanzierten. Natürlich hatte ich keine Gelegenheit gehabt, anderen Angehörigen die Lage zu erläutern, in die ich geraten war. Es wäre auch gar nicht möglich gewesen, eine einheitliche Linie aller Angehörigen zu finden, zumal die Ermordung meines Vaters nur eines von vielen RAF-Verbrechen war und unsere Erfahrungen sich sicher nicht auf die anderen Verbrechen übertragen ließen.

Uns war bewusst, dass mein Artikel missverstanden werden könnte, deshalb schrieb ich am Ende auch, dieser Text sei der schwierigste gewesen, den ich je geschrieben hätte. Damit wollte ich erreichen, dass nicht vorschnell geurteilt und der Text vielleicht zunächst ein zweites Mal genau gelesen werden möge. Ich schrieb sogar, viele würden meine Stellungnahme wohl nicht nachvollziehen können, weil sie sie als ungerechtfertigte, etwas mildere Sicht auf Christian Klar verstehen würden – einen Mann immerhin, der schwerste Verbrechen begangen hatte und wegen Mordes zu lebenslänglicher Haft verurteilt worden war. Meine Informationen seien aus dem

»Bereich der RAF«, schrieb ich, und man müsse gegenüber Nachrichten aus solcher Quelle skeptisch sein, da sie absichtlich oder unabsichtlich falsch sein könnten, aber sie könnten eben auch zutreffen.

Mit Bezug auf die Diskussion um Klars Begnadigung erklärte ich, Christian Klar sei angeblich keiner der beiden Täter auf dem Motorrad gewesen. Er habe aber diesen Informationen zufolge maßgeblich an der Ermordung von Jürgen Ponto mitgewirkt. Wenn Christian Klar jedoch an dem eigentlichen Attentat in Karlsruhe nicht beteiligt gewesen sei, schrieb ich weiter, so gebe es für mich keinen Beleg, dass sein Anteil an den RAF-Verbrechen im Jahr 1977 so außergewöhnlich schwer wiege, dass er länger als alle anderen Mörder aus den Reihen der RAF in Haft bleiben müsste.

Ich verstehe, dass dies für andere Angehörige ein irritierender und schwer hinnehmbarer Satz war. Aber ich hatte nicht nur aus Boocks Berichten den Eindruck gewonnen, dass Klar nicht der gefährlichste damalige Terrorist war, sondern ich erinnerte mich auch an meinen Vater, der eher Brigitte Mohnhaupt für die gefährlichste Person unter den im März 1977 in Freiheit befindlichen RAF-Terroristen gehalten hatte.

Im Nachhinein denke ich, es wäre besser gewesen, die Überschrift meines Beitrags »Gnade für Christian Klar« mit einem Fragezeichen zu versehen. Es waren ja nur Erwägungen und Überlegungen, die ich hier anstellte, zu entscheiden hatte ich ohnehin nichts. Obwohl es mir lediglich um die Frage ging, ob Christian Klar zwei Jahre länger als Brigitte Mohnhaupt in Haft bleiben müsse – und viele Jahre länger als andere Terroristen, die ebenfalls zu »lebenslänglich« verurteilt worden waren, deren Haftdauer dann aber deutlich unter zwanzig Jahren lag –, wurde mein Kommentar als Gnadeninitiative interpretiert, und ich wurde hart angegangen. Dabei hatte ich in meinem Beitrag sogar geschrieben, dass Christian Klar meine Stellungnahme vielleicht nicht schätzen werde, denn ich könne nicht ausschließen, dass er darauf bestehen möchte, ein noch größerer Terrorist gewesen zu sein, als er tatsächlich war.

Eine andere Reaktion auf meinen Beitrag lautete, es sei ungehörig, mich unmittelbar vor dem Besuch beim Bundespräsidenten zu der Gnadendiskussion zu äußern. Warum verstand man nicht, dass die *Außenansicht* unbedingt vor diesem Treffen erscheinen musste, weil nur so jeder Anschein zu vermeiden war, dass Ansichten des Bundespräsidenten in den Text eingeflossen seien? Es musste schon klar sein, dass ich allein die Verantwortung für meine Äußerungen trug.

Einige Angriffe, die mich wegen des Artikels trafen, zielten wohl auf den Bundespräsidenten. Manche verstanden nicht, dass er sich der Frage überhaupt so lange widmete; die Wahrscheinlichkeit für eine Begnadigung von Klar schien dadurch zu steigen. Es gab Andeutungen, dass Horst Köhler sich eventuell mit Klar treffen würde. Für manche war dies ein schrecklicher Gedanke, weil sie darin eine Belastung des Rechtsempfindens vieler Bürger sahen. Ein Teil ihres Zorns darüber entlud sich über mir, denn es war natürlich viel einfacher, mich zu attackieren als den Bundespräsidenten.

Zur Überraschung vieler hatte ich mich wohl differenzierter und vor allem in einer von der Allgemeinheit nicht erwarteten Weise geäußert. Es erstaunte mich, wie wichtig die Öffentlichkeit die Diskussion über die Begnadigung von Christian Klar nahm, schließlich ging es doch nur um eine vergleichsweise geringe Reststrafe. Die Mindestverbüßungsdauer von sechsundzwanzig Jahren würde für Klar am 3. Januar 2009 enden – dem neunundachtzigsten Geburtstag meines Vaters. Da Klar wahrscheinlich spätestens zu diesem Termin in Freiheit gelangen würde, drehte sich die Diskussion im April 2007 um gut 6 Prozent seiner Gesamtstrafe. Gewiss, jeder Tag in Haft wiegt schwer für den Inhaftierten, aber warum war diese Reststrafe für die Öffentlichkeit so wichtig?

Inzwischen meine ich, dass die Besonderheit meiner *Außenansicht* vom 17./18. April 2007 wohl darin lag, dass ich damit die von einem Angehörigen erwartete Rolle verlassen hatte. Hinzu kam, dass sich meine Äußerungen in keinen Trend einfügten und dass kein Lager sie für sich reklamieren konnte.

Und noch etwas anderes hatte ich getan, allerdings auch das ganz unabsichtlich: Offenbar hatte ich mit meinem Artikel die etablierten Zuständigkeiten in der Berichterstattung über den RAF-Terrorismus gestört. Die publizistische Deutungshoheit für den Bereich RAF lag beim *Spiegel*, und dort im Besonderen bei Stefan Aust. Vieles von dem, was ich seit wenigen Tagen wusste, war dem *Spiegel* sicher längst bekannt. Boock streute in unsere Telefonate gelegentlich ein, dass ich zu diesem oder jenem Thema auch Stefan Aust fragen könne, der wisse das genau. Der *Spiegel* arbeitete seit längerer Zeit mit Boock zusammen, und nun erschien plötzlich ein Artikel auf ureigenstem *Spiegel*-Terrain, aber eben nicht im *Spiegel*, sondern in der *Süddeutschen Zeitung*. Vermutlich hätten die Hamburger ihre Erkenntnisse später im Jahr publizieren wollen; nun aber musste der *Spiegel* schnell reagieren. In aller Unschuld hatte ich die wohlgeordnete Welt der Zuständigkeiten gestört. Man hat es mir nachgesehen, und es ergaben sich danach mehrfach Kontakte mit dem *Spiegel*.

Die zahlreichen E-Mails am Abend des 17. April kündigten hektische Tage an. Ich aber dachte zunächst nur an mein Treffen mit dem Bundespräsidenten am folgenden Tag.

*

Der 18. April begann mit einer beruhigenden Nachricht: Peter-Jürgen Boock rief an. Ich war sehr erleichtert. Er sei umgezogen, sagte er, alles sei in Ordnung, und er rufe nur an, weil er meinen Artikel in der *Süddeutschen Zeitung* gelesen habe. Es sei alles richtig dargestellt. Wieder sprachen wir über Christian Klar. Boock meinte, es sei ein Fehler gewesen, dass er überhaupt Aktionen mit Klar durchgeführt habe. Es habe ihn aufgeregt, dass Klar so bürokratisch gewesen sei und gern Depotlisten angelegt habe. In Bezug auf die Vorbereitungen der RAF-Verbrechen im Jemen meinte Boock, er könne sich nur über die Bundesanwaltschaft wundern, die doch durch Verena Beckers Aussagen gegenüber dem Verfassungsschutz wissen müsse, wer in Aden war. Mehr als dieser Hinweis auf Verena Becker und ihren angeblichen Kontakt zum Verfassungsschutz ließen mich in diesem Moment die Namen der Personen aufhorchen, die Boock als Teilnehmer an der Ausbildung in Aden nannte. Unter den Frauen habe ich die Namen Verena Becker, Sieglinde Hofmann und Brigitte Mohnhaupt in Erinnerung. Bei den Männern waren es außer Boock noch Günter Sonnenberg und Stefan Wisniewski, aber auch einige weitere. Als ich mir nach dem Gespräch Notizen machen wollte, merkte ich, dass ich einige Namen vergessen hatte. Ich tröstete mich mit dem Gedanken, dass die Namen ja dem Verfassungsschutz bekannt waren. Notfalls könnte ich die vollständige Liste sicher von dort oder von der Bundesanwaltschaft erhalten.

Später am Vormittag fuhr ich mit dem Zug nach Berlin. Unterwegs rief Elisabeth an, weil *heute-journal* und *Tagesthemen* nach meinem Besuch beim Bundespräsidenten gern ein Interview mit mir machen wollten. Umgeben vom Stimmengewirr und Gedränge in der Bahnhofshalle, rief ich gleich nach der Ankunft in Berlin zunächst beim ZDF an. Im Gespräch mit Claus Kleber merkte ich schnell, dass ihn meine Bedenken, ob ich nach den Anstrengungen des Tages abends überhaupt noch einen vernünftigen Satz herausbringen würde, nicht beeindruckten. Auch war seine Stimme einfach zu sympathisch, als dass ich ernsthaft hätte versuchen können, dem Interview auszuweichen. Ich verabredete dann auch gleich noch das angefragte Gespräch bei den *Tagesthemen*, wobei ich darum bat, beide Interviews im selben Studio durchzuführen, was überraschenderweise keinerlei Probleme zu bereiten schien. Ich sollte am frühen Abend zum Hauptstadtstudio kommen.

Ein Fahrer des Bundespräsidialamts hatte mich in der Nähe des Bahnhofs Zoo abgeholt; ein anderer Mitarbeiter des Amts begleitete mich durch den Park zum Schloss Bellevue und führte mich in das Arbeitszimmer des Bundespräsidenten. Ich wartete nur wenige Minuten, dann kam der Bundespräsident sehr freundlich auf mich zu. Es war eine überaus angenehme Atmosphäre in kleiner Runde, in der ich der einzige Gast war. Es wurde vereinbart, nichts über den Inhalt des Gesprächs zu verbreiten. Deshalb will ich auch nur etwas erwähnen, was ich *nicht* gesagt habe: Ich machte keinerlei Vorschlag für oder gegen eine Begnadigung von Christian Klar.

Noch immer scheint mir, dass der Bundespräsident ein Gespür oder eine Ahnung hatte, in Verbindung mit den Verbrechen von Christian Klar könnte es noch offene Fragen geben, die ein sorgfältiges Abwägen verdienen. Ohne seine ausführliche Befassung mit dem Gnadengesuch wären wohl all die Informationen, die im Jahr 2007 ans Licht gekommen sind, verborgen geblieben.

Unser Gespräch dauerte etwa eineinhalb Stunden. Damals wie heute war ich vom Bundespräsidenten sehr beeindruckt.

Als ich anschließend ins Hauptstadtstudio kam, merkte ich, dass ich sehr erschöpft war von den langen schwierigen Tagen zuvor, dem wenigen Schlaf und dem sehr konzentrierten Gespräch beim Bundespräsidenten. Ich bat deshalb, mich eine halbe Stunde ausruhen zu dürfen. Meinen Gastgeber dürfte die Bitte amüsiert haben, denn in dieses Gebäude geht man eigentlich nicht, um sich zu entspannen.

Auf dem Weg in die Maske begegnete ich Werner Sonne, dem Korrespondenten im ARD-Hauptstadtstudio. Seit dem Morgen, meinte er, würden er und seine Kollegen meinen Artikel in der *Süddeutschen Zeitung* lesen, und je länger sie sich damit beschäftigten, umso unverständlicher werde ihnen mein Text. Was würde das alles denn bedeuten? Sei gegen Folkerts ein Fehlurteil ergangen? So entspann sich ein Gespräch, bei dem man natürlich auch wissen wollte, wer mein Informant war. Nach etwa zwanzig Minuten wurde ich in einen Raum geführt, in dem ich mich etwas erholen sollte. Allerdings klingelte bereits nach wenigen Augenblicken das Telefon: Tom Buhrow, der an diesem Abend die *Tagesthemen* moderierte, sei jetzt bereit, mit mir über das Interview zu sprechen, hieß es. Kaum war die kurze Vorbesprechung vorbei, wurde ich auch schon zu den Interviews abgeholt.

Wir gingen in ein enges, dunkles Studio. Zuerst sollte das Interview für das *heute-journal* aufgezeichnet werden. Claus Kleber erschien auf dem Bildschirm. Schon nach seiner ersten Frage merkte ich, dass meine Antwort umständlich war. Es war, als würde ich neben mir stehen und mir selbst zuhören. Und ich war nicht sonderlich beeindruckt von dem, was ich sagte. Claus Kleber war es auch nicht, und obendrein war das Interview zu lang, so dass ich froh war, als er vorschlug, dass wir es einfach noch einmal versuchten. Beim zweiten Versuch lief es dann ganz ordentlich und vor allem in der gewünschten Länge: genau drei Minuten.

Die Mitarbeiter des *heute-journals* verschwanden mit ihrem Filmmaterial. Ich durfte auf meinem Sitz bleiben und sah kurz darauf Tom Buhrow auf einem der Bildschirme. Im Interview wurde ich gefragt, wie mein Kontakt zu dem »Informanten« aus dem Bereich der RAF zustande gekommen sei, auch, warum ich wissen wolle, wer meinen Vater ermordet hatte.

Die Interviews waren für mich deshalb so schwierig, weil ich geschrieben und gesagt hatte, dass angeblich weder Klar noch Folkerts auf dem Motorrad saß, ich aber nicht öffentlich sagen konnte, dass mir Wisniewski als Schütze genannt worden war. Das mag bei manchen den Eindruck erweckt haben, dass ich sehr unbedarft sei: Von einem nicht näher bezeichneten RAF-Mitglied hatte ich mir ausreden lassen, dass von zwei bislang als unmittelbare Täter betrachteten Männern keiner auf dem Motorrad saß, so dass nur noch Sonnenberg als Motorradfahrer in Betracht kam. Da aber zwei Personen auf dem

Motorrad saßen, hätte man von mir erwarten können, dass ich Boock nach einem neuen Namen frage. Das hatte ich ja getan, nur sollte ich nicht darüber sprechen. Glücklicherweise wurde dieser Gesichtspunkt in keiner Frage angesprochen. Die Antwort wäre schwer geworden. Auch im Nachhinein halte ich es für viel besser, dass der Name Wisniewski dann erstmals im *Spiegel* auftauchte. Vermutlich hätte es mir Peter-Jürgen Boock, aber auch der *Spiegel* übel genommen, wenn ich mich am 18. April verplappert hätte.

Nach dem zweiten Interview entledigte ich mich rasch der Schminke, der Schnüre und Kabel und fuhr zum Hauptbahnhof. Es war nicht mehr viel los mit mir, als ich schließlich im Zug saß. Elisabeth, die mich unterwegs anrief, erzählte von weiteren Interviewanfragen und erwähnte eine E-Mail, in der mir ein Mann mitteilte, er habe am Tag vor der Ermordung meines Vaters zwei Personen aus nächster Nähe gesehen, die auf genau dem Motorrad saßen, von dem aus am nächsten Tag das Attentat verübt worden sei. Mir war in diesem Moment nicht klar, wie außerordentlich wichtig und entscheidend die Aussage dieses Zeugen für mich noch werden würde.

*

Die beiden Fernsehinterviews und der Artikel in der *Süddeutschen Zeitung* hatten auch in der Öffentlichkeit Zweifel an den damaligen Ermittlungen geweckt. Dass die zuständigen Behörden darüber nicht erfreut waren, hätte ich mir denken können, aber als mich Bundesanwalt Walter Hemberger am nächsten Tag anrief und als Zeugen vorlud, war ich doch überrascht. Ich empfand die Vorladung wie eine Bestrafung, zumal ich nach den Gesprächen in der Behörde anlässlich der Gedenkfeier am 7. April davon ausgegangen war, dass mir eine Zeugenvorladung erspart bliebe.

Als ich im Gespräch mit Bundesanwalt Hemberger erwähnte, man habe mir erzählt, Boock sei durch eine Radiosendung auf mich aufmerksam geworden, fragte er sofort recht scharf zurück, wer das gesagt habe. Auf mein Zögern hin erklärte Hemberger, er werde meine Vernehmung sehr offensiv angehen. Es mag sein, dass ich zu erschöpft von den Tagen zuvor und deshalb ein wenig empfindlich war, aber die Art und Weise, wie der Bundesanwalt an diesem Tag mit mir kommunizierte, verletzte mich, und so sagte ich ihm, dass ich mich von ihm eingeschüchtert fühlte. Er wies dies natürlich zurück, aber er bemühte sich nach meinem Eindruck nicht, das weitere Gespräch in einem freundlichen Ton zu führen.

Warum freute sich der Bundesanwalt eigentlich nicht über die neue Entwicklung? Immerhin hatten meine Aktivitäten, wenn auch völlig unbeabsichtigt, der Bundesanwaltschaft doch neue Informationen gebracht. Vielleicht würden sie ja sogar dazu beitragen, das Verbrechen restlos aufzuklären. Bei Walter Hemberger jedoch konnte ich keinerlei Begeisterung über die neuen Hinweise entdecken.

Mir fiel noch ein, dass der Bundesanwalt eigentlich doch leicht die Körpergröße von Stefan Wisniewski feststellen können müsste. Ich fragte ihn danach, aber er beantwortete die Frage nicht, stellte jedoch in Aussicht, dies vielleicht in Zusammenhang mit meiner Zeugenvernehmung zu tun. Das geschah dann aber nicht.

Nach dem wenig angenehmen Gespräch konzentrierten sich meine Gedanken wieder auf die E-Mail vom Vortag. Sie stammte von einem vierundvierzigjährigen Mann, der zum Zeitpunkt des Attentats vor dreißig Jahren mit seinen Eltern in der Nähe von Karlsruhe gewohnt und meinen Vater oft gesehen hatte. Er schrieb:

»Der Zufall wollte es, dass einen Tag vor dem Attentat auf Ihren Vater unsere Familie vor dem BVG [Bundesverfassungsgericht] kurz mit dem Auto halten wollte, ich öffnete die Tür zur Straße und habe beinahe das Motorrad mit beiden

Terroristen, was ich natürlich zu dem Zeitpunkt nicht wußte, zu Fall gebracht. [...]
Das Motorrad kam ins Schleudern und brauste davon.
Am nächsten Tag hörten wir im Radio vom Attentat und der Beschreibung. Wir riefen bei der Polizei an, ich gab mein Erlebnis zu Protokoll und konnte auch beide Personen und das Motorrad gut beschreiben. Was mir in Erinnerung blieb, ist u.a., dass der Sozius eine wesentlich kleinere, eher zierliche Person war, ich hätte es als Frau beschrieben.«

Was für eine Information! Es hatte also ein weiterer Zeuge, völlig unabhängig von dem jugoslawischen Augenzeugen des Attentats, zwei Personen mit Motorradhelmen auf der Suzuki aus der Nähe gesehen. Und dieser Zeuge war der festen Meinung, die Person auf dem Soziussitz sei eine Frau gewesen. Der Zeuge berichtete noch, dass bei dem Vorfall auch mein Vater in der Nähe gewesen sei. Es war durchaus möglich, dass sich mein Vater zu diesem Zeitpunkt in der Nähe des Bundesverfassungsgerichts aufgehalten hatte. Meine Mutter erinnerte sich genau, dass sie mit meinem Vater am Tag vor seinem Tod morgens zu Fuß in die Stadt gegangen war. Von Neureut aus waren sie durch den Wald und den Schlosspark gelaufen, den sie an dem Tor in der Nähe des Bundesverfassungsgerichts verließen. Genau an dieser Stelle hatte der »Zeuge vom Vortag«, wie ich den Mann, der mir die E-Mail geschickt hatte, im Folgenden nennen will, meinen Vater gesehen. Der Name dieses Zeugen ist der Bundesanwaltschaft bekannt. Im Mai 2007 sind der »Zeuge vom Vortag« und sein Vater von der Bundesanwaltschaft vernommen wurden. Sie hatten sich bereits vor dreißig Jahren gemeldet und gegenüber den Ermittlern ausgesagt.

Gleich am 19. April rief ich den »Zeugen vom Vortag« an und bedankte mich für seine Nachricht. Er schilderte mir nochmals die Situation: Er saß mit seinen Eltern und seiner Schwester im Auto. Sie waren auf dem Weg zum Einkaufen.

Es war für die Familie nichts Besonderes, meinen Vater zu sehen, das geschah häufiger. Der Vater des »Zeugen vom Vortag« hielt in der Straßenbiegung beim Bundesverfassungsgericht an, um seine Mitfahrer aussteigen zu lassen. Der Sohn öffnete daraufhin die Tür zur Straßenseite und behinderte dadurch ein Motorrad, das ins Schlingern geriet und fast vor dem Wagen der Familie umgestürzt wäre. Mit knapper Not konnte der Lenker des Motorrads den Sturz vermeiden und fuhr dann rasch davon. Die Motorradfahrer beschwerten sich nicht, nur der Vater beschimpfte seinen Sohn, wie er so unvorsichtig die Wagentür öffnen und andere Verkehrsteilnehmer gefährden könne.

Der »Zeuge vom Vortag« hatte während der Versuche des Motorradfahrers, einen Sturz zu vermeiden, relativ viel Zeit, die Personen auf dem Motorrad zu beobachten. Auf dem Soziussitz habe eine zierliche Person gesessen, ein »Hüpferle«, wie er sich ausdrückte, zwischen eins sechzig und eins siebzig groß. Auch aufgrund der Körperform sei er fest davon überzeugt, dass es sich um eine Frau gehandelt habe. Und das Motorrad sei ohne jeden Zweifel dasjenige, von dem aus am nächsten Tag das Attentat verübt worden sei. Sein Vater, der den Fahrer des Motorrads besser gesehen habe, habe gesagt, dieser sei deutlich größer gewesen als die Person auf dem Soziussitz und habe einen Bart getragen.

Nachdem die Familie am Mittag des 7. April die Meldung vom Attentat im Radio gehört und von der Fahndung nach dem Motorrad erfahren hatte, habe sein Vater sofort bei der Polizei angerufen. Schon kurz danach seien die Ermittler zu einer ausführlichen Befragung gekommen. Weder er selbst noch sein Vater seien aber jemals zu Gegenüberstellungen oder als Zeugen zu Gerichtsverhandlungen geladen worden.

Das war eine dieser schockierenden Nachrichten, von denen ich in der Folgezeit noch viele würde hinnehmen müssen. Es war nicht zu fassen: Ein Zeuge sieht am Vortag des Attentats aus einer Entfernung von etwa einem Meter zwei Personen auf dem Tatmotorrad, beide mit Motorradhelm, wie auch beim Attentat. Er berichtet den Ermittlern kurz nach der Tat, dass die Person auf dem Soziussitz klein und zierlich gewesen sei und dass er überzeugt sei, es handle sich um eine Frau. Trotzdem werden über dreißig Jahre lang nur Männer als unmittelbare Täter in Betracht gezogen; keiner von denen ist – soweit ich weiß – unter einem Meter achtzig groß. Erst zwölf Tage zuvor hatte Bundesanwalt Griesbaum mir bestätigt, dass nach wie vor Folkerts, Klar und Sonnenberg als Täter galten.

Warum hatte man den »Zeugen vom Vortag« und seinen Vater nicht vor Gericht gehört? Es hatten doch Zeugen Aussagen gemacht, die an den Tagen vor dem Attentat Tatverdächtige im späteren Fluchtauto beobachtet hatten. Ihre Aussagen fanden Eingang in die Gerichtsakten, obwohl doch gar nicht aus einem Auto heraus geschossen worden war, sondern von einem Motorrad aus.

Nun war es ja immerhin möglich, dass bei der Tat eine andere Motorradbesatzung unterwegs war. Deshalb fragte ich den »Zeugen vom Vortag«, ob denn die Person auf dem Soziussitz eine Tasche vor sich gehabt habe. Er war sich nicht ganz sicher, aber kurz nach unserem Telefonat schickte er mir eine weitere E-Mail. Darin schrieb er:

»Lieber Herr Buback!
Ich habe Ihre Gedanken zum Anlass genommen und gerade meinen Vater (70 Jahre alt und fit) befragt. Er konnte sich klar daran erinnern, dass die Person auf dem Sozius meiner Beschreibung entspricht und vor sich eine Tasche hatte.«

Es war somit durchaus möglich, sogar wahrscheinlich, dass es sich bei den Personen, die der »Zeuge vom Vortag« gesehen hatte, um die Attentäter vom Gründonnerstag handelte. Das Fluchtauto hatte schon am 5. und 6. April in Wolfartsweier gewartet, was dafür sprach, dass die Tat schon an diesen Tagen begangen werden sollte.

115

Wenn aber am 6. April eine zierliche Frau auf dem Tatmotorrad saß und eine braune Tasche bei sich hatte wie jene, mit der am 7. April die Tatwaffe transportiert wurde, dann hatte vermutlich auch am 7. April eine zierliche Frau auf dem Soziussitz gesessen. Auch der jugoslawische Tatzeuge hatte ja gemeint, dass möglicherweise eine Frau auf dem Rücksitz des Motorrads saß. Warum auch hätte man eine Umbesetzung vornehmen sollen? Die Täter mussten ja spezielle Anforderungen erfüllen: Sie mussten sehr gut mit der schweren Waffe schießen und sehr gut Motorrad fahren können. Außerdem brauchten sie Ortskenntnis.

Das Oberlandesgericht Stuttgart hat, bezogen auf die drei als Karlsruher Mörder verdächtigten Männer, auf Seite 217 des Urteils gegen Mohnhaupt und Klar festgestellt: »Die Möglichkeit, am Tattag könnten kurzfristig andere Bandenmitglieder für die drei Genannten eingesprungen sein, schließt der Senat aus.« Dasselbe musste dann ja auch für die zierliche kleine Person, vermutlich eine Frau, gelten, die der »Zeuge vom Vortag« auf dem Motorrad gesehen hatte. Demnach müsste sie dann auch am Tattag auf dem Motorrad gesessen haben und wäre somit unmittelbare Mittäterin beim Karlsruher Attentat. Wenn aber insgesamt nur drei Täter in Karlsruhe waren, bedeutete dies, dass zumindest einer der stets genannten Täter weder auf dem Motorrad gesessen noch im Fluchtauto gewartet haben konnte.

Die Aussage des »Zeugen vom Vortag« berührte mich noch aus einem ganz anderen Grund sehr stark: Offenbar hatten sich die Täter bereits am 6. April in unmittelbarer Nähe meines Vaters befunden und vielleicht schon da die Absicht, ihn zu töten. Durch das unbedachte Öffnen der linken hinteren Wagentür hat ein Schüler die Terroristen im wahrsten Sinn des Wortes aus dem Gleichgewicht gebracht und damit möglicherweise meinem Vater einen Lebenstag und meiner Mutter, die ja direkt neben meinem Vater lief, mehr als dreißig Lebensjahre geschenkt.

Wie oft habe ich seitdem mit dem »Zeugen vom Vortag« gesprochen! 1977, nach den Aussagen seiner Familie, hatte er die weitere Aufklärung der Tat nicht mehr verfolgt. Natürlich war er überzeugt, dass man seinen und seines Vaters Hinweisen sorgfältig nachgehen würde. Erst als er jetzt von mir las, dass ich wissen wollte, wer die Täter waren, sei ihm bewusst geworden, dass drei Männer verdächtigt und zwei von ihnen verurteilt worden waren. Und da er nach wie vor die Szene mit dem Motorrad wie einen Film im Kopf hatte, habe er sich gewundert, was eigentlich aus seiner und seines Vaters damaliger Aussage geworden sei. Ich bin noch immer sehr von diesem Mann beeindruckt, der die Aussage nach dreißig Jahren ein zweites Mal machte. Er ist tapfer und gradlinig, ein wirklich beispielgebender Bürger.

Elisabeth und mir wurde schwindlig bei dem Gedanken, dass es ein unerklärliches Versäumnis bei den Ermittlungen gegeben haben könnte. Die Hinweise auf eine zierliche Frau auf dem Soziussitz mussten der Bundesanwaltschaft doch bekannt gewesen sein. Und sie gewannen noch zusätzlich an Bedeutung durch den gravierenden Umstand, dass Verena Becker und Günter Sonnenberg aufgrund des Hinweises einer älteren Dame am 3. Mai 1977, knapp vier Wochen nach der Tat, in Singen aufgegriffen wurden und man die Karlsruher Tatwaffe bei ihnen fand. Verena Becker war einen Meter vierundsechzig groß, hatte ich in einer Zeitung gelesen. Und der »Zeuge vom Vortag« hatte gesagt, die vermutlich weibliche Person auf dem Rücksitz des Motorrads sei zwischen einem Meter sechzig und einem Meter siebzig groß gewesen. Auch das passte also zusammen.

Beim nächsten Telefonat mit Bundesanwalt Hemberger berichtete ich von meinem Kontakt mit dem »Zeugen vom Vortag«, weil ich die Bundesanwaltschaft immer zeitnah über alles Wesentliche informieren wollte. Die Aussage dieses Zeugen hätte mir beinahe den Boden unter den Füßen weggezogen, sagte ich.

Bundesanwalt Hemberger jedoch war zu meiner Verwunderung über die Hinweise des »Zeugen vom Vortag« nicht sonderlich überrascht. Er schien von der damaligen Aussage der Familie des »Zeugen vom Vortag« zu wissen, sie aber nicht als bedeutsam einzuschätzen. Angesichts des in meinen Augen äußerst glaubwürdigen Berichts, den mir der »Zeuge vom Vortag« über den Vorfall mit dem Motorrad gegeben hatte, und der Brisanz der darin enthaltenen Information konnte ich das nicht verstehen. Ich merkte, wie meine Zweifel an den damaligen Ermittlungen wuchsen. War da wirklich alles in guter Ordnung gewesen?

Wenn man nicht mehr recht weiß, was man von einer Angelegenheit halten soll, sind kompetente Gesprächspartner hilfreich. So freute ich mich, als Michael Sontheimer vom *Spiegel* anrief. Meine Darstellung in der *Süddeutschen Zeitung* würde sich mit den *Spiegel*-Recherchen decken, sagte er. Das beruhigte mich sehr, obwohl die Übereinstimmung unserer Erkenntnisse natürlich auch darin begründet sein konnte, dass unsere jeweiligen Informationen von ein und derselben Person stammten. Andererseits hatte der *Spiegel* sicher viele Quellen, und es war gut zu hören, dass man auch beim *Spiegel* der Meinung war, Klar und Folkerts hätten nicht auf dem Motorrad gesessen.

Es riefen noch einige Journalisten an, die mich ausdrücklich vor Boock warnten und meinten, Boock habe immer gelogen. Ich entgegnete, dass es gar nicht so leicht sei, immer zu lügen, und dass ich mich in allem, was mit dem Anschlag auf meinen Vater zu tun hatte, inzwischen halbwegs auskennen würde und somit nicht ganz wehrlos gegen Unwahrheiten sei. Ich fügte noch an, dass es in den ausgedehnten Gesprächen mit Boock keine Situation gegeben habe, in der ich den Eindruck hatte, Boock würde die Unwahrheit sagen. Noch wichtiger aber war, dass die Erkenntnisse, die mich seit einigen Tagen bedrückten – etwa die Merkwürdigkeiten in Verbindung mit der eventuellen Täterschaft einer Frau –, überhaupt nichts mit

Boocks Aussagen zu tun hatten. Diese Fragen hatten sich beim Studium der Zeitungsausschnitte ergeben und aus dem, was der »Zeuge vom Vortag« berichtet hatte. Boock hatte lediglich den Anstoß gegeben, dass ich mich überhaupt mit den damaligen Ermittlungen befasste.

Wir waren in ein eigenartiges Spannungsfeld geraten. In den Medien spielte noch immer die Frage nach der Begnadigung von Christian Klar die zentrale Rolle, und man erwartete, dass ich mich dazu äußern sollte. Mein Hauptinteresse galt aber der Frage nach den Tätern, und durch die neuen Erkenntnisse rückte diese Frage für mich immer mehr in den Mittelpunkt.

Ich erhielt zahlreiche Briefe. Einige waren sehr verwirrend. So las ich, dass die Ermordung meines Vaters mit Geheimdienstaktivitäten verknüpft sei. Das klang so phantastisch, dass ich diese Schreiben nicht weiter beachtet habe.

Elisabeth und mich trieb die Frage um, ob Wisniewski einer der Täter auf dem Motorrad war, wie Boock behauptete, oder ob eine Frau auf dem Motorrad gesessen hatte, wie zwei voneinander unabhängige Aussagen von Augenzeugen nahelegten. Es gab für uns kaum ein anderes Thema. Wir mussten in Erfahrung bringen, wie groß Wisniewski war. Boock könnte es mir sicher sagen, aber ich hatte seine neue Telefonnummer nicht.

Am 20. April, kurz vor elf Uhr abends, rief Boock an. Elisabeth und ich hatten gerade die uns von der Redaktion *Kerner* zugesandte, fünf Jahre zuvor ausgestrahlte Sendung gesehen, in der Boock unter anderem mit den früheren Bundesministern Hans-Jochen Vogel und Gerhart Baum diskutiert und dabei tatsächlich angeboten hatte, dass sich Angehörige der Terroropfer mit Fragen an ihn wenden könnten. Froh über die Gelegenheit, den Punkt endlich klären zu können, fragte ich Boock ohne jede Vorrede, ob Stefan Wisniewski kleiner sei als er. Er antwortete, Wisniewski sei größer. Ich war konsterniert. Die Annahme, Wisniewski habe auf dem Soziussitz gesessen und sei aufgrund seiner zierlichen und kleinen Gestalt von den beiden Augenzeugen für eine Frau gehalten worden, traf also nicht zu.

Boock war kleiner als alle anderen der RAF zugerechneten Männer, zumindest als diejenigen, die nach meinem Kenntnisstand in Karlsruhe dabei gewesen sein konnten. Hatte etwa doch Boock selbst in Karlsruhe auf dem Motorrad gesessen und sogar geschossen?

Ich wagte es in dem Moment nicht, ihn noch einmal danach zu fragen. Stattdessen erzählte ich ihm, dass ich als Zeuge in Karlsruhe über die Kontakte zu ihm aussagen müsse. Das sei in Ordnung, meinte er. Aber, fügte er an, es werde wohl nicht mehr nötig sein, denn er habe gerade dem *Spiegel* ein Interview gegeben, das am Montag erscheinen werde. Dazu würde er mir morgen, Samstag, noch etwas sagen. Jetzt könne er das nicht.

Was war das für eine geheimnisvolle und bedeutende Nachricht? Im *Spiegel* musste etwas stehen, was gewichtiger war als die Aussage, Wisniewski sei der Schütze beim Karlsruher Attentat gewesen, denn das hatte Boock ja bereits erzählt. In den Gesprächen zuvor hatte er mir stets jede Frage beantwortet und nichts zurückgehalten. Nun fragte ich ihn, ob die Informationen, die er mir bislang gegeben hatte, noch stimmen würden. Boock vermittelte mir den Eindruck, dass er keine seiner Aussagen abändern wolle. Wir hatten aber keine Zeit weiterzusprechen, da er offensichtlich sehr in Eile und unter Druck war. Zum Abschluss sagte er noch: »Machen Sie es gut.«

Was war nur passiert? Hatte Boock mir etwas vorgespielt? War er etwa doch in Karlsruhe dabei gewesen? Warum hätte er sich dann aber überhaupt an mich wenden sollen? Andererseits, wie konnte Boock meinen, es sei nun nicht mehr nötig, dass ich in Karlsruhe aussagte? Mit Sicherheit konnte er nur dann davon ausgehen, wenn er ein Geständnis abgelegt hatte. Es war eine unheimliche und unwirkliche Situation. Wir konnten uns kein rechtes Bild machen und rätselten noch bis lange nach Mitternacht.

*

Am Samstagvormittag kam der dringlich erwartete Anruf. Boock war ganz erstaunt, als ich ihm erzählte, dass wir überlegt hätten, ob er wohl einer der Karlsruher Täter sei. Nun erklärte er, was es mit der Geheimnistuerei auf sich hatte: Er hatte Informationen, die dem *Spiegel* von anderer Seite zugegangen waren, einfach nicht früher an mich weitergeben dürfen. Die sensationelle Nachricht, um die es dabei ging, sei, dass der Verfassungsschutz schon seit mehr als zwei Jahrzehnten wisse, dass Wisniewski in Karlsruhe geschossen habe. Damit wäre auch Boocks entsprechende Aussage bestätigt.

Weder Elisabeth noch ich konnten diese Nachricht glauben. Es war doch undenkbar, dass deutsche Behörden eine solche Information bereits seit Jahrzehnten haben sollten, ohne daraus Konsequenzen zu ziehen.

In den Abendnachrichten wurde dann aber bereits gemeldet, dass Boocks Aussage zufolge Stefan Wisniewski in Karlsruhe geschossen habe und dass der Verfassungsschutz dies schon seit langem wisse.

Die Medien reagierten rasch. Von mehreren Redaktionen kamen Anfragen, ob ich nicht in ihre Sendung kommen könne, am besten schon am Sonntagabend, aber das war einfach nicht zu schaffen. Es brachte ja auch nichts, meine schon mehrfach geäußerten Fragen und Standpunkte jetzt noch einmal zu wiederholen. Die ungeheuerliche Behauptung, der Geheimdienst wisse seit langem, dass Wisniewski in Karlsruhe geschossen habe, musste von den zuständigen Behörden geklärt werden. Sicher würde sie rasch und überzeugend zurückgewiesen werden.

Wegen einer anderen Sendung sollte ich Kontakt mit dem

Norddeutschen Rundfunk aufnehmen, der ein Fernsehgespräch mit Peter-Jürgen Boock und mir plante, das Volker Herres moderieren würde. Stefan Aust, der Chefredakteur des *Spiegel*, wäre als Experte mit dabei. Sollte ich da mitmachen? Zum Glück hatte die Entscheidung noch ein wenig Zeit.

Am Nachmittag erhielt ich den Vorabdruck des *Spiegel*-Artikels. »Das Geheimnis des dritten Mannes« lautete der Titel. Darin stand, dass die Ereignisse am 7. April 1977 in Karlsruhe nicht so gewesen sein könnten, wie hohe deutsche Gerichte es festgestellt hätten, denn Knut Folkerts sei am Tattag in Amsterdam gewesen. Und dann kam die für uns unfassbare Nachricht, Verena Becker habe dem Bundesamt für Verfassungsschutz bereits Anfang der achtziger Jahre enthüllt, Klar habe im Fluchtauto gewartet, Sonnenberg das Motorrad gefahren und Wisniewski die tödlichen Schüsse abgegeben.

Es waren eigentlich zwei Nachrichten, die uns entsetzten: Der Verfassungsschutz sollte schon lange von Wisniewskis Täterschaft gewusst haben, und, schlimmer noch, die Frau, gegen die sich ein dringender Verdacht der Mittäterschaft beim Karlsruher Attentat richtete, da sie und Sonnenberg bei ihrer Ergreifung in Singen die Tatwaffe mit sich führten, sei eine Informantin des Geheimdienstes gewesen.

In dem *Spiegel*-Bericht wurde noch ein weiterer wichtiger Umstand mitgeteilt:

»In einem Motorradhelm, den die Täter nach dem Mord an Buback zusammen mit der Suzuki und dem zweiten Helm in der Kammer eines Brückenpfeilers an der Autobahnbrücke Wolfartsweier versteckt hatten, fand sich, so das BKA, eine ›Haarspur‹ Beckers.«

Der *Spiegel* knüpfte daran die naheliegende Frage, ob Becker womöglich selbst auf der Suzuki gesessen habe. Vielleicht sogar auf dem Soziussitz? Doch trotz der Hinweise auf Verena Becker sah der *Spiegel* die Täterschaft bei Stefan Wisniewski, den beide, Becker und Boock, beschuldigt hatten, in Karlsruhe der Schütze gewesen zu sein.

Dieser *Spiegel*-Bericht hinterließ bei vielen den Eindruck, dass der Buback-Mord nun aufgeklärt sei, Wisniewski geschossen und der Geheimdienst seit über zwanzig Jahren Bescheid gewusst habe.

Es war gut, dass sich die Medien für die Frage interessierten, wer auf dem Motorrad saß. Nicht glücklich war ich über die Fixierung auf Wisniewski. Natürlich konnte er der Schütze gewesen sein. Was aber war mit Verena Becker? Sie und Sonnenberg hatten die Tatwaffe bei ihrer Ergreifung im Mai 1977 bei sich. Es gab zwei unabhängige Hinweise darauf, dass wohl eine Frau auf dem Soziussitz des Tatmotorrads gesessen hatte. Für mich galt deshalb auch eine zierliche kleine Frau als tatverdächtig. Und Elisabeth meinte, der Hinweis auf eine Frau sei in Verbindung mit einer so grausamen, gewalttätigen Aktion derart unerwartet, dass man ihm unbedingt hätte nachgehen müssen.

An diesem Samstag dachten wir erstmals darüber nach, ob es einen Zusammenhang geben könnte zwischen der überraschend zögerlichen, kaum erkennbaren Ermittlungsaktivität gegen eine Frau und der Tatsache, dass eine Frau auch Informantin des Geheimdienstes war.

Dass die Ermittler Verena Becker tatsächlich schonend behandelt oder sogar gedeckt haben sollten, erschien uns dann aber doch eher unwahrscheinlich, denn die Deckung hätte es ja dann schon 1977 geben müssen. Nach allem, was wir jetzt lasen, sollte sie ihre Informationen dem Bundesamt für Verfassungsschutz aber erst 1981/1982 gegeben haben. Wie hätten die Ermittler 1977 bei der Fahndung und 1980, als das Ermittlungsverfahren gegen Verena Becker zum Karlsruher Attentat eingestellt wurde, wissen können, dass sie sich später entschließen würde, dem Geheimdienst so gravierende und ausführliche Informationen zu geben? Der Verfassungsschutz, aber auch die für die Ermittlungen zuständige Bundesanwaltschaft hätten, wenn eine derartige Kooperation denn überhaupt legal gewesen wäre, in diesem Fall ja das Risiko eingehen müssen, nach erheblichen Vorleistungen mit leeren Händen dazustehen. Weshalb hätte man sich darauf einlassen sollen?

Aber die Art des Kontakts von Frau Becker zu Geheimdiensten würde sich gewiss bald klären. Uns erschien es wichtiger, den neuen Hinweisen auf eine Frau als Täterin auf dem Motorrad nachzugehen und die zuständigen Stellen darauf hinzuweisen, dass Verena Becker an der Tat beteiligt gewesen sein könnte.

Innerhalb der drei Tage, seit ich mit dem » Zeugen vom Vortag« gesprochen hatte, war Elisabeth und mir klar geworden, dass Verena Becker möglicherweise bei dem Attentat dabei gewesen war. Das musste ich der Generalbundesanwältin mitteilen, die vielleicht gar nichts von den neuen Erkenntnissen über eine Frau als mögliche Tatbeteiligte wusste.

Monika Harms hatte sich im Fernsehen kritisch über meine Aufklärungsaktivitäten geäußert. Ich hätte ihre Ermittlungen gestört, sagte sie. Es verletzte mich, dass sie das öffentlich sagte und nicht mir direkt, aber es brachte ja nichts, wenn ich jetzt beleidigt war. Die Bundesanwaltschaft war die zuständige Stelle, und ich fühlte mich verpflichtet, meine Informationen rasch an sie weiterzugeben.

Am Abend des 22. April schloss ich einen Brief an die Generalbundesanwältin ab, in dem ich den Stand meiner Erkenntnisse zusammenfasste: von der Zeitungsnotiz über die Vernehmung eines jugoslawischen Augenzeugen bis zur Aussage des »Zeugen vom Vortag«. Beide Zeugenaussagen würden darauf hinweisen, dass die Person auf dem Soziussitz eine Frau oder eventuell ein zierlicher Mann war, erläuterte ich und ging auch darauf ein, dass die Körpergrößen der primär in Betracht kommenden Tatverdächtigen einen guten Anhaltspunkt dafür geben müssten, wer der Schütze auf dem Motorrad war. Wenn Wisniewski eine zierliche Person wäre, könnte er eventuell als Mörder in Frage kommen, aber eben auch Frau Becker, da sie einen Meter vierundsechzig groß sei. Andererseits würde ich weniger Veranlassung sehen, Klar oder Folkerts zu verdächtigen, die beide wenigstens hundertachtzig Zentimeter groß seien, und auch Sonnenberg solle wohl großgewachsen sein.

Dann äußerte ich noch meine Verwunderung darüber, dass trotz dieser Zeugenaussagen stets Folkerts, Klar und Sonnenberg als Tätertrio genannt wurden, obwohl doch keiner von ihnen als für einen Mann auffällig klein gelten konnte. Für mich seien unter den bislang als Schützen in Betracht kommenden Personen vor allem Verena Becker und Stefan Wisniewski verdächtig, die auch beide an der militärischen Ausbildung im Jemen teilgenommen hatten. Mit Bezug auf die Feststellung des *Spiegel,* wonach sich eine Haarspur von Verena Becker in einem der Motorradhelme fand, die die Täter nahe Karlsruhe versteckt hatten, fragte ich, ob denn untersucht worden sei, welchem anderen Tatverdächtigen der Helm mit dem Becker zugeordneten Haar überhaupt passen würde. Insgesamt, fügte ich an, würden die äußerst verwirrenden neuen Nachrichten in Verbindung mit dem Verfassungsschutz Verena Becker in meinen Augen eher belasten als entlasten.

Am Schluss des Briefes schrieb ich noch, dass ich nicht böse wäre, wenn die Generalbundesanwältin über meine Erkenntnisse lächeln würde, denn es seien natürlich die Bekundungen eines engen Angehörigen, der darunter leidet, dass der Mord an seinem Vater trotz dreißigjähriger Ermittlungstätigkeit nicht zuverlässig aufgeklärt ist. Sie möge aber bitte auch bedenken, dass es die Gedanken eines Professors aus der Physikalischen Chemie sind, der täglich sehr gründlich nachdenken muss, um Befunde, die oft zunächst unklar und gelegentlich verwirrend sind, zu ordnen und zu verstehen.

Während ich den Brief schrieb, hatte Elisabeth weiter in den Zeitungsausschnitten zum Attentat gelesen. Immer häufiger stieß sie dabei auf den Hinweis, dass eine Frau auf dem Motorrad saß. Es war unglaublich.

Mein schriftlicher Hinweis auf eine eventuelle Tatbeteiligung von Verena Becker hat nicht dazu geführt, dass ein Ermittlungsverfahren aufgenommen wurde. Ich habe auch keine Antwort auf die Frage erhalten, weshalb im Licht der neuen Erkenntnisse das Verfahren jetzt nicht wieder aufgenommen wurde. Und das, obwohl der Ermittlungsrichter des Bundesgerichtshofs, wie ich einige Monate später erfahren sollte, bereits dreißig Jahre zuvor auf der Grundlage von weniger belastendem Material Verena Becker als Mittäterin am Karlsruher Attentat bezeichnet hatte.

*

Am 23. April erhielten wir von einem Journalisten eine Kopie des Urteils gegen Mohnhaupt und Klar vom Juli 1985. Wir blätterten in den fast vierhundert Seiten und studierten die Passagen zum Karlsruher Attentat. Sie erinnerten sehr an die Anklage gegen Folkerts, es war ja auch dieselbe Tat. Dann merkten wir aber, dass der jugoslawische Augenzeuge nicht mehr auftauchte.

Bereits im Folkerts-Verfahren waren die beiden Aussagen, wonach eine Frau auf dem Motorrad gesessen haben könnte, nicht berücksichtigt worden. Dort war der Jugoslawe aber wenigstens als Zeuge geladen. Zu unserer Überraschung fand sich in seinen Aussagen allerdings nichts über eine Frau als mögliche Täterin. Nun aber war er gar nicht mehr als Zeuge geladen – ein Mann immerhin, der aus wenigen Metern Entfernung den dreifachen Mord miterlebt hatte. Lebte der jugoslawische Zeuge beim Prozessbeginn im Jahr 1983 nicht mehr? Darauf deutete nichts hin. Unsere Zweifel hinsichtlich der damaligen Ermittlungen wuchsen. Und vielleicht hatte der Verfassungsschutz ja wirklich schon seit vielen Jahren von Verena Becker die Information, dass Wisniewski der Schütze war.

Irgendwann an diesem Montag sagte ich zu, am folgenden Tag, dem 24. April, zu dem Fernsehgespräch mit Aust und Boock nach Hamburg zu kommen. Wegen keiner anderen Entscheidung bin ich jemals auch nur annähernd so heftig kritisiert worden. Ich hatte nicht genug Zeit, um alles Für und Wider zu bedenken, aber auch aus der Distanz von über einem Jahr stehe ich zu dem Entschluss. Wir waren so aufgewühlt durch das, was wir in den Tagen zuvor erfahren hatten, und hofften, durch eine öffentliche Diskussion andere motivieren zu können, zur weiteren Klärung beizutragen. Auch hielt ich es für gut, dass sich alle Interessierten selbst darüber klar werden konnten, ob Boock log oder nicht, und eine Idee davon bekamen, vor welchen Problemen ich in den vergangenen Wochen gestanden hatte. Fünf Jahre zuvor hatten zwei ehemalige Bundesminister bei *Kerner* mit Boock diskutiert, und ich hatte nichts von allgemeiner Entrüstung darüber gehört. Durfte ich als Angehöriger nicht öffentlich mit ihm sprechen? Schließlich konnte doch jeder, dem es unerträglich war, mich mit einem inzwischen begnadigten früheren Terroristen im Fernsehen zu sehen, das Gerät abschalten oder auf einen anderen Sender wechseln.

Beim NDR war man so entschlossen, mich für dieses Gespräch mit Boock vor die Kamera zu bekommen, dass man sogar anbot, mich mit dem Hubschrauber abzuholen, wenn ich Schwierigkeiten hätte, rechtzeitig nach Hamburg zu kommen. Das klang glaubhaft, aber ich habe den Zug vorgezogen, und Elisabeth fuhr mit nach Hamburg. Das war mir sehr wichtig.

Nach vielen Wochen RAF-Debatte war es für die Fernsehleute nicht leicht, noch etwas draufzusatteln. Die Kombination Boock – Buback, zur günstigen Sendezeit präsentiert, war aber schon etwas Besonderes. Die Programmhinweise waren reißerisch, und auch wenn mir der Titel der Sendung »Das Opfer und der Terrorist« missfiel, war es für eine Änderung nun viel zu spät.

Am 23. April telefonierte ich erneut mit Boock. Noch immer beschäftigte mich die Größe der Person auf dem Soziussitz. Ich taxierte inzwischen alle möglichen Leute und fragte Gesprächspartner gelegentlich nach der Größe, so als müsste ich die Fähigkeit, Körpergrößen abzuschätzen, ständig trainieren und die Güte meiner Schätzungen durch laufende Kalibrierungen verbessern. Ich fragte Boock nach den Größen von Folkerts, Klar und Sonnenberg. Er sagte, sie seien alle wenigstens einen Meter achtzig groß.

Dann versuchte ich von Boock zu erfahren, wie und wann genau ihm Wisniewski anvertraut hatte, dass er in Karlsruhe geschossen habe. Das sei noch im Jahr 1977 gewesen, erzählte er, aber er konnte sich nicht mehr an den Wortlaut erinnern, der für mich so wichtig gewesen wäre. Ich fragte ihn dann noch, ob nicht auch Verena Becker auf dem Motorrad gesessen haben könnte, aber von dieser Möglichkeit hielt Boock nichts. Es gibt ja eine Reihe von Leuten, die meinen, ich sei Boock in den Gesprächen auf den Leim gegangen und hätte ihm alles kritiklos geglaubt. Sie hätten sich vermutlich gewundert, wenn sie Zeugen unserer Gespräche gewesen wären. Für Boock war Wisniewski zweifelsfrei der Schütze, der gemeinsam mit Sonnenberg auf dem Motorrad saß. Ich sei da nicht so sicher, sagte ich, es gebe auch Hinweise auf eine zierliche Frau.

Im Zug nach Hamburg sprachen Elisabeth und ich über die verwirrende Situation: Nach den Urteilen des Oberlandesgerichts Stuttgart waren die Täter Männer, und alle waren recht groß. Auch auf Wisniewski, den Boock nun als Täter hinzugefügt hatte, passten die Beschreibungen des jugoslawischen Augenzeugen und des »Zeugen vom Vortag« nicht. Diese konnte ich jedoch nicht ignorieren, denn sie waren für mich wie unabhängige Beobachtungen bei einem naturwissenschaftlichen Experiment. Vor Gericht hätten sie zumindest erörtert werden müssen. Verzweifelt suchten wir nach einer Lösung des Dilemmas. Was stimmte da nicht?

Wir sprachen immer leiser, da wir uns einbildeten, ein Mann, der im Zug hinter uns saß, interessiere sich für unser Gespräch. Schließlich kam mir eine Erklärungsmöglichkeit. Damit niemand etwas hören konnte, schrieb ich sie auf eine Serviette und zeigte sie Elisabeth. Im Nachhinein muss ich über unsere Vorsicht schmunzeln, aber in der besonderen Situation und noch dazu kurz vor dem Treffen mit Boock erschien uns alles sehr geheimnisvoll und bedrohlich. Auf der Serviette stand: »Vielleicht hat man auch Boock getäuscht.« Elisabeth dachte kurz nach und nickte dann, allerdings nur leicht, was allenfalls begrenzte Zustimmung signalisierte.

Uns war klar, dass alles, was Boock über die Ausführung des Karlsruher Attentats wusste, ihm nur vom Hörensagen bekannt war. Zwar sagte er, er sei dabei gewesen, als Sonnenberg und Wisniewski in Aden als Motorradbesatzung ausgewählt worden waren, aber danach hatte das Kommando völlig unabhängig gehandelt. Vielleicht hatte man die Motorradbesatzung noch geändert, weil sich gezeigt hatte, dass eine andere Person besser schoss oder besser Motorrad fuhr als ein ursprünglich vorgesehener Täter. Oder es hatten sich die »Stammheimer« eingemischt. All das und noch andere Gründe könnten dazu geführt haben, dass entgegen der ursprünglichen Planung eine kleine zierliche Frau auf dem Soziussitz gesessen hatte.

Den Gepflogenheiten entsprechend, wären die anderen Kommandos über eine solche Änderung nicht informiert worden. Bei Nachfragen, wie sie wohl auch Boock gestellt hatte, waren die Antworten ungenau oder ausweichend gewesen, so dass der Fragende den Eindruck hatte, es sei alles wie geplant abgelaufen. So konnte Boock überzeugt sein, die Wahrheit zu kennen, obwohl es eventuell doch anders gewesen war. Ich hielt es sogar für vorstellbar, dass man es in RAF-Kreisen als besonderen Triumph empfand, den massigen, verhassten Generalbundesanwalt von einer kleinen zierlichen Frau umbringen zu lassen, verwarf den Gedanken aber gleich wieder, zumal mich Elisabeth sehr zweifelnd anschaute, als ich diese Vermutung äußerte.

Das Studio war in der Ecke einer Art Mehrzweckhalle aufgebaut. Im Vorbereitungsraum traf ich gleich auf Peter-Jürgen Boock. Auch wenn wir mittlerweile schon oft miteinander gesprochen hatten, war es aufregend, ihn jetzt vor sich zu haben, ihm die Hand zu geben. Elisabeth meinte später, dass Boock etwas verlegen gewesen sei, als wir uns begrüßten.

Erst jetzt bemerkten wir die vielen anderen Personen im Raum. Das Gespräch drehte sich zunächst um triviale Dinge, in welcher Reihenfolge uns die Maske verabreicht würde und dergleichen.

Mit Boock, aber auch mit Stefan Aust sprachen wir über Wisniewskis Täterschaft. In der Ausgabe vom Vortag hatte sich der *Spiegel* weitestgehend auf Wisniewski als Schützen beim Karlsruher Attentat festgelegt. Ich teilte Aust meine Bedenken dazu mit und schilderte ihm, welche Hinweise Verena Becker belasteten. Aust, der völlig zu Recht als anerkannter und überragender Kenner des RAF-Komplexes gilt, kannte zwar die Details des Karlsruher Verbrechens nicht genau, wirkte aber so, als ließen ihn meine Argumente nicht unbeeindruckt. Ob sich ein stärkerer Tatverdacht auf Stefan Wisniewski oder auf Verena Becker richtete, erörterten wir dann jedoch nicht weiter, denn Aust präsentierte eine Neuigkeit, die in diesem Moment alles andere in der Hintergrund drängte: Generalbundesanwalt Kurt Rebmann habe schon lange Kenntnis davon gehabt, dass Wisniewski der Schütze in Karlsruhe gewesen sei.

In den vergangenen Tagen war ich bereits mehrfach mit unfassbar erscheinenden Nachrichten konfrontiert worden, aber das ging nun wirklich über die Grenze des Erträglichen hinaus. Schlimmer konnte es nicht kommen: Rebmann habe von dem Täter gewusst und nichts unternommen!

Es war wieder eine dieser marternden Situationen. Beides war schlimm: wenn Austs Information stimmte, aber auch, wenn sie nicht stimmte. Letzteres würde bedeuten, dass ein Journalist vom Kaliber eines Stefan Aust eine so gewichtige Aussage ohne sichere Grundlage gemacht hätte, was eigentlich auszuschließen war. Und die erste Möglichkeit durfte einfach nicht wahr sein. Der Generalbundesanwalt habe den Namen des Mörders meines Vaters gekannt und es hingenommen, dass gegen den RAF-Terroristen in dieser Sache kein Ermittlungsverfahren eröffnet und keine Anklage erhoben wurde? Das ging doch gar nicht! Als Generalbundesanwalt konnte er doch nicht Mörder aus den Reihen der RAF einerseits vor Gericht bringen und andererseits vor Strafverfolgung bewahren. Wenn das von ihm verlangt worden wäre, hätte er zurücktreten müssen, weil er ansonsten jede Perspektive und Rechtfertigung für seine Tätigkeit verloren hätte.

Das Denken ließ sich ja nicht abschalten, und so überfiel mich, während ich noch über die widersprüchliche Situation nachdachte, schon der nächste schlimme Gedanke: Könnte Rebmann es eventuell sogar akzeptiert und unterstützt haben, dass die Strafverfolgung des Mörders meines Vaters und seiner beiden Begleiter ausgesetzt wird? Das wäre in meinen Augen Verrat. Nein, so etwas war nun wirklich völlig unmöglich!

Nach den vielen Ungereimtheiten in Bezug auf die nicht beachteten Augenzeugenaussagen traf mich die Nachricht über Kurt Rebmann tief. Schon die Mitteilung, dass der Verfassungsschutz seit etwa fünfundzwanzig Jahren den Täter gekannt haben soll, hatte mich enorm belastet. Und nun sollte sogar Rebmann darüber informiert worden sein! Ich war verunsichert, enttäuscht und aufgewühlt. Wie konnte es zu solchen Merkwürdigkeiten im Verantwortungsbereich der Bundesanwaltschaft kommen?

Elisabeth erzählte mir später, ich hätte in diesem Moment Tränen in den Augen gehabt. Es gab aber keine Ruhepause. Ich musste hinaus in die Sendung.

Volker Herres erwähnte in seiner Einführung stolz, dass

erstmals der Angehörige eines Opfers mit einem Angehörigen der RAF im Fernsehen spreche. Er fragte mich, warum es mir so wichtig sei, die Umstände des Mordes genau zu kennen. Was ich dabei empfände, jetzt neben Boock zu sitzen?

Boocks Schilderungen waren mir von unseren langen Gesprächen bereits vertraut. Es ging wieder um Christian Klar. Er habe, so Boock, an der Ausbildung in Aden nicht teilgenommen. Das habe genügt, um ihn für einen Einsatz in Karlsruhe zu »disqualifizieren«.

Ich schilderte mein Unverständnis darüber, dass die Aussagen von zwei nach meiner Meinung wichtigen Augenzeugen in den Prozessen zum Karlsruher Attentat nicht auftauchten. Sollte es hier keine zufriedenstellenden Erklärungen geben, würde für mich eine Welt zusammenbrechen.

Stefan Aust sagte, er könne gut verstehen, dass Angehörige Näheres über ein Verbrechen wissen wollten. Er brachte das sehr gute, jedenfalls mich unmittelbar ansprechende Beispiel von Kriegsgräbern und dem Wunsch der Familienmitglieder, zu erfahren, wie und wo ihre Angehörigen gefallen sind. Dann erklärte er, was er uns schon vor der Sendung gesagt hatte: Generalbundesanwalt Rebmann habe die Akten vom Bundesamt für Verfassungsschutz erhalten und somit schon damals von der Aussage gewusst, dass Wisniewski der Schütze gewesen sei. Am nächsten Tag werde es hierzu eine Pressemitteilung geben. Auch wenn sich Stefan Aust vor der Kamera ein wenig vorsichtiger auszudrücken schien als zuvor im Gespräch mit uns, war die Meldung noch immer hinreichend klar und in meinen Augen schlichtweg ungeheuerlich.

Aust sagte auch, der berechtigte Wunsch der Angehörigen nach Informationen zum Karlsruher Attentat sei an kundiger Stelle gehört und verstanden worden. Wochen später erfuhr ich dann, dass ich einem früheren Mitarbeiter des Verfassungsschutzes leid getan habe. Er hatte meine Versuche verfolgt, etwas über den Mörder meines Vaters in Erfahrung zu bringen, und wollte mir helfen. Es hatte sich also ein drittes

Mit Peter-Jürgen Boock (li.) beim NDR

Mal gelohnt, dass ich die Strapazen öffentlicher Auftritte auf mich genommen hatte. Elisabeth war ja immer sehr zögerlich und riet mir von solchen Auftritten eher ab. Inzwischen ist aber auch sie überzeugt, dass wir ohne Unterstützung der Medien nichts hätten bewirken können.

Nach wie vor hatte Elisabeth die Sorge, auch wenn meine eigene Linie klar und nachvollziehbar blieb, könnte ich wie ein Spielball von großen Akteuren hin und her gewirbelt werden. Auch mag sie es nicht, dass wir immer wieder in deprimierendem Zusammenhang in der Öffentlichkeit stehen. Aber haben wir eine andere Wahl? Wir können ansonsten nur aufhören zu fragen und klein beigeben. Irgendwann werden wir das vermutlich ohnehin tun müssen, denn die Fälle, in denen sich Einzelne gegen mächtige Gruppierungen durchsetzen, sind rar. So sehr kann man nicht im Recht sein, als dass man sich als David gegen Goliaths durchsetzt.

Die Sendung nahm mich sehr mit. Sie hatte länger gedauert als die angekündigten dreißig Minuten. Von meinem Platz aus konnte ich die große Uhr leicht beobachten. Volker Herres hatte nach einer halben Stunde unverdrossen weitergefragt, bis fünfundvierzig Minuten vorüber waren. Gesendet wurden schließlich neundzwanzig Minuten und neunzehn Sekunden.

Nach dem Ende der Aufnahme war Peter-Jürgen Boock gleich aufgestanden und zum Vorbereitungsraum zurückgegangen. Als er an Elisabeth vorbeikam, sagte er: »So etwas mache ich nie wieder!« Sie hatte das Gefühl, dass er in diesem Moment völlig fertig war.

Es gab viele Reaktionen auf die Sendung, positive, aber auch stark ablehnende. In einer E-Mail wurde ich gefragt, ob sich hier vielleicht einfach zwei ältere Herren noch mal wichtig gemacht hätten. Wer so etwas meint, kann die Sendung eigentlich nicht ernsthaft verfolgt haben.

Bitter war für mich ein Kommentar aus dem Kreis der Angehörigen anderer Opfer des RAF-Terrorismus: Hergard Rohwedder, die Frau des 1991 von der RAF ermordeten Treuhandchefs, sagte in einem Interview, mein öffentlicher Auftritt mit einem der Mörder und Terroristen als gleichwertigem Gesprächspartner sei für sie – bei allem Respekt für meine persönliche Bewältigung des Schicksals – erschütternd und nicht nachvollziehbar. Man kann schlecht über derart Persönliches diskutieren, jeder Angehörige reagiert in seiner Weise auf den Schicksalsschlag.

Was mich anging, so fühlte ich mich nach all den neuen Erkenntnissen inzwischen eher als privater Ermittler denn als Angehöriger eines Opfers. Wenn ich Klarheit erhalten wollte, konnte ich auch ungewöhnliche Kontakte nicht grundsätzlich ablehnen. Ein Polizist, Staatsanwalt oder Richter kommt ja auch nicht darum herum, mit den unmittelbaren Tätern zu sprechen. Allerdings wollte ich den Kontakt mit Personen vermeiden, die im Verdacht stehen, am Karlsruher Attentat direkt beteiligt gewesen zu sein.

Auf der Rückfahrt von Hamburg fiel mir wieder ein, dass ich zugesagt hatte, zwei Tage später, am 26. April, zur Sendung *Berlin Mitte* zu kommen. Maybrit Illner hatte tags zuvor angerufen. Noch nie hatte ein Moderator selbst so ausführlich mit mir gesprochen. Ich zögerte zunächst, weil ich nicht wusste, ob ich das alles noch schaffen würde, und sagte ihr, dass die in ihrer Sendung vermutlich dominierende Diskussion um Klars Begnadigung keine zentrale Bedeutung für mich hätte. Die Aufklärung des Mordes an meinem Vater sei mir viel wichtiger. Ich erzählte ihr von den nicht beachteten Augenzeugenhinweisen und von anderen Merkwürdigkeiten, die mich beunruhigten. Maybrit Illner meinte, angesichts der belastenden Fragen zu den damaligen Ermittlungen habe man mir doch sicher als Unterstützung von staatlicher Seite kompetente Mitarbeiter zur Verfügung gestellt. Da musste ich lächeln.

Da auch Hans-Jochen Vogel Gast in der Talkshow sein sollte, wies ich Maybrit Illner im Vorgespräch noch darauf hin, dass sich eine problematische Situation ergeben könne, denn es hatten sich ja nun Zweifel an den damaligen Ermittlungen ergeben und somit auch an der Arbeit der Bundesanwaltschaft, für die Hans-Jochen Vogel von 1974 bis 1981 als Justizminister zuständig war. Sie sah darin aber kein Problem.

Insgesamt rief Maybrit Illner dreimal an, zuletzt kurz vor meiner Abreise zu dem Gespräch mit Boock. Schließlich sagte ich ihr zu, bat aber noch, bei der Einführung ihrer Gäste zu erwähnen, es sei nicht ganz leicht gewesen, mich zum Kommen zu überreden. Eine solche Feststellung aus ihrem Munde würde mir vielleicht helfen, mich derer zu erwehren, die mir in E-Mails vorhielten, ich sei geradezu versessen darauf, ins Fernsehen zu kommen. Maybrit Illner versprach das zwar, vergaß meine Bitte dann aber in der Sendung.

*

135

Die *Berlin-Mitte*-Sendung war thematisch etwas überfrachtet. Maybrit Illner hatte sechs Gäste, darunter erfahrene Politiker, die es verstanden, ans Wort zu kommen und es auch zu behalten. Einige unserer Freude, die sich die Talkshow ansahen, meinten, ich hätte abgespannt, fast beklagenswert ausgesehen. Sie wussten natürlich nicht, was in den Tagen zuvor auf mich eingestürzt war, aber sie hatten es schon richtig beobachtet. Als ich mir die Sendung später noch einmal anschaute, merkte ich, wie erschöpft ich dort war. Meine Redebeiträge waren zu breit. Ich hätte manches prägnanter formulieren müssen, aber an diesem Abend war einfach nicht mehr drin.

Die erste Frage, natürlich zu Klars Begnadigung, ging an Markus Söder, den Generalsekretär der CSU. Es wurde über Boocks Glaubwürdigkeit gesprochen. Maybrit Illner stellte dann die Frage, ob der Verfassungsschutz damals seine Informationen an die Ermittler weitergegeben habe. Jeder in der Runde kannte den *Spiegel*-Artikel vom Wochenbeginn. Bernhard Vogel, der ehemalige Ministerpräsident von Rheinland-Pfalz, meinte, Fehler könnten nicht ausgeschlossen werden. Innenminister Schäuble habe ja sofort reagiert, um die Sache zu klären. Hans-Christian Ströbele, damals RAF-Anwalt und jetzt stellvertretender Fraktionsvorsitzender der Grünen, hatte am Vortag an der Sitzung des für die Untersuchung geheimdienstlicher Aktivitäten zuständigen Parlamentarischen Kontrollgremiums teilgenommen und berichtete, dass ein Übermittlungsversäumnis nicht festgestellt worden sei. Die Kenntnisse des Verfassungsschutzes waren also an die Bundesanwaltschaft gegangen.

Ich sprach von den auf eine Frau als mögliche Täterin deutenden Hinweisen. Maybrit Illner hatte zuvor bereits Verena Becker als diejenige genannt, die Wisniewski als den Karlsruher Schützen belastet habe. Um meine Unzufriedenheit mit den bisherigen Ermittlungen auszudrücken, fügte ich noch an, es sei grotesk, dass sich zur Klärung des Mordes am Generalbundesanwalt der Sohn und die Schwiegertochter engagieren müssten.

Ströbele sagte schließlich, die genaue Befassung mit den damaligen Geschehnissen werde zeigen, dass es unrichtige Urteile gegeben habe und auch Rücksichtnahmen auf Täter, die mit den Behörden zusammengearbeitet hätten. Ich zuckte richtiggehend zusammen, als er das sagte. Nie zuvor hätte ich es für möglich gehalten, dass Äußerungen eines früheren RAF-Rechtsanwalts so nahe an meine eigenen Bedenken herankommen würden. Wie sehr hatten wir damals unter den Aktionen von RAF-Anwälten gelitten und gemeint, in unterschiedlichen Welten zu leben!

Auf Ströbeles Einlassung erwiderte Bernhard Vogel, die Gerichte verdienten es nicht, dass von Fehlurteilen gesprochen werde. Hans-Jochen Vogel fuhr fort, mit hochrotem Kopf und sehr erregt: Er lasse es nicht zu, dass der Bundesanwaltschaft, und schon gar nicht, dass dem toten Rebmann Vorwürfe gemacht würden. Ich erschrak wieder. Keiner in der Runde hatte den Namen Rebmann zuvor erwähnt. Sicher, Rebmann wäre derjenige, den man jetzt gern befragen würde, aber das wussten doch nur wenige unter den Zuschauern. Wieso nannte Hans-Jochen Vogel Rebmanns Namen und warum in solcher Erregung? Eine derartige Reaktion bei einem so erfahrenen und in vielen Kämpfen erprobten Politiker war überraschend. So stark reagieren andere dann, wenn sie sich selbst angegriffen fühlen. In den Tagen nach der Talkshow wurde ich mehrfach auf Vogels Reaktion angesprochen. Zum Abschluss des Gesprächs verwies Wolfgang Herles auf die zahlreichen ungeklärten, der dritten RAF-Generation zugeordneten Morde.

Nach der Sendung sprachen Elisabeth und ich noch mit Hans-Jochen Vogel. Er sagte uns, er sei Kurt Rebmann dankbar gewesen, weil dieser sich bereit erklärt hatte, das Amt des Generalbundesanwalts zu übernehmen, nachdem Vogel zuvor zahlreiche Kandidaten vergeblich gefragt habe. Hans-Jochen Vogel wollte mit dieser Anmerkung sicher etwas Positives über Rebmann sagen, aber andererseits ließ sich daraus auch schließen, dass Rebmann nicht des Bundesjustizministers erste Wahl bei der Besetzung der Position war.

Die Pressekonferenz der Generalbundesanwältin am 25. April konnte ich wegen meiner Verpflichtungen in der Universität nicht mitverfolgen. Wie ich erfuhr, hatte Monika Harms berichtet, die Bundesanwaltschaft habe jetzt ein Ermittlungsverfahren gegen Stefan Wisniewski aufgenommen. Sie erwähnte auch, für den Verdacht, Bundeskriminalamt und Bundesamt für Verfassungsschutz hätten ihrer Behörde im Mordfall Buback wichtige Informationen vorenthalten, gebe es keinen Anlass. Das war eine wichtige Aussage, die sich mit dem deckte, was Stefan Aust in Hamburg berichtet hatte: Die Leitung der Bundesanwaltschaft war vom Verfassungsschutz über Wisniewski als angeblichen Schützen informiert worden.

Wenn aber aufgrund von Boocks Angaben ein Ermittlungsverfahren gegen Wisniewski eingeleitet worden war, obwohl von Boock so oft gesagt worden war, er sei ein Lügner, der »Karl May der RAF«, warum hatte Harms dann nicht auch Ermittlungen gegen Verena Becker aufgenommen? Ich hatte ihr doch starke Verdachtsmomente mitgeteilt.

*

Wir standen in Kontakt mit mehreren Journalisten, wobei wir auch über die Zeitungsberichte aus dem Jahr 1977 sprachen. Offenbar brauchte sich Elisabeths Sammlung nicht hinter dem zu verstecken, was in den Redaktionen noch vorhanden war. Vieles gab es nur noch auf Mikrofilm. Zwei Journalisten des Südwestrundfunks, Tobias Hufnagl und Volker Schmidt, hatten Recherchen aufgenommen. Sie waren sehr interessiert, und ich hatte einen guten Eindruck von ihnen. Sie wollten den jugoslawischen Augenzeugen aufspüren, was ihnen dann auch gelang, und sie sprachen mit einem der Beamten, die in Singen an der Ergreifung von Becker und Sonnenberg beteiligt waren. Es war gut für uns, nicht mehr so ganz allein den damaligen Spuren nachgehen zu müssen.

Häufiger sprach ich auch mit Michael Sontheimer. Das enorme Wissen des für den *Spiegel* arbeitenden Historikers über die RAF beeindruckte mich. Meine Kenntnisse beschränkten sich ja weitgehend auf das Karlsruher Attentat, sie wurden aber von Tag zu Tag fundierter. Das war nicht verwunderlich, da ich von mehreren Seiten Informationen erhielt und mich, wann immer etwas Zeit war, mit dem Ordnen der zunächst verwirrend erscheinenden Befunde befasste.

Aber mit wem ich auch sprach, niemand kannte sich mit den Tatumständen bei den Karlsruher Morden aus. Auch in den bekannteren Büchern zur RAF fand ich keine Details. In Butz Peters' ausführlichem Buch über die RAF ist der Bericht über das Karlsruher Attentat kürzer als der Abschnitt über den »Mescalero-Nachruf«. Butz Peters, der ebenfalls Folkerts, Klar und Sonnenberg als Täter nennt, schreibt, was über dreißig Jahre galt: »Wer von ihnen auf dem Motorrad saß, bleibt ungeklärt.« In der Fachliteratur war für unsere genaueren Fragen zum Karlsruher Attentat also wenig zu holen. So kehrten wir oft zu Elisabeths Zeitungsausschnitten zurück.

Mit Erstaunen hatten wir bemerkt, dass die Aussage des jugoslawischen Augenzeugen in den Tagen nach der Tat immer vager wurde. Der Hinweis auf eine Frau verschwand, und eine Woche nach der Tat wurde die Aussage des Zeugen geradezu grotesk. Im *Stern* vom 14. April 1977 findet sich ein Bericht mit der Überschrift »Das Protokoll – Was am 7. April in Karlsruhe und Bonn geschah«. Darin liest man folgende, dem jugoslawischen Augenzeugen zugeordnete Schilderung: »Ich denken, Kinder machen Spaß mit Knallerei.« Was für eine absurde Aussage! Niemand hatte auf der vierspurigen Karlsruher Ausfallstraße Kinder spielen gesehen. Der Jugoslawe hatte Militärdienst geleistet und kannte die Geräusche einer Schnellfeuerwaffe. Er hatte, wie in einigen Zeitungen zu lesen war, der Karlsruher Polizei am Tattag ausgesagt, dass der Beifahrer auf dem Motorrad – eben möglicherweise eine Frau – mit einer automatischen Schnellfeuerwaffe in das Fahrzeug des Generalbundesanwalts geschossen habe.

Aus welcher Quelle mochte nun dieser seltsame Bericht im *Stern* kommen? Die dem Jugoslawen zugeschriebene Äußerung in fehlerhaftem Deutsch war so merkwürdig; es musste ja fast der Eindruck entstehen, er sei kein besonders vertrauenswürdiger Zeuge. Dabei hatte der Jugoslawe seine Aussage unmittelbar nach der Tat gegenüber der Karlsruher Polizei gemacht. Warum sollte ich an deren Richtigkeit zweifeln? Viele Zeitungen, auch ausländische, hatten seine Aussage übernommen. Wer hatte dem *Stern* die merkwürdige Geschichte mit den Kindern erzählt? Irgendetwas stimmte hier nicht.

Nach der Lektüre des »Protokolls« im *Stern* interessierte es uns besonders, wie die Aussage des Jugoslawen in den Ermittlungsakten der Bundesanwaltschaft abgefasst war.

Und noch etwas anderes erstaunte uns bei der Durchsicht der Zeitungsausschnitte: Siegfried Haag wird an vielen Stellen mit dem Karlsruher Attentat, aber auch mit den Verbrechen an Jürgen Ponto und an Hanns Martin Schleyer in Verbindung gebracht. In der *Welt* vom 12. April 1977 heißt es: »Den Sicherheitsbehörden liegen konkrete Hinweise vor, dass der ehemalige Rechtsanwalt Siegfried Haag den Mord von Karlsruhe geplant hat.« Und die *Süddeutsche Zeitung* vom 13. April 1977 berichtet, nach Überzeugung des Bundeskriminalamts in Wiesbaden stehe der ehemalige Baader-Verteidiger Siegfried Haag hinter dem Mord an Generalbundesanwalt Siegfried Buback. Unter der Überschrift »Das gefährliche Gehirn eines vielköpfigen Drachen« findet sich in derselben Ausgabe die Aussage des Ministerialdirigenten Alfred Stümper vom Stuttgarter Innenministerium, »es spreche sehr viel dafür, dass der Mord an Buback nach einem Plan von Haag vollzogen worden sei«. Einige Monate später, nach der Ermordung von Jürgen Ponto, findet sich in den *Badischen Neuesten Nachrichten* vom 4. August 1977 ein Interview mit Gerhard

Boeden, dem Leiter der Antiterrorabteilung des BKA, über die Attentate auf meinen Vater und Jürgen Ponto:

»Beide Anschläge waren drehbuchartig in den Unterlagen genau vorgezeichnet, die die Polizei bei der Festnahme des ehemaligen Terroristenanwalts Siegfried Haag im November vergangenen Jahres sichergestellt hatte.«

In den »Haag-Papieren« war unter dem Stichwort »Big Money« noch ein drittes großes Terrorprojekt angekündigt. Hierzu lesen Elisabeth und ich in der Ausgabe der *Badischen Neuesten Nachrichten* vom 6. August 1977:

»Hinter diesem Stichwort stehen die großen Buchstaben ›H. M.‹. Ermittlungsbeamte meinen, daß dies die Initialen für Hans [sic!] Martin Schleyer sein können. Man hält es deshalb für möglich, daß ein Anschlag gegen Schleyer noch bevorsteht.«

Es fröstelte uns geradezu, als wir den anschließenden Satz lasen:

»Vielleicht seien die Attentäter aber auf Jürgen Ponto ›umgestiegen‹, weil sich ein Anschlag auf Schleyer als zu schwierig erwiesen habe.«

Wenn Siegfried Haag nach Meinung der Ermittler hinter allen drei großen Anschlägen des Jahres 1977 stand und die Morde zumindest teilweise nach seinen Plänen ausgeführt wurden, ist für mich nicht zu verstehen, warum ausgerechnet er nicht als Mittäter angeklagt wurde.

Siegfried Haag wurde, wie bei Butz Peters in Anmerkung 152 zu lesen ist, am 11. Juli 1979 zu vierzehn Jahren Freiheitsstrafe verurteilt, unter anderem wegen Rädelsführerschaft in einer terroristischen Vereinigung. »Außerdem verurteilt das Oberlandesgericht Stuttgart Haag am 19. Dezember 1979 wegen seiner Beteiligung an dem Überfall auf die deutsche Botschaft in Stockholm zu fünfzehn Jahren Gefängnis, unter anderem wegen Beihilfe zum Mord in zwei Fällen und Beihilfe zur Geiselnahme.« Im Februar 1987 wurde der Rest seiner Strafe zur Bewährung ausgesetzt, wobei wohl eine schwere Erkrankung eine Rolle spielte. Haag war somit kürzer in Haft als die Männer, die er, wie im *Stern* beschrieben, um sich sammelte, nachdem er im Mai 1975 in die Illegalität gegangen war. Im *Stern*-Artikel vom 12. Mai 1977 heißt es weiter über Haag:

»Am 30. November 1976 wurde er zusammen mit dem 22jährigen Roland Mayer, einem seiner jungen Rekruten, bei einer Autobahn-Verkehrskontrolle zufällig gefaßt. Aber zuvor hatte Siegfried Haag zumindest aus den drei schüchternen, zaudernden Jünglingen Sonnenberg, Klar und Folkerts kaltblütig handelnde, zum äußersten entschlossene Terroristen gemacht, die auch ohne den gefangenen Chef loszuschlagen imstande waren.«

Die Frage muss gestellt werden, ob es Gründe gab, ihn schonender zu behandeln als die von ihm rekrutierten und für die Verbrechen ausgebildeten Terroristen. Oder galten andere Vorschriften der Strafprozessordnung, als er angeklagt wurde? Siegfried Haag lebt seit über zwanzig Jahren in Freiheit, und Christian Klar ist noch in Haft. Um nicht missverstanden zu werden: Das soll keine Initiative für Klar sein.

Ich sollte noch erwähnen, dass wir uns mit den Haagschen Verbrechen nicht eingehender befasst haben. Haag stand für Elisabeth und mich nicht im Mittelpunkt des Interesses, da er am Gründonnerstag 1977 in Haft war und somit definitiv nicht auf dem Suzuki-Motorrad gesessen haben kann.

Gespannt erwarteten wir den *Spiegel* vom 30. April 2007. Nach Stefan Austs Andeutungen und nach der Presseerklärung der Generalbundesanwältin war es sehr wahrscheinlich, dass die gegenüber dem Bundesamt für Verfassungsschutz gemachten Aussagen zu Tat und Tätern damals auch an die Bundesanwaltschaft weitergegeben worden waren. Wenn man es dann aber schwarz auf weiß liest, wirkt die Nachricht doch noch stärker und grausamer: Demnach hatten die Bundesanwälte Gerhard Löchner und Wolfgang Pfaff die Unterlagen erhalten, und sehr wahrscheinlich war auch Generalbundesanwalt Rebmann informiert. Ja, da gab es keinen vernünftigen Zweifel, wenn Löchner und Pfaff es erfahren hatten, wusste es auch Rebmann.

Die Meldung, die auf einen ehemaligen Geheimdienstmitarbeiter zurückging, war erneut ein Schock für uns. Sie erschütterte das uneingeschränkt positive Bild von der Behörde, mit der wir uns so eng verbunden fühlten. Zwar waren wir fest davon überzeugt, dass keinesfalls eine größere Zahl der Karlsruher Bundesanwälte und Oberstaatsanwälte von den Geheimdienstunterlagen gewusst hatte. Aber was war in Rebmann, Pfaff und Löchner gefahren?

Natürlich hofft man in solch unerklärlichen und belastenden Situationen, es sei alles ein Irrtum, doch das war Wunschdenken. Wenigstens diese drei Beamten hatten die ausführlichen Aussagen vor dem Bundesamt für Verfassungsschutz gekannt, das war nun klar. Einige Wochen später erhielt ich dann die endgültige Bestätigung dafür. Der Bundesinnenminister schrieb mir, allerdings ohne Nennung des Informanten, dass das Bundeskriminalamt und das Bundesamt für Verfassungsschutz den Generalbundesanwalt über ihre jeweiligen Befragungen und Vernehmungen und die dabei gewonnenen Erkenntnisse zeitnah, umfassend und schriftlich in Kenntnis gesetzt hatten. Der frühere Bundesinnenminister Baum äußerte sich, als wir uns im Oktober 2007 trafen, in gleicher Weise.

Die Akten waren dem Generalbundesanwalt also übergeben worden. Da die Behörde nicht vorbeugend tätig wird, sondern bei Ermittlungen zu bereits begangenen Straftaten mit der Polizei zusammenarbeitet, sah ich auch kein Argument dafür, dass die Geheimdienstunterlagen etwa nur mit der Auflage übergeben worden sein könnten, sie nicht in Gerichtsverfahren zu nutzen. Wozu hätte man sie dann überhaupt übergeben? Dem Generalbundesanwalt waren, wie der *Spiegel* wusste, ja sogar die Originalabschriften der Aussagen ausgehändigt worden.

Es dauerte einige Zeit, bis mir bewusst wurde, welch dramatische Aspekte und Fragen sich aus dem Umstand ergaben, dass der Generalbundesanwalt die vom Verfassungsschutz doch wohl als seriös eingeschätzte Aussage von Frau Becker kannte, wonach – laut *Spiegel* vom 23. April 2007 – Wisniewski geschossen, Sonnenberg das Tatmotorrad gefahren und Klar im Fluchtauto gewartet habe. Sechs Punkte erscheinen mir besonders wichtig:

1. Wie kann es sein, dass der Generalbundesanwalt den Namen eines Tatverdächtigen kennt und nichts unternimmt? Ist er nicht nach dem Legalitätsprinzip verpflichtet zu ermitteln? Die Bundesanwaltschaft hätte auch klären müssen, woher Verena Becker ihre genauen Kenntnisse zum Karlsruher Attentat besaß. Denn auch für sie gilt, dass sie nur dann, wenn sie bei der Tat dabei war, mit Sicherheit wissen kann, wer geschossen hat. Oder hatte es doch Auflagen gegeben? Das müsste dann aber in den Akten der Bundesanwaltschaft vermerkt sein. Wie passt es dazu, dass die jetzigen Bundesanwälte noch vor kurzem gar nichts von den Verfassungsschutzunterlagen wussten? Wer im Bundesamt für Verfassungsschutz oder im Bundesinnenministerium wäre überhaupt berechtigt gewesen, dem Generalbundesanwalt die Hände bei der Strafverfolgung zu binden? Wer hätte von einer solchen Entscheidung informiert werden müssen? Dafür muss es Regelungen geben; schließlich kann eine solche Situation jederzeit wieder ein-

treten, und vielleicht geschieht das sogar häufiger, als der Laie vermuten würde. Hat denn nicht allein der Bundesjustizminister eine Weisungsbefugnis gegenüber dem Generalbundesanwalt? Der Vollständigkeit halber muss natürlich auch gefragt werden, ob sich Generalbundesanwalt Rebmann selbst die Hände gebunden hat.

2. Haben sich die Ermittler übereilt auf Folkerts, Klar und Sonnenberg als unmittelbar Tatbeteiligte festgelegt? Die Bundesanwaltschaft hatte 1979 zunächst Folkerts als Schützen angeklagt, der Senat des Oberlandesgerichts Stuttgart allerdings war dieser Zuordnung seines Tatbeitrags nicht gefolgt. Die Behörde ging danach davon aus, dass man die drei richtigen Täter habe und nur nicht wisse, wer was getan habe. Jeder der drei konnte Fahrer des Motorrads, Schütze auf dem Motorrad oder im Fluchtauto wartende Person gewesen sein. Bei dieser Unklarheit wird es natürlich heikel für die Strafverfolger, wenn sie aus den Unterlagen des Verfassungsschutzes von einer vierten Person erfahren, die geschossen haben soll. Wen nimmt man nun aus dem Kreis der drei als unmittelbar Tatbeteiligte angesehenen Personen heraus?

3. Wie muss man sich in der Zeit nach Erhalt der Information, dass Wisniewski geschossen habe, die Aufklärungsaktivitäten zu den Karlsruher Morden vorstellen? Man sagte uns, die Suche nach dem Täter sei in all den Jahren weitergeführt worden. Wenn man aber 1982 gegen einen dringend Tatverdächtigen nichts unternommen hat, sind weitere Ermittlungen zum Karlsruher Attentat sinnlos. Das wäre eine kaum zu verantwortende Vergeudung von Kraft und Zeit aller daran beteiligten Bundesanwälte und Oberstaatsanwälte.

4. Besonders bedrückend und erschreckend an der Tatsache, dass die Bundesanwaltschaft bereits 1982 über Wisniewski als Schützen informiert war, ist, dass diese Kenntnis im kleinen Kreis gehalten und nicht in das zwischen 1983

und 1985 stattfindende Verfahren gegen Mohnhaupt und Klar eingeführt wurde. In diesem Prozess vor dem Oberlandesgericht Stuttgart wurden ja unter anderem die Karlsruher Morde verhandelt. Im Urteil aber findet sich in Verbindung mit dem Karlsruher Attentat kein Hinweis auf eine Täterschaft Wisniewskis. Das lässt nur den Schluss zu, dass die Bundesanwaltschaft den fünf Richtern am Oberlandesgericht Stuttgart eine für das Verfahren wichtige Information vorenthalten hat. Entsprechend erhielten auch die mit dem Revisionsverfahren befassten fünf Bundesrichter diese Information nicht. Ein in meinen Augen höchst bedenklicher Umstand. Wie kann im Prozess festgestellt werden, Folkerts, Klar und Sonnenberg seien die drei unmittelbar Tatbeteiligten, wenn die Anklagebehörde aus einer ernstzunehmenden Quelle erfahren hat, dass in Wahrheit Wisniewski einen der diesen drei Männern zugeordneten Tatbeiträge geleistet haben soll? Mich erschreckt, dass es in Bezug auf die bedeutsame Aussage vor dem Bundesamt für Verfassungsschutz damals wissende und unwissende Staatsanwälte gab, die in der kleinen Behörde Bundesanwaltschaft gleichsam Tür an Tür saßen. Bedrückend ist auch, dass die Unwissenden in die Verhandlung nach Stuttgart geschickt wurden. Weshalb hat der Generalbundesanwalt angesichts der unklaren Täterschaft das Karlsruher Verbrechen im Mohnhaupt/Klar-Prozess nicht ausgespart? Die Beweise gegen Mohnhaupt und Klar bei wenigstens einem der anderen in der Anklage erfassten Verbrechen wären doch für eine Verurteilung zu lebenslänglicher Haft ausreichend gewesen, wenn dies, wie im Fall von Verena Becker von einem Bundesanwalt behauptet, das vorrangige Ziel der Bundesanwaltschaft gewesen wäre.

5. Eine andere, uns als Angehörige sehr bewegende Frage ist: Generalbundesanwalt Rebmann und wenigstens zwei seiner Mitarbeiter kannten über mehr als zwei Jahrzehnte

den Namen des angeblichen Schützen aus sorgfältig über-prüfter Quelle. Wir, vor allem meine Mutter, hatten Reb-mann häufiger getroffen. Wie konnte er uns bei all den Begegnungen diese wichtige Information vorenthalten? Warum hat er uns nicht wenigstens einen vertraulichen Hinweis gegeben, eine Andeutung gemacht? Es geht doch nicht an, dass eine beträchtliche Zahl von Personen – Be-amte und Angestellte in der Bundesanwaltschaft, im Bun-desamt für Verfassungsschutz, vielleicht auch im Bundes-kriminalamt, in Ministerien und weiteren Behörden – den Namen des Mörders von Siegfried Buback, Wolfgang Gö-bel und Georg Wurster kennen, nicht aber die Angehöri-gen? Wieso haben meine Mutter, die ihren Mann, und ich, der seinen Vater verloren hat, nicht auch Zugang zu dieser wichtigen Information? Die gleiche Frage stellen sich viel-leicht auch die Angehörigen der anderen Opfer. Wer ent-scheidet eigentlich, welche Informationen die Angehörigen erhalten und welche nicht?

6. Wenn man nun liest, dass es Geheimdienstinformationen über die Täterschaft bei den Karlsruher Morden gibt, die-se aber nicht öffentlich gemacht wurden, liegt es natürlich nahe zu fragen, ob es solche Informationen auch über die Morde der sogenannten dritten RAF-Generation gibt. Diese Verbrechen sind ja weitgehend unaufgeklärt.

All diese Gesichtspunkte waren mir natürlich nicht sofort im April und auch nicht in dieser Deutlichkeit bewusst, wie ich sie jetzt im Rückblick darstellen kann. Ich brauchte Tage, um das Unfassbare zu realisieren und zu ordnen. Oft bin ich nachts aufgestanden, wenn mich ein neuer Gesichtspunkt erschreckte, um ihn sofort zu notieren. Zwischendurch ver-suchten Elisabeth und ich immer wieder, Erklärungen für das damalige Verhalten der Bundesanwaltschaft, vor allem der Behördenleitung, zu finden. Wir versuchten zu verstehen, war-um naheliegende Maßnahmen ausblieben, warum Stefan Wisniewski vor Strafermittlungen wegen Mittäterschaft am Karlsruher Attentat verschont, warum er gleichsam gedeckt wurde. Es gelang uns nicht.

Der Stuttgarter Generalstaatsanwalt Klaus Pflieger wurde häufig von Journalisten befragt. Da die Bundesanwaltschaft gegenüber der Presse sehr zurückhaltend war, wirkte es fast so, als wäre Pflieger, der ja in den frühen achtziger Jahren in der Bundesanwaltschaft tätig gewesen war, für die Öffentlichkeitsarbeit der Behörde zuständig. Es bedrückte mich allerdings, dass er trotz der vielen, inzwischen nicht mehr so einfach abzutuenden Fragen an die damaligen Ermittler am 29. April 2007 in einem *Stern*-Interview äußerte: »Wir haben kein einziges Fehlurteil festgestellt.« Mein Hauptproblem waren ja nicht eventuelle Fehlurteile. Es konnte durchaus sein, dass eine größere Zahl von RAF-Mitgliedern aufgrund unterschiedlicher Beiträge zu dem Verbrechen Mittäter waren. Es war sogar möglich, dass die in den Urteilen verkündeten Strafzumessungen in Ordnung waren, dass aber dennoch die Feststellungen zur Tat nicht oder zumindest teilweise nicht zutrafen.

Interessanterweise hat Knut Folkerts einige Wochen später zwar seine »lebenslängliche« Strafe akzeptiert, da er sich moralisch für schuldig hält, aber andererseits darauf hingewiesen, dass er am Tattag nicht in Karlsruhe war. Seine Strafe mag also nicht zu beanstanden sein. Dennoch würde ich es mir wünschen, dass Urteile nicht nur im Strafmaß, also in der *Verurteilung,* in Ordnung sind, sondern auch in der *Beurteilung,* also in den Feststellungen zur Tat und in der Beweiswürdigung.

Mein Problem war, dass ich im April 2007 von zwei neuen Tatverdächtigen gehört hatte, von Wisniewski, aber auch von einer zierlichen Frau auf dem Tatmotorrad, die wegen des Karlsruher Attentats nie angeklagt worden waren. Es ging mir also nicht in erster Linie um *Fehlurteile,* sondern um die Frage nach *fehlenden Urteilen.*

Es schmerzte mich, in demselben *Stern*-Interview Pfliegers

Aussage zu lesen: »Ich finde es unappetitlich, den Eindruck zu erwecken, die Justiz habe nicht sauber gearbeitet.« Galt das auch für mich? War ich, der ich in all den Jahren eher als angepasst und gutgläubig gesehen wurde – soweit man sich überhaupt Gedanken über mich machte –, nach Pfliegers Ansicht mit meinen Fragen gerade dabei, etwas Unappetitliches zu tun?

Bald merkte ich, dass sich Pflieger zumindest mit dem ersten Verfahren zum Karlsruher Attentat nicht genau auskannte. So sagte er im *Stern*-Interview noch: »Und wir haben Sonnenberg, Folkerts und Klar keine konkreten Tathandlungen zugeordnet, haben also nicht gesagt, wer geschossen hat, wer das Motorrad gefahren hat, wer den Fluchtwagen«, wobei sich sein »wir« auf die damaligen Oberstaatsanwälte und Bundesanwälte bezog. Diese Feststellung trifft aber nicht zu, denn in der Anklageschrift aus dem Jahr 1979 hatte die Bundesanwaltschaft eindeutig Knut Folkerts als Schützen auf dem Motorrad angeklagt, nur war das Oberlandesgericht Stuttgart der Anklage in diesem Punkt nicht gefolgt.

Der 30. April 2007 hatte es wirklich in sich. Der Bericht im neuen *Spiegel* war nur teilweise verdaut, als ich um 11 Uhr im Gebäude der Bundesanwaltschaft als Zeuge zu meinen Gesprächen mit Boock befragt wurde. Weil ich nicht ohne eine vertraute Person in der Behörde sein wollte, begleitete mich unsere Tochter. Elisabeth wartete im Auto. Sie wollte nicht mitkommen aus Sorge, dass sie sich zu sehr aufregen würde. Die Tage und Wochen zuvor hatten sie enorm belastet. Sie war gezeichnet von den Anstrengungen, aber auch von den Enttäuschungen über das, was wir erfahren hatten.

Meine Vernehmung durch Bundesanwalt Hemberger war korrekt – zwar ohne jeden atmosphärischen Bonus für einen Angehörigen, aber glücklicherweise auch ohne die von ihm angekündigte offensive Befragungsweise. Ich antwortete sehr ausführlich und teilte ihm alle meine Erkenntnisse zum Tatgeschehen mit.

Anschließend gab es noch ein Gespräch, an dem auch Bundesanwalt Griesbaum teilnahm und bei dem viele Aspekte der damaligen Tat erörtert wurden. Griesbaum beschwor mich geradezu, dass ich mich in der Angelegenheit sechs Wochen lang ruhig verhalten sollte. Die Behörde brauche noch etwas Zeit. Auch riet er mir eindringlich, ich solle mich nur an die Bundesanwaltschaft wenden. Auf meine Fragen nach den der Bundesanwaltschaft vor gut fünfundzwanzig Jahren übergebenen Protokollen der Becker-Aussage vor dem Verfassungsschutz und danach, wer in der Behörde von diesen Unterlagen wusste, erhielt ich keine Auskunft. Wir sprachen über meine Chancen, Kopien der Anklageschriften und Urteile zum Karlsruher Attentat zu erhalten. Auch wollte ich die Augenzeugenaussagen über die Täter auf dem Motorrad sehen. Mein Anspruch darauf werde gerade in der Bundesanwaltschaft geprüft, wurde mir gesagt.

Zu den Angaben, die mir der »Zeuge vom Vortag« über die Person auf dem Soziussitz des Tatmotorrads gemacht hatte, las Bundesanwalt Hemberger aus einer Akte über die damalige Zeugenbefragung vor, dass sich der Sohn, also der jetzige »Zeuge vom Vortag«, damals nicht an den Vorfall mit dem Motorrad habe erinnern können. Das war wieder solch eine unfassbare Nachricht, von denen ich in den vergangenen Tagen mehrere erhalten hatte. Man beginnt an seinem Verstand zu zweifeln. Der »Zeuge vom Vortag« hatte mir seine Beobachtungen zum Motorrad und zu den Personen darauf doch so genau beschrieben, und wir hatten in den vergangenen Tagen mehrfach über jedes Detail am Telefon gesprochen. Wie kann dann in den Akten stehen, dass er sich damals – kurz nach dem Vorfall – nicht an das Ereignis mit dem Motorrad erinnert habe? Ich war ratlos, als ich das Gebäude der Bundesanwaltschaft verließ.

Mit dem »Zeugen vom Vortag« hatten wir verabredet, dass wir uns nach meiner Aussage am Gedenkstein treffen würden. Er war bereit, uns seine Beobachtungen vor Ort zu erläutern, und wartete schon. Zum ersten Mal sah ich den Mann, der für die Klärung des Mordes von so enormer Bedeutung war. Er führte meine Frau, unsere Tochter und mich die wenigen hundert Meter zu der Stelle, wo er damals das Motorrad gesehen hatte. Alles, was er sagte, war klar und einleuchtend. Es gab keinen Ansatzpunkt für irgendeinen Zweifel. In jedem Fall hätte seine Aussage in die Prozesse zum Karlsruher Attentat einfließen müssen. Wieso war das nicht passiert? Was stand über die Aussage seiner Familie in den Akten?

Die Frage wurde für mich so drängend, dass ich wenige Tage später die Bundesanwaltschaft auch noch schriftlich um Zusendung dieser Aussage und weiterer Unterlagen bat. Daraufhin erhielt ich mit Schreiben vom 24. Mai 2007 die in den Akten befindliche Aussage des Vaters unseres »Zeugen vom Vortag«. Als ich sie las, wurden meine düsteren Ahnungen bestätigt, und es ist tatsächlich so etwas wie eine Welt für mich zusammengebrochen. Aber dazu später.

Als wir mit dem »Zeugen vom Vortag« an der Ecke vor dem Bundesverfassungsgericht standen, machte ich mir Sorgen, dass man auf ihn aufmerksam werden könnte, da mich ja einige Karlsruher kennen. Wir setzten unser Gespräch deshalb hinter einer Hecke im Schlosspark fort. Ich erzählte von der Aussage des Jugoslawen, der meinte, am Tattag habe möglicherweise eine Frau auf dem Soziussitz gesessen. Der »Zeuge vom Vortag« kannte diese Aussage nicht, meinte aber, was ich ihm davon berichtete, entspreche seiner Wahrnehmung. Somit wiesen zwei voneinander völlig unabhängige Zeugenaussagen auf eine Frau auf dem Soziussitz des Motorrads hin. Wie konnte es nur sein, dass dieser Hinweis in keinem der Gerichtsverfahren auftauchte und dass in den Urteilen zum Karlsruher Attentat alle von der Justiz als unmittelbare Täter bezeichneten Personen Männer waren?

Ich machte mir Vorwürfe, dass ich nicht längst in den alten Zeitungsausschnitten nachgelesen und nicht schon viel früher bei der Behörde nachgefragt hatte. Für den »Zeugen vom

Vortag« war es ganz selbstverständlich, dass er die Bundesanwaltschaft informieren würde, nachdem sich nun herausgestellt hatte, dass die Aussage seiner Familie vor dreißig Jahren keinerlei Wirkung gezeigt hatte.

Doch damit waren unsere Klärungsversuche für diesen Tag noch immer nicht abgeschlossen. Wir hatten uns mit den zwei recherchierenden Journalisten des Südwestrundfunks im Haus meiner Mutter verabredet. Beide hatten Vertrauen in die Arbeit der Behörden, aber sie sahen natürlich auch die Merkwürdigkeiten, auf die ich hingewiesen hatte. Als engagierte Journalisten hatten sie großes Interesse an dem »Zeugen vom Vortag« und baten mich, einen Kontakt zu ihm zu vermitteln. Das habe ich viele Monate später dann auch getan, als der »Zeuge vom Vortag« zu einem solchen Treffen bereit war.

Gern hätte ich mit mehreren kompetenten Partnern gesprochen, auch um meine Ansichten präsentieren und testen zu können. Die Zahl derer jedoch, die über detailliertes Wissen zum Karlsruher Attentat verfügten, sich für die Aufklärung der Tat interessierten und außerdem über die hierbei erhaltenen Resultate sprechen wollten und durften, war sehr begrenzt. Ich erfuhr eine Menge von Journalisten, musste aber sehr darauf achten, dass ich nicht Informationen, die ich von einem Journalisten erhielt, versehentlich an einen anderen weitergab. Aus diesem Grund waren die Gespräche stets anstrengend.

Nicht von allen Medienvertretern wurde ich von Anfang an als Gesprächspartner geschätzt. Einige hielten mich für recht naiv und meinten, mir ginge es bei meinen Bemühungen vornehmlich um die Bewältigung eines Traumas. Auch las ich, es sei zwar menschlich nachvollziehbar, wenn ich mich auf die Spurensuche nach den Mördern meines Vaters begebe, aber das sei etwa so absurd, wie wenn die Bundesanwaltschaft sich in Gutachten auf meinem Spezialgebiet, der Physikalischen Chemie, versuchen würde. Das war hart und, wie ich meine, auch ungerecht, denn es ging mir ja nicht um rein Juristisches, sondern um Ermittlungsfragen.

Bei meinem Bemühen um Klärung stieß ich bald auf erhebliche Ungereimtheiten. Ich hatte den Eindruck, dass jeder, der auch nur ein- oder zweimal im Jahr einen *Tatort* sieht, sofort merken müsste, dass bei den damaligen Ermittlungen einiges nicht stimmte.

Die Sachverhalte waren dadurch recht verwirrend geworden, aber das schreckte mich nicht, da ich in meinem Beruf oft vor der Aufgabe stehe, komplexe Zusammenhänge entwirren und verstehen zu müssen. Mir ist deutlich geworden, wie eng verwandt meine naturwissenschaftliche Arbeitsweise mit dem Vorgehen ist, das mein Vater als Staatsanwalt bei seinen Ermittlungen wählte. Vielleicht haben mir meine Gene bei den Bemühungen geholfen, zur Klärung des Karlsruher Attentats beizutragen. Mein Vater war ja ein begnadeter Ermittler. Früher, bei meinen jugendlichen Streichen, ärgerte es mich stets, dass er mir so rasch auf die Schliche kam. Aber es war ja auch eine besondere Härte, dass die Untersuchungen meiner Fehlleistungen von einem späteren Generalbundesanwalt durchgeführt wurden.

6 Mai 2007

Der April hatte alles ins Wanken gebracht, was wir über die Ermordung meines Vaters wussten. Jetzt war völlig ungewiss, wer auf dem Motorrad gesessen hatte. Nach Boocks Aussage war es weder Knut Folkerts noch Christian Klar; bei Folkerts gab es dafür sogar unabhängige Hinweise. Andererseits kamen neue Tatverdächtige in Betracht: Stefan Wisniewski und eine zierliche Frau, möglicherweise Verena Becker. Aber auf Wisniewski wies außer der Information von Boock nicht sehr viel hin, und gegen Verena Becker wurde das Ermittlungsverfahren nicht wieder aufgenommen.

So blieb als halbwegs sicherer Täter auf der Suzuki nur noch Günter Sonnenberg. Er hatte das Motorrad ausgeliehen und fuhr es wohl auch in Karlsruhe, aber fest überzeugt konnten wir auch davon nicht mehr sein. Warum eigentlich hatte ihn die Bundesanwaltschaft nicht wegen des Karlsruher Attentats angeklagt? 1978, im Jahr nach seiner schweren Schussverletzung bei der Festnahme in Singen hatte man Sonnenberg wegen seines dortigen Verbrechens angeklagt, nicht aber wegen Mittäterschaft beim Karlsruher Attentat. Warum tat man es nicht jetzt? Mord verjährt doch nicht. Sonnenberg lebt seit vielen Jahren in Freiheit. Wäre es denn nicht möglich, jetzt in einem Verfahren gegen ihn endlich die Tat aufzuklären? Oder war die Bundesanwaltschaft inzwischen zu der Erkenntnis gelangt, dass er keiner der Mittäter war?

Später, im Dezember 2007, überraschte uns die Behörde dann mit ihrem Antrag auf Beugehaft für Sonnenberg, der damit veranlasst werden sollte, über die Karlsruher Tat auszusagen. Wer gesund genug ist, um mit einer Beugehaft bedroht zu werden, sollte doch eigentlich auch einen Prozess durchstehen können, wobei natürlich auf den Gesundheitszustand des Angeklagten Rücksicht zu nehmen ist. Da wir zudem meinten, dass die Bundesanwälte eine solche Beugemaßnahme nicht gegen jemanden einleiten würden, der dringend verdächtig ist, dieses Verbrechen selbst begangen zu haben, verstärkten sich unsere Zweifel, ob Sonnenbergs Mittäterschaft in der Behörde noch für wahrscheinlich gehalten würde.

Von der Androhung einer Beugehaft wussten wir im Mai 2007 natürlich noch nichts, aber die fehlende Bereitschaft der Bundesanwaltschaft, ein Verfahren gegen Sonnenberg durchzuführen, machte uns schon nachdenklich. Wenn auch er nicht mehr als Täter verfolgt wurde, dann gab es ja niemanden mehr, von dem man mit hinreichender Sicherheit sagen konnte, dass er oder sie auf dem Motorrad gesessen hatte.

Noch mehr bedrückte mich, dass die Bundesanwaltschaft über die vielen im April 2007 bekannt gewordenen Informationen so gar nicht begeistert schien. Boten sie denn nicht die Chance, das ungelöste Verbrechen endlich aufzuklären? Musste die höchste Ermittlungsbehörde, die für das Verfahren unmittelbar zuständig war, nicht wie ein Löwe kämpfen, um zum Erfolg zu kommen, und die Fährte aufnehmen, die sich so unerwartet aufgetan hatte? So war es aber nicht. Die Schritte der Behörde waren zögerlich und ohne Druck. War der Löwe krank?

Warum sah die Behörde meine Pressekontakte mit so viel Skepsis? Es war doch gut möglich, dass sich aufgrund meiner öffentlichen Äußerungen noch weitere Personen melden und Angaben machen würden. Boock zum Beispiel hätte sich, ohne von meiner Suche zu wissen, wohl nicht an die Justiz gewandt. Der »Zeuge vom Vortag« hätte sich nicht gemeldet, und auch der frühere Geheimdienstmitarbeiter hätte sonst vielleicht den *Spiegel* nicht über die damaligen Aussagen von Verena Becker gegenüber dem Verfassungsschutz informiert. Nach eigenen Angaben hatte die Bundesanwaltschaft all diese wichtigen Dinge ja nicht gewusst. Warum also riet sie mir so vehement davon ab, mich weiter in der Öffentlichkeit zu äußern?

Am meisten zu schaffen machten mir Merkwürdigkeiten bei den damaligen Ermittlungen: Augenzeugenaussagen tauchten in den Prozessakten nicht auf. Bei der Festnahme von Verena Becker wurde die Karlsruher Tatwaffe sichergestellt, und – so stand es im *Spiegel* Nr. 17/2007 – in einem der Motorradhelme, die von den Tätern nach dem Mord an Buback zurückgelassen worden waren, »fand sich, so das BKA, eine ›Haarspur‹ Beckers«. In der *Süddeutschen Zeitung* vom 23. April 2007 ist in Verbindung mit den zurückgelassenen Motorradhelmen zu lesen: »In einem dieser Helme fand sich eine Haarspitze, die mit den Haaren identisch war, die bei der Festnahme Verena Beckers in deren Haarbürste gesichert wurden.« Wieso hatten diese gewichtigen Spuren nicht ausgereicht, um Anklage gegen Verena Becker wegen Mittäterschaft beim Karlsruher Attentat zu erheben?

Schwer begreiflich auch, dass es keine Gegenüberstellung mit den Augenzeugen gab, die von einer zierlichen Frau auf dem Rücksitz des Tatmotorrads berichteten. Die Zeugen hatten zwar das Gesicht der Person auf dem Soziussitz nicht gesehen, aber auch Körpergröße, Körperform und Körperhaltung könnten schließlich sehr nützliche Hinweise zu der Frage geben, ob Verena Becker als Täterin in Betracht kommt. Eine solche Gegenüberstellung hätte man schon allein deshalb durchführen müssen, weil sie ja auch hätte ergeben können, dass Verena Becker *nicht* die Person auf dem Soziussitz war. Andere Zeugen waren durchaus zu Gegenüberstellungen geholt worden, obwohl sie die Täter auch nur in Motorradkleidung und mit Helm gesehen hatten. Warum also diese Augenzeugen nicht?

Angesichts der Mängel bei den Ermittlungen fragten wir uns, ob es unter dem starken öffentlichen Druck, die Täter zu fassen, in der Hektik damals zu einer Serie von Fehlleistungen und Unterlassungen gekommen war. Dass dilettantisch ermittelt worden sein könnte, erschien uns aber abwegig. Immerhin hatte es doch die Creme der deutschen Ermittler übernommen, den Mord an einem der Ihren aufzuklären. Diesen erstklassigen Experten konnten unmöglich derartige Fehler unterlaufen sein. Sollte etwas in der ersten Hektik falsch gemacht worden sein, hätte man es sicher in den Tagen oder Wochen danach korrigiert.

Somit mussten wir als alternative Erklärungsmöglichkeit erwägen: Hatte es gezielte Eingriffe und bewusste Unterlassungen bei den Ermittlungen gegeben, durch die ein oder mehrere Täter geschont oder sogar gedeckt wurden? Was noch wenige Tage zuvor undenkbar schien, konnten wir nun, nachdem wir von dem Kontakt zwischen Verena Becker und dem Geheimdienst wussten, nicht mehr völlig ausschließen. Wir lernten in diesen Wochen, Undenkbares doch zu denken, weil es einfach keine anderen einleuchtenden Erklärungen gab.

Warum aber hätte der Geheimdienst Verena Becker schützen sollen? Uns wollte kein Grund einfallen. Ja, *nach* ihrer Aussage vor dem Verfassungsschutz könnte man sich solche Maßnahmen notfalls vorstellen, aber die Merkwürdigkeiten hatten sich ja bereits im Jahr 1977 ereignet, unmittelbar nach der Tat. Hieß das, dass es schon am Tattag ein Zusammenwirken gegeben hat? Dann müsste der Kontakt schon davor bestanden haben, denn in den Stunden kurz nach dem Attentat wäre es – da waren wir uns sicher – kaum möglich gewesen, eine Kooperation aufzubauen. Welcher Vorgang könnte so wichtig sein, dass man den Schutz von RAF-Tätern höher eingestuft hätte als die strafrechtliche Verfolgung dieser Täter?

Solche Güterabwägungen, meinten Elisabeth und ich, kämen wohl überhaupt nur dann in Betracht, wenn eine ganz herausragende Persönlichkeit, etwa der Bundeskanzler, betroffen gewesen wäre. Wir wussten nichts von einem derart gravierenden Vorfall, der Geheimdienste und Justiz zu einer solch ungewöhnlichen Maßnahme hätte verleiten können. Ganz abgesehen davon konnten wir uns nicht vorstellen, dass die Grundsätze von Recht und Ordnung, die in der Bundes-

Siegfried Buback 1974, dem Jahr seines Amtsantritts als Generalbundesanwalt

republik gelten, in dieser Art verletzt worden sein sollten. Das war einfach zu abwegig. Wir verwarfen deshalb den Gedanken an eine derart frühzeitige Deckung von RAF-Terroristen.

Trotzdem: Irgendeinen Grund für die Merkwürdigkeiten der damaligen Ermittlungen, die sich einfach nicht mehr übersehen ließen, musste es geben.

Ratlos gingen wir in den neuen Monat. Und wieder half uns ein alter Zeitungsausschnitt. In einem Interview, das mein Vater kurz nach seinem Amtsantritt als Generalbundesanwalt der *Welt am Sonntag* für die Ausgabe vom 11. Mai 1974 gegeben hatte, sagte er zu den Schwierigkeiten bei Nachforschungen der Behörde:

»Mit Routine ist heute bei unseren Ermittlungen nur noch wenig anzufangen. Man muß sehr viel Phantasie einsetzen. Und oft sind es gerade die scheinbar abwegigsten Ideen, die den Staatsanwalt zum Erfolg führen.«

158

Mir erschien das in dem Moment wie ein Hinweis aus einer anderen Welt. Wir fühlten uns nun doch gehalten, auch solche Hinweise und Überlegungen nicht aus den Augen zu verlieren, die wir zunächst als absurd abgetan hatten. Wir ahnten zu diesem Zeitpunkt noch nicht, mit wie vielen derartigen Informationen wir noch konfrontiert werden würden.

Unser Erstaunen und Befremden über die Mängel bei den Ermittlungen unmittelbar nach der Tat hatte ich bereits im Fernsehen erwähnt. Es erschien mir aber richtig und der Bedeutung der neuen Erkenntnisse angemessen, dass ich unsere Zweifel auch aufschrieb. Die *Süddeutsche Zeitung* war bereit, eine dritte *Außenansicht* zu drucken, die am 2. Mai 2007 erschien. Die Redaktion wählte als Titel: »Seit 30 Jahren nichts gehört«, und als Untertitel: »Zeugenaussagen nach dem Mord an Siegfried Buback sprechen für eine Frau als Täterin – die Hinweise wurden ignoriert«. Ich schilderte mein Erstaunen darüber, dass die Namen der beiden Zeugen, die meinten, eine Frau könne auf dem Tatmotorrad gesessen haben, im Mohnhaupt/Klar-Urteil nicht auftauchten. Ich fragte, weshalb es nach der Ergreifung von Becker und Sonnenberg keine Gegenüberstellung mit den Augenzeugen gab. Und ich sagte, wenn es keine zufriedenstellende Antwort auf diese Fragen gebe, breche eine Welt für mich zusammen.

Immer wieder versuchten Elisabeth und ich das Unglaubliche zu verstehen: Obwohl dem Generalbundesanwalt die Informationen des Verfassungsschutzes Anfang der achtziger Jahre bekannt waren, gab es damals kein Ermittlungsverfahren gegen Wisniewski, und es war damals wie heute eine nicht zu übersehende Ermittlungszurückhaltung gegen eine tatverdächtige zierliche Frau zu konstatieren.

Am Abend des 3. Mai rief ein Mann an. Er meldete sich mit »Wisnewski«. Ich war perplex, aber nicht mehr ganz so erstaunt wie bei Boocks erstem Anruf. War also auch Wisniewski jetzt bereit, mir Auskunft zu geben? Aber in der Aufregung hatte ich nicht genau genug hingehört. Meinem Gesprächspartner fehlte ein i im Namen, es war Gerhard Wisnewski, einer der Autoren des Buchs *Das RAF-Phantom. Wozu Politik und Wirtschaft Terroristen brauchen.* Ich kannte das Buch bis dahin nicht. Es befasst sich mit der sogenannten dritten Generation der RAF und vertritt die Ansicht, die RAF sei ein viel zu kleines Rad gewesen, um den Staat zu verändern. Im Buch heißt es, die RAF sei nicht mehr als eine unbewiesene Behauptung der Sicherheitsbehörden.

Das konnten wir nicht glauben: die RAF ein Phantom? Dieses Phantom war sehr real und folgenschwer am Gründonnerstag 1977 in das Leben unserer Familie eingetreten.

Andererseits hatten wir beschlossen, keinen Hinweis, so abwegig er auch sein mochte, zu ignorieren.

Am selben Tag kam ein weiterer, viel konkreterer Hinweis, der uns sehr erschreckte. Wie manch andere Nachricht hätten wir ihn Wochen zuvor noch als Spinnerei abgetan. Ganz so einfach ging das jetzt nicht mehr. In einer E-Mail schrieb mir Regine Igel, dass sie uns ein Exemplar ihres Buches *Terrorjahre. Zur dunklen Seite der CIA in Italien* zuschicken lassen würde. Sie habe zu in Italien verübten Terroranschlägen recherchiert, bei denen unter anderem auch Staatsanwälte ermordet worden seien. In den anschließenden Prozessen seien Vermutungen bestätigt worden, dass dieser italienische Terrorismus durch Geheimdienste gesteuert worden sei. Ihr Buch sei voller Belege dafür. Nach ihrer Ansicht verdränge man in Deutschland solche Zusammenhänge zwischen Terrorismus und Geheimdiensten gern, indem man sie als »Verschwörungstheorien« abtue.

Es taten sich Abgründe auf. Der Geheimdienst sollte terroristische Aktivitäten beeinflusst, vielleicht sogar gesteuert haben? Ich merkte, dass ich doch sehr deutsch war, denn zumindest für die Bundesrepublik hielt ich diese Idee für absurd. Und überhaupt: Was sollten solch schreckliche Vorkommnisse in Italien mit dem Attentat auf meinen Vater zu tun haben? Regine Igel verwies auf Seite 230 ihres Buches, und so schlugen wir trotz unserer Skepsis natürlich sofort diese Seite auf, als das Buch wenige Tage später eintraf.

Die von Terroristen ermordeten italienischen Staatsanwälte hätten die Machenschaften der Geheimpolitik zu stören begonnen, heißt es dort;»italienische Zeithistoriker« würden Parallelen zu den terroristischen Morden in der Bundesrepublik sehen. Es ist von »einer doppelten Logik« bei der Ermordung von Staatsanwälten die Rede, wenn diese in Gegnerschaft sowohl zu Geheimdiensten als auch zu Terroristen standen. Als Beleg dafür, dass es solche Konstellationen auch in der Bundesrepublik gebe, wird der »Bundesstaatsanwalt Siegfried Buback« genannt.

Das war ein Schock. Da stand doch tatsächlich schwarz auf weiß der Name meines Vaters in einem ungeheuerlichen Zusammenhang. Wir hatten eine solche Möglichkeit zwar kurz erwogen, aber dann doch gleich wieder verworfen; das Gedruckte jedoch beanspruchte nun doch etwas mehr Glaubwürdigkeit.

Der Geheimdienst wäre gegen meinen Vater vorgegangen? Die Stasi hatte sicher einen Feind in ihm gesehen. Mein Vater hatte Jahrzehnte im Bereich Landesverrat ermittelt und viele für die DDR tätige Spione angeklagt. Als Kind hatte ich einige Male den Albtraum, dass mein Vater auf Weisung aus der DDR getötet werden könnte. Aber das konnte 1977 ja nun keine Rolle gespielt haben. Die Stasi hatte die Ermittlungen der Sonderkommission zum Karlsruher Attentat weder geführt noch beeinflusst, folglich konnte sie auch keine Deckungsmaßnahmen für die RAF-Täter organisieren. Sollte es etwa ein Zusammenwirken östlicher und westlicher Geheimdienste gegeben haben? Ein furchtbarer Gedanke. Nein, es konnte und durfte einfach nicht wahr sein, dass mein Vater mit Duldung oder gar Unterstützung von Geheimdiensten ermordet worden war. Das wäre Verrat gewesen, unerträglicher Verrat.

Schlimm war nur, dass die »italienischen Zeithistoriker«

Argumente vorbrachten, die sich nicht sofort und nicht definitiv zurückweisen ließen. Sie schreiben, Buback habe eine wichtige Rolle im Stammheimer Prozess gegen die RAF gespielt; deshalb konnte er unschwer zum »Volksfeind« deklariert werden. Buback habe aber auch zu den »äußerst brisanten Umständen« ermittelt, die zum Sturz von Bundeskanzler Willy Brandt geführt hatten. Brandt, dessen Ostpolitik beargwöhnt wurde, sah sich 1974 zum Rücktritt genötigt, als sein persönlicher Referent im Kanzleramt, Günter Guillaume, als DDR-Spion entlarvt wurde. Die »italienischen Zeithistoriker« mutmaßten nun, Buback sei »während seiner Ermittlungen möglicherweise darauf gestoßen, dass die westdeutschen Geheimdienste […] schon lange über die Rolle Guillaumes Bescheid wussten, jedoch zögerten, seine Doppelrolle auffliegen zu lassen, um zum richtigen Zeitpunkt die Wirkung des [Brandtschen] Rücktritts zu erzielen«.

Nach der Lektüre dieser Ausführungen in Regine Igels Buch hätte ich es mir leichtmachen und sagen können: Diese »italienischen Zeithistoriker« sind Verschwörungstheoretiker. Da ist nichts dran.

Ganz so einfach ging es aber nicht. Wir hatten erst kurz zuvor den Gedanken an die Möglichkeit eines engeren Kontakts zwischen RAF-Tätern und Geheimdiensten verworfen, weil wir von keinem gravierenden Ereignis wussten, das eine so ungewöhnliche Allianz hätte zusammenfügen können – es sei denn, es wäre um den Bundeskanzler gegangen. Und nun gab es plötzlich einen, wenn auch sehr vagen Hinweis in diese Richtung. Konsequenterweise durften wir nun nicht mehr grundsätzlich ausschließen, dass es bei den Geschehnissen um meinen Vater einen Beitrag von Geheimdiensten gab – auch wenn wir uns gegen den Gedanken sträubten.

Der Hinweis auf Günter Guillaume machte uns nachdenklich. Die Ermittlungen und der Prozess gegen Guillaume und seine Frau waren für meinen Vater sehr wichtig gewesen. Er trat im Düsseldorfer Prozess gegen Guillaume persönlich auf und übernahm einen Teil des Plädoyers, was für einen amtierenden Generalbundesanwalt recht ungewöhnlich ist. Er und auch sein wohl engster Mitstreiter, der spätere Bundesverfassungsrichter Ernst Träger, wiesen in ihren Plädoyers darauf hin, dass – so stand es in der *Frankfurter Allgemeinen Zeitung* – die Täter auf der Anklagebank nicht die Alleinschuldigen am Ausmaß dieses bislang spektakulärsten Spionagefalls der Bundesrepublik seien. Eine zu spät einsetzende Kontrolle habe dem Agentenehepaar die geheimdienstliche Nachrichtentätigkeit zum Schaden der Bundesrepublik und auch des Atlantischen Bündnisses zu leicht gemacht. In dem von Ernst Träger vorgetragenen Teil des Plädoyers wurde noch angefügt, die Mitverantwortung von Politikern für dieses Geschehen sei nicht Sache des Gerichts, sondern des Parlaments.

Diese Plädoyers werden weder die betroffenen Geheimdienste noch die Politik erfreut haben, aber mein Vater fühlte sich, anders hätte ich ihn mir gar nicht vorstellen können, an seine Pflicht gebunden, und Opportunismus war seine Sache nicht. Das Ausmaß des Verrats im Fall Guillaume hatte meinen Vater erschüttert. Elisabeth erinnert sich noch, wie er über Guillaume sagte, dieser Spion werde nur über seine Leiche ausgetauscht. Im Nachhinein klingt es wie eine Vorahnung.

Auch wenn ich in den Jahren, in denen mein Vater Generalbundesanwalt war, kaum Gelegenheit hatte, mit ihm ausführlicher und in Muße zu sprechen, kann ich doch leicht feststellen, welche Vorgänge ihm in dieser Zeit besonders wichtig gewesen waren. Dazu muss ich nur in den Alben nachlesen, in denen er alle ihm bedeutsam erscheinenden Zeitungsausschnitte gesammelt hatte. Im letzten Album finde ich mit Datum vom 18. März 1977, also zwanzig Tage vor seiner Ermordung, zwei Artikel, die Christel Guillaume betreffen. Der Guillaume-Fall hat ihn nie losgelassen. Spionage war ja das Spezialgebiet meines Vaters.

Ein Bundesanwalt, der eng mit meinem Vater zusammengearbeitet hatte, schrieb mir, »die Bekämpfung der Spionage sei die heimliche Liebe meines Vaters gewesen. Auf diesem Sektor war der Name Buback ein Markenzeichen«, da war er unerreicht. Mir war klar, wenn er hier Witterung aufgenommen hatte, wurde es ernst für diejenigen, die ins Blickfeld seiner Ermittlungen geraten waren. Und falls jemand ein Verbrechen in diesem Bereich verbergen wollte, könnte er meines Vaters Unabhängigkeit und Geradlinigkeit durchaus als Bedrohung empfunden haben. Es ist ein schrecklicher Gedanke, dass sein Wissen und seine Entschlossenheit, es pflichtgemäß zu nutzen, meinem Vater zum Verhängnis geworden sein könnten.

Wenn es hinter der Mordserie, die am Gründonnerstag 1977 begann, noch andere Motive als den verbrecherischen Kampf der RAF gegen den Staat gegeben haben sollte, würde es ja sogar Sinn machen, meinen Vater zuerst zu beseitigen und bei ihm auch eine Entführung gar nicht zu erwägen. Seine Gegner hätten gewusst, dass sie ihn nicht würden täuschen können. Einen Verrat, da bin ich mir sicher, hätte er nicht übersehen. Ich verdrängte diesen Gedanken sofort wieder, da er mich quälte und einfach nicht zutreffend sein durfte.

Wir werden vielleicht nie erfahren, ob und, wenn ja, wie viel Wahrheit in den Vermutungen der »italienischen Zeithistoriker« enthalten ist. Die Ungewissheit müssen wir ertragen, weil wir keinen Zugang zu Akten haben, die unsere Zweifel ausräumen könnten. Die Vermutungen und Ahnungen, nach denen es ein gewichtiges Geheimnis in Verbindung mit dem Attentat auf meinen Vater gibt, sind nun einmal in der Welt. Jeder kann die Passage im Buch von Regine Igel nachlesen. Als Angehörige müssen wir zur Kenntnis nehmen, was dort steht, ohne es bewerten zu können.

Ich mag an die Möglichkeit, dass es eine Verknüpfung zwischen dem Karlsruher Attentat und der Guillaume-Affäre gibt, nicht weiter denken; sie wäre so grausam, so ekelhaft, kaum zu ertragen. Es darf diese Verbindung nicht geben. Ich werde deshalb den Fall Guillaume im weiteren Text nicht mehr erwähnen. Man kann, da bin ich fest überzeugt, durchaus klären, wer meinen Vater und seine Begleiter erschossen hat, ohne über Querverbindungen zur Guillaume-Affäre zu rätseln. Es kommt hinzu, dass jede Art von Spekulation dazu führen kann, dass die Chancen zur Klärung des Karlsruher Verbrechens geringer werden. Man wird als Verschwörungstheoretiker abgestempelt, und dieses Totschlagargument kann jede weitere sorgfältige und kritische Aufklärung des Mordes erschweren oder sogar verhindern.

Es gab ja nun die neuen Hinweise auf eine Frau auf dem Motorrad. Daran musste ich mich halten. Die zugehörigen Zeugenaussagen wollte ich einsehen.

*

Am 4. Mai 2007 schrieb ich der Generalbundesanwältin, es sei für meine Familie geradezu unfassbar zu erfahren, dass der Bundesanwaltschaft seit vielen Jahren der Name des Schützen auf dem Motorrad bekannt sei. Ich bat darum, mich über die der Bundesanwaltschaft oder einzelnen Bundesanwälten zur Ermordung meines Vaters und seiner Begleiter vorliegenden Erkenntnisse zu informieren, die auf Angaben zurückgehen, die Verena Becker gemacht haben soll. Vorausgesetzt, es gebe solche Erkenntnisse, wollte ich von Monika Harms auch wissen, welche Mitarbeiter der Bundesanwaltschaft sie zu welchem Zeitpunkt erhalten hatten. Der zweite mir sehr wichtige Gesichtspunkt betraf die Augenzeugenaussagen und was hiervon in den Prozessakten stand. Ich bat um Zusendung der folgenden Unterlagen:

1. Die Anklageschrift des Generalbundesanwalts beim BGH gegen Knut Detlef Folkerts vom 24. August 1979 und das zugehörige Urteil des Oberlandesgerichts Stuttgart.
2. Die Anklageschrift gegen Brigitte Margret Ida Mohnhaupt und Christian Georg Alfred Klar zu dem Tatkomplex, der

auch die Ermordung meines Vaters und seiner Begleiter am 7. April 1977 einschließt, und das zugehörige Urteil des Oberlandesgerichts Stuttgart.
3. Die Aussage des jugoslawischen Augenzeugen der Tat vom 7. April 1977 sowie eventuelle weitere vor Ermittlungsbehörden abgegebene Bekundungen dieses Zeugen.
4. Die Aussage von Mitgliedern der Familie des »Zeugen vom Vortag« vom 7. April 1977, in der über die Beobachtungen am 6. April 1977 berichtet wird.

Nun warteten wir auf Antwort aus Karlsruhe. An Akten besaßen wir lediglich eine Kopie der Anklageschrift gegen Folkerts; diese allerdings seit vielen Jahren und ohne es zunächst zu wissen. Wir hatten sie erst jetzt zufällig beim Stöbern in alten Unterlagen gefunden. Vermutlich hatte man sie meiner Mutter damals übergeben. Ich wollte überprüfen, ob unsere Kopie mit den Akten der Bundesanwaltschaft übereinstimmte. Die Urteile Folkerts und Mohnhaupt/Klar hatte ich zwar bereits von einem Journalisten erhalten, konnte sie aber deshalb nur zum eigenen Gebrauch nutzen und nicht in Kontakten mit Dritten verwenden. Ich wollte sie gern nochmals von der Behörde erhalten, um dann frei über die Urteile verfügen zu können.

Laufend erhielten wir weitere Informationen, meist von Journalisten. So erfuhren wir am 4. Mai, dass sich ein Mann beim *Spiegel* gemeldet habe, der am Tattag gegen 10.30 Uhr auf einem Bahnsteig des Bahnhofs Bietigheim-Bissingen – deutlich abgetrennt von anderen Wartenden – vier junge Leute habe stehen sehen, darunter eine zierliche junge Frau, ein »Reh«, wie er sich ausdrückte. Er habe das damals nicht gemeldet, da diese Beobachtung ja in der Zeitung gestanden habe.

Also gab es noch einen dritten Hinweis auf eine zierliche Frau! Der »Zeuge vom Vortag« hatte von einem »Hüpferle« gesprochen, der neue Zeuge von einem »Reh«. Das deutete stark darauf hin, dass dieselbe zierliche Frau an beiden Tagen vor Ort und am Geschehen beteiligt war. Die Attentäter waren, dafür gab es noch weitere Hinweise, offenbar am Gründonnerstag 1977 mit dem Zug von Bietigheim-Bissingen aus weitergefahren. Unter den verdächtigen Personen auf dem Bahnsteig war eine zierliche Frau. Was für eine wichtige Beobachtung! Warum war dieser Hinweis nicht in die Prozessakten gelangt?

Während wir in mühevoller Kleinarbeit alles um und um wendeten, um vielleicht einen kleinen Puzzlestein zu entdecken, der unserer Aufmerksamkeit bislang entgangen war und das Bild von der Tat und den Tätern deutlicher machen konnte, galt das besondere Interesse der Öffentlichkeit der bevorstehenden Entscheidung zum Gnadengesuch von Christian Klar. Was viele nicht erwartet hatten: Der Bundespräsident traf sich mit Klar. Er lehnte dann aber am 7. Mai 2007 Klars Gnadengesuch ab. Nach dieser Entscheidung ging das seit Monaten andauernde, überraschend starke Interesse an Klar und an der RAF schlagartig zurück. Es bedrückte uns, dass die Medien der für uns Angehörige so wichtigen Frage nach der Aufklärung des Verbrechens weit weniger Aufmerksamkeit widmeten als der Haftdauer von Klar.

Meine Pressekontakte wurden seltener, die verbleibenden Kontakte waren allerdings intensiv. Die beiden SWR-Journalisten Hufnagl und Schmidt hatten den jugoslawischen Augenzeugen ausfindig gemacht. Auf ihre Frage, ob damals vielleicht eine Frau auf dem Motorrad saß, sagte er: »Ich habe damals schon gesagt, weder Frau noch Mann, das konnte man in dem Fall gar nicht erkennen.« Der Zeuge erinnerte sich, dass ihn damals nur die Polizei befragt habe. In Verbindung mit der Gerichtsverhandlung gegen Folkerts erwähnte er, dass ihn der Richter nichts gefragt habe. Er sei für den Richter völlig uninteressant gewesen. Das erstaunte Elisabeth und mich. Wie kann der unmittelbare Augenzeuge eines mehrfachen Mordes uninteressant sein?

Die SWR-Journalisten sprachen auch mit einem der an der Ergreifung von Becker und Sonnenberg beteiligten Polizisten. Dieser erinnerte sich, dass, nachdem Günter Sonnenberg durch einen Schuss in den Hinterkopf schwer verletzt worden war, Verena Becker die Beamten unter Feuer genommen habe. Sie schien nach seinem Eindruck Erfahrung mit solchen Waffen zu haben.

Am Abend des 11. Mai 2007 besuchte ich meine Mutter in Karlsruhe. Ich hatte ihr erzählt, dass der »Zeuge vom Vortag« sie mit meinem Vater am 6. April 1977 morgens gesehen habe. Meine Mutter hatte es mir ja schon bestätigt, dass sie mit meinem Vater am Vortag zu Fuß in die Stadt gegangen war. Sie seien stets dieselbe Stecke gelaufen. Da ich diese Strecke nicht kannte, schlug ich ihr vor, dass wir am nächsten Morgen genau auf dem Weg in die Stadt gehen, den sie mit meinem Vater damals genommen hatte. Bei jeder Weggabelung ließ ich sie vorausgehen, durch den Wald und durch den Schlosspark. Wir kamen genau zu der Stelle, die mir der »Zeuge vom Vortag« knapp zwei Wochen zuvor gezeigt hatte. Ich hatte nie einen Zweifel an seinen Angaben, aber das Wenige, was ich selbst prüfen konnte, wollte ich auch tatsächlich testen.

Auf der Rückfahrt im Zug las ich sehr genau die Anklageschrift des Generalbundesanwalts gegen Knut Folkerts vom 24. August 1979, in der auch der Name Verena Becker einige Male auftaucht. Der Anklageschrift zufolge wird Knut Folkerts beschuldigt, am 7. April 1977 in Karlsruhe aus niedrigen Beweggründen und heimtückisch drei Menschen getötet zu haben. Dabei wird er nicht nur als einer der Mittäter, sondern eindeutig als Schütze angeklagt. Auf Seite 43, bei der Schilderung des Tatgeschehens, heißt es:

»Knut Folkerts hatte auf dem Rücksitz des von seinem Komplizen gelenkten Motorrades Marke Suzuki GS 750 Platz genommen.«

Auf Seite 44 steht dann, dass der Angeschuldigte, also Folkerts, vom Rücksitz des Motorrads aus einer Entfernung von zirka siebzig Zentimetern schräg von oben nach unten das Feuer eröffnete und überraschend eine Serie von mindestens fünfzehn Schüssen durch die rechten Seitenfenster auf die Insassen des anfahrenden Dienstwagens abgab. Erwähnt wird, dass auf der linken Geradeausspur vor der Ampel der Opel Ascona des jugoslawischen Zeugen stand, aber zu meiner großen Überraschung findet sich kein Hinweis auf eine von diesem Zeugen abgegebene Täterbeschreibung.

Besonders merkwürdig fand ich auf Seite 50 der Anklageschrift die Passage über zwei Trainingshosen, die in der zum Transport der Tatwaffe benutzten Tasche gefunden worden waren:

»An einer der beiden Hosen wurde ein Haar sichergestellt, das mit einem im rotgrundigen Motorradhelm gesicherten menschlichen Kopfhaar gleichartig ist (35).
Beide Haare wiederum stimmen mit Haaren überein, die sich an einer Jacke und einem Pullover befanden, die zum Inhalt eines Koffers zählten, der am 2. Mai 1977 an der Reisegepäckabfertigung des Essener Hauptbahnhofs aufgegeben und am 3. Mai 1977 von der Kantonspolizei in Zürich in Verwahrung genommen worden war (36). Den zu diesem Koffer gehörenden Gepäckschein mit der Nr. 066 hatte Verena Becker in Besitz, als sie am 3. Mai 1977 in Singen zusammen mit Günter Sonnenberg festgenommen wurde (37).«

Was war das? Ich rieb mir erstaunt die Augen. War das wirklich noch die Anklage Folkerts, oder war es nicht eher eine Anklage gegen Verena Becker?

In der Anklageschrift gegen Knut Folkerts steht, dass Verena Becker zu der Gruppe gehörte, die für die Karlsruher Tat verantwortlich war, es steht da, dass sie und Sonnenberg die Karlsruher Tatwaffe bei ihrer Ergreifung mit sich führten, und jetzt werden hier auch noch diese Hinweise zu den Haaren aufgeführt: An zwei für die Tat bedeutsamen Orten, in einem der Motorradhelme und in der zum Transport der Tatwaffe benutzten Tasche, wurden Haare gefunden, die übereinstimmen mit Haaren an Kleidungsstücken, die über den Gepäckschein mit Verena Becker in Verbindung stehen. Die Bundesanwälte präsentierten Beweismaterial, das eher Verena Becker als Knut Folkerts belastete, aber es kam nicht zur Anklage gegen sie. Warum nicht? Und warum um alles in der Welt steht in der Anklage nichts davon, dass die Haarspuren mit Haarproben von Knut Folkerts verglichen wurden? Für ein Verfahren, in dem Folkerts als Täter auf dem Soziussitz des Motorrads anklagt wird, muss man einen solchen Vergleich doch durchgeführt haben. Anders geht das doch gar nicht!

Die Bundesanwaltschaft verdeutlicht auf Seite 50 der Folkerts-Anklage, dass man damals in der Lage war, die Übereinstimmung von Haaren festzustellen. Stimmen die Haarspuren aber nun mit Haarproben von Tatverdächtigen überein oder nicht? Das ist doch die entscheidende Information! Es macht keinen Sinn, Haarspuren nur untereinander zu vergleichen, sondern man muss prüfen, ob tatrelevante Haarspuren mit Haarproben von Becker, Folkerts oder Sonnenberg übereinstimmen. Alle drei waren ja 1979 in Haft. Wieder und wieder las ich die Akten, konnte aber keinen Hinweis finden, dass solche Vergleiche durchgeführt worden waren.

Es gibt weitere Stellen in der Anklage, an denen man sich verzweifelt fragt, warum kein Staatsanwalt oder Richter nachgehakt hat. Ein Tankstellenpächter beispielsweise hat unmittelbar vor dem Attentat über längere Zeit beobachtet, wie sich die späteren Täter zum Schein mit einem Schraubenzieher am Tatmotorrad zu schaffen machten. Er müsste doch Auskunft geben können, wie groß die Personen waren, auch, ob sie etwa gleich groß waren. Warum stand dazu nichts in der Anklage? Hatte man den Tankstellenpächter gar nicht nach der Größe der Täter gefragt?

Aber auch bei den Motorradhelmen, die gleich nach der Tat gefunden wurden, ist offensichtlich nicht übermäßig engagiert ermittelt worden. Passte einer der Helme dem Angeklagten Folkerts oder einem anderen Tatverdächtigen? Auch dazu steht nichts in der Anklage.

Mich überzeugt diese Folkerts-Anklage nicht. Sie erschreckt mich eher, denn sie erfüllt in meinen Augen nicht die Qualitätsansprüche, die an eine Anklage der Bundesanwaltschaft zu stellen sind. Es erstaunt mich nicht, dass der Senat des Oberlandesgerichts Stuttgart dieser Anklage in dem wesentlichen Punkt nicht gefolgt ist, dass Folkerts vom Motorrad aus geschossen habe.

*

Am 14. Mai 2007 erscheint im *Spiegel* ein Interview mit Knut Folkerts, in dem dieser unter anderem erklärt, dass er am Tattag nicht in Karlsruhe gewesen sei. Das werde durch Aussagen anderer Terroristen gestützt. Übrigens sei er sich damals sicher gewesen, dass man ihn zur Höchststrafe verurteilen würde. Und dann erwähnt Folkerts einen gewichtigen Punkt: Das Bundeskriminalamt habe spätestens seit seiner Verhaftung gewusst, dass er Linkshänder sei und deshalb rückwärts auf dem Motorrad hätte sitzen müssen, um gezielt nach rechts ins Auto zu schießen. Obwohl Folkerts erklärt, die Feststellungen über seine Beteiligung am Karlsruher Attentat seien falsch, hält er sich für alles, was die RAF in dieser Zeit tat, in der er ihr als Illegaler angehörte, für politisch und moralisch verantwortlich. Deshalb will er auch keine Wiederaufnahme seines Verfahrens. Eine bittere Stelle im *Spiegel*-Interview ist für mich die, an der Folkerts sagt:

»Die Justiz ist denkbar ungeeignet, etwas Positives zur Aufarbeitung der Geschichte der RAF beizutragen.«

Das Medieninteresse geht weiter zurück. Von der *Süddeutschen Zeitung* ist nicht mehr viel zu hören. Dabei hatte sie Ende April noch am deutlichsten auf eine mögliche Tatbeteiligung von Verena Becker hingewiesen. Mich interessierten vor allem Informationen über Becker. Wo hielt sie sich eigentlich auf? Auch Michael Sontheimer vom *Spiegel* konnte nicht weiterhelfen.

Weshalb schien Verena Becker wie vom Erdboden verschwunden zu sein? Wenn sie tatsächlich »nur« auf Polizisten geschossen hatte, die sie festnehmen wollten, ohne dabei jemanden zu töten, und wenn sie ihre Strafe bis zur Begnadigung abgesessen hatte, sah ich gar keinen Grund für sie, gleichsam unterzutauchen. Mehrere Journalisten hatten mich nach ihrem Aufenthaltsort gefragt, auch solche, die über ganz andere Möglichkeiten und Mittel der Recherche verfügten als ich. Einige wunderten sich, dass ich nicht selbst Nachforschungen anstellte, aber wie und warum sollte ich das tun? Es musste doch wirklich genügen, wenn ich meine auf eine mögliche Täterschaft von Verena Becker hinweisenden Erkenntnisse der Bundesanwaltschaft mitteilte. Dort musste dem Tatverdacht nachgegangen werden. Doch es gab, was uns zunächst sehr verwunderte, kein Anzeichen dafür, dass die Generalbundesanwältin wegen des Karlsruher Attentats ein Ermittlungsverfahren gegen Verena Becker eröffnen würde.

Wir fühlten uns sehr allein. Die Bundesanwaltschaft hatte uns spüren lassen, dass sie unsere Aktivitäten ablehnte, und die Öffentlichkeit interessierte sich kaum dafür. Die Situation wurde immer schwieriger. Vor allem Elisabeth sehnte sich nach einem unbelasteten Privatleben, aber es war uns beiden klar, dass es zumindest vorläufig kein Zurück mehr gab. Nachdem wir nun einmal darauf gestoßen waren, mussten wir herauszufinden versuchen, warum gerade im Mordfall meines Vaters so vieles nicht zusammenpasste. Es klärte sich auch nichts auf, im Gegenteil: Der Verdacht, dass etwas Gravierendes nicht in Ordnung war, verstärkte sich, und wir kamen einfach nicht von dem Gedanken los, dass es einen Verrat an meinem Vater gegeben haben könnte. Ich nahm mir vor, mit Kay Nehm zu sprechen. Seine Verbundenheit mit meinem Vater stand außer Zweifel. Auch würde ich mich notfalls an die Bundesjustizministerin wenden, wenn ich mit meinen Fragen von der Bundesanwaltschaft weiterhin so alleingelassen würde.

Vom 17. bis 19. Mai fand die Bunsentagung der Physikalischen Chemiker in Graz statt, bei der mir die Bunsen-Denkmünze verliehen werden sollte. Wie sehr hatte ich mich auf diesen Tag gefreut! Nun war alles überschattet von den Ereignissen um meinen Vater. Sogar auf der Fahrt nach Graz sprachen wir von nichts anderem. Elisabeth und ich waren uns inzwischen sicher, dass die beiden Mörder, die das Attentat von dem Motorrad aus verübt hatten, für diese Tat nicht angeklagt worden waren. Nur: Warum?

Mit den SWR-Journalisten Hufnagl und Schmidt sprachen wir über die von den Tätern zurückgelassenen Motorradhelme. Auch sie waren sehr erstaunt, dass die Größe der Helme in den Verfahren keine erkennbare Rolle gespielt hatte, und meinten, es wäre gut zu wissen, ob möglicherweise ein Helm größer und ein anderer kleiner war. Das könnte ein Indiz sein. Aber wer konnte uns etwas über die Größe sagen? Wir hatten nur ein Foto der Helme und einen Mitschnitt der *Tagesthemen* vom April 1977, den ich mir immer wieder anschaute. Einer der beiden Helme hatte kein Visier, so dass die Helme auf den Bildern leicht zu unterscheiden waren. Das Verflixte war nur, dass auf dem Foto der eine und auf den Fernsehbildern der andere Helm größer zu sein schien. Es war wie verhext.

Später erfuhren wir von den SWR-Mitarbeitern, dass sich Helme dieses Typs nicht von außen unterscheiden, sondern nur durch den jeweiligen Einsatz im Helm. Man musste also die Helme vor sich haben, um diese Frage klären zu können.

Wir hatten lange nichts von der Bundesanwaltschaft gehört. Bundesanwalt Griesbaum hatte zuletzt von sechs Wochen gesprochen, die die Behörde benötigen würde, um ihr Bild von den Tatbeteiligten am Gründonnerstag 1977 zu überprüfen. Ich schrieb ihm am 24. Mai, erinnerte an die verstrichene Sechs-Wochen-Frist und teilte ihm mit, dass wir die in Aussicht gestellte Information über die Täterschaft spätestens zum 30. Mai erwarteten. Überhaupt keine Antworten auf unsere Schreiben und Anfragen zu erhalten sei für uns als Angehörige nicht akzeptabel. Dann erinnerte ich Rainer Griesbaum noch an meinen zuvor schon im Schreiben an die Generalbundesanwältin geäußerten Tatverdacht gegen Verena Becker und bat um Beantwortung von drei Fragen:

1. Wurde bei dem Motorradhelm, der unmittelbar nach der Tat gefunden wurde und in dem sich ein möglicherweise von Verena Becker stammendes Haar befand, geprüft, ob dieser Helm Frau Becker passt?
2. Wurden die Abmessungen des Helms in die Ermittlung anderer Täter einbezogen, wurde also geprüft, ob Knut Folkerts oder Christian Klar diesen Helm hätten tragen können?
3. Wurden das unter Frage 1 erwähnte Haar sowie ein weiteres in der Anklageschrift gegen Folkerts vom 24. August 1979 auf Seite 50 erwähntes gleichartiges Haar, das in der zum Transport der Tatwaffe verwendeten Tasche gefunden wurde, mittels der nun seit vielen Jahren verfügbaren neuen kriminaltechnischen Methoden daraufhin geprüft, ob diese Haare von Frau Verena Becker stammen?

Außerdem kündigte ich einen Telefonanruf an. Der brachte mir allerdings keine Informationen, denn Bundesanwalt Griesbaum verwies lediglich auf sehr vielschichtige Ermittlungen und teilte mir mit, dass ich auch bis zum 30. Mai keine weiteren Informationen erhalten würde.

Im *Spiegel* Nr. 22/2007 war Ende Mai ein Gespräch mit der Generalbundesanwältin abgedruckt. Die Überschrift lautete:

»Wir betreiben keine Willkür«. Es ging um die Ermittlungen gegen die G-8-Gegner, aber auch um die Schwierigkeiten bei der Aufarbeitung der Geschichte der RAF. Der zweite Punkt interessierte mich natürlich mehr. Unter Verweis auf die durch meine Fragen nach dem Karlsruher Schützen ausgelöste Debatte meinte der *Spiegel:* »Im Rückblick wirkt es so, als hätte es der Staat bei der Verfolgung seiner Feinde nicht immer allzu genau genommen.« – »Die Gerichte haben deshalb zu Recht diejenige Beteiligungsform zugrunde gelegt, die sicher nachzuweisen war, nämlich die Mittäterschaft«, erwiderte Monika Harms. Mein Wunsch zu wissen, wer konkret auf meinen Vater geschossen habe, sei eine andere Frage und in rechtlicher Hinsicht von eher nachgeordneter Bedeutung, da sich jeder Mittäter auch die von ihm gebilligten Tatbeiträge der anderen im Rahmen des gemeinsamen Tatplans zurechnen lassen müsse.

Diese Antwort erschütterte mich. Wie kann mein Wunsch zu wissen, wer drei Menschen erschossen hat, nachgeordnet sein? Was sollten die spitzfindigen Unterscheidungen zwischen juristisch relevanten und tatsächlichen Tätern? Müssen diese beiden Tätergruppen denn nicht identisch sein? In jedem Fall muss sich doch zumindest die Person, die geschossen hat, unter den für die Tat Verurteilten befinden. Woher will man aber diese Gewissheit nehmen, wenn man nicht genau aufklärt?

Einige Juristen beharrten immer wieder darauf, dass es in den RAF-Verfahren keine Fehlurteile gegeben habe. Dieser Punkt ist natürlich für die Justiz sehr wichtig. Aber verstanden denn diese Juristen nicht, dass es mir nicht um *Fehlurteile,* sondern um *fehlende Urteile* ging? Es gab doch Hinweise darauf, dass Becker und Sonnenberg am Karlsruher Attentat beteiligt gewesen sein könnten, vielleicht auch noch Wisniewski. Aber keine dieser Personen war wegen der drei Morde angeklagt worden.

Man warf mir vor, in meiner Unkenntnis der rechtlichen Situation würde ich etwas einfordern, was nachgeordnet sei.

Ich dürfe keine Einzelzuordnung eines Tatbeitrags erwarten, wenn eine gemeinschaftliche Tatbegehung vorliege. Hier muss ich allerdings zurückfragen: Wieso wurde von der Justiz eine Person aus dem Kreis der Mittäter herausgenommen, die der Ermittlungsrichter des Bundesgerichtshofs als Karlsruher Mittäterin bezeichnet hatte und für deren Tatbeitrag darüber hinaus noch weitere Argumente sprechen, die dieser Richter damals nicht kannte? Auch das war doch eine Einzelzuordnung, und zwar die einer *nicht* vorliegenden Mittäterschaft. Woher nahm man die Gewissheit, dass Verena Becker keine Mittäterin war?

Im *Spiegel*-Gespräch ging es dann noch um die Aussagen gegenüber dem Verfassungsschutz, in denen Wisniewski von Verena Becker als Todesschütze benannt worden sei. Monika Harms wird gefragt: »Ihr Haus kennt die Aussagen doch schon seit 1982?« Die Antwort ist:

»Das sagen Sie.«

Der *Spiegel* verweist auf die Auskunft der Bundesregierung, nach der eine Rekonstruktion ergeben habe, »dass der damalige Karlsruher Abteilungsleiter Gerhard Löchner ebenso eine Kopie der Aussagen erhielt wie ein Bundesanwalt und wohl auch Kurt Rebmann persönlich«. Der weitere Bundesanwalt war – so stand es bereits im *Spiegel* vom 30. April 2007 – Wolfgang Pfaff. Die Generalbundesanwältin antwortete darauf:

»Ich kann nur sagen, dass wir keine Unterlagen im Haus gefunden haben«.

Auf die Nachfrage, wo die Kopien geblieben seien, sagte sie:

»Das kann ich Ihnen nicht sagen, weil ich es nicht weiß.«

Ihre Antwort auf die Frage des *Spiegel:* »Und was ist inhaltlich geschehen?«, lautet:

»Ich weiß das nicht, weil die meisten Beteiligten tot sind.«

Gefragt, warum Frau Becker nie angeklagt worden sei, erwidert sie:

»Auch das weiß ich nicht. Ich war damals nicht dabei.«

Für mich ist es deprimierend, dass die Generalbundesanwältin, auf die sich all unser Vertrauen in eine rasche Aufklärung richtet, so wenig weiß. Bei ihr liegt die Zuständigkeit für die Aufklärung dieses Verbrechens und die Strafverfolgung der Täter.

Am 25. Mai 2007 erhielt ich endlich die lang erwarteten Ablichtungen aus den Anklageschriften und Urteilen gegen Knut Folkerts, Brigitte Mohnhaupt und Christian Klar. Das Protokoll der Vernehmung des jugoslawischen Augenzeugen war ebenfalls beigefügt, ebenso der Vermerk zur Befragung der Familie des »Zeugen vom Vortag«. Diesen Vermerk las ich zuerst.

Die Aussage des Vaters des »Zeugen vom Vortag« ist in der Spurenakte Nr. 227 enthalten. Dort wird zunächst in Kurzform berichtet, dass

der Hinweisgeber am 8. April 1977 gegen 19.30 Uhr mitgeteilt habe, dass er am 6. April 1977 gegen 9 Uhr das im Fernsehen gezeigte und mit zwei Personen besetzte Tatfahrzeug an der Kreuzung Waldstraße–Zirkel–Hans-Thoma-Straße gesehen habe. Gerade zu diesem Zeitpunkt habe sich Generalbundesanwalt Buback an der Pforte des Bundesverfassungsgerichts befunden.

Es folgt der ausführlichere Bericht der Kriminalpolizei (SOKO C). Er beruht, wie in der Spurenakte angegeben, auf einer telefonischen Mitteilung vom 8. April 1977, 19.30 Uhr. Nur im ersten Abschnitt des Vermerks macht der Vater des »Zeugen vom Vortag« Angaben zum Motorrad und den darauf sitzenden Personen.

Er sei am Mittwoch, dem 6. April 1977 mit seiner Ehefrau zu seinem Elternhaus im Auto unterwegs gewesen. Gegen 9 Uhr habe er an der Ampel der Kreuzung Waldstraße–Zirkel–Hans-Thoma-Straße seine Frau aussteigen lassen, weil diese im Kaufhaus Hertie einkaufen wollte. In dem Augenblick, in dem er von dieser zuvor genannten Ampel nach rechts in die Hans-Thoma-Straße eingebogen sei, habe ihn ein Motorrad, auf dem sich zwei Personen befunden hätten, rasant überholt und anschließend geschnitten. Er habe sich über dieses Verhalten geärgert. Mit einem Blick habe er feststellen können, dass es ein Motorrad mit Ludwigshafener Kennzeichen gewesen sei. Allerdings seien ihm die weiteren Buchstaben und Ziffern nicht bekannt. Soweit er sich noch erinnern könne, habe das Motorrad einen breiten, hochgezogenen Tank gehabt. Die zwei Personen hätten Lederbekleidung angehabt und grüne Sturzhelme getragen. Im Übrigen treffe die im Fernsehen abgegebene Personenbeschreibung recht genau auf die Motorradfahrer zu.

Im zweiten Absatz berichtet der Zeuge,

er hätte diesem Geschehen keine große Bedeutung beigemessen, wenn ihm seine Frau nicht nach dem fürchterlichen Verbrechen geschildert hätte, dass sie nach dem Aussteigen an der Pforte zum Bundesverfassungsgericht, Ecke Waldstraße und Schlossplatz, den Generalbundesanwalt Buback gesehen hätte, der sich mit dort Dienst versehendem Bundesgrenzschutzpersonal unterhalten habe.

Ich war sprachlos. Diese Darstellung, die nicht vom Zeugen unterschrieben war, stimmte ja in wesentlichen Punkten nicht mit dem überein, was mir der »Zeuge vom Vortag« berichtet hatte. Außerdem fehlte Entscheidendes.

1. Der dem Vermerk zugrunde liegende Hinweis an die Ermittler erfolgte nicht am Karfreitag, dem 8. April 1977, abends, sondern am Tattag, dem 7. April 1977, mittags, was weitere Mitglieder der Familie des »Zeugen vom Vortag« noch heute bestätigen können. Sogar die jetzt achtundachtzigjährige Großmutter erinnert sich, dass die Familie am Gründonnerstag 1977 bei ihr zum Mittagessen war.

2. Es war nicht lediglich eine telefonische Mitteilung. Auch das wissen alle Familienmitglieder noch, einschließlich der Großmutter. Es war ja ein einschneidendes Erlebnis: Die Familie hatte beim Mittagessen im Haus der Großeltern die Nachricht vom Attentat und von der Fahndung nach dem Tatmotorrad im Radio gehört und sich daraufhin telefonisch gemeldet. Die Ermittler erschienen bereits kurze Zeit später in der Wohnung der Großeltern, um dort die Hinweise aufzunehmen. Es ist somit unverständlich, dass man den Vermerk nicht von den Zeugen unterschreiben ließ. Immerhin hatten diese die vermutlichen Täter aus etwa einem Meter Entfernung gesehen.

3. Im Auto saß nicht nur die Ehefrau des Hinweisgebers, sondern auch der Sohn, der jetzige »Zeuge vom Vortag«, und seine Schwester. Man fasst es nicht: Der Sohn, der das Tatmotorrad fast zum Sturz gebracht hätte, weil er unbedacht die Tür zur Straßenseite geöffnet hatte, und der die Personen auf dem Motorrad aus nächster Nähe sehen konnte, wird in diesem Vermerk überhaupt nicht erwähnt!

4. Die Ehefrau stieg nicht erst an der Ampel bei der Kreuzung Waldstraße/Zirkel/Hans-Thoma-Straße aus, sondern

zuvor an der Kurve Ecke Waldstraße und Schlossplatz, also bei der Ausbuchtung nahe der Pforte zum Bundesverfassungsgericht. Das weiß nicht nur der »Zeuge vom Vortag«, auch sein Vater und seine Mutter haben dies nach dreißig Jahren noch in Erinnerung.

5. Die Ehefrau bemerkte meinen Vater nicht erst nach dem Aussteigen, sondern die Familie hatte ihn bereits zuvor aus dem Auto heraus gesehen.

6. Der Vorfall mit dem Motorrad ereignete sich nicht nach dem Anfahren bei der Ampel, also beim Einbiegen in die Hans-Thoma-Straße, sondern bereits zuvor in der Kurve Ecke Waldstraße und Schlossplatz.

7. Es wird keine genauere Beschreibung des Tatmotorrads und der Täter gegeben. Man erfährt nur, dass das Motorrad mit Ludwigshafener Kennzeichen einen breiten, hochgezogenen Tank hatte, mehr nicht. Kein Wort über die charakteristischen Aufkleber am Tank, von denen mir der »Zeuge vom Vortag« berichtet hatte. Er hatte mir auch noch gesagt, dass er den Beamten am 7. April 1977 mittags das Motorrad gut beschreiben konnte. Diese Aussage fehlt natürlich, da der »Zeuge vom Vortag« im Vermerk überhaupt nicht auftaucht. Weder bei der Beschreibung des Vorfalls noch bei der Befragung wird er erwähnt. Wie konnte man den entscheidenden Informanten übersehen oder vergessen? Er hatte das Motorrad beinahe zu Fall gebracht, und er hatte am längsten Zeit, um das Motorrad und die darauf sitzenden Personen zu beobachten.

8. Das Unglaublichste an diesem Vermerk aber betrifft den Hinweis zu den Personen auf dem Motorrad, um die es ja in allererster Linie geht: Kein Wort zur Größe und zu sonstigem Aussehen der Personen, nichts dazu, dass auf dem Soziussitz eine zierliche Frau saß, wie es mir der »Zeuge vom Vortag« Mitte April 2007 berichtet hatte. Er hatte den Ermittlern am 7. April 1977 mittags beide Personen auf dem Motorrad beschrieben. Warum fehlen diese

Schlüsselinformationen im Vermerk? Dort steht lediglich im letzten Satz des ersten Abschnitts,

im Übrigen treffe die im Fernsehen abgegebene Personenbeschreibung recht genau auf die Motorradfahrer zu.

Das darf ja wohl nicht wahr sein! Die Ermittler haben das Glück, dass sich kurz nach der Tat Augenzeugen melden, die die Verdächtigen am Vortag aus nächster Nähe gesehen haben. Aber was machen sie daraus? Sie notieren, dass der Augenzeuge auf eine Beschreibung im Fernsehen hinweist. Das ist absurd! Wie sahen denn die Personen auf dem Motorrad aus?

Wenn ein Augenzeuge seine Beobachtungen nicht ausführlich genug mitteilt, müssten die Ermittler doch nachfragen, ob die Personen groß oder klein, dick oder dünn waren. Und auf welches Fernsehprogramm und welche Sendezeit bezieht sich der Zeuge überhaupt? Diese Frage ist im speziellen Fall von größter Bedeutung, denn in der *Tagesschau* am 7. April 1977 hieß es, dass möglicherweise eine Frau auf dem Soziussitz saß, während bereits in der *Tagesschau* vom 8. April 1977 nur drei Männer, Folkerts, Klar und Sonnenberg, als Tatverdächtige präsentiert wurden. Welches »Fernsehen« ist also in der Spurenakte gemeint und welche Beschreibung? Die auf eine Frau auf dem Soziussitz hinweisende oder diejenige, die nur Männer als Tatverdächtige nennt?

Noch befremdlicher ist es, dass die Familie des »Zeugen vom Vortag«, als sie bei der Polizei anrief und auch als die Beamten wenige Minuten später eintrafen, noch gar nicht ferngesehen hatte. Die Familienmitglieder können den in der Spurenakte niedergelegten Hinweis in dieser Form somit gar nicht gemacht haben.

Mit dieser Spurenakte stimmte etwas nicht. Mir wurde fast übel, als ich den Vermerk las. Natürlich könnte man nun behaupten, der Hinweisgeber habe alles genau so zu Protokoll gegeben, wie in der Spurenakte nachzulesen ist. Erst später, im

181

Die Bilder der drei Tatverdächtigen, die der Öffentlichkeit am 8. April 1977 präsentiert wurden: Günter Sonnenberg, Christian Klar, Knut Folkerts (v.l.n.r.)

Verlauf der Jahre, hätten sich der Zeuge und vor allem sein Sohn dann Vorkommnisse eingebildet, die sie jetzt für wahre Begebenheiten hielten.

Solche Vermutungen wurden, wie mir ein Journalist erzählte, am Rande einer Pressekonferenz der Bundesanwaltschaft im Dezember 2007 geäußert; der Tenor war, es sei ja merkwürdig, dass sich Zeugen heute, nach dreißig Jahren, besser erinnern könnten als damals unmittelbar nach dem Attentat. Ein solches Argument, das die Aussage des »Zeugen vom Vortag« im Jahr 2007 in Zweifel zieht, sollte man besser nicht vorbringen – jedenfalls dann nicht, wenn es um Informationen in einem Vermerk geht, den sich die Ermittler nicht vom Hinweisgeber haben unterschreiben lassen.

Ich habe den großen Vorteil, dass ich den »Zeugen vom Vortag« mehrfach getroffen und oft mit ihm telefoniert habe. Alles in seiner Darstellung ist klar und stimmig. Es gibt keinen Ansatzpunkt, an irgendeinem wesentlichen Detail seiner Aussage zu zweifeln. Und die Familienmitglieder bestätigen seine Angaben.

Inzwischen habe ich die Spurenakte sehr oft durchgesehen. Das sorgfältige Studium des Textes war wie ein Heimspiel für mich, denn diese Arbeit ähnelte sehr meinem täglichen Brot im Beruf. Wie viele Berichte zu ganz unterschiedlichen, meinem eigentlichen Fachgebiet häufig nicht sonderlich eng verwandten Themen hatte ich nicht schon gelesen, analysiert und bewertet: Publikationsmanuskripte, Diplom- und Doktorarbeiten, Dissertationen, Habilitationsschriften, Forschungsanträge und Forschungsberichte. Warum sollte ich nun nicht in der Lage sein, mir einen Eindruck von der Qualität eines Berichts über einen Zeugenhinweis, also über diese Spurenakte, zu verschaffen?

Der zweite Grund, weshalb ich mich so intensiv mit dieser Spurenakte befasste, war, dass ich ja kaum anderes Material hatte, um Klarheit über die Attentäter zu erlangen. Der Zugang zu Akten war für mich schwierig und zeitraubend. Und oft stieß ich an Mauern und kam nicht weiter. Eine besondere Schwierigkeit lag darin, dass ich gar nicht wusste, welche Akten es überhaupt gab. Wie sollte ich um Unterlagen bitten, deren Existenz mir nicht bekannt war? Es war ja ein Zufall, dass der »Zeuge vom Vortag« von meiner Suche gehört hatte und sich dann auch noch dazu durchrang, Kontakt mit mir aufzunehmen. Ähnliches gilt für den früheren Geheimdienstmitarbeiter, der dem *Spiegel* von Verena Beckers Aussage gegenüber dem Verfassungsschutz berichtete und davon, dass die Protokolle Bundesanwälten übergeben worden waren. Kaum jemand hatte davon gewusst, und niemand hatte es in all den Jahren publik gemacht.

Es war bitter, aber wahr: Ich hing ab von Informationsalmosen wie den Aussagen des »Zeugen vom Vortag« und des ehemaligen Geheimdienstmitarbeiters. Die offiziellen Stellen hatten uns ja über Jahrzehnte im Dunkeln gelassen. Die Aussage von Verena Becker gegenüber dem Verfassungsschutz kenne ich noch immer nicht und werde sie vielleicht nie kennenlernen. Nachdem ich nun auf meine Bitte hin von der Bundesanwaltschaft wenigstens die Spurenakte zur Aussage des »Zeugen vom Vortag« erhalten hatte, musste ich mich an sie halten. Die Spurenakte hat noch ein viertes und fünftes Blatt. Als ich begann, diese beiden Seiten zu lesen, merkte ich schnell, dass mir das Schlimmste noch bevorstand. Dort wird über eine in der Wohnung der Eltern des »Zeugen vom Vortag« am 12. Mai 1977 von der Abteilung TE 11 des Bundeskriminalamts durchgeführte ergänzende Befragung zu den Angaben des Hinweisgebers vom 8. April 1977 berichtet, bei der

der Hinweisgeber seine Angaben, die in dem Vermerk der Soko C vom 8. 4. 1977 niedergelegt worden seien, bestätigt habe.
Lediglich der letzte Satz des ersten Absatzes treffe in der dort niedergelegten Form nicht zu. Er sei aufgrund der außergewöhnlich kurzen Beobachtungszeit nicht in der Lage gewesen, die Motorradbenutzer genau zu beobachten. Dem Hinweisgeber sei lediglich noch in Erinnerung, dass der Fahrer des Krades eine schwarze Jacke (vermutlich eine Bundjacke) getragen habe. Er wisse jedoch genau, dass Fahrer und Beifahrer gleichartige grün-gelbliche Sturzhelme auf dem Kopf gehabt hätten.
Auf Befragen hin sagte der Zeuge, dass der Soziusfahrer seitlich an den Körper gepresst eine dunkelbraune Tasche getragen habe. Diese sei durch einen Überwurf verschlossen gewesen. Er könne keine nähere Beschreibung der Tasche machen.
Zu den ihm vorgelegten Fotos des Tatmotorrads habe der Zeuge spontan erklärt, das von ihm beobachtete Fahrzeug sei dem auf diesen Fotos dargestellten Fahrzeug verblüffend ähnlich. Er könne sich insbesondere an den Kleeblatt-Aufkleber auf dem Tank erinnern, und er habe beobachten können, dass seitlich am Tank ein grüner Aufkleber angebracht gewesen sei.
Im Anschluss seien die ebenfalls bei dem Vorfall anwesende

Ehefrau des Zeugen und der Sohn zu den Ereignissen befragt worden.

Diese beiden Personen hätten unabhängig voneinander, aber übereinstimmend angegeben, dass sie in der Ausbuchtung vor dem Bundesverfassungsgericht den Pkw verlassen hätten. Schon beim Aussteigen hätten sie auf dem Vorplatz des Bundesverfassungsgerichts, ca. zehn Meter von dem Wachhaus des Bundesgrenzschutzes entfernt, den Generalbundesanwalt Buback und seine Ehefrau stehen sehen. Beide Personen hätten miteinander gesprochen. Nach Angaben der Ehefrau des Zeugen und des Sohnes hätten sie das Ehepaar Buback über einen längeren Zeitraum beobachtet. Dabei sei nicht zu erkennen gewesen, dass der Generalbundesanwalt Kontakt zu dem Bundesgrenzschutzpersonal aufgenommen hätte, das am Wachhaus Dienst versehen habe.

Am Schluss dieser ergänzenden Befragung steht,

dass sich weder die Ehefrau des Zeugen noch der Sohn an den Vorfall mit dem Motorrad erinnern könnten. Beide hätten ihr Augenmerk ausschließlich auf den auf dem Vorplatz des BVG stehenden Generalbundesanwalt Buback gerichtet.

Diesen letzten Abschnitt hatte mir Bundesanwalt Hemberger bereits am 30. April 2007 vorgelesen.

Erstaunlicherweise kann sich der »Zeuge vom Vortag« nicht daran erinnern, am 12. Mai 1977 überhaupt befragt worden zu sein, während er genau weiß, dass er seine Beobachtungen zum Motorrad und den darauf sitzenden Personen am 7. April 1977 zu Protokoll gegeben hat. Auch seine Mutter kann sich nicht mehr an eine zweite Befragung im Mai 1977 erinnern.

Aber angesichts der enormen Diskrepanz zwischen seiner Aussage und dem, was in der Spurenakte steht, wollte ich mich nicht allein auf die Glaubwürdigkeit des Zeugen verlassen. Deshalb habe ich mich bemüht, die Spurenakte so zu lesen, als gäbe es die Aussagen des »Zeugen vom Vortag« aus dem Jahr 2007 gar nicht. Ich versetzte mich also in die Situation derjenigen, die in all den Jahren nur diese Spurenakte kannten.

Von Juristen hörte ich gelegentlich, dies sei »nur« eine Spurenakte und ich könne mir gar nicht vorstellen, was Zeugen alles meinten, gesehen zu haben. Das scheint mir im vorliegenden Fall nicht zu gelten, denn diese Akte war ja zu den Sachakten genommen und aufbewahrt worden. Wichtiger noch, eine Passage daraus war mir von Bundesanwalt Hemberger vorgehalten worden, um die Angaben, die mir der »Zeuge vom Vortag« gerade gemacht hatte, in Zweifel zu ziehen. Der »Zeuge vom Vortag« war ja der damalige Schüler, der – so stand es in der Akte – sich bereits im Mai 1977 nicht mehr an den Vorfall mit dem Motorrad erinnern konnte. Wer die Akte in dieser Weise nutzt und ihr so Gewicht verleiht, muss akzeptieren, dass auch ich diese Akte sehr ernst nehme und sie mir genau anschaue.

Beim ersten raschen Lesen der ergänzenden Befragung vom 12. Mai meint man: Das klingt ja alles ganz plausibel. Dieser Eindruck schwindet allerdings, wenn man nachsieht, was denn in dem letzten Satz des ersten Abschnitts im Vermerk vom 8. April steht und somit »in der niedergelegten Form« nicht mehr zutreffe. Und dann entdeckt man eine Merkwürdigkeit nach der anderen. Nicht alle registrierte ich gleich, aber fast bei jedem neuen Lesen fielen mir weitere Ungereimtheiten und innere Widersprüche auf, die mein Vertrauen in diese Spurenakte erschüttert und schließlich zerstört haben.

Die Fragwürdigkeiten und Widersprüche in Spurenakte Nr. 227 zeigen sich in den beiden Einzelvermerken, vor allem aber beim Vergleich der ersten und zweiten Zeugenbefragung durch Beamte der Sonderkommission:

1. Im Vermerk vom 8. April 1977 steht, dass die Aussage des Augenzeugen, der die möglichen Täter aus einem Meter Entfernung am Tag vor dem Attentat gesehen hat, nur telefonisch aufgenommen wird. Das ist unglaubwürdig. Die Aussage ist von besonderer Bedeutung, da sich, während der Zeuge seine Beobachtungen machte, der am Tag darauf ermordete Generalbundesanwalt in unmittelbarer Nähe befand. Angesichts dieses Umstands kann ich es mir nicht vorstellen, dass die Ermittler den Augenzeugen erst fünf Wochen später aufsuchten.

2. Der Hinweis in der ergänzenden Befragung, dass der letzte Satz im ersten Absatz des Vermerks vom 8. April nicht zutreffe, ist zu gewichtig, um so lapidar registriert zu werden. Im Klartext bedeutet er nämlich, dass fünf Wochen nach der Tat die Aussage,

im übrigen treffe die im Fernsehen abgegebene Personenbeschreibung recht genau auf die Motorradfahrer zu,

nicht mehr gelten solle. Die dramatische Konsequenz dieser Veränderung ist, dass der nur schwache und indirekte Hinweis auf eine Frau auf dem Soziussitz auf diese Weise eliminiert wird. Er existierte ja ohnehin nur unter der Annahme, dass es sich bei der vom Zeugen erwähnten Fernsehsendung um die *Tagesschau* vom 7. April 1977 handelte. Zumindest hätte nachgefragt werden müssen, was denn an der im Fernsehen gegebenen Beschreibung der Motorradfahrer nun nicht mehr zutreffe. Ein Kriminalbeamter hätte unbedingt nach spezifischen Hinweisen fragen müssen, um die Personen auf dem Motorrad näher zu charakterisieren, zumindest nach ihrer Größe und Körperform.

3. Nach der Auskunft im ersten Vermerk sitzt der Hinweisgeber, nachdem seine Frau ausgestiegen ist, als Einziger im Wagen, als er in die Hans-Thoma-Straße einbiegt. Dabei wird er von einem Motorrad so erheblich behindert, dass

er nicht in der Lage ist, eine Beschreibung der zwei Personen auf dem Motorrad zu geben. Andererseits kann er aber – wie die ergänzende Befragung ergab – in der als außergewöhnlich kurz bezeichneten Beobachtungsphase die Aufkleber am Tank erkennen, und er erinnert sich an deren Form und Farbe. Auch das fällt mir schwer zu glauben.

4. Widersprüchlich sind die Auskünfte darüber, wo die Ehefrau das Auto verlassen hat. Im ersten Vermerk steht, die Ehefrau sei an der Ampelkreuzung Waldstraße/Zirkel/ Hans-Thoma-Straße ausgestiegen. Bei der ergänzenden Befragung gibt die Ehefrau übereinstimmend mit ihrem Sohn an, dass beide das Auto in der Ausbuchtung vor dem Bundesverfassungsgericht, also an der Ecke Waldstraße und Schlossplatz, verlassen hätten. Einen solch eklatanten Widerspruch können die Ermittler nicht übersehen haben. Es muss sich doch bei zwei Befragungen kurz nach der Beobachtung klären lassen, an welcher der beiden deutlich unterschiedlichen Stellen die Ehefrau ausgestiegen ist.

5. Der nächste Punkt, der mein Vertrauen in die Spurenakte schwer erschüttert, ist, dass im ersten Vermerk die Ehefrau des Hinweisgebers den Generalbundesanwalt in der Unterhaltung mit Bundesgrenzschutzbeamten an der Pforte zum Bundesverfassungsgericht gesehen hat. In der ergänzenden Befragung vom 12. Mai 1977 heißt es aber, sie habe (in Begleitung ihres Sohnes) das Ehepaar Buback zirka zehn Meter von dem Wachhaus des Bundesgrenzschutzes entfernt stehen gesehen. Es wird ausdrücklich erwähnt, dass bei der längeren Beobachtung des Ehepaars Buback nicht erkannt werden konnte, dass der Generalbundesanwalt Kontakt zu den Grenzschutzbeamten am Wachhaus hatte. Ich weiß zwar nicht recht, warum die Erwähnung dieser Grenzschutzbeamten wichtig ist, aber ich weiß, dass mein Vater nicht gleichzeitig sowohl mit diesen Beamten sprechen konnte als auch in zehn Meter Entfernung von

ihnen stehen und, wie ausdrücklich erwähnt wird, definitiv keinen Kontakt mit ihnen haben konnte.

6. Ein besonders krasser Punkt ist, dass in der zweiten Befragung – fünf Wochen nach der Tat – nun plötzlich der Sohn auftaucht. Man hätte doch bei der ersten Befragung zumindest klären müssen, welche Mitglieder der Familie des »Zeugen vom Vortag« zum Zeitpunkt der Beobachtung im Auto saßen. In meinen Augen ist es eine unverzeihliche Unterlassung, dass die im Wagen des Hinweisgebers mitfahrenden Familienmitglieder bei der ersten Befragung nicht vollständig genannt wurden.

7. Unfassbar ist auch, dass erst bei der zweiten Befragung die Tasche erwähnt wird, die der Soziusfahrer seitlich an den Körper gepresst hielt. Als ich am 19. April 2007 erstmals mit dem »Zeugen vom Vortag« telefonierte, habe ich ihn, um die Relevanz seiner Aussage im Hinblick auf das Attentat am Folgetag besser beurteilen zu können, sofort gefragt, ob die Person auf dem Soziussitz eine Tasche bei sich gehabt habe. Und ich bin ein Laie. Ein Kriminalbeamter muss diese Frage beim ersten Kontakt mit dem Augenzeugen stellen, sonst stimmt etwas nicht. Auch Pfusch hat Grenzen, und die scheinen mir hier überschritten zu sein.

8. Ganz unbegreiflich ist auch, weshalb man fünf Wochen nach der Tat »Lichtbilder des Tatmotorrads« vorlegte. Das Motorrad war unmittelbar nach der Tat am Stadtrand von Karlsruhe gefunden worden, und auch die Zeugen befanden sich in Karlsruhe. Sie hätten das wichtige Beweismittel ohne größere Mühe anschauen können. Und sollte das Motorrad bereits ins Bundeskriminalamt abtransportiert worden sein, wäre angesichts der Schwere des Verbrechens der Aufwand einer Reise der Augenzeugen nach Wiesbaden doch wohl angemessen und geboten gewesen.

9. Angesichts der Bedeutung, die einer Aussage von Augenzeugen zukommt, die aus nächster Nähe die vermutlichen

Attentäter sehen konnten, ist nicht nachvollziehbar, weshalb sowohl der erste Vermerk als auch die ergänzende Befragung nicht vom Zeugen unterschrieben sind. In meinen Augen haben die jetzt, dreißig Jahre später, gegenüber der Bundesanwaltschaft gemachten und unterschriebenen Aussagen der »Zeugen vom Vortag« eine viel höhere Bedeutung als die früheren, nicht unterschriebenen, mit denen sich die Zeugen ja auch nicht identifizieren können.

10. Bei all den gravierenden Abweichungen zwischen dem ersten Vermerk und der ergänzenden Befragung ist es grotesk, im Vermerk vom 12. Mai 1977 zu lesen, der Hinweisgeber bestätige seine Angaben, die in dem (ersten) Vermerk der Soko C niedergelegt worden sind; lediglich der letzte Satz des ersten Absatzes treffe in der niedergelegten Form nicht zu. Dieses »lediglich« ist lächerlich. Was an den angeblich am 8. April und am 12. Mai 1977 protokollierten Aussagen stimmt denn überhaupt überein? Der »Zeuge vom Vortag« wird erst bei der zweiten, nicht aber bei der ersten Befragung erwähnt. Die Ehefrau steigt an unterschiedlichen Orten aus dem Auto. Sie sieht den Generalbundesanwalt im Gespräch mit BGS-Beamten, gibt jedoch bei der zweiten Befragung an, dass kein Kontakt des Generalbundesanwalts mit den BGS-Beamten beobachtet werden konnte. Unmittelbar nach der Tat werden die Aufkleber am Motorrad nicht erwähnt, und es findet sich kein Hinweis, dass die Ermittler nach ihnen fragten. Bei der ergänzenden Befragung werden diese Aufkleber genau geschildert. Dasselbe gilt für die Tasche, die bei der ersten Befragung gar nicht auftaucht, erst im Vermerk fünf Wochen später.

Die Spurenakte ist ein bedrückendes Dokument. Sie enthält mehrere Punkte, die unglaubwürdig sind. Schlimmer noch, es gibt eindeutig widersprüchliche Darstellungen, die belegen, dass in der Spurenakte falsche Angaben enthalten sind. Es gibt nicht viele Erklärungsmöglichkeiten für diese schwerwiegenden Mängel. So könnte es sein, dass besonders inkompetente Ermittlungsbeamte am Werk waren, denen die Widersprüche in der nur wenige Seiten umfassenden Aussage gar nicht aufgefallen sind und die deshalb die Zeugen nicht genauer befragt haben. Diese Beamten hätten dann, ohne irgendein Problem zu erkennen, sich gegenseitig ausschließende Feststellungen in die Spurenakte aufgenommen. Kaum zu glauben ist allerdings, dass anschließend keinem ihrer Kollegen und Vorgesetzten und keinem der Staatsanwälte die Widersprüche aufgefallen sein sollen. Die Akte war bei der Bundesanwaltschaft, von der ich sie ja auch erhalten habe. Hat sich kein Oberstaatsanwalt oder Bundesanwalt diese Spurenakte genauer angeschaut?

Auch das fällt schwer zu glauben, denn es gibt noch eine sechste Seite mit dem von einem Oberstaatsanwalt, einem jetzt pensionierten Bundesanwalt, unterzeichneten Vermerk, in dem bestätigt wird, dass sich meine Eltern am 6. April 1977 tatsächlich an der Stelle aufgehalten haben, an der die Beobachtungen des »Zeugen vom Vortag« gemacht wurden. Man wusste also, dass mein Vater an diesem Tag gegen 9.30 Uhr mit meiner Mutter in der Nähe der Pforte des Bundesverfassungsgerichts war. Das hätte der Zeugenaussage doch besondere Bedeutung verleihen müssen.

Es ist mir rätselhaft, dass auch jetzt keinem der in der Behörde tätigen Beamten die Widersprüche in der Akte aufgefallen sind – zumindest habe ich keine Anzeichen dafür, dass sie etwas bemerkt haben. Der »Zeuge vom Vortag« und sein Vater wurden im Mai 2007 von der Bundesanwaltschaft vernommen. Man muss ihre jetzigen Zeugenaussagen doch mit den Angaben aus den früheren Befragungen genau verglichen haben. Es macht mich ganz unsicher, dass die Experten etwas nicht gesehen haben, was mir als Laien aufgefallen ist. Immer und immer wieder überprüfte ich meine Argumente, fand aber keinen Fehler. Die Spurenakte war ganz eindeutig in sich widersprüchlich.

Eine zweite Erklärungsmöglichkeit für die schweren Mängel in der Spurenakte ist, dass die Aussage des Hinweisgebers verfälscht wurde, von wem und aus welchem Grund auch immer. Zwischen den beiden Möglichkeiten – falsch durch Inkompetenz oder verfälscht in unguter Absicht – kann ich nicht sicher unterscheiden.

Die Erkenntnisse aus dem genauen Studium der Spurenakte, das die zuständigen Beamten lange vor mir hätten durchführen müssen, sind vernichtend: Eine wichtige Ermittlungsakte der Bundesanwaltschaft in Verbindung mit der Ermordung meines Vaters und seiner Begleiter enthält falsche oder sogar verfälschte Angaben. Sie ist somit nicht verlässlich und unbrauchbar für die Täterermittlung. Insofern stört es mich sehr, dass sie dazu benutzt wurde, die Aussage des »Zeugen vom Vortag« in Zweifel zu ziehen. Wurde die Akte schon damals in dieser Weise eingesetzt?

Wir haben also die sehr bedrückende Situation, dass eine frühere, nicht unterschriebene, falsche oder sogar verfälschte Zeugenaussage dazu verwendet werden kann, die unterschriebene und somit verantwortlich abgegebene Aussage derselben Zeugen vom Mai 2007 in Frage zu stellen und wirkungslos zu machen.

Da es keine Gewissheit gibt, dass die Spurenakte Nr. 227 das einzige fehlerhafte Dokument ist, muss leider bei allen Ermittlungsakten die Möglichkeit in Betracht gezogen werden, dass sie durch Inkompetenz mängelbehaftet sind oder bewusst verändert wurden. Das ist eine grauenvolle Erkenntnis, die die Aufklärungsbemühungen enorm erschwert, denn die bewusst oder unbewusst falsche und unvollständige Darstellung in der Spurenakte führte dazu, dass die auf eine Frau als Mittäterin hindeutende Spur geschwächt, vermutlich sogar eliminiert wurde.

Ich nahm mir vor, in allen mir zugänglichen Akten sehr genau darauf zu achten, ob auf eine weibliche Mittäterin deutende Hinweise vage werden oder sogar verschwinden. Etwas anderes blieb mir gar nicht übrig. Zu meinem Entsetzen fand ich schon bald mehrere solche Hinweise.

Neben den offensichtlichen Widersprüchen gab es an der Spurenakte noch etwas, was mir geradezu unheimlich war: Die ergänzende Befragung fand am 12. Mai 1977 statt. Kann es wirklich ein Zufall sein, dass die Ermittler, nachdem sie sich fünf Wochen lang nicht erkennbar für die Familie des »Zeugen vom Vortag« interessiert hatten, nun bei dem Hinweisgeber vorsprachen – gut eine Woche nachdem Verena Becker verhaftet worden war, und zwei Tage nachdem der Ermittlungsrichter des Bundesgerichtshofs festgestellt hatte, dass Verena Becker in die Ausführung des Karlsruher Attentats als Mittäterin einbezogen war? Wenn die Becker stark belastenden Fakten, die zu dem Haftbeschluss geführt hatten – sie war in Begleitung des tatverdächtigen Sonnenberg, hatte die Karlsruher Tatwaffe und ein Werkzeug aus dem Tatmotorrad bei sich –, noch mit der dem Ermittlungsrichter offensichtlich nicht bekannten Zeugenaussage verknüpft worden wären, wonach eine zierliche Frau auf dem Sozius des Tatmotorrads saß, hätte man Verena Becker wohl wegen des Karlsruher Verbrechens anklagen müssen.

Nachdem nun klar ist, dass man die Möglichkeit eines Schutzes oder einer Deckung für Verena Becker nicht außer Acht lassen darf, merkt man, dass diese Denkmöglichkeit zwar bittere, aber wesentlich leichter nachvollziehbare Erklärungen für die ansonsten unverständlichen Vorkommnisse liefern kann. Der Hinweis vom Tattag auf eine Frau auf dem Soziussitz war in den Wochen nach dem Attentat in den Hintergrund getreten. Bereits am Tag nach dem Verbrechen hatten die Fahnder drei Männer als Tatbeteiligte präsentiert. Man stelle sich vor, es wäre aufgrund der Augenzeugenhinweise in all den Wochen nach der Tat intensiv auch nach einer zierlichen Frau gefahndet worden! Welch enorme Wucht hätte sich ergeben, wenn dann die einen Meter vierundsechzig große Verena Becker mit der Tatwaffe und mit großer Schießbereitschaft aufgegriffen worden wäre. Gegenüberstellungen wären unausweichlich gewesen.

Und es gab ja weitere belastende Gesichtspunkte: ihr Aufenthalt im Jemen, ihre Fähigkeit, sehr gut Motorrad fahren zu können, und ihre Nähe zu Haag, dem Anführer der RAF-Gruppe.

Wenn Becker und Sonnenberg nicht mit Tatwaffe und Suzuki-Schraubendreher kurz vor der Schweizer Grenze aufgegriffen worden wären, hätte vermutlich niemand jemals den Namen Becker in Verbindung mit dem Karlsruher Attentat öffentlich erwähnt. Vorausgesetzt, sie hätte keine weiteren Straftaten begangen und die Beweisstücke zum Karlsruher Attentat wären an anderer Stelle sicher deponiert worden, wäre sie, wenn sie sich bei bei einer späteren Ergreifung nicht gewaltsam zur Wehr gesetzt hätte, lediglich zur Verbüßung einer Reststrafe von wenigen Jahren inhaftiert worden. Diese Reststrafe war noch offen, nachdem sie in Zusammenhang mit der Entführung des Berliner CDU-Vorsitzenden Peter Lorenz im Jahr 1975 freigepresst worden war.

Durch die gänzlich unerwartete Konfrontation mit der Singener Polizei, die am 3. Mai 1977 dem Hinweis einer älteren Dame nachging, ergab sich für Verena Becker eine dramatisch veränderte Situation, in der es für sie günstig war, dass die Ermittler kein Interesse mehr an den Aussagen der Familie des »Zeugen vom Vortag« zeigten. Dreißig Jahre lang spielten diese Zeugen keine Rolle.

Es ist nicht zu verstehen, warum auch die ergänzende Befragung vom 12. Mai 1977 nicht vom Hinweisgeber unterschrieben ist. Nicht weniger merkwürdig ist es, dass der »Zeuge vom Vortag« und sein Vater, als sie dreißig Jahre später, im Mai 2007, von der Bundesanwaltschaft vernommen wurden, keine Kopie ihrer erneuten Aussage erhielten, obwohl sie den

Wunsch danach äußerten und sich der »Zeuge vom Vortag« in dieser Sache sogar wiederholt an die Behörde gewandt hat. Die Enttäuschung der beiden Zeugen kann ich gut verstehen. Sie hatten schlechte Erfahrungen mit der früheren Zeugenaussage gemacht, denn da ihnen schon damals keine Kopie gegeben wurde, konnten sie dreißig Jahre danach nicht belegen, was sie damals ausgesagt hatten.

Es tut mir weh, dass beim Lesen der Spurenakte der Eindruck entstehen kann, Mitglieder der Familie des »Zeugen vom Vortag« seien etwas verwirrt: Der Vater mache zunächst eine merkwürdige und wenig nützliche Aussage und nehme diese dann sogar wieder zurück. Auch sonst seien die Angaben unklar und widersprüchlich. Dabei gehörten sehr viel Gerechtigkeitssinn und Mut dazu, im Jahr 1977 eine Aussage in Verbindung mit RAF-Morden zu machen. Wer wusste schon, worauf man sich damit einließ, welchen Ärger und welche Gefährdungen das bedeuten konnte? Man musste ja davon ausgehen, dass man in den schwierigen und belastenden Verfahren als Zeuge aufzutreten hätte. Nach dem Inhalt der Spurenakte erscheinen nun diese tapferen Menschen, die wahrlich Zivilcourage gezeigt und sich so verhalten haben, wie es in den großen Appellen der Politik immer wieder beschworen wird, als unzuverlässige Leute, deren Aussagen man besser nicht beachtet.

Ich kenne den »Zeugen vom Vortag« inzwischen sehr gut und bin überzeugt, dass die Aussagen seiner Familie nicht so gemacht wurden, wie sie sich in den Akten von damals finden. Der »Zeuge vom Vortag« hat eine verantwortungsvolle Position in der öffentlichen Verwaltung inne; sein Vater übte bis zu seiner Pensionierung eine leitende Funktion im staatlichen Bildungssystem aus. Ich bin dem »Zeugen vom Vortag« außerordentlich dankbar, dass er sich, nachdem sein und seines Vaters Mut vor dreißig Jahren ins Leere liefen, erneut gemeldet hat, um mir von seinen Beobachtungen zu berichten und auch vor der Bundesanwaltschaft auszusagen.

Sein staatsbürgerliches Engagement kann ich nur bewundern.

Die Spurenakte, die auch zu den Sachakten des Verfahrens genommen wurde, ist ein beschämendes Zeugnis für die Ermittler, wobei ich nicht weiß, von wem die darin enthaltenen falschen oder verfälschten Darstellungen stammen. Zwar stehen jetzt die Namen von zwei Beamten der Sonderkommission – sie können zur baden-württembergischen Polizei oder zum Bundeskriminalamt gehören – unter den Vermerken in dieser alles andere als zielführenden Spurenakte. Aber nachdem ich so viel Verworrenes bemerkt habe, zögere ich, diesen beiden Männern die alleinige Verantwortung für die folgenschweren Fehler zu geben.

Auch wenn sich unter der Annahme, hier sei ein Täter gedeckt worden, ein konsistentes Bild ergibt, ist das noch lange kein Beweis dafür, dass es eine solche Deckung tatsächlich gab. Es kann auch schlicht dilettantisch ermittelt worden sein, was ich allerdings auch nicht sonderlich beruhigend fände. Ich wäre froh, wenn ich von den damals Verantwortlichen, von denen einige ja noch leben, und auch von denen, die heute die Gerichts- und Verfassungsschutzakten vollständig besitzen und darin genau nachlesen können, die klare und belastbare Aussage erhielte, dass es keinen Schutz und kein Entgegenkommen für Verena Becker gegeben hat. Diese Aussage vermisse ich, und vermutlich wird sie auch von vielen anderen vermisst.

Dass dieser Abschnitt über die Spurenakte so lang geraten ist, liegt daran, dass man die Spurenakte im Detail analysieren muss, um die vielen Mängel zu erkennen. Ich wundere mich sehr, dass Generalbundesanwalt Rebmann die Schwächen dieser Spurenakte nicht bemerkt haben soll. Er war doch, so wurde mir erzählt, ein Jurist mit »Einser-Examen«.

Aber es gibt noch einen anderen Grund, weshalb ich so ausführlich auf die Spurenakte eingegangen bin: Im Verlauf der sorgfältigen Lektüre dieser Akte und durch die Folgerungen, die sich daraus ergaben, wurde ich gezwungen, eine Grenze zu überschreiten, die mich zuvor geschützt und gehalten hat. Sie umschloss den sicheren Bereich, in dem ich mich geborgen fühlte, voller Vertrauen auf die uneingeschränkte Hingabe aller Mitarbeiter der Bundesanwaltschaft und der mit ihr zusammenwirkenden Behörden und Dienste an das Recht. Zwar waren bereits in den Vorwochen häufiger Zweifel an den damaligen Ermittlungen aufgekommen, aber ich hatte sie immer wieder zurückdrängen können. Das ging nun nicht mehr. Diese Spurenakte war wie ein Samenkorn, aus dem der Zweifel wuchs und immer stärker wurde. Eine Akte bei der Bundesanwaltschaft enthielt widersprüchliche Angaben oder war sogar verfälscht worden! Wie unglaublich naiv war ich über Jahrzehnte gewesen. Fast blind hatte ich an das Gute und an viele wohltönende Worte geglaubt, vor allem an die uneingeschränkte Loyalität aller in Justiz und Politik. Ich versuchte mich nun damit zu trösten, dass es wohl nur wenige waren, die nicht korrekt gehandelt hatten, aber bitter ist es doch.

An diesem letzten Maiwochenende brach vieles für uns zusammen. Das Koordinatensystem, in dem ich mich bewegte und orientierte, war verschoben und an wichtiger Stelle sogar zerstört. Ich war müde und erschöpft. An wen konnte ich mich noch halten? Wer würde mir Kraft geben? Elisabeth ging es nicht besser als mir. Obendrein verschlechterte sich der Gesundheitszustand meiner Mutter, ihre Kräfte ließen in diesem Jahr sichtbar nach. Es ist ja oft so, dass gleich mehrere Dinge ungünstig verlaufen und misslingen, wenn man mit einer wichtigen Sache völlig überfordert wird. Einfach nicht mehr an die Ermordung meines Vaters und die Tätersuche zu denken und alles hinzuwerfen war andererseits auch keine Lösung.

Wie oft hatten meine Mitarbeiter gestöhnt, wenn ich bei einem Forschungsprojekt oder einem Publikationsmanuskript immer weitermachen, immer noch Verbesserungen erreichen wollte. Ich sagte ihnen dann stets, dass wir erst aufhören sollten, wenn wir mit unseren Mitteln nicht mehr weiterkamen. Waren Elisabeth und ich bei unseren Bemühungen jetzt an einem solchen Punkt? Ich spürte, dass einige sehr froh wären, wenn ich meine »Ermittlungen« einstellen würde. Aber gerade das brachte mir die Kraft, doch weiterzumachen. Ich dachte auch an meinen Vater. Er hatte unter viel schwierigeren Bedingungen gekämpft, und er verdiente es, wie auch seine beiden Begleiter, dass ich nicht aufgab.

Also machte ich mich an die Durchsicht der zweiten mir von der Bundesanwaltschaft zugeschickten Augenzeugenaussage. In der am 7. April 1977 von der SK »C« der Kriminalpolizei – vermutlich derselben Sonderkommission, die bei der Spurenakte als »SOKO C« abgekürzt wurde – aufgenommenen Aussage beschreibt der jugoslawische Augenzeuge, dass er vor der roten Ampel am Linkenheimer Tor anhalten musste. Er berichtet dann,

dass, als er sich dieser Ampel näherte, vor seinem Fahrzeug ein dunkelblauer Mercedes gefahren sei, in dem nach seiner Erinnerung drei Männer gesessen hätten. Während er sich auf der linken Fahrspur eingeordnet habe, sei der Mercedes auf den rechten Fahrstreifen gefahren. Beide Wagen hätten somit als erste Fahrzeuge an der Haltelinie gestanden. Er habe den besagten Mercedes nicht weiter beachtet, sondern auf die Signallichter geschaut. Plötzlich habe er eine Schussfolge gehört; da er bereits seinen Militärdienst abgeleistet habe, habe er erkannt, dass es Schüsse aus einer Maschinenpistole oder einem Maschinengewehr gewesen seien. Er habe nach rechts geschaut und ein mit zwei Personen besetztes Motorrad gesehen. Der Soziusfahrer habe eine Maschinenpistole in der kürzeren Ausführung, er schätze vierzig bis fünfzig Zentimeter lang, gerade in eine Tasche gesteckt, die er vor sich in Höhe seines Bauches gehabt habe. Der Fahrer sei sehr schnell und risikoreich in Richtung Hertie (Hans-Thoma-Straße) gefahren.

198

Der jugoslawische Zeuge hatte das Kennzeichen richtig abgelesen: LU – LN 8. Zu den zwei Personen auf dem Motorrad erklärte er noch,

er habe nicht unterscheiden können, ob es sich um Männer oder Frauen oder um Mann und Frau gehandelt habe. Beide hätten Sturzhelme getragen. Er habe nicht unterscheiden können, ob es sich um Vollhelme gehandelt habe. Beide Helme seien blau gewesen. Der Soziusfahrer habe eine Art Militärjacke mit Kapuze getragen.

Was war das? Der jugoslawische Zeuge sagte, *der* Soziusfahrer habe eine Maschinenpistole gehabt, *der* Soziusfahrer habe eine Art Militärjacke getragen. Derselbe Zeuge, von dem wir in mehreren Berichten gelesen hatten, er halte es für möglich, dass eine Frau auf dem Soziussitz saß, erklärt in der von ihm unterschriebenen Aussage, es könnten zwei Männer, zwei Frauen oder ein Mann und eine Frau gewesen sein. Er hebt also – im Unterschied zu seiner ersten, spontanen Aussage – nicht mehr hervor, dass möglicherweise eine Frau auf dem Rücksitz des Motorrads gesessen habe, und gibt keinen Hinweis auf Körpergrößen.

Diese Aussage gegenüber dem Kriminalbeamten der SK »C« ist somit ohne jeglichen Informationsgehalt über die Täter. Hatten die Journalisten etwa ihrer Phantasie freien Lauf gelassen, als sie schrieben, der Jugoslawe habe von einer Frau gesprochen, die möglicherweise als Sozius auf dem Motorrad saß? In der Zeugenaussage stand davon nichts, und das war wohl auch der Grund, weshalb dieser Gesichtspunkt in keinem der Verfahren zum Karlsruher Attentat erörtert worden war. Warum hatten aber so viele Journalisten dieselbe Phantasievorstellung? Wir waren wieder einmal sehr ratlos.

Erst Monate später fand ich einen Beleg dafür, dass die in den Akten enthaltene Zeugenaussage des Jugoslawen irreführend und unvollständig war. Ich hatte mir die Pressemitteilung

Nr. 79/1977 des Innenministeriums Baden-Württemberg vom 7. April 1977 wegen der darin enthaltenen Ausführungen zu den Sicherheitsmaßnahmen für meinen Vater aufgehoben. Nun, dreißig Jahre später, las ich die gesamte Mitteilung genauer durch. Darin wird beschrieben, dass neben dem Fahrzeug meines Vaters ein anderer Wagen stand. Weiter heißt es:

»Der Fahrer dieses Fahrzeugs, ein Jugoslawe, hörte plötzlich rechts neben sich mehrere Schüsse. Er wandte den Kopf nach rechts und sah rechts neben dem Fahrzeug des Generalbundesanwalts ein mittelschweres Krad stehen, das mit zwei Personen besetzt war. Der Beifahrer, möglicherweise eine Frau, schoß mit einer automatischen Schnellfeuerwaffe auf die im Fahrzeug des Generalbundesanwalts sitzenden Personen. Die Zahl der Schüsse steht nicht fest; am Tatort wurden bisher 13 Hülsen gefunden. Nach den Schüssen fuhr das Krad in schneller Fahrt gerade aus auf der Hans-Thoma-Straße in Richtung Stadtmitte. Nach den Angaben des Jugoslawen, der unmittelbar nach dem Anschlag als Zeuge vernommen wurde, hatte das Krad das amtliche Kennzeichen LU – LN 8 sowie einen blauen Tank. Der Fahrer und der Beifahrer trugen blaue Sturzhelme, der Beifahrer einen Parka mit Kapuze.«

Als ich dies im Dezember 2007 las, überraschte mich die entscheidende Differenz zwischen dem, was in den Ermittlungsakten stand, und dem, was ich in der Pressemitteilung las, nicht mehr. Es war nur noch ein weiteres Puzzleteil zu einem düsteren Gesamtbild. Die in der Pressemitteilung des Innenministeriums enthaltene Information konnte ja nur von der Karlsruher Polizei stammen. Sie hatte unmittelbar nach der Tat vor Ort ermittelt und ihrer vorgesetzten Behörde in Stuttgart von den Erkenntnissen berichtet. Alles stimmte in beiden Darstellungen überein: die Positionen der Fahrzeuge, die Angaben zur Waffe, das Kennzeichen des Motorrads, die Fahrweise und Fahrtrichtung des Motorrads nach der Tat und auch Angaben zur Bekleidung und zu den Helmen. Ausgerechnet bei dem für die Ermittlung der Täter wesentlichen Hinweis gab es Abweichungen: Unmittelbar nach der Tat hatte der Zeuge gegenüber der Karlsruher Polizei zu Protokoll gegeben, dass es möglicherweise eine Frau war, die vom Soziussitz aus geschossen hatte. In dem Vernehmungsprotokoll der SK »C« lautete die Aussage desselben Zeugen, er habe nicht unterscheiden können, ob es sich um Männer oder Frauen oder um Mann und Frau gehandelt habe. Eigentlich ist das eine wenig nützliche Information, die lediglich besagt, dass keine Kinder auf dem Motorrad saßen. Jede Kombination von zwei Erwachsenen wäre dagegen auf Grundlage dieser Aussage denkbar. Der besondere Hinweis auf eine Frau als mögliche Täterin war verschwunden.

Von der Bundesanwaltschaft hatte ich jetzt auch noch diejenigen Teile der Anklage gegen Mohnhaupt und Klar vom 14. März 1983 erhalten, die sich auf das Karlsruher Attentat bezogen. Es interessierte mich, ob sich darin die Hinweise auf Verena Becker in derselben Weise fanden wie in der Anklage gegen Folkerts vom 24. August 1979, die ich ja bereits besaß und oft durchgesehen hatte. Bundesanwalt Wolfgang Pfaff und Oberstaatsanwalt Siegfried Müllenbach waren die Anklagevertreter im Folkerts-Verfahren. Die Anklage gegen Mohnhaupt und Klar wurde von Bundesanwalt Peter Zeis, den Oberstaatsanwälten Kouril und Schulz sowie von Staatsanwalt Rainer Griesbaum vertreten.

Es zeigte sich bald, wie lohnend es war, beide Anklagen im direkten Vergleich zu lesen.

In der Folkerts-Anklage wird Verena Becker auf Seite 24 als Mitglied der Bande aufgeführt, die sich inzwischen »Rote Armee Fraktion« nennt. Becker wurde (Seite 33) von einem Etagennachbar als Besucherin der Wohnung Veilchenstraße 17 in Karlsruhe, einem häufigen Treffpunkt der Bandenmitglieder, erkannt. Auf Seite 29/30 wird erwähnt, dass sie und Sonnenberg am 3. Mai 1977 in Singen gestellt wurden und die sie verfolgenden Beamten gezielt unter Feuer nahmen.

Bei den Ermittlungen zu den Tatasservaten (ab Seite 46) wird in der Folkerts-Anklage der jugoslawische Augenzeuge erwähnt:

> »Eine Geschoßmantelspitze und zwei Bleiteile befanden sich in dem durchschossenen rechten Vorderreifen des PKW Opel-Ascona des Zeugen [....].«

Zur Tatwaffe heißt es unter Punkt 2.1 auf Seite 47:

> »Diese Waffe wurde anläßlich der Festnahme von Günter Sonnenberg und Verena Becker am 3. Mai 1977 in Singen sichergestellt (21).«

Punkt 2.2 (Seite 47 bis 49) befasst sich mit dem Tatmotorrad und Punkt 2.3 (Seite 49) mit den in der Brückenkammer bei Wolfartsweier zurückgelassenen Motorradhelmen. In Punkt 2.4 (Seite 49/50) wird die im Fluchtauto gefundene, zum Transport der Tatwaffe benutzte Kunstledertasche beschrieben:

> »Diese braune Kunstledertasche mit Anhänger ›Elite, Synthetik, 50,--, 606/801070‹ war bei der Tat zum Transport der Mordwaffe benutzt worden. An ihr wurden Beschädigungen von 9 x 8 cm festgestellt, die durch Hitzeeinwirkung entstanden waren. Teile dieser Abschmelzungen konnten am rechten Schalldämpfer des zur Tat benutzten Motorrades Suzuki gesichert werden.«

Punkt 2.5 (Seite 50) beschreibt der Inhalt der Tasche:

> »In der zum Transport der Mordwaffe benutzten Tasche befanden sich außer einer Motorradjacke, einem Motorrad-

handschuh, einem Nierenschutzgürtel und einem Schraubendreher auch zwei Trainingshosen. An einer der beiden Hosen wurde ein Haar sichergestellt, das mit einem im rotgrundigen Motorradhelm gesicherten menschlichen Kopfhaar gleichartig ist (35).«

Und es folgt die weiter oben bereits zitierte Passage:

»Beide Haare wiederum stimmen mit Haaren überein, die sich an einer Jacke und einem Pullover befanden, die zum Inhalt eines Koffers zählten, der am 2. Mai 1977 an der Reisegepäckabfertigung des Essener Hauptbahnhofs aufgegeben und am 3. Mai 1977 von der Kantonspolizei in Zürich in Verwahrung genommen worden war (36). Den zu diesem Koffer gehörenden Gepäckschein mit der Nr. 066 hatte Verena Becker in Besitz, als sie am 3. Mai 1977 in Singen zusammen mit Günter Sonnenberg festgenommen wurde (37).«

In der Folkerts-Anklage finden sich also zahlreiche Hinweise auf Verena Becker, ja es ist geradezu verwunderlich, an wie vielen Stellen konkrete Argumente für eine Mittäterschaft von Günter Sonnenberg und Verena Becker sprechen. Sie sind deutlicher als die auf Knut Folkerts hinweisenden Verdachtsmomente; trotzdem wurde er als Schütze auf dem Motorrad angeklagt.

Von den Ermittlern war nicht in Zweifel gezogen worden, dass Sonnenberg einer der Karlsruher Täter war. Deshalb richtete sich mein vorrangiges Interesse jetzt auf eine mögliche Mittäterschaft von Verena Becker, über die man uns in dreißig Jahren nie etwas gesagt hatte. Nachdem mir bereits aufgefallen war, dass die wenigen Aktenhinweise auf Verena Beckers Tatbeteiligung keine Wirkung entfaltet, dass sie sich vielmehr im Lauf der Zeit gleichsam verflüchtigt hatten, wollte ich nun sehen, ob sich diese merkwürdige Tendenz auch beim Vergleich der im Abstand von knapp vier Jahren verfassten Anklageschriften gegen Folkerts (1979) und Mohnhaupt/ Klar (1983) zeigte. Wenn in der Zwischenzeit keine besonderen neuen Erkenntnisse zutage gefördert worden wären, auf die dann ja sicher hingewiesen würde, war zu erwarten, dass beide Anklagen bezüglich des am Gründonnerstag 1977 begangenen Verbrechens nahezu oder sogar vollständig übereinstimmten. Es handelte sich immerhin um dieselbe Tat, und derselbe Generalbundesanwalt erhob Anklage.

Wie stand es nun also mit den indirekten und direkten Hinweisen auf Verena Becker in der Anklage Mohnhaupt/Klar? Um es vorwegzunehmen: Ich finde ihren Namen kein einziges Mal in den mir von der Bundesanwaltschaft überlassenen Seiten, die ja alle relevanten Passagen zum Karlsruher Attentat enthalten müssten. Nicht einmal die Liste der zur verantwortlichen RAF-Gruppe gehörenden Mitglieder finde ich in der Mohnhaupt/Klar-Anklage. Diese Aufzählung enthielt in der Folkerts-Anklage den Namen Verena Becker.

Die Beschaffung des Motorrads, bei der Sonnenberg die zentrale Rolle spielte, ist in beiden Anklagen übereinstimmend beschrieben, weit überwiegend sogar mit identischem Wortlaut. Als Nächstes suchte ich in der Anklage nach den von den Tätern zurückgelassenen Motorradhelmen, in denen sich ja Haarspuren fanden, wobei ein Haar nach Auskunft des bereits erwähnten Beitrags von Heribert Prantl in der *Süddeutschen Zeitung* mit einem Haar in der Haarbürste von Verena Becker übereinstimmte. Die Motorradhelme tauchen jedoch nur in einer sehr knappen Passage auf Seite 117 der Mohnhaupt/Klar-Anklage auf, nachdem die Route der Täter zur Autobahnbrücke Wolfartsweier skizziert worden ist:

»Dort versteckten sie das Motorrad und die Schutzhelme in der Kammer eines Brückenpfeilers (17) und stiegen in den bereits wartenden, mit einem weiteren ›Kommando‹-Mitglied besetzten Pkw Alfa Romeo mit dem Kennzeichen GER–AM 25 um.«

Keine weiteren Angaben zu den Helmen, wie sie sich in der Folkerts-Anklage finden. Vor allem aber steht hier nichts über das Haar in einem der Motorradhelme, das in der Folkerts-Anklage in Verbindung mit Haaren von Verena Becker erwähnt wird. Die Beschreibung der zum Transport der Tatwaffe genutzten Kunstledertasche stimmt wieder meist wortwörtlich in beiden Anklagen überein, nicht dagegen die Beschreibung des Inhalts dieser Tasche. Sie lautet in der Mohnhaupt/Klar-Anklage auf Seite 122:

»In der Tasche befand sich außer einer Motorradjacke, einem Motorradhandschuh, einem Nierenschutzgürtel und zwei Trainingshosen auch ein Visier für einen Motorradhelm (35).«

Es wird noch einiges über dieses Visier gesagt, was in der Folkerts-Anklage auch enthalten ist, dort allerdings bei der Beschreibung der Motorradhelme. Ansonsten steht in der Mohnhaupt/Klar-Anklage nichts Weiteres über den Inhalt der Tasche. Bei der Aufzählung der darin gefundenen Gegenstände fehlt somit der Schraubendreher. Beim ersten Lesen hielt ich diesen Unterschied nicht für bedeutsam. Da wusste ich allerdings noch nicht, dass bei der Ergreifung von Verena Becker in Singen ein Schraubendreher gefunden worden war. Kann es Zufall sein, dass ausgerechnet dieses, an anderer Stelle mit Verena Becker verknüpfte Werkzeug in der Mohnhaupt/Klar-Anklage fehlt?

Angesichts der vielen Merkwürdigkeiten bei den Ermittlungen hatte ich mir vorgenommen, bei der Bewertung der Befunde die Möglichkeit nicht auszuschließen, dass es eine großzügige Behandlung oder gar Deckung für Terroristen, vor allem für eine zierliche Frau, gegeben haben könnte. Wenn man keine Aufmerksamkeit auf den bei Verena Beckers Ergreifung gefundenen Schraubendreher lenken wollte, wäre es in diesem

Sinne durchaus von Vorteil, Schraubendreher überhaupt aus dem Verfahren herauszuhalten. Der in Singen gefundene Schraubendreher wird, was äußerst befremdlich ist, weder in der Anklage gegen Folkerts von 1979 noch in der gegen Mohnhaupt/Klar von 1983 erwähnt. Der weitere Schraubenzieher, der in der zum Transport der Tatwaffe benutzten Tasche bereits kurz nach dem Attentat gefunden wurde, erscheint nur in der Folkerts-Anklage, aber nicht mehr in der späteren Mohnhaupt/Klar-Anklage. Warum eigentlich?

Noch gravierender ist: Bei der Beschreibung des Inhalts der Tasche ist der Hinweis auf das Haar an einer der Trainingshosen entfallen. Somit fehlt in der Mohnhaupt/Klar-Anklage auch die Verknüpfung dieses Haars mit dem im rotgrundigen Motorradhelm gesicherten Kopfhaar – und diese beiden Haare stimmten den bisherigen Informationen zufolge ja wiederum mit Haaren im nach Zürich aufgegebenen Koffer überein, zu dem Verena Becker den Gepäckschein hatte. Also war in der Anklage 1983 ein weiterer wesentlicher Hinweis auf eine mögliche Tatbeteiligung von Frau Becker verschwunden.

Nicht zu übersehen ist das Eliminieren von Verena Becker im Abschnitt »Ermittlungen zur Tatwaffe« der Mohnhaupt/Klar-Anklage. Die etwa eine Seite langen Ausführungen sind in beiden Anklagen fast wortgleich, aber in der Mohnhaupt/Klar-Anklage fehlen ein Satz und dann noch einmal drei Wörter:

1. Der in der Anklage Folkerts enthaltene, aber jetzt fehlende Satz lautet:»Eine Geschoßmantelspitze und zwei Bleiteile befanden sich in dem durchschossenen rechten Vorderreifen des PKW Opel-Ascona des Zeugen [...].« Dieser Zeuge taucht in der Mohnhaupt/Klar-Anklage gar nicht mehr auf. Er ist im Mohnhaupt/Klar-Prozess überhaupt kein Zeuge mehr. Kaum zu glauben: Ein Augenzeuge, der sich beim Verbrechen in wenigen Metern Abstand befand, tritt in der Verhandlung nicht mehr auf. Er kann somit vor

Gericht nicht mit seiner in mehreren Zeitungen wiedergegebenen Aussage konfrontiert werden, dass möglicherweise eine Frau geschossen habe.
2. Die fehlenden drei Wörter lauten »und Verena Becker«. In der Anklage Folkerts heißt es zur Sicherstellung der Karlsruher Tatwaffe:

»Diese Waffe wurde anläßlich der Festnahme von Günter Sonnenberg und Verena Becker am 3. Mai 1977 in Singen sichergestellt (21).«

In der Anklage Mohnhaupt/Klar steht zu demselben Vorgang auf Seite 119 nur:

»Diese Waffe wurde anläßlich der Festnahme von Günter Sonnenberg am 3. Mai 1977 in Singen sichergestellt (27).«

Es ist geradezu grotesk: Verena Becker wird in Verbindung mit der Tatwaffe nicht mehr erwähnt. Hat man ihr etwa eine Mittäterschaft beim Karlsruher Attentat nicht zugetraut? Diesen Eindruck hatte ich bei mehreren Gesprächen, auch mit einem Bundesanwalt. Zudem gab es Äußerungen, sie sei in Singen nur als Begleiterin oder Freundin von Sonnenberg dabei gewesen, dem die Karlsruher Tatwaffe somit allein zuzuordnen sei. Wenn sie aber wirklich nur so harmlos mitgelaufen wäre, hätte man sie nicht wegen ihres Singener Tatbeitrags zu zweimal »lebenslänglich« verurteilt.

Mir ist übrigens auch nichts davon bekannt, dass Verena Becker die Freundin von Sonnenberg war. Wenn ich Peter-Jürgen Boock richtig verstanden habe, stand sie eher Siegfried Haag nahe. Somit könnte es auch umgekehrt gewesen sein: Nach Haags Verhaftung spielte Becker – aufgrund ihrer Nähe zu ihm – eine wichtige Rolle in der RAF-Gruppe. Vielleicht war sie in Singen die tonangebende Person, und Sonnenberg war eher der Begleiter. Solange es hierzu keine gesicherten

Kenntnisse gibt, halte ich es für Willkür, die Waffe einem von beiden ausschließlich zuzuordnen. Es sollte deshalb heißen: »Diese Waffe wurde anlässlich der Festnahme von Günter Sonnenberg und Verena Becker am 3. Mai 1977 in Singen sichergestellt.«

Es kann kein Zufall sein, dass an zahlreichen Stellen der Mohnhaupt/Klar-Anklage Änderungen gegenüber der Folkerts-Anklage jeweils dann erfolgten, wenn damit direkte oder indirekte Hinweise auf Verena Becker verschwanden. Dieses Vorgehen wirkt systematisch. Dass zufällige Änderungen alle in dieselbe Richtung wirken, ist unwahrscheinlich. Das kann ich als Physikochemiker beurteilen.

Warum aber haben die mit der Anklage gegen Mohnhaupt und Klar betrauten Vertreter der Bundesanwaltschaft Maßnahmen ergriffen oder akzeptiert, mit denen Verena Becker aus den Ermittlungen und Verfahren zum Karlsruher Attentat herausgehalten wurde? Wurden die Beamten angewiesen, so zu handeln? Wurden sie gebeten, auf diese Weise eine Informantin des Geheimdiensts zu schützen? Oder haben sie aus Eigen- oder Behördeninteresse versucht, »ökonomisch« vorzugehen und sich einen weiteren Stammheim-Prozess gegen Becker zu ersparen, da sie bereits zu einer »lebenslänglichen« Haftstrafe verurteilt worden war? Jede dieser Denkmöglichkeiten missfällt mir, aber ich kann mir keine andere Erklärung für die Schonung von Verena Becker vorstellen, die mir akzeptabel erschiene.

Nun war schon nicht gegen Stefan Wisniewski ermittelt worden, nachdem der Generalbundesanwalt 1982 vom Verfassungsschutz über den Verdacht gegen Wisniewski informiert worden war. Wenn man schon Geheimdienstinformationen, was möglich erscheint, nicht nutzen wollte oder sollte, um einen Täter und die zugehörige Geheimdienstquelle zu schützen, durfte man doch aber nicht auch noch unabhängig gewonnene Ermittlungsergebnisse der Polizei, die eine Informantin des Geheimdiensts belasten könnten, unberücksichtigt lassen oder zurückhalten. Dürfen denn Staatsanwälte willkürlich über Ermittlungsergebnisse verfügen, sie strategisch entweder nutzen oder unterdrücken? Ist denn nicht das Auffinden der wirklichen Täter und deren gerechte Bestrafung die alleinige Richtschnur staatsanwaltschaftlichen Handelns? Das mehrfach von Seiten der Justiz bezüglich des Umgangs mit Verena Becker angeführte Argument der »Prozessökonomie« ist in meinen Augen keine vertretbare Handlungsanweisung in Prozessen zum Karlsruher Attentat. Solch ein wichtiges Verfahren muss einwandfrei und vollständig aufgeklärt werden. Wenn Verena Becker in Karlsruhe Mittäterin war, muss sie wegen dieses Verbrechens auch angeklagt werden. Dazu gibt es keine Alternative. Ob und zu welchem Strafmaß sie dann verurteilt wird, ist eine andere Frage.

*

Die Erkenntnis, dass es von Seiten der Justiz schonende und schützende Eingriffe zugunsten von Frau Becker gegeben hat, war nicht mehr abweisbar. Alles in mir sträubte sich bei dem Gedanken an Manipulationen. Sie sind grundsätzlich nicht akzeptabel, und erst recht nicht in der juristischen Auseinandersetzung mit den gefährlichsten Feinden des demokratischen Rechtsstaats. Hinzu kommt, dass es ungerecht ist, einer Person die von ihr begangenen Taten nicht vorzuwerfen, sondern sie stattdessen anderen Personen anzulasten. Das Argument »Sie sind ja alle zu lebenslänglich verurteilt« ist in meinen Augen völlig unbefriedigend, denn »lebenslänglich« ist eben nicht gleich »lebenslänglich«. Es macht schon einen Unterschied, ob einem Schwerverbrecher zu seinen Taten noch drei Morde hinzugerechnet werden oder nicht.

Es schmerzte mich, erkennen zu müssen, dass Beamte der Bundesanwaltschaft etwas getan hatten, was ich nicht nachvollziehen und nicht billigen konnte. Seit meiner Schulzeit fühle ich mich dieser Behörde verbunden, fast zugehörig. Sie ist mir wegen meines Vaters sehr wichtig. Es war, als hätten mich Familienmitglieder schwer enttäuscht. Einige Beamte hatten beim Verfassen einer Anklage wichtige Fakten ausgelassen, die auf Verena Becker als Mittäterin beim Karlsruher Attentat hinwiesen. Es ärgerte mich, dass man mich mitleidig belächelt hatte, weil ich einem Mittäter einen bestimmten Tatbeitrag zuweisen wollte. Diese »Vereinzelung« eines Täters sei nicht sinnvoll und juristisch nicht geboten, hieß es. Dabei hatte doch die Bundesanwaltschaft, wie schon erwähnt, damals im Prinzip dasselbe getan. Ihre »Vereinzelung« von Verena Becker bestand darin, dass die damals zuständigen Bundesanwälte ihr *keinen* bedeutenden Tatbeitrag beim Karlsruher Attentat zurechneten. Waren keinem der vier Anklagevertreter im Mohnhaupt/Klar-Prozess die starken Verdachtsmomente gegen Becker als Karlsruher Mittäterin deutlich geworden?

Der Vergleich der Anklagen gegen Folkerts und Mohnhaupt/Klar lässt in meinen Augen nur den Schluss zu, dass Beckers Name im zweiten Prozess gezielt ausgespart wurde. Nun weiß ich nicht, ob die einzelnen Anklagevertreter für den Gesamtkomplex des Mohnhaupt/Klar-Prozesses zuständig waren oder jeder nur für einen Teilbereich. Es wäre aber sicher günstiger, wenn Bundesanwalt Griesbaum, der damals einer der Ankläger war – allerdings als rangniedrigster, noch nicht auf eine Planstelle der Bundesanwaltschaft gelangter Staatsanwalt –, nicht jetzt im Jahr 2007 als Abteilungsleiter für die wieder aufgenommenen Ermittlungen zum Attentat am Gründonnerstag 1977 zuständig wäre. Das ist keine optimale Situation; möglicherweise bedeutet sie auch für Griesbaum eine enorme Belastung.

In diesem Zusammenhang stellt sich natürlich auch die Frage, wer den Generalbundesanwalt kontrolliert. Zuständig ist der Bundesminister der Justiz, der andererseits gegenüber dem Generalbundesanwalt weisungsbefugt ist. Eine merkwürdige Situation.

Zunächst hatte ich mich mit den Anlagen zum Schreiben

der Bundesanwaltschaft befasst, den Zeugenaussagen und der Anklage Mohnhaupt/Klar. Das Anschreiben der Behörde las ich danach noch einmal genauer. Dort stand: Um zur Zeit den Untersuchungszweck, das Ermittlungsverfahren gegen Wisniewski, nicht zu gefährden, müsse man mir die Auflage machen, dass ich Personen (mit Ausnahme von Familienangehörigen), die als Zeugen im Zusammenhang mit dem Anschlag in Betracht kommen, nicht kontaktiere und umgekehrt eventuelle Kontakte dieser Personen mit mir der Bundesanwaltschaft zur Kenntnis bringe. Weiterhin solle ich Dritten, insbesondere Medienvertretern, die mir überlassenen Aktenteile weder zugänglich machen noch deren konkreten Inhalt mitteilen.

Durfte ich jetzt als Preis für die erhaltenen Unterlagen nicht mehr mit dem »Zeugen vom Vortag« sprechen? Musste ich es wirklich anzeigen, wenn er mich anrief? Ich hatte doch die Behörde erst wieder auf diesen Zeugen hingewiesen. Eine solche Kontaktbeschränkung konnte und wollte ich nicht akzeptieren, also widersprach ich in einem Brief vom 28. Mai 2007. Es war ja gerade mein Wunsch gewesen, die Unterlagen zur freien Verfügung zu haben. Insofern wollte ich eine derart generelle Einschränkung meiner Aktionsfreiheit im Bemühen, Erkenntnisse über die Mörder vom 7. April 1977 zu gewinnen, nicht hinnehmen.

Ich begründete dies im Einzelnen für die mir überlassenen Unterlagen: Bei der Folkerts-Anklageschrift könne ich keinerlei Auflage akzeptieren, da wir diese bereits seit vielen Jahren besitzen. Zum Beleg fügte ich die Kopie einer Seite an, die in dem mir von der Behörde zugesandten Fragment der Anklage nicht enthalten war. Für die beiden Urteile belegte ich durch Beifügung der ungeschwärzten Fassung von Seiten, die mir von der Behörde nur mit Schwärzungen überlassen worden waren, dass ich diese Unterlagen bereits besaß. Nur die Anklageschrift Mohnhaupt/Klar hatte ich zuvor nicht. Ich erläuterte, welche Punkte ich hieraus nutzen wollte, und wies darauf hin, dass die Passagen, die mir wichtig seien, in der bei mir schon verfügbaren Folkerts-Anklage enthalten seien, so dass sich durch meine Nutzung keine Gefährdung des Untersuchungszwecks ergeben könne. Die besondere Bedeutung der Mohnhaupt/Klar-Anklage lag ja für mich darin, dass Informationen zum Attentat eben gerade *nicht* enthalten waren. Die mir wichtigen Passagen in dieser Anklage enthielten somit weniger Information als die bei mir seit langem vorhandene Folkerts-Anklage.

Die Aussage des jugoslawischen Zeugen sei für mich von Bedeutung, erklärte ich, da sie von der Bekundung desselben Zeugen unmittelbar nach der Tat abweiche. Insofern müsse ich versuchen, von Medienvertretern zu erfahren, wie sie damals zu der Information gelangt seien. Dazu musste ich die Zeugenaussage präsentieren dürfen. Auch sei es für mich unverzichtbar, die Aussage der Familie des »Zeugen vom Vortag« verwenden zu können. Ich erinnerte daran, dass die Bundesanwaltschaft erst durch mich wieder auf diese Spur gelenkt worden war. Es gehe auch nicht an, dass mir jetzt von der Behörde verwehrt werde, mit diesem für mich so wichtigen Gesprächspartner in Kontakt zu treten. Im Übrigen sei die damalige Aussage der »Zeugen vom Vortag«, »die Täter hätten wie im Fernsehen beschrieben ausgesehen«, ja nahezu ohne Informationsgehalt. Außerdem gab es die neuen Aussagen dieser Zeugen vom Mai 2007. Diese Aussagen kannte ich nicht, und Bundesanwalt Griesbaum hatte mir mitgeteilt, ich werde die Ergebnisse dieser erneuten Zeugenbefragung auch in naher Zukunft nicht erfahren.

Am Schluss des Briefs an die Generalbundesanwältin erwähnte ich noch, dass meine Familie und ich sehr enttäuscht seien, dass uns die Bundesanwaltschaft keine Antworten auf meine Fragen nach den Motorradhelmen und Haaranalysen geben wolle. Ich fügte an, dass ich mit meiner Mutter den Wagen, in dem mein Vater getötet wurde, und das Tatmotorrad sowie vor allem die beiden Motorradhelme sehen wollte, und bat darum, mir zu sagen, an wen ich mich zur Vereinbarung eines Besichtigungstermins wenden könne.

Eine schriftliche Antwort habe ich auf diesen Brief nicht erhalten. Allerdings rief mich Bundesanwalt Hemberger zu diesem letzten Punkt an, hatte aber nur eine sehr enttäuschende Nachricht für mich: Was mit dem Dienstwagen inzwischen geschehen sei und wo er sich befinde, wisse er nicht. Das Tatmotorrad sei verkauft worden, und die Motorradhelme seien in der Kriminaltechnik, so dass ich auch diese nicht sehen könne.

Dass Verena Beckers Name aus den Akten verschwunden war und sich die auf sie hinweisenden Spuren verflüchtigt hatten, machte sie in meinen Augen eher verdächtig, als dass es sie entlastete. Ende Mai erhielten wir dann noch die Tonspur der *Tagesschau* vom 7. April 1977. Darin wird tatsächlich gesagt, dass der Beifahrer auf dem Motorrad möglicherweise eine Frau war. Wir hatten das damals nicht gehört, weil wir uns zum Zeitpunkt der Sendung auf der Rückfahrt von Zermatt befanden. Allerdings verfügten wir schon seit langem über einen Mitschnitt der *Tagesschau* vom 8. April 1977. Darin präsentierte der Leiter der Antiterrorabteilung des Bundeskriminalamts, Gerhard Boeden, die Bilder der drei Tatverdächtigen Folkerts, Klar und Sonnenberg. Auf die naheliegende Frage des Reporters:

»Was ist mit der angeblichen Frau, die auf dem Soziussitz gesessen haben soll?«

antwortete Boeden:

»Nun, wenn Sie sich die Fahndungsfotos, die wir heute veröffentlicht haben, ansehen, dann kann man nicht ausschließen, dass einer dieser drei Beteiligten so aussieht, wie auch eine Frau aussehen kann.«

Warum sagt ein erfahrener Kriminalist das so? Warum entgegnet er nicht: wir ermitteln nach allen Seiten, auch gegen eine mögliche weibliche Mittäterin? Boeden schob den Hinweis auf eine Frau als Täterin geradezu weg. Bei genauerer Analyse dieser *Tagesschau* vom 8. April kann man sich auch aus anderem Grund nur wundern: Boeden erläuterte zunächst in nachvollziehbarer Weise den dringenden auf Günter Sonnenberg gerichteten Tatverdacht, der den Generalbundesanwalt – damit meinte er die Behörde – veranlasst habe, einen Haftbefehl zu beantragen. Etwa acht Sekunden lang wird ein Foto von Sonnenberg allein gezeigt. Unmittelbar danach werden doppelt so lange, also für etwa sechzehn Sekunden, nebeneinander Bilder von Sonnenberg, Klar und Folkerts gezeigt. Es wird darauf hingewiesen, dass Sonnenberg und Klar außerdem im Verdacht stünden, am 5. Januar 1977 an der deutsch-schweizerischen Grenze einen Zollbeamten niedergeschossen zu haben. Mit keinem Wort wird auf den Tatverdacht gegen den ebenfalls sechzehn Sekunden lang in der *Tagesschau* präsentierten Knut Folkerts eingegangen. Trotzdem sagte Boeden auf die Frage nach einer weiblichen Täterin, dass »einer dieser drei Beteiligten« so ausgesehen haben könnte wie eine Frau. Diese recht forsche Analyse beunruhigte mich, zumal weder bei Klar noch bei Folkerts gesagt wurde, worauf sich der Verdacht, dass sie am Karlsruher Verbrechen unmittelbar beteiligt waren, eigentlich stützte. Es entsteht der ungute Eindruck, dass Klar und Folkerts vor allem wegen ihres Bezugs zu Sonnenberg, aber nicht aufgrund von Hinweisen auf einen konkreten Tatbeitrag beim Karlsruher Attentat präsentiert wurden. Boedens Auftreten in der *Tagesschau* am 8. April 1977 konnte meine Sorge, dass es eine Deckung für einen weiteren Täter, etwa eine zierliche Frau, gab, nicht ausräumen, im Gegenteil.

Boeden wurde übrigens 1983 Vizepräsident des Bundeskriminalamts und 1987 Präsident des Bundesamts für Verfassungsschutz.

Meine Sorge ist, dass durch das Vorpreschen von Gerhard Boeden bereits am Tag nach dem Attentat der Eindruck entstanden ist und möglicherweise sogar bewusst erzeugt wurde, dass Folkerts, Klar und Sonnenberg die drei unmittelbar Tatbeteiligten waren. Das Bild der drei Männer, die sechzehn Sekunden lang nebeneinander der begierig auf Informationen wartenden Öffentlichkeit im Fernsehen präsentiert wurden, hatte gewiss eine starke Wirkung. Viele werden sich die Bilder eingeprägt haben, auch mir und meiner Familie ging das so. Das Verbrechen erschien somit am Tag danach bereits aufgeklärt, es galt nur noch, die nun bekannten Täter zu ergreifen. Im Nachhinein kann ich mich nur wundern, wie gutgläubig wir diese Information geschluckt und verinnerlicht haben.

Jetzt, Ende Mai 2007, kam ich nicht mehr daran vorbei, dass mit hoher Wahrscheinlichkeit eine zierliche Frau Mittäterin beim Karlsruher Attentat war.

7 Juni bis September 2007

Das Verhältnis zur Bundesanwaltschaft war schwierig geworden. Es belastete uns, dass wir fast schon zwangsläufig in Konflikt mit der Behörde gerieten, deren Unterstützung wir brauchten. Wir hatten doch sonst niemanden. Die Bundesanwaltschaft war die zuständige Ansprechstelle für unsere Probleme. Sie verfügte über alle Akten, und der Weg zu den Prozessunterlagen, den Anklagen, Zeugenaussagen und Gutachten führte notwendigerweise über diese Behörde.

Wir haben uns oft gefragt, ob die Bundesanwälte meine Hinweise überhaupt ernst nahmen. Aus ihrer Sicht war ich einfach jemand ohne juristische Kenntnisse, der es aufgrund persönlicher Betroffenheit zusätzlich schwer hat, sich nüchtern und sachlich mit der unvertrauten Materie zu befassen. Zudem war die Behörde an die ergangenen Entscheidungen gebunden, und die Bundesanwälte hielten es wohl auch für ausgeschlossen, dass damals bei den Ermittlungen und den Prozessen irgendetwas von Belang nicht in sachgerechter, korrekter Weise bearbeitet worden sein könnte. Genau das war ja zunächst auch meine Überzeugung gewesen und die aller Mitglieder meiner Familie.

Die Medien, zumindest einige Journalisten, fanden es interessant zu berichten, dass ich mich mit meiner Argumentation nun in Gegenposition zur Bundesanwaltschaft befand. Dabei wurde allerdings nicht klar genug darauf hingewiesen, dass meine Fragen doch fehlende oder schwer nachvollziehbare Aktivitäten der Behörde in der ersten Zeit nach dem Attentat betrafen. Kurt Rebmann war vom 1. Juli 1977 bis zum 31. Mai 1990 Generalbundesanwalt gewesen. Im Jahr 2007 konnte ich mich natürlich nur an die jetzige Generalbundesanwältin wenden, um Zugang zu den Akten aus jener Zeit zu erhalten und Auskünfte zu den damaligen Ermittlungen zu erbitten.

Nachdem ich nun aber in Karlsruhe nichts Erkennbares erreicht hatte, schien mir das Bundesministerium der Justiz die einzige Stelle zu sein, von der ich noch wirksame Hilfe erhoffen könnte; ich beschloss also, an die Bundesministerin der Justiz, Brigitte Zypries, zu schreiben und ihr unsere schwierige Situation zu schildern. Die Bundesanwaltschaft ist dem Ministerium ja nachgeordnet. Und immerhin hatte die Bundesregierung nach den Berichten im *Spiegel* im April 2007 eine restlose Aufklärung des RAF-Mordes an Generalbundesanwalt Buback verlangt. Das war hoffentlich nicht nur ein verbaler Reflex der Politik auf das starke öffentliche Interesse, dem dann, sobald sich die Medien anderen Themen zuwandten, keine nachhaltige Aktivität folgte. Doch es waren keine neuen Ermittlungen gegen eine zierliche Frau aufgenommen worden.

Es wäre gut, wenn Forderungen aus der Politik nach restloser Aufklärung, wie sie so oft nach unterschiedlichsten »Schadensfällen« geäußert werden, jeweils mit einer Wiedervorlagefrist verbunden würden. Zu diesem Termin müsste dann berichtet oder, wenn dies noch nicht möglich ist, ein neuer Termin genannt werden, zu dem die Öffentlichkeit informiert wird. Schließlich werden dem Normalbürger auch jeweils verbindliche Fristen gesetzt, zu denen er Erklärungen abzugeben hat. Staatliches Handeln sollte sich ebenfalls solche Termine setzen und sie einhalten.

Der Brief an die Bundesjustizministerin war nicht schnell geschrieben, ich wollte so vieles mitteilen. Andererseits durfte der Brief nicht zu lang werden, wenn sie den gesamten Text in Ruhe lesen sollte. Ich bat die Ministerin, die Bundesanwaltschaft zu veranlassen, mir auf meine drei bereits vor Wochen gestellten Fragen zu den Motorradhelmen und den Haarspuren zu antworten. Vor allem wies ich auf die Merkwürdigkeiten bei den damaligen Ermittlungen im Zusammenhang mit einer Frau hin. Ich beschrieb die Aussage des jugoslawischen Augenzeugen vom Tattag sowie die Beobachtungen der »Zeugen vom Vortag« und wies auf ein Verena Becker zugeordnetes Haar in einem der von den Tätern zurückgelassenen Motorradhelme hin. Für unsere Familie bedeute es eine außerordentliche Belastung, erklärte ich, nicht mehr ausschließen zu können, dass die Person, die Wolfgang Göbel, Georg Wurster und Siegfried Buback ermordet hatte, hierfür nicht einmal angeklagt worden war.

»Weshalb wurden die Ermittlungen gegen Verena Becker wegen der Morde in Karlsruhe eingestellt?«, fragte ich und schilderte meine Verwunderung, dass sich in den uns zugänglichen Akten Hinweise auf Haarspuren fanden, aber keine Ergebnisse von Zuordnungen dieser Spuren zu Haarproben von Tatverdächtigen. Ich wies auch auf den beunruhigenden Umstand hin, dass die ergänzende Befragung der »Zeugen vom Vortag« wenige Tage nach der Festnahme von Verena Becker stattfand, bei der sie und Sonnenberg die Karlsruher Tatwaffe bei sich hatten. Ich nannte Beispiele dafür, dass die auf Becker hinweisenden Fakten im Lauf der Zeit undeutlicher geworden oder auch ganz verschwunden seien, und erwähnte die Möglichkeit, dass es für Becker eine Unterstützung oder Deckung gab. Die Kontakte von Verena Becker zum Bundesamt für Verfassungsschutz würden in meinen Augen ein beklemmendes Licht auf die Vorgänge um die Ermordung meines Vaters werfen. Dass leitende Bundesanwälte – unter ihnen wohl auch Generalbundesanwalt Rebmann – durch das Bundesamt für Verfassungsschutz Kenntnisse über den Mörder meines Vaters und seiner Begleiter hatten, die sie uns nicht mitgeteilt, nicht einmal vertraulich angedeutet hatten, empfände ich als Missbrauch unseres Vertrauens und des Vertrauens der Familien Wurster und Göbel. Ich würde mich schon fragen, ob durch solche Verdeckung und den damit verbundenen Schutz vor Strafverfolgung dieselbe Verfassung geschützt wird, für die mein Vater mit aller Kraft gelebt und gearbeitet hat.

Zum Abschluss schrieb ich, dass ich den Ereignissen, in die ich ohne Absicht gelangt war, nicht einfach entfliehen könne.

Ich sei es meinem Vater schuldig, die Umstände seiner und der Ermordung seiner Begleiter zu klären, soweit dies in meinen Möglichkeiten steht, und dabei diejenigen um Hilfe zu bitten, deren Möglichkeiten viel weiter reichen als meine. In diesem Sinne würde ich mich an sie, die Ministerin, wenden.

Am 7. Juni war der Brief fertig. Er war doch lang geworden, elf Seiten. Hoffentlich würde er etwas bewirken. Während ich schrieb, hatte ich mich mehrfach gefragt, ob es denn überhaupt nötig war, dass ich all diese Beobachtungen mitteilte. Es ging doch lediglich um einige Zeugenaussagen und Prozessakten, die den zuständigen Beamten allesamt vorlagen. Jeder Fachmann in der Bundesanwaltschaft und im Ministerium hätte sich, nachdem die Fragen zu den Ermittlungen Ende April 2007 so drängend geworden waren, die Akten anschauen können, hätte das sogar in seiner Dienstzeit und mit ausgeruhtem Kopf tun können, nicht so wie ich abends nach den Nachrichten bis Mitternacht. Wusste man in der Behörde oder im Ministerium vielleicht längst, was ich jetzt mühsam aufgeschrieben hatte?

Doch dann sagte ich mir, es wäre trotzdem gut, den Brief zu schreiben. So sah man wenigstens, wie wichtig mir die Klärung war.

Da das Bundeskriminalamt involviert war und auch das Bundesamt für Verfassungsschutz, schickte ich am 8. Juni 2007 dem für diese Ämter zuständigen Bundesinnenminister eine Kopie des Briefs. Am selben Abend flog ich nach Japan, um einen Vortrag auf einer Tagung in Kyoto zu halten. Ich war sehr erschöpft von den vielen Wochen der Doppelbelastung durch meinen Beruf und die vielen in unsere Aufklärungsbemühungen investierten Stunden. Es tat gut, für reichlich eine Woche all dem Druck zu entkommen, und obwohl ich nicht besonders gern fliege, fühlte ich mich sehr wohl, als ich während des Flugs meine Vortragsfolien durchsah. Ich war glücklich, dass unsere Tochter mit nach Japan flog; so war ich nicht allein unterwegs, auch wenn ich sie tagsüber kaum sehen würde. Sie hatte zwei Tage zuvor ihr drittes Staatsexamen im Fach Medizin abgelegt und würde nach Abschluss ihrer Promotion noch in diesem Jahr mit der Facharztausbildung beginnen. Danach wäre ihre Zeit noch viel knapper, so dass unsere Reise möglicherweise für längere Zeit die letzte gemeinsame sein würde.

Wir hatten uns am Frankfurter Flughafen getroffen und verabschiedeten uns zehn Tage später dort auch wieder voneinander. Auf der Rückfahrt nach Göttingen kaufte ich im Frankfurter Hauptbahnhof das Buch von Bernhard und Hans-Jochen Vogel *Deutschland aus der Vogelperspektive*. Ich wollte ja schon lange wissen, was Hans-Jochen Vogel über das Karlsruher Attentat geschrieben hatte. Im Zug begann ich gleich zu lesen, war aber bereits über das Inhaltsverzeichnis enttäuscht. Nur Kapitel 13 befasste sich mit dem Jahr 1977, und die Überschrift lautete »Hanns Martin Schleyer wird entführt«. Angesichts des zugehörigen Untertitels »Der Rechtsstaat besteht eine Bewährungsprobe« zuckte ich nach den Erkenntnissen der letzten Wochen etwas zusammen, aber Hans-Jochen Vogels Aussage bezog sich ja nicht auf das Karlsruher Attentat, dem nur einige Zeilen im Buch gewidmet sind. Es wunderte mich allerdings, dass Hans-Jochen Vogel dieses Geschehen nur sehr knapp und am Rande erwähnt. Er war doch für die Behörde meines Vaters zuständig, und ich hätte erwartet, dass er schon aus diesem Grund etwas ausführlicher über das Karlsruher Geschehen, mit dem die Serie der RAF-Verbrechen des Jahres 1977 begann, berichten würde.

*

Ein Schockerlebnis, das an das bedrückende Aktenstudium im Mai anschloss, hatten wir Ende Juni 2007. Journalisten einer Zeitung und vom SWR hatten unabhängig voneinander bei der Birthler-Behörde in Stasi-Akten nach Hinweisen zu Verena Becker geforscht und waren auf die Mitteilung einer als zuverlässig bezeichneten informellen Mitarbeitern gestoßen. Das Dokument wurde vom SWR ins Internet gestellt. So konnte ich nachlesen, dass sich diese Informantin auf die Heiratsannonce eines DDR-Bürgers gemeldet hatte, der ihr bei einem Treffen von Verena Becker erzählte. Durch eine Schwärzung im Text wird nicht klar, in welchem persönlichen Verhältnis der Mann zu Verena Becker steht. Für die Bundesanwaltschaft dürfte es kein Problem bedeuten, die ungeschwärzte Akte einzusehen, um genau zu wissen, um wen es sich handelte, und diesen Mann gegebenenfalls genauer zu befragen.

Der Mann berichtete bei dem Treffen im Oktober 1977, so die Stasi-Informantin, dass Verena Becker von der Westberliner Polizei und der Polizei der BRD gesucht werde. Bei Becker gebe es eine Verbindung zu einem Yachtclub in Berlin. In Aden solle sie speziell »auf Terror ausgebildet« worden sein, insbesondere im Umgang mit Waffen. Der Mann vermutet,

»daß die Becker bereits an der Entführung von Lorenz (WB) [dem Westberliner CDU-Politiker] beteiligt war. Dafür wisse er aber sicher, daß sie an der Aktion Buback (BRD) aktiv beteiligt war.«

Das war ja eine unglaubliche Information! Da die Angaben zum Yachtclub und zu Aden zutreffend sind, könnte der Hinweis auf das Karlsruher Verbrechen ebenfalls stimmen. Er würde auch zu vielem anderen passen.

Aber es kam noch schlimmer: Die Journalisten hatten auch einen Aktenvermerk der Hauptabteilung II/2 der Stasi vom 2. Februar 1978 gefunden. Dort heißt es zur BRD-Terroristin Becker, Verena:

»Es liegen zuverlässige Informationen vor, wonach die B. seit 1972 von westdeutschen Abwehrorganen wegen der Zugehörigkeit zu terroristischen Gruppierungen bearbeitet bzw. unter Kontrolle gehalten wird.

Diese Informationen wurden durch Mitteilungen der HVA von 1973 und 1976 bestätigt. Zwischenzeitlich wurde bekannt, dass die B. im Jahre 1977 von gegnerischen Abwehrorganen festgenommen wurde. Zu ihrem gegenwärtigen Aufenthalt liegen keine Informationen vor.«

Die SWR-Journalisten Hufnagl und Schmidt waren zu Recht sehr stolz auf diesen Fund, und sie veröffentlichten ihn umgehend. Ich konnte es kaum fassen. Aus diesen Dokumenten ergaben sich Anzeichen, dass meine schlimmsten Befürchtungen zutreffen könnten. Verena Becker hätte demnach bereits Jahre vor der Ermordung meines Vaters Kontakt zu westdeutschen Geheimdiensten gehabt. Damit ließe sich vieles leichter verstehen, einschließlich der Deckung einer Mittäterin beim Karlsruher Attentat.

Auch wenn die Geheimdienste keine Kenntnisse von dem bevorstehenden Attentat auf den Generalbundesanwalt hatten, wäre es eine äußerst missliche Situation, wenn eine mit dem Geheimdienst in Verbindung stehende Person Mittäterin bei diesem Verbrechen war. Wie würde die Öffentlichkeit reagieren, wenn bekannt geworden wäre, dass bundesdeutsche Behörden mit einer RAF-Terroristin in Kontakt standen, die an der Ermordung des obersten Anklägers der Republik und seiner beiden Begleiter beteiligt war? Das sollte dann wohl besser nicht publik werden ...

Ja, so könnte es gewesen sein. Zumindest fügte sich diese Denkmöglichkeit gut zu den sonstigen Puzzleteilen, die anders nicht so recht zusammenpassen wollten.

In den Stasi-Unterlagen fanden sich noch weitere Hinweise. Wolfgang Messner schreibt am 6. Juli 1977 in einem auf den Unterlagen der Rechercheure des Südwestrundfunks basierenden Artikel in der *Stuttgarter Zeitung*, dass die für Abhörmaßnahmen in der BRD zuständige Abteilung III der Stasi ihre Sache offenbar hervorragend machte. Über den Stand der

Fahndung sei sie ebenso unterrichtet gewesen wie über Gespräche im Auswärtigen Amt, an denen der Innenminister, der Justizminister und der Chef des BKA teilnahmen. Aus einem Bericht der Stasi vom 8. April 1977 an Minister Erich Mielke und ranghohe Stasi-Leute werde klar, dass sich die Fahndung auf Klar, Sonnenberg, Folkerts und Becker erstrecke. Dass Verena Becker bereits unmittelbar nach dem Karlsruher Attentat als tatverdächtig eingestuft wurde, ergibt sich auch aus einer anderen Quelle. Dazu will ich vorgreifen auf ein SWR-Feature von Tobias Hufnagl und Holger Schmidt, das am 8. Juni 2008 gesendet wurde. Darin sagt der mit den damaligen Ermittlungen befasste BKA-Beamte Rainer Hofmeyer, später Abteilungsdirektor beim BKA, den SWR-Journalisten:

»Dadurch, dass das Tatmotorrad angemietet war von Günter Sonnenberg und wir über den Mietvertrag für dieses Motorrad sofort auf ihn gekommen sind, und dann wussten wir natürlich auf Grund unserer Beobachtungen, die wir recht weit durchgeführt hatten, wer die unmittelbaren Kontaktpersonen sind. Günter Sonnenberg, Verena Becker, Christian Klar.«

Wenn das zutrifft, ist noch viel unbegreiflicher, weshalb in der *Tagesschau* vom 8. April 1977 nur Klar, Sonnenberg und Folkerts, aber nicht auch Verena Becker als Tatbeteiligte präsentiert wurden. Mehr noch: Boeden hatte in diesem *Tagesschau*-Interview die Nachfrage des Reporters nach einer Frau auf dem Sozius des Motorrads ja geradezu abgewehrt.

Es wäre grauenvoll, wenn die Informationen aus den Stasi-Unterlagen zuträfen. Allerdings müssten wir dann nicht weiter nach Klärung suchen, die Merkwürdigkeiten würden sich weitestgehend auflösen. Aber war den Unterlagen zu trauen?

Ich habe keinerlei Erfahrung mit dem Sprachgebrauch von Geheimdiensten. »Es liegen zuverlässige Informationen vor, wonach die B. seit 1972 von westdeutschen Abwehrorganen [....] unter Kontrolle gehalten wird«, hieß es in den Stasi-

Akten. Einige Wochen nach Auftauchen der Stasi-Unterlagen wurde erklärt, dass man der Formulierung »unter Kontrolle halten« keine erhebliche Bedeutung beimessen dürfe. Sie bezeichne etwas viel Harmloseres, vielleicht, dass man Informationen über eine Person gesammelt habe, mehr nicht. Dagegen kann ich schlecht argumentieren. Ich weiß nicht, mit welchen Worten ein ostdeutscher Geheimdienst die in Art und Intensität sicher vielfältigen Kontakte eines westdeutschen Geheimdiensts zu Informanten beschreiben würde.

Immerhin ist, wie mir ein Journalist erzählte, aus einem Buch von Inge Viett – einer unter anderem an der Lorenz-Entführung beteiligten ehemaligen RAF-Angehörigen – bekannt, dass Verena Becker, wie auch andere Inhaftierte, nach ihrer Verurteilung wegen des Bombenanschlags auf den Britischen Yachtclub in Berlin-Gatow 1972 und vor ihrer Freipressung im Februar 1975 häufig und regelmäßig von Mitarbeitern des Verfassungsschutzes besucht wurde. Man kannte sie also beim Geheimdienst. Vielleicht enthielt die umfangreiche Aussage von Verena Becker vor dem Bundesamt für Verfassungsschutz in den frühen achtziger Jahren auch klare Auskünfte über den Beginn und die Art ihres Zusammenwirkens mit dem Geheimdienst. Schon aus diesem Grund ist es bitter und frustrierend, dass diese Akten in der Bundesanwaltschaft nicht mehr auffindbar und dass die hierzu noch beim Bundesamt für Verfassungsschutz befindlichen Akten nun mit einem Sperrvermerk belegt sind.

Am 6. Juli 2007 antwortete die Bundesjustizministerin und schrieb, sie habe die Bundesanwaltschaft gebeten, zu den in meinem Schreiben aufgeworfenen Fragen zu berichten. Allerdings teile sie die Einschätzung der Bundesanwaltschaft, dass weitergehende Auskünfte als die, die ich bereits von der Behörde erhalten hatte, zum gegenwärtigen Zeitpunkt nicht möglich seien. Die Ministerin schrieb, sie zweifle nicht daran, dass im Rahmen der neuen Ermittlungen auch geprüft werde, ob das eingestellte Verfahren gegen Verena Becker wieder aufzunehmen sei. Gegen Ende des Briefes versicherte sie mir, dass die Bundesanwaltschaft meine Bemühungen zur Sachaufklärung zu schätzen wisse. Ich war dankbar für dieses freundliche und verständnisvolle Schreiben, auch wenn ich natürlich froh gewesen wäre, wenn die Ministerin noch einen Termin genannt hätte, an dem die Bundesanwaltschaft zu den von mir aufgeworfenen Fragen berichten würde.

Zu meiner Zuversicht, dass nun alles gut vorangehen würde und wir bald von der quälenden Unsicherheit befreit wären, hatte auch der Brief des Bundesministers des Inneren beigetragen, der kurz vor dem Schreiben von Brigitte Zypries eingetroffen war. Das Schreiben von Wolfgang Schäuble war sehr konkret. Er könne zwar keine Auskunft über Einzelheiten geben, die das Bundeskriminalamt und das Bundesamt für Verfassungsschutz der Bundesanwaltschaft übermittelt hätten, schrieb er, aber diese Mitteilungen seien im Rahmen von Ermittlungsverfahren der Bundesanwaltschaft erfolgt, so dass die Bundesanwaltschaft und – auf der Ebene der Bundesregierung – das Bundesjustizministeriums zuständig seien. Dieser Hinweis war mir wichtig, denn er zeigte an, dass durch die damalige Übermittlung der Informationen die Nachforschungen der Bundesanwaltschaft unterstützt und nicht unterdrückt werden sollten. Sollte es Auflagen gegeben haben, müssten sie von der Seite des Bundesjustizministers gekommen sein. So hatte ich auch den damaligen Innenminister Gerhart Baum verstanden.

Besonders bedeutsam war für mich das im Schreiben des Innenministers mitgeteilte Ergebnis der von ihm unmittelbar nach der Berichterstattung im *Spiegel* vom 23. April 2007 eingeleiteten Untersuchung: Diese habe ergeben, dass sowohl das Bundesamt für Verfassungsschutz als auch das Bundeskriminalamt seinerzeit den Generalbundesanwalt zeitnah, umfassend und schriftlich über ihre jeweiligen Befragungen und Vernehmungen sowie die dabei gewonnenen Erkenntnisse informiert hätten.

Das waren wohltuend klare Worte! Was war nach dem Bericht im *Spiegel* alles über diese Verfassungsschutzunterlagen gesagt und geschrieben worden: Die Hinweise auf Wisniewski seien nur als Hintergrundinformation für einen kleinen Kreis von Bundesanwälten gedacht und ausdrücklich nicht vor Gericht verwertbar gewesen. Und der Stuttgarter Generalstaatsanwalt Pflieger, der als RAF-Experte gilt, sagte noch im Juli 2007 im WDR 2 auf die Frage, wie die Informationen des Verfassungsschutzes über so viele Jahre zurückgehalten werden konnten:

>»Ich möchte auch unterstellen, dass die Bundesanwaltschaft in dieser Richtung nichts bekannt gewesen ist, der ich ja früher selber angehört habe, und die Behauptung, dass der Verfassungsschutz solche Erkenntnisse gehabt haben soll, das muss schon noch mal näher dargelegt werden.«

Die Pfliegersche Unterstellung war also nicht zutreffend. Im Unterschied zu den vielen vagen, unpräzisen und widersprüchlichen Angaben war die eindeutige Mitteilung von Minister Schäuble für uns wie ein Fixpunkt. Die Information als solche hatte zwar bereits im *Spiegel* gestanden, aber dort war nicht gesagt, von wem sie stammt.

Es stimmte also: Der Generalbundesanwalt hatte die ausführlichen Unterlagen über die damaligen Befragungen beim Bundesamt für Verfassungsschutz erhalten. Es gab keinen Hinweis darauf, dass diese Erkenntnisse vom Verfassungsschutz mit Auflagen bezüglich der gerichtlichen Verwertbarkeit versehen waren. Wenn es die Absicht des Verfassungsschutzes gewesen wäre, keine staatsanwaltliche Nutzung zuzulassen, hätte man die Unterlagen auch sicher nicht umfassend übergeben, sondern hätte sich, wenn dem Generalbundesanwalt überhaupt berichtet worden wäre, auf ein knappes Behördenzeugnis beschränkt, vielleicht auf ein oder zwei Seiten.

Die bohrende Frage wurde noch drängender: Warum hatte Rebmann damals nicht auf den Hinweis reagiert? Warum hatte er kein Ermittlungsverfahren gegen Stefan Wisniewski eröffnet? Musste er nach dem Legalitätsprinzip nicht tätig werden? Man stelle sich doch nur vor, der Hinweis auf Wisniewski wäre zutreffend gewesen, aber der Generalbundesanwalt hätte ihn dem Gericht im nachfolgenden Mohnhaupt/Klar-Prozess nicht vorgelegt! Man kann doch nicht einfach Fakten weglassen, bloß weil sie sich nicht in das Gesamtbild der Anklage einfügen. Was würde mir als Hochschullehrer passieren, wenn ich etwa bewusst experimentelle Resultate verschweigen oder sogar verbergen würde, weil sie nicht zu einer von mir vertretenen Modellvorstellung passen? Ich hätte für längere Zeit, vielleicht sogar für immer die Chancen auf Förderung meiner wissenschaftlichen Arbeiten vertan – und ich müsste diese Konsequenz akzeptieren. Ich bin in meinen dienstlichen Aufgaben zur Wahrheit verpflichtet. Gilt das nicht auch für Juristen?

Oder wurde der Generalbundesanwalt doch vom Bundesjustizminister angewiesen, die Informationen des Verfassungsschutzes nicht zu nutzen? Es wird nicht leicht sein festzustellen, ob Kurt Rebmann damals die Hände gebunden wurden und von wem. Ich habe mich im Januar 2008 aber schließlich doch dazu durchgerungen, Brigitte Zypries zu fragen, ob es in ihrem Hause Erkenntnisse gibt, dass einer ihrer damaligen Vorgänger dem Generalbundesanwalt eine entsprechende Weisung erteilt hat. Eine Antwort darauf habe ich nicht erhalten.

Der Vollständigkeit halber muss natürlich auch die Möglichkeit erwogen werden, dass sich Kurt Rebmann selbst die Hände gebunden hat und aus eigenem Entschluss damals nichts unternahm. Hatte er eine besondere Verbindung zu Geheimdiensten? Wie im *Spiegel* zu lesen war, gab es 1975 zwischen Rebmann – als dem für Stammheim zuständigen leitenden Beamten im Stuttgarter Justizministerium – und Geheimdiensten ein Zusammenwirken bei der Installation von

Abhöranlagen in Stammheim. Wenn ich an eine solche Kooperation denke, wundere ich mich, dass Rebmann 1977 Generalbundesanwalt wurde. Das Abhören in Stammheim war ja gewiss nicht im Interesse der Bundesanwaltschaft, die an der Grenze ihrer Belastbarkeit das schwere und langwierige Baader-Meinhof-Verfahren bearbeitete. Durch die Abhörmaßnahmen konnte der gesamte Prozess gefährdet werden.

All diese Deutungsversuche lassen sich kaum noch überprüfen. Kurt Rebmann ist tot. Ich hätte ihn gern befragt, um vielleicht doch eine zufriedenstellende Erklärung zu erhalten, weshalb er kein Ermittlungsverfahren gegen Wisniewski eingeleitet hatte. Es gelingt mir nicht zu akzeptieren, dass Rebmann uns Angehörigen nicht wenigstens angedeutet hat, dass eventuell eine andere Person auf dem Tatmotorrad saß. Auch wenn wir von der Möglichkeit sicher keinen Gebrauch machen würden, sollte es uns nicht von vornherein verwehrt werden, juristische Schritte zu ergreifen, indem man uns über Tatverdächtige gar nicht informiert.

Oder wurde Kurt Rebmann doch dazu gedrängt, sich bei den Ermittlungen zum Mord an meinem Vater und seinen Begleitern so zu verhalten, wie er es tat?

Aber es gibt noch eine weitere Erklärung für Kurt Rebmanns Verhalten, auf die ich erst nach mehreren Monaten im Ringen um ein in sich konsistentes Verständnis der zunächst verwirrenden Fakten kam. Sie lautet: Wenn Rebmann wusste, dass die Information in den Verfassungsschutzakten über Verena Beckers Aussage in wesentlichen Punkten falsch ist, könnte er deshalb nichts unternommen haben.

*

Das öffentliche Interesse ging weiter zurück. Nur zu einigen Spezialisten unter den Medienvertretern hatte ich noch Kontakte. Öfter sprach ich mit Michael Sontheimer vom *Spiegel*. Wir verabredeten uns zu einem Interview, das am 23. Juli

2007 erschien und mit dem ich die Klärungsbemühungen etwas anzustoßen hoffte. Es war frustrierend, dass die Aktivitäten nur noch vor sich hin dümpelten, deshalb sagte ich etwas resigniert:

»Wenn es wirklich nur noch unsere Familie interessiert, sollte man keine großen Anstrengungen zur Aufklärung mehr unternehmen. Aber es geht um den Mord an dem obersten Ankläger der Republik und seinen beiden mutigen Begleitern. Diese Tat aufzuklären ist eine Pflicht des Staates und muss im Interesse aller Bürger liegen.«

Weitere Themen des Interviews waren die Gespräche mit Boock, der Tatbeitrag von Folkerts, Verena Beckers Aussage beim Verfassungsschutz und meine Einstellung zur Bundesanwaltschaft und zu dem Umstand, dass Bundesanwalt Griesbaum nun die Ermittlungen leitete.

Es gab eine harte Entgegnung auf dieses Interview. In einem Leserbrief im *Spiegel* schrieb Bundesanwalt a. D. Peter Zeis unter der Überschrift »Abenteuerliche Beanstandungen«:

»Bei jahrelanger, gemeinsamer und erfolgreicher Terrorismusbekämpfung habe ich den von mir hoch verehrten Generalbundesanwalt Siegfried Buback als einen äußerst bescheidenen Menschen kennen- und schätzen gelernt. Es soll ja vorkommen, dass bestimmte Charaktereigenschaften nicht an Nachkommen weitergegeben werden. Nur so ist es zu verstehen, dass Professor Michael Buback glaubt, sich im *Spiegel* über die Bundesanwaltschaft beklagen zu müssen, er habe den Eindruck, dass die Bundesanwaltschaft seinen Bemühungen, etwas zur Aufklärung (am Tod seines Vaters) beizutragen, skeptisch gegenübersteht. Hoffentlich ist dem so, kann ich nach über 30-jähriger Tätigkeit in dieser Behörde nur sagen. Mit Vermutungen hat die Bundesanwaltschaft noch nie etwas anfangen können. Mir wäre es neu, dass Professor Buback irgendetwas Sachdienliches zur weiteren Aufklärung an der Ermordung seines Vaters bisher hätte beitragen können oder beigetragen hat. Wie geradezu abenteuerlich die ›Beanstandungen‹ des juristischen Laien Professor Buback sind, zeigt beispielhaft die von ihm vermisste Gegenüberstellung von Verena Becker. Der Todesschütze auf dem Rücksitz des Motorrads war vollständig vermummt. Was soll da eine Gegenüberstellung! Konfuzius hat recht: ›Wer sich zu wichtig nimmt, wird nicht mehr wichtig genommen.‹«

Musste ich mir das gefallen lassen? Bundesanwalt Zeis hatte, wie er behauptete, meinen Vater hoch verehrt. Warum zog er jetzt so über dessen Sohn her, über den Angehörigen eines Mordopfers? Wenn er meinte, dass mein Vorgehen abenteuerlich und unergiebig sei, warum hatte er mich nicht angerufen oder mir geschrieben? Warum beschädigte er mich öffentlich? Viele Freunde und Bekannte riefen entsetzt bei uns an, so etwas dürfe ich nicht auf sich beruhen lassen. Obwohl es nicht üblich sei, Erwiderungen auf Leserbriefe anzudrucken, war der *Spiegel* bereit, mir in diesem Fall die Möglichkeit zu geben, in einer Folgeausgabe oder in *Spiegel*-Online auf Zeis zu antworten. Ich habe davon dann aber doch keinen Gebrauch gemacht. Gegen Anwürfe einer bestimmten Art sollte man sich besser nicht wehren. So hat es auch mein Vater gehalten.

Übrigens hatte ich den Leserbrief gar nicht selbst bemerkt, sondern der »Zeuge vom Vortag« hatte ihn entdeckt. Er meinte, man hätte ihm durchaus die Möglichkeit geben sollen, Verena Becker auf dem Tatmotorrad zu sehen. Er hätte es sich schon zugetraut, zu beurteilen, ob sie die Person sein könnte, die er auf dem Tatmotorrad gesehen hatte. Auch wenn der »Zeuge vom Vortag« das dann hätte ausschließen können, wäre es eine große Hilfe für die Ermittlungen gewesen. So wenig wie ihm leuchtete mir ein, weshalb man nicht wenigstens Körpergröße, Körperumfang und Körperhaltung zur Kennzeichnung einer Person nutzte.

Dass Zeis behauptet hatte, die von mir vermisste Gegenüberstellung zeige beispielhaft, wie geradezu abenteuerlich meine laienhaften Beanstandungen seien, ärgerte mich besonders, als ich einige Wochen später bei der erneuten Durchsicht des Folkerts-Urteils las, dass ein Augenzeuge, der die Motorradbesatzung beim Warten an der Tankstelle unmittelbar vor dem Attentat – mit aufgesetztem Motorradhelm wie bei der Tat – gesehen hatte, von den Ermittlern zu einer Gegenüberstellung mit Knut Folkerts nach Maastricht gebracht worden war. Durch das SWR-Feature vom 8. Juni 2008 habe ich dann erfahren, dass noch weitere Zeugen zu Gegenüberstellungen mit Knut Folkerts nach Holland gefahren wurden. So erinnerte sich die Zeugin Edith Neukirch, die – aufgeschreckt durch die Geräusche beim Attentat – ans Fenster ihrer nahe dem Tatort gelegenen Wohnung eilte und von dort die Täter auf dem Motorrad sah:

»Wir wurden in einem Bus nach Utrecht gefahren, und dort saß der Knut Folkerts ein, und den durften wir dann so betrachten, ohne dass er es merkte. Und da sagte ich noch, also meiner Meinung nach, nein, ich kann mich nicht erinnern, dass der Täter so aussah.«

Die Ermittler haben damals etwas in meinen Augen sehr Vernünftiges getan, indem sie auch Zeugen, die – wie die Zeugin Neukirch oder der Zeuge von der Tankstelle – die Täter nur vermummt und sogar aus größerer Entfernung als der »Zeuge vom Vortag« gesehen hatten, zu Gegenüberstellungen geholt haben. Wie kann Zeis mich als laienhaft und meine Beanstandungen als abenteuerlich bezeichnen, wenn seine Kollegen oder die sie unterstützenden Kriminalbeamten genau die Maßnahmen durchgeführt haben, deren Fehlen ich im Falle des »Zeugen vom Vortag« beanstandete? Oder ist Zeis der Meinung, dass es laienhaft und abenteuerlich war, was die Ermittler vor gut dreißig Jahren taten? Zeis muss von den

Gegenüberstellungen der Zeugin Neukirch und des Zeugen an der Tankstelle gewusst haben, denn er war ja als Bundesanwalt Anklagevertreter im Mohnhaupt/Klar-Prozess und muss die Akten gelesen und den Prozess genau verfolgt haben.

Der ungehörige Leserbrief von Bundesanwalt a.D. Zeis hatte allerdings auch sein Gutes, denn ich habe erst dadurch gemerkt, dass es trotz der Vermummung der Täter Gegenüberstellungen mit Zeugen vom Tatort gab. Interessanterweise wurden aber ausgerechnet die Zeugen, die die Personen auf dem Motorrad aus nächster Nähe gesehen hatten, übergangen: Dem »Zeugen vom Vortag« wurde nicht nur Verena Becker nicht gegenübergestellt, sondern ebenso wenig Klar und Folkerts. Das ist überaus merkwürdig. Noch erstaunlicher ist, dass zu einer solchen Gegenüberstellung auch nicht der jugoslawische Zeuge gebeten wurde, der die Täter aus wenigen Metern Entfernung gesehen hatte. Wenn man eine Zeugin, die die vermummten Täter nur vom Fenster eines Hauses aus sah und auch das erst, nachdem bereits Schüsse gefallen waren, zur Gegenüberstellung bis nach Holland fährt, muss es doch einen besonderen Grund dafür geben, dass man die Person, die aus einem Auto unmittelbar neben dem Dienstwagen meines Vaters die Tat beobachtete, nicht zu Gegenüberstellungen lädt.

Anfang Mai 2007 hatte ich die Generalbundesanwältin um Zusendung der Aussage des jugoslawischen Augenzeugen gebeten und ausdrücklich auch um weitere vor Ermittlungsbehörden abgegebene Bekundungen dieses Zeugen, falls es solche geben sollte. Da ich außer seiner Aussage vom 7. April 1977 nichts erhalten habe, muss ich davon ausgehen, dass es mit ihm keine Gegenüberstellungen gab. Das ist völlig unverständlich – es sei denn, man folgt wieder der Idee, dass die auf eine Frau hinweisenden Spuren verdeckt werden sollten. Wer eine Frau schützen will, beteiligt den jugoslawischen Zeugen vom Tattag wie auch die »Zeugen vom Vortag« besser nicht an Gegenüberstellungen. Möglicherweise erklärt dies auch, weshalb es beim Jugoslawen am 7. April 1977 noch einen Nachtrag zu seiner Befragung gab, der separat von ihm unterschrieben ist; darin erklärt er, dass

sein Fahrzeug auf der linken Fahrspur gestanden habe, dasjenige von Buback auf der rechten Fahrspur, und rechts neben diesem Fahrzeug sei das Motorrad gewesen.

Er beschreibt dann nur die Personen im Dienstwagen und erwähnt die Motorradbesatzung in diesem zweiten Teil seiner Aussage nicht mehr. Damit soll wohl ausgedrückt werden, dass er die Personen auf dem Motorrad nicht gut sehen konnte, weil der Dienstwagen dazwischen stand.

Im ersten Teil seiner Aussage hatte er aber die bereits zitierte ausführliche Beschreibung des Tathergangs und der Täter gegeben. Er beobachtete die Täter, schilderte, wie der Soziusfahrer die Waffe in die Tasche steckte, auch welche Helme und Jacken die Täter anhatten. Er wäre demnach ein sehr geeigneter Zeuge für eine Gegenüberstellung gewesen. Diese Eignung wurde dann durch den Nachtrag zur Aussage relativiert und erheblich reduziert.

Mir kommen sehr bedrückende Gedanken, wenn ich mir die Szene am Vormittag des Gründonnerstags 1977 am Linkenheimer Tor in Karlsruhe vorstelle: Mein Vater lag stundenlang tot neben der Straße. Der Jugoslawe lief, wie ich inzwischen erfuhr, noch lange am Tatort herum. Immer wieder kamen neue Beamte von anderen Ämtern dazu. Die Tat wurde erneut aufgenommen, obwohl die Karlsruher Polizei bereits alles genau registriert hatte. Offensichtlich musste mein Vater liegen bleiben, bis schließlich die Beamten der »Abteilung TE« (Terrorismus) des Bundeskriminalamts aus Bad Godesberg eintrafen. Einen anderen Grund kann ich mir nicht vorstellen. Sie prüften dann nochmals die bereits mehrfach aufgenommenen Fakten. Gern würde ich einen von ihnen fragen, ob sie daran beteiligt waren, dass der jugoslawische Zeuge noch einmal befragt wurde und dabei gleich zu Beginn Angaben macht, die den Schluss zulassen, seine Beobachtungsmöglichkeit sei doch nicht so gut gewesen. Die detailliertere Aussage des Jugoslawen, in der er seinen frischen Eindruck unmittelbar nach dem Verbrechen geschildert und von einer möglicherweise weiblichen Täterin auf dem Sozius gesprochen hatte, war am Ende des Vormittags wohl schon nicht mehr bei den Ermittlungsakten.

Dann konnte mein Vater endlich nach Heidelberg in die Gerichtsmedizin transportiert werden. Kurz danach kam meine Mutter an den Tatort. Zwei Bundesanwälte hatten ihr am Vormittag die Nachricht von der Ermordung ihres Mannes überbracht. Als die Bundesanwälte weggefahren waren, setzte sich meine Mutter aufs Fahrrad, um zum Tatort zu fahren. Dort konnte aber niemand etwas mit ihr anfangen. Die Karlsruher Polizei hatte mit der Sicherung und Abschirmung des Tatorts alle Hände voll zu tun. Niemand wusste offenbar, wie man mit der Witwe des Generalbundesanwalts umgehen sollte. Meine Mutter muss sehr gestört haben. Nachdem sie erfahren hatte, dass mein Vater inzwischen nicht mehr da war, fuhr sie ohne Begleitung auf ihrem Fahrrad wieder nach Hause zurück.

Es war der Brief von Bundesanwalt a.D. Zeis, der mich auf die Spur dieser Erkenntnisse geführt hat und damit zu einem weiteren Mosaikstein, der zu dem Bild passt, dass wohl schon am Tag des Attentats eine Deckung für Täter wirksam wurde.

Ich verstehe ja das Unbehagen bei Peter Zeis. Nur sollte es sich nicht gegen mich richten. Er sollte sich vielleicht dazu äußern, dass man ihn als Bundesanwalt – und damit als ranghöchsten der vier Anklagevertreter – augenscheinlich in das Mohnhaupt/Klar-Verfahren vor dem Oberlandesgericht Stuttgart geschickt hat, ohne dass ihn die Führung der Bundesanwaltschaft über die Aussage von Verena Becker gegenüber dem Verfassungsschutz informiert hatte, wonach Wisniewski

Der Tatort

der Schütze gewesen sei. Denn wenn er es gewusst hat, warum wurde es dann nicht ins Verfahren eingeführt? Wenn er es nicht gewusst hat, wovon ich ausgehe, kann er darüber froh sein, denn es hätte möglicherweise unangenehme Konsequenzen für ihn, wenn er von Wisniewski als einem dringend Tatverdächtigen Kenntnis gehabt, aber dieses Wissen im Prozess nicht präsentiert hätte.

Dass der Bundesanwalt a. D. nicht weiß, was ich an Sachdienlichem zur Aufklärung des Mordes an meinem Vater beigetragen hätte, wundert mich nicht. Woher sollte er auch? Ich habe meine Erkenntnisse der Bundesanwaltschaft mitgeteilt. Die Behörde wird kaum Zeit gehabt und auch keine Verpflichtung gesehen haben, ihre Ruheständler über meine Hinweise zu informieren. Wenn Zeis etwas über meine Beiträge wissen wollte, hätte er mich gern anrufen können. Ich bin dankbar für jede Gelegenheit, mit einem kompetenten Gesprächspartner über die mich bedrückenden Fragen reden zu können. Er kann auch gern mit mir über meinen Charakter sprechen, aber es ist unerhört, dass sich ein Bundesanwalt anmaßt, öffentlich darüber zu spekulieren, welche guten Charaktereigenschaften ich nicht von meinem Vater geerbt hätte.

Bei allem Ärger über diesen Leserbrief erfüllte mich gleichzeitig eine Mischung aus Genugtuung und Kummer, denn an der Art der Zeisschen Äußerung bemerkte ich auch, dass wohl einige meiner Äußerungen im *Spiegel*-Interview ins Schwarze getroffen hatten.

Nicht nur der *Spiegel*, auch einige der aus Karlsruhe berichtenden Fachjournalisten blieben an der Klärung der Fragen zur Ermittlung der Täter interessiert. Sie störten sich daran, dass ihre Anträge auf Herausgabe der Urteile gegen Folkerts und gegen Mohnhaupt/Klar von der Bundesanwaltschaft abgelehnt wurden, obwohl, wie sie argumentierten, ein erhebliches Informationsbedürfnis der Öffentlichkeit bestehe. Schließlich gehe es ja darum, ob die richtigen Täter für die Tat verurteilt worden waren. Einige Journalisten fragten mich, ob ich ihnen die Urteile zusenden könne, aber da sie mir von einem Journalisten zum persönlichen Gebrauch überlassen worden waren, konnte ich sie jetzt nicht an dessen Konkurrenten verteilen. Der Druck der Medien und die Klagebereitschaft der Justizpressekonferenz Karlsruhe bewogen die Bundesanwaltschaft schließlich doch, die Urteile Mitte August 2007 freizugeben.

Danach las ich in Zeitungsberichten, mein auf die Aussage eines einzelnen Zeugen gestützter Verdacht gegen eine Frau als Täterin erscheine nach den Ausführungen des Oberlandesgerichts als unwahrscheinlich. Elf Zeugen hätten bei Anmietung des Tatmotorrads und im Fluchtauto übereinstimmend immer nur Männer beobachtet.

Ja, was hatten denn diejenigen, die so etwas schrieben, von den Urteilen erwartet? Sollte darin stehen, Frau X und Herr Y seien die Täter auf dem Motorrad gewesen, man werde aber die Herren A, B und C verurteilen? Es waren doch hervorragende Juristen in den Senaten des Oberlandesgerichts Stuttgart. Nur: Sie waren auf das Material angewiesen, das ihnen die Bundesanwaltschaft vorlegte. Wenn keine Frau angeklagt war und wenn sich dann auch noch, wie es in der Mohnhaupt/Klar-Anklage der Fall war, die Hinweise auf eine weibliche Täterin beim Karlsruher Attentat verflüchtigt hatten, konnte man von den Richtern kaum verlangen, dass sie eigene Ermittlungen anstellten.

Meine Mutter las am 16. August 2007 in ihrer Zeitung, den *Badischen Neuesten Nachrichten*:

»Nach den jetzt veröffentlichten Urteilen erscheint es unwahrscheinlich, dass eine bislang nicht ermittelte Frau die tödlichen Schüsse auf den Generalbundesanwalt und seine zwei Begleiter abgab.«

Als ich mit meiner Mutter telefonierte, sagte sie sehr bitter: »Man wird vielleicht irgendwann noch behaupten, es sei Selbstmord gewesen.« Das beschrieb in drastischer Weise unser Problem. Wir wollten wissen, wer die Mörder auf dem Motorrad waren. Nach der Aussage von Boock waren es nicht Folkerts und Klar. Gegen die drei anderen in Betracht kommenden Personen: Becker, Sonnenberg und Wisniewski war wegen des Karlsruher Attentats aber nicht einmal Anklage erhoben worden. Somit gab es für uns keinen gesicherten Täter mehr. Die Situation war schlimmer als je zuvor.

Es war jetzt Mittsommer 2007. Nachdem die Bundesanwaltschaft die Urteile freigegeben hatte, waren die Medien überwiegend zufrieden. Unter den wenigen Journalisten, die noch immer nachbohrten, war Christian Rath, der Rechtsexperte der *taz*. Er verfasste einige Artikel, die sich ohne Aggressivität, aber doch kritisch mit den Ermittlungen nach dem Attentat, aber auch mit dem Verhalten der Bundesanwaltschaft im Jahr 2007 befassten. Wir hatten oft miteinander gesprochen, und ich konnte mich mit vielem, was er schrieb, identifizieren. Er bereitete mir allerdings auch Kümmernisse. Ich denke an seinen Satz:»Wer heute die Bundesanwaltschaft kritisiert, gilt nicht mehr als RAF-, sondern als Buback-Sympathisant.« Das machte meine ohnehin nicht einfache Situation noch schwieriger.

Rath führte ein interessantes Interview mit dem inzwischen pensionierten Bundesanwalt Lampe, das am 17. August 2007 in der *taz* erschien. Joachim Lampe hatte 1977 die Anklage des Generalbundesanwalts gegen Verena Becker vertreten. Im Wesentlichen ging es um den gemeinschaftlichen versuchten Mord an sechs Singener Polizisten am 3. Mai 1977. Rath fragte den Bundesanwalt, weshalb er damals Verena Becker nicht auch als Mittäterin beim Karlsruher Attentat angeklagt habe. Lampe erwiderte:

»Gegen Verena Becker bestand kein dringender Tatverdacht wegen des Buback-Anschlags. Einige Wochen nach der Tat ist die Tatwaffe im Rucksack ihres Begleiters Sonnenberg kein starkes Indiz für eine unmittelbare Tatbeteiligung von Frau Becker.«

Das ist so nicht richtig, denn am 10. Mai 1977 hatte ja der Ermittlungsrichter des Bundesgerichtshofs im Haftbeschluss gegen Becker einen dringenden Tatverdacht wegen des Karlsruher Attentats festgestellt. Christian Rath hakte nach:

»Einzelne Zeugen haben den Sozius auf dem Tatmotorrad als schmächtige, zierliche Person beschrieben, eventuell eine Frau. Sprach das nicht für Verena Becker?«

Bundesanwalt Lampe entgegnete:

»Nein. Wenn ich auf eine so vage Beschreibung eine Anklage gestützt hätte, wäre der Aufschrei in der Prozess groß gewesen. Und es gab gegen Frau Becker ja viel handfestere Vorwürfe.«

Lampe erläuterte, dass Verena Becker bei ihrer Festnahme auf sechs Polizisten geschossen habe, und das alles vor den Augen der ganzen Stadt Singen. Er habe einen schnellen und von der Öffentlichkeit überschaubaren Prozess gewollt. Es sei das zweite Stammheim-Verfahren gewesen, und das erste habe sehr lange gedauert. Auf die Frage des Journalisten:

»Sie wollten bei ihren Anklagen also vor allem möglichst schnell ein ›lebenslänglich‹ haben?«

antwortete Lampe:

»Ja. Ich wollte, dass die Strafe der Tat möglichst auf dem Fuße folgt. Das ist der gesetzliche Auftrag.«

Ich kann es nachempfinden, dass die Bundesanwaltschaft keine übermäßig aufwendigen Verfahren wünschte, aber andererseits beunruhigen mich diese Ausführungen. Die Bundesanwaltschaft hatte ihre Handlungen nach den Erwartungen der Öffentlichkeit ausgerichtet? Hatte man in der Behörde nicht sehr ernsthaft erwogen, dass Verena Becker eventuell doch Mittäterin in Karlsruhe war?

Erst Monate später erfuhr ich in meinen Gesprächen mit Joachim Lampe, dass die Bundesanwaltschaft das Verfahren gegen Verena Becker in einen Singener und einen Karlsruher Bereich aufgespalten hatte, wobei Lampe nur für den Singener Teil zuständig war. Bei allem Verständnis für die durch diese Aufteilung vermutlich verbesserte »Prozessökonomie« sehe ich allerdings die große Gefahr, dass nach der Verurteilung von Verena Becker wegen des Singener Verbrechens ihr möglicher Karlsruher Tatbeitrag in den Hintergrund trat, denn sie hatte ja bereits ihr »lebenslänglich«. Zumindest habe ich oft den Hinweis auf die bereits erfolgte Verurteilung gehört. Hat man denn in der Folgezeit in der Behörde angemessen bedacht, welche Konsequenzen es haben könnte, wenn sie *doch* auf dem Motorrad saß und an ihrer Stelle ein anderer für diesen Tatbeitrag angeklagt und verurteilt wurde?

Hinzu kommt, dass Verena Becker trotz ihrer Verurteilung zu lebenslänglicher Haft vergleichsweise gute Chancen hatte, vorzeitig freigelassen zu werden, denn in Singen war ja zum Glück niemand getötet worden. Auch könnte man ihre Tat aus der Distanz einiger Jahre sicher wohlwollender sehen als die Verbrechen anderer RAF-Terroristen, denn ihre im Singener Urteil beschriebene Mordaktivität war nicht besonders herausragend. Im Urteil heißt es, dass Becker und Sonnenberg, gefolgt von den Polizisten Wolfgang Seliger und Uwe Jacobs, zu einem Auto gingen, in dem sich angeblich ihre Ausweispapiere befanden. Die Polizisten wollten die Papiere überprüfen. Plötzlich drehte sich Sonnenberg um und schoss auf Seliger. Fast gleichzeitig oder unmittelbar danach schoss Becker auf Jacobs. Ihre Kugel durchschlug seinen rechten Unterarm. Er schrie auf und ließ sich fallen. Die Pistole fiel ihm aus der Hand. Während er stürzte, gab Verena Becker noch einen gezielten zweiten Schuss auf Jacobs ab, der jedoch nicht traf. Jacobs blieb bewegungslos auf der Straße liegen, die Augen geschlossen. Im Urteil heißt es dann auf Seite 25/26 weiter:

»Auf den so bewegungslos vor ihr liegenden Beamten gab die Angeklagte noch mindestens einen gezielten Schuß ab, der die Lederjacke des Jacobs, die sich beim Fallen geöffnet hatte, an der rechten Brusttasche von innen nach außen durchschlug, dabei ein in der rechten Jackeninnentasche steckendes Notizbuch und ein Schlüsseletui beschädigte und Jacke und Hemd am rechten Ellenbogen streifte. Da sich Jacobs nicht mehr bewegte, hielt ihn die Angeklagte Becker für tot und wandte sich Sonnenberg zu.«

Man möchte fast Mitleid mit einer im Schießen derartig un-geübten Mörderin haben: Trotz ihrer Schießausbildung im Jemen schafft sie es nicht einmal, einen wehrlos vor ihr liegen-den Menschen, den sie laut Anklage ermorden will, am Kör-per zu treffen. Auch der erste, überraschende Schuss von Verena Becker, der Jacobs am Unterarm traf, hatte keine schwerwiegenden Folgen. Im Urteil steht dazu auf Seite 27:

»Nachdem keine Schüsse mehr zu hören waren, schlug Ja-cobs die Augen auf, ergriff seine Dienstpistole, stand auf und rannte, weil er nicht wusste, wohin die Täter geflüchtet wa-ren, in Richtung Freiheitsstraße. An der Kreuzung sah er an einem Lkw einen älteren Mann stehen, der ihm die Fluchtrich-tung der beiden Täter wies.«

Es klingt wie im Theater. Die dramatische Szene ist vorüber. Der Vorhang fällt. Das Opfer steht auf und geht. Ich will kei-nesfalls das für den Polizisten Jacobs grauenvolle Erlebnis in irgendeiner Weise bagatellisieren. Nachdem ich aber so viele Merkwürdigkeiten bei den Ermittlungen gesehen habe, muss ich auch hier überlegen, ob es eine alternative Deutung geben könnte. Ist es wirklich ein Mordversuch, wenn man einen Wehrlosen aus nächster Nähe *nicht* erschießt? Günter Son-nenberg befand sich ja in ähnlicher Situation wie Verena Be-cker. Er schoss neunmal, und der Polizist Seliger erlitt sechs schwere, über den gesamten Körper verteilte Schussverletzun-gen. Hat man eigentlich darüber nachgedacht, ob Verena Be-cker vielleicht bewusst nicht treffen wollte? Manche werden dies für eine absurde Idee halten, aber angesichts der verwor-renen Situation musste ich auch Abwegiges in Betracht zie-hen, ganz im Sinne der Äußerung meines Vaters über die Schwierigkeiten bei Ermittlungen.

Unter der nicht mehr auszuschließenden Annahme, dass es einen Schutz oder gar eine Deckung für Täter gab, könnte es schon Sinn machen, dass Verena Becker den Polizisten Jacobs nicht erschoss. Wenn schon in Karlsruhe kein Weg gefunden wurde, den Tod von Wolfgang Göbel und Georg Wurster, der beiden Begleiter meines Vaters, zu vermeiden, durften nun nicht noch mehr Menschen umgebracht werden, vor allem nicht solche, die in keiner Beziehung zum Generalbundesanwalt Buback standen. Weitere derartige Morde ließen sich wohl kaum noch decken. Wenn die Hypothese einer Deckung also zutreffen sollte, musste Verena Becker einen tödlichen Schuss auf den Polizisten Jacobs unbedingt vermeiden. Zu entkommen hätte ihr ja genügt.

Ich erschrak bei diesem Gedanken, aber ich konnte mich nicht dagegen wehren, ihn zu denken.

Was stand weiter im Urteil? Hatte Verena Becker bei dem anschließenden Fluchtversuch bis zu ihrer Ergreifung noch weitere Schüsse abgegeben und dabei die sie verfolgenden Beamten verletzt? Im gewaltsam beschafften Fluchtauto gelang es ihr nicht, mit dem Selbstladegewehr, der Karlsruher Tatwaffe, zu schießen. Als mögliche Gründe werden im Urteil angeführt, dass die Waffe nicht durchgeladen war und ihr ein Durchladen wegen der Enge im Auto und/oder wegen des dafür erforderlichen Kraftaufwands nicht ohne weiteres möglich war. Es sind aber noch andere Gründe denkbar, die mit Beckers Verhalten, als sie auf Jacobs schoss, im Einklang stehen: Möglicherweise wollte sie mit dieser furchtbaren Waffe keinesfalls schießen, um die dann wohl unausweichlichen Folgen zu vermeiden. Und vielleicht sollte auch nicht der Eindruck entstehen, dass sie mit dieser Waffe gut umgehen konnte.

Bei der weiteren Flucht schoss Verena Becker bis kurz vor ihrer Ergreifung noch einige Male mit einem Revolver, ohne Menschen zu treffen. Für die dabei »tateinheitlich begangenen gemeinschaftlichen Mordversuche« an vier weiteren Polizisten – die Beamten Seliger und Jacobs waren nicht mehr an der Verfolgung beteiligt – hielt der Senat eine Strafmilderung für angebracht. Dagegen verbot sich nach Überzeugung des

Gerichts bei den versuchten gemeinschaftlichen Morden an den Polizisten Seliger und Jacobs eine Strafmilderung. Becker wurde wegen der zuvor geschilderten Tat, bei der sie aus nächster Nähe einen Wehrlosen *nicht* erschossen hatte, zu lebenslänglicher Haft verurteilt.

Als ich im August 2007 das Interview mit Bundesanwalt Lampe las, wusste ich noch nicht, dass der Ermittlungsrichter des Bundesgerichtshofs am 10. Mai 1977 Verena Becker als Mittäterin beim Karlsruher Attentat bezeichnet hatte. Für den Ermittlungsrichter zählte, dass bei ihrer Festnahme die Karlsruher Tatwaffe sichergestellt wurde sowie ein Werkzeug, das zu dem Tatfahrzeug gehörte. Joachim Lampe kannte die Feststellung des Ermittlungsrichters, nach der »Verena Becker in die Ausführung des Karlsruher Attentats als Mittäterin einbezogen war«, sehr gut, denn er war als Vertreter der Bundesanwaltschaft bei dem Haftprüfungstermin in Stuttgart-Stammheim anwesend.

Diese Feststellung zur Mittäterschaft von Verena Becker passt so gar nicht zu einer Passage auf Seite 124/125 des Urteils gegen Becker wegen des Singener Verbrechens. Es verwunderte und erschreckte mich, dort zu lesen:

»Die Bundesanwaltschaft hat auf Anfrage mitgeteilt, daß von der von ihr am 25.6.1977 gemäß § 154 Abs.1 StPO verfügten Einstellung alle Verbrechen und Vergehen erfasst sind, die nicht in der Anklageschrift aufgeführt sind.«

Unfassbar! Die Bundesanwaltschaft verfügte eine Einstellung, die alle nicht in Singen angeklagten Verbrechen erfasst? Was umfasst dieses »alle«? Ich kannte diese Singener Anklage zwar nicht, aber in Elisabeths Sammlung alter Zeitungsausschnitte fand ich einen Bericht aus den *Badischen Neuesten Nachrichten* vom 2. Juli 1977. Darin wird der Amtsantritt von Generalbundesanwalt Rebmann am Vortag erwähnt, und es wird berichtet, dass Sonnenberg und Becker wegen versuchten

Mordes an sechs Polizeibeamten und anderer Straftaten angeklagt worden sind. Weiter heißt es:

»Es hatte zunächst Aufsehen erregt, daß in der vor dem
Oberlandesgericht Stuttgart erhobenen Anklage nicht auch
der Fall Buback eine Rolle spielt.«

Da also wegen des Karlsruher Attentats keine Anklage im
Verfahren zu Singen erhoben worden war, musste, wenn die
Passage im Urteil richtig war, die Einstellungsverfügung nach
§ 154 Abs.1 StPO auch in Bezug auf eine eventuelle »Karlsruher Mittäterschaft« von Frau Becker wirksam geworden sein.
Ich wollte natürlich wissen, was der Paragraph besagt, nach
dem die Einstellung erfolgt war. Ich traute meinen Augen
nicht: Die Überschrift zum § 154 StPO lautet »Nicht beträchtlich ins Gewicht fallende Nebenstraftaten«, und Absatz 1 besagt:

»Die Staatsanwaltschaft kann von der Verfolgung einer Tat
absehen, 1. wenn die Strafe oder die Maßregel der Besserung und Sicherung, zu der die Verfolgung führen kann, neben einer Strafe oder Maßregel der Besserung und Sicherung, die gegen den Beschuldigten wegen einer anderen Tat
rechtskräftig verhängt worden ist oder die er wegen einer anderen Tat zu erwarten hat, nicht beträchtlich ins Gewicht fällt
oder 2. darüber hinaus, wenn ein Urteil wegen dieser Tat in
angemessener Frist nicht zu erwarten ist und wenn eine
Strafe oder Maßregel der Besserung und Sicherung, die gegen den Beschuldigten rechtskräftig verhängt worden ist
oder die er wegen einer anderen Tat zu erwarten hat, zur
Einwirkung auf den Täter und zur Verteidigung der Rechts-
ordnung ausreichend erscheint.«

Meine erste Reaktion war: Die Paragraphen der Strafprozessordnung müssen in der Zeit zwischen 1977 und 2007 neu

durchnummeriert worden sein. Dieser Paragraph 154 konnte ja wohl unmöglich begründen, dass die Verfolgung einer Mittäterin beim Karlsruher Attentat eingestellt wurde. Das war doch in keinem Fall eine Nebenstraftat.

Es stellte sich dann rasch heraus, dass es doch derselbe Paragraph war. Die sehr irritierende Situation klärte sich für mich erst wesentlich später, nachdem ich aus Gesprächen mit Bundesanwalt a.D. Lampe wusste, dass die Verfahren gegen Verena Becker Mitte 1977 geteilt worden waren. Die Einstellung nach § 154 StPO bezog sich auf Nebenstraftaten zum Singener Verfahren. Die Passage im Urteil zu Singen war also nicht hinreichend präzis und somit missverständlich, denn dort wird ausgeführt, die Einstellung nach § 154 StPO erfasse »alle« Verbrechen der Verena Becker, die nicht in der dortigen Anklage enthalten seien – und das würde auch die Karlsruher Tat mit einschließen.

Die Ermittlungen gegen Verena Becker wegen des Karlsruher Attentats wurden nicht mehr von Lampe, sondern von einem anderen Oberstaatsanwalt geführt. Der Austausch wesentlicher Informationen zwischen den beiden mit diesen jetzt getrennten Verfahren befassten Oberstaatsanwälten scheint mir nicht sehr gut gewesen zu sein. So erfuhr Bundesanwalt Lampe erst durch mich von der Aussage der Familie des »Zeugen vom Vortag«.

Andererseits kannte der mit dem Karlsruher Attentat befasste Oberstaatsanwalt, wie mir scheint, nicht die Verena Becker als mögliche Mittäterin des Karlsruher Verbrechens belastenden Hinweise, die im Rahmen der Singener Ermittlungen angefallen waren. Denn am 31. März 1980 teilte der Generalbundesanwalt der in Frankfurt einsitzenden Verena Becker mit, dass er das wegen der Beschuldigung, gemeinsam mit anderen RAF-Mitgliedern Generalbundesanwalt Buback, Wolfgang Göbel und Georg Wurster ermordet zu haben, gegen sie eingeleitete Ermittlungsverfahren eingestellt habe. In einem zugehörigen Vermerk führte der Generalbundesanwalt aus, dass zwar ein gewisser Verdacht bestehe, dass Verena Becker an den Karlsruher Morden beteiligt sei,

aber über die dargelegten Verdachtsgründe hinaus lägen keine Erkenntnisse über eine konkrete Beteiligung insbesondere an der Planung, Vorbereitung oder Durchführung der Tat vor. Ein Nachweis, der nach einer eventuellen Hauptverhandlung eine Verurteilung mit einiger Wahrscheinlichkeit erwarten lasse, sei daher nicht zu führen. Das Verfahren sei deshalb insoweit gemäß Paragraph 170 Absatz 2 der StPO einzustellen.

Nach Ansicht des Generalbundesanwalts bot der Stand der Ermittlungen also im Frühjahr 1980 nicht genügend Anlass, um Klage zu erheben (denn das besagt der angeführte Paragraph 170). Ich kann mich über diesen Generalbundesanwalt nur wundern, der 1979 Knut Folkerts trotz dürftiger Beweislage als Schützen auf dem Motorrad angeklagt hatte, am 31. März 1980 aber Verena Becker aus dem Kreis der Mittäter entließ. Dabei sind in ihrem Fall die Hinweise auf eine Mittäterschaft beim Karlsruher Attentat zahlreich und erheblich. In meinen Augen weisen das Vorgehen gegen Knut Folkerts und das Nicht-Vorgehen gegen Verena Becker deutlich auf eine Deckung für Becker hin. Auch die Ergebnisse ergänzender Gutachten, die in der zweiten Jahreshälfte 1977 zu den Haarspuren und zu dem bei Verena Becker gefundenen Werkzeug eingeholt wurden, können mich da nicht umstimmen. Die zugehörigen Unterlagen habe ich allerdings erst Ende 2007 und in den ersten Monaten des Jahres 2008 von der Bundesanwaltschaft erhalten; ich komme noch darauf zu sprechen.

All diese Informationen erhielt ich mithin erst sehr viel später. Trotzdem musste ich bereits im August 2007 ein weiteres Mal innehalten, um zu überlegen, ob die neuen Erkenntnisse aus dem Singener Urteil auch und vielleicht sogar besser zu verstehen waren, wenn man annahm, dass es eine Deckung für Täter gab. Die Einstellung des Ermittlungsverfahrens gegen Verena Becker wegen des Karlsruher Attentats war zweifellos günstig für sie.

Ließ sich etwas aus dem Zeitpunkt schließen, zu dem die Maßnahme erfolgte? Ende März 1980 war Knut Folkerts bereits seit mehreren Monaten angeklagt, sein Prozess stand unmittelbar bevor. Er wurde beschuldigt, vom Soziussitz des Motorrads aus die tödlichen Schüsse abgegeben zu haben. Dies war nun aber, wenn man die Aussagen der Augenzeugen ernst nahm, der Platz, auf dem eine zierliche Frau gesessen haben sollte. Man hätte also für den Soziussitz einen Täter zu viel. Durch die Folkerts-Anklage der Bundesanwaltschaft wurde die Suche nach einer anderen Person, die dort gesessen haben könnte, überflüssig, und Verena Becker konnte aus dem Kreis der als unmittelbare Karlsruher Täter Verdächtigten entlassen werden.

Wer nachhaltig und konsequent an die Möglichkeit einer Deckung von Tätern glaubt, kommt nicht an der Überlegung vorbei, dass zwar nur eine magere Beweislage für den Tatvorwurf gegen Folkerts als Schützen auf dem Soziussitz sprach, die Anklage aber dennoch erfolgte, damit man Verena Becker schützen konnte. Das ist wieder einer dieser grausigen Gedanken, die man verbannen möchte, aber doch denken muss, weil man sie leider nicht mit Sicherheit ausschließen kann. Der Gedanke gewinnt seine fürchterliche Logik aus der erheblichen Zahl anderer beunruhigender Aspekte bei den damaligen Ermittlungen. Dazu gehört unter anderem der Umstand, dass in der Folkerts-Anklage nichts über Vergleiche der darin beschriebenen tatrelevanten Haarspuren mit Haarproben des Angeklagten steht. Warum eigentlich nicht? Wenn Folkerts auf dem Motorrad saß und wenn in beiden Helmen Haare gefunden wurden, muss doch geprüft worden sein, ob sich eine der Haarspuren ihm zuordnen ließ. Befremdlich und verdächtig kann nicht nur sein, welche Ermittlungen durchgeführt wurden, sondern auch, welche unterlassen wurden.

Das Gedankenexperiment, dem zufolge Verena Becker – oder auch jemand anders – vor einer Verurteilung wegen des Karlsruher Attentats geschützt wurde, erscheint auch deshalb nicht abwegig, weil die Verfahren gegen Becker und Sonnenberg wegen der Verbrechen in Singen so geführt wurden, dass lebenslängliche Haftstrafen daraus resultierten. Damit wurde es leichter zu argumentieren, dass beide nicht auch noch wegen des Karlsruher Attentats vor Gericht gestellt werden müssten.

Tatsache ist, dass weder gegen Becker noch gegen Sonnenberg nach dem Singener Verfahren ein Prozess wegen des Mords an meinem Vater durchgeführt wurde. Beide gelangten nach einer angesichts des »lebenslänglich« nicht übermäßig langen Strafdauer in Freiheit. Interessanterweise wurde ja auch Stefan Wisniewski – die dritte aufgrund von Hinweisen aus dem RAF-Bereich zum Kreis möglicher Karlsruher Täter gehörende Person – nicht wegen des Attentats am Gründonnerstag 1977 angeklagt.

Auch wenn noch zahlreiche mit den angesprochenen Fragen und daran anknüpfenden Erwägungen verbundene Unsicherheiten bleiben, kommt man nicht an dem äußerst beunruhigenden Befund vorbei, dass als Mittäter beim Karlsruher Attentat nur Personen angeklagt wurden, die mit hoher Wahrscheinlichkeit gar nicht am Tatort waren: Brigitte Mohnhaupt, Knut Folkerts und Christian Klar. Falls wirklich eine Deckung der Täter beabsichtigt war, ließe sich dies natürlich mit besonders hoher Aussicht auf Erfolg dann verwirklichen, wenn nur solche Personen vor Gericht gestellt wurden, die an der unmittelbaren Ausführung des Attentats nicht beteiligt waren, also nicht auf dem Motorrad gesessen haben. Die Chancen, dass aus einer solchen Konstellation heraus die wahren Tatumstände ermittelt werden, liegen nahe bei null. Eine Täterdeckung wird weiterhin begünstigt, wenn Personen anklagt sind, die Mittäter oder Täter bei einem oder mehreren anderen Morden waren und die so fanatisch sind, dass es ihnen nichts ausmacht, sich auch noch für Taten verurteilen zu lassen, die sie nicht begangen haben. Vielleicht nahmen sie das sogar bereitwillig in Kauf, um auf diese Weise die von ihnen gehasste Justiz zu verhöhnen.

Mir war nun klar, dass es bei den Ermittlungen schwere Fehler und Nachlässigkeiten oder gezielte Schutz- und Deckungsmaßnahmen für Täter gegeben hatte, vielleicht auch beides zusammen. Doch wer diese Fehler begangen und wer eventuell die Deckung ermöglicht hatte, das war nach wie vor nicht klar. Für die Bundesanwaltschaft waren die ersten Wochen und Monate nach dem Attentat sicher eine äußerst schwierige Zeit. Die Behörde litt zunächst noch unter einer enormen Arbeitslast bei sehr dünner Personaldecke. Der Chef war ermordet worden. Man wundert sich, wie es in der schwierigen Übergangsphase überhaupt gelungen ist, den Betrieb aufrechtzuerhalten. Hätte man es in dieser belasteten Situation überhaupt bemerkt, wenn Protokolle von Zeugenbefragungen mängelbehaftet waren? Wie hätte man darauf stoßen sollen, wenn der Behörde Informationen vorenthalten wurden? So wie ich jetzt, mehr als dreißig Jahre nach der Tat, nicht nach Unterlagen fragen kann, von deren Existenz ich nichts weiß, konnten auch die Bundesanwälte damals nicht nach Aussagen und Gutachten fragen, die ihnen vorenthalten worden waren.

Es wäre schon denkbar, dass man die Bundesanwaltschaft in der Phase unmittelbar nach dem Attentat unvollständig oder unzutreffend informiert hat. Vermutlich wäre das noch nicht einmal besonders schwer gewesen, denn angesichts der Fülle von Hinweisen, die zu diesem spektakulären Fall eingegangen waren, musste ohnehin eine Vorsortierung vorgenommen werden. Man konnte der Behörde ja nicht alle Protokolle zuleiten.

Ich fand in diesen Wochen kaum kompetente Gesprächspartner, mit denen ich hätte erörtern können, ob Ermittlungsfehler vorlagen oder ob es eine bewusste Täterdeckung gegeben hatte. Die Kundigen aus dem Justizbereich konnten und wollten sich weder das eine noch das andere vorstellen. Und ich war ja ein Nichts im Vergleich zu der Kompetenz, die etwa Bundesanwalt Griesbaum ausstrahlte und die man ihm auch zubilligte. In der *FAZ* vom 7. September 2007 wurde er als ein sachlicher und mit feiner Ironie ausgestatteter Bundesanwalt geschildert, der den Großteil seines Berufslebens mit der Bekämpfung des Terrorismus zugebracht hatte und die Terrorismusabteilung mit mehr als vierzig handverlesenen Staatsanwälten aus ganz Deutschland leitete. In dem *FAZ*-Artikel wurde darauf hingewiesen, dass Griesbaum gleichsam befangen war, als er selbstbewusst verkündete, sämtliche Urteile von damals stünden in keiner Weise in Frage. Der Verfasser des Artikels fügte an dieser Stelle an: »Griesbaum wird wohl recht behalten.«

Was sollte ich da tun? Rainer Griesbaum hatte mir mitgeteilt, dass Folkerts, Klar und Sonnenberg die drei Täter vom Gründonnerstag 1977 waren. Gegen diese Autorität konnte ich mit all meinen Zweifeln und trotz der starken Hinweise, dass dies nicht zutraf, kaum etwas ausrichten.

So war jede Art von Unterstützung für mich sehr wichtig, auch diejenige, die nicht mir speziell gewährt wurde. Das Buch von Anne Siemens mit dem auf eine Bemerkung von Corinna Ponto zurückgehenden Titel *Für die RAF war er das System, für mich der Vater* bewegte mich sehr. Genauso empfand ich es auch. In meiner schwierigen Situation fühlte ich mich noch durch zwei andere Passagen in Corinna Pontos Beitrag sehr angesprochen. Im Zusammenhang mit der Frage nach der Aufarbeitung und dem heutigen Umgang mit der RAF schreibt sie, dass

»eine ehrliche, quasi detektivische, analytisch-wissenschaftliche Ebene der Auseinandersetzung nicht betreten oder sogar gemieden wurde«.

Das war auch meine Meinung, und es war einer der Gründe, weshalb ich mich so bemühte: Ich wollte hierzu einen Beitrag leisten, eine Verbesserung erreichen. Corinna Ponto sagt dann auch noch:

> »Ich behaupte zudem, die Terroristen hingen zum großen Teil an Fäden und Drähten, die sie wahrscheinlich selbst bis zum heutigen Tag nicht ganz durchschauen.«

Etwas später sagt sie noch:

> »Und auch damals haben die Terroristen die stets unterschätzte Rolle der Geheimdienste nicht erkannt.«

Auch diesen Sätzen konnte ich nur zustimmen. Ich war also nicht der einzige Angehörige von Terroropfern, der sich mit Fragen nach der Wechselwirkung von RAF und Geheimdiensten befasste. Und Corinna Ponto hatte sich ihre Sätze gewiss sehr gut überlegt.

In den wenigen Interviews, die ich im September 2007 gab, wies ich auf die Versäumnisse bei den Ermittlungen hin und auf die Verknüpfung zum Geheimdienst. Ich versuchte klarzumachen, wie wichtig es war, die Wahrheit zu kennen. Die Schwierigkeit bei all den Zeitungsinterviews bestand darin, die vielfältigen und verworren erscheinenden Gegebenheiten auf wenigen Zeilen darzustellen. Ich konnte auch nicht beeinflussen, welche Interviewfragen schließlich veröffentlicht wurden. Und immer öfter verspürte ich den Wunsch, auch einmal ausreden zu dürfen und einen komplexen Sachverhalt in seiner ganzen Verwobenheit darstellen zu können. In einem Buch könnte das gelingen. Ich begann deshalb, mir noch genauere Notizen zu allen wesentlichen Ereignissen und Informationen zu machen. Und das war nötig, denn es wurde zu viel, als dass ich eine Chance gehabt hätte, mir Namen und Fakten über Monate zu merken.

Elisabeth bewahrte weiterhin die von uns als wichtig einge-
stuften Zeitungsartikel auf. Bei unserer Pressenachlese gab es
auch heitere Momente, etwa beim Lesen eines Interviews, das
ich einer niederländischen Zeitung gegeben hatte. Mühsam
versuchten wir zu enträtseln, was ich auf Deutsch gesagt hatte
und was sich auf Holländisch so nett anhörte. Wir hatten dem
Journalisten Elisabeths Album mit den Zeitungsausschnitten
gezeigt, und er schrieb:

»Elisabeth Buback legt een vuistdik fotoalbum op tafel. Het is
dertig jaar oud. De bruine kaft draagt de sporen van regelma-
tig gebruik. Er zitten geen vakantiekiekjes in, maar krantenknipsels.«

Elisabeth verliebte sich ein wenig in diese Sprache, vor allem
nachdem wir schließlich darauf gekommen waren, dass »vakantiekiekjes« Urlaubsbilder und »krantenknipsels« Zeitungsausschnitte sind.

In den folgenden Monaten war ich zu Vorträgen eingeladen, bei denen ich über unsere neuen Erkenntnisse sprach. Ich
war auf die Reaktionen gespannt. Bereits Mitte Mai 2007
hatte es eine Podiumsdiskussion mit vielen hundert Zuhörern
an der Göttinger Universität gegeben. Damals hatte zwar der
Gnadenaspekt noch die zentrale Rolle gespielt, aber schon bei
dieser Gelegenheit hatte ich die anderen uns bedrängenden
Fragen angedeutet. Ihnen würde ich bei den Vorträgen im
Herbst 2007 mehr Gewicht geben.

8 Herbst 2007

Den ersten in einer Reihe von Vorträgen, die aus Anlass des sogenannten Deutschen Herbstes stattfanden, bei dem dreißig Jahre zuvor die Morde der RAF ihren blutigen Höhepunkt erreicht hatten, hielt ich beim Stuttgarter Symposium »Die Opfer der RAF« am 27./28. September 2007. Am Abend des ersten Tages fand eine Diskussion statt, an der auch Jörg Schleyer, der jüngste Sohn von Hanns Martin Schleyer, sowie der frühere Stuttgarter Oberbürgermeister Manfred Rommel und einige weitere mit der Materie gut vertraute Personen teilnahmen. Dabei sagte ich unter anderem, dass ich mich nicht als Opfer fühlte und mich auch nicht so fühlen wolle, sondern als Angehöriger eines Opfers. Zu diesem Zeitpunkt kannte ich noch nicht die Bezeichnung »secondary victim« (sekundäres Opfer), die mir erst im März 2008 auf einer Tagung in Tilburg begegnete und die meine Situation durchaus passend beschreibt.

Am nächsten Morgen sprach Generalstaatsanwalt Pflieger über das Thema »Der ›Deutsche Herbst‹ aus heutiger Sicht«. Ich war gespannt auf den Vortrag, mit dem Pflieger zeigen wollte, dass die Ermittler damals gut gearbeitet hätten. Allerdings sprach er nicht über das Karlsruher Attentat, sondern vor allem über das Verbrechen, dem Hanns Martin Schleyer zum Opfer gefallen war, was angesichts von Zeitpunkt und Ort der Veranstaltung nachvollziehbar war. Er erwähnte auch Peter-Jürgen Boock und bezeichnete ihn an einer Stelle seines Beitrags als »Dreckspatz«, der mit der Wahrheit taktiere.

Wieder einmal fragte ich mich, ob ich Boock gegenüber vielleicht zu leichtgläubig gewesen war. Aber noch immer meine ich, das sei nicht der Fall. Viele, die meinen Kontakt mit Boock missbilligten, hatten gar nicht bemerkt, dass ich dessen Hinweise nicht einfach übernommen hatte. Im Gegenteil, ich hatte ja durchaus Zweifel, dass Wisniewski, wie Boock behauptete, der Schütze war. Er *konnte* es gewesen sein, musste es aber nicht. Pfliegers harsche Kritik an Boocks Wahrheitsliebe überraschte mich, zumal er im Vortrag erläuterte, wie ihm Boock geholfen habe, die einzelnen Tatbeteiligten an der Schleyer-Entführung zu identifizieren.

Es enttäuschte mich, dass Pflieger das Symposium bald nach seinem Beitrag verließ, so dass er meinen Vortrag nicht mehr hörte. Der für den WDR arbeitende Journalist Thomas Moser hatte bemerkt, dass auch der Präsident des baden-württembergischen Landesamts für Verfassungsschutz vor meinem Beitrag ging. »Unangenehmen Fragen wollten sie sich nicht aussetzen«, meinte Moser. Ich weiß nicht, ob er damit recht hatte. Vielleicht warteten ja dringliche Dienstgeschäfte auf die beiden.

Meinen Vortrag zum Thema »Gnade und Recht« las ich ab, was ich bei wissenschaftlichen Vorträgen nie tue. Es ging aber um viele Details und zahlreiche Zitate, die ich genau präsentieren wollte. Ich hatte ein Kernmanuskript für die anstehenden Vorträge vorbereitet, in dem der Gnadenaspekt, mein Kontakt zu Boock, die Hinweise auf eine eventuelle weibliche Täterin, die Beziehung der tatverdächtigen Verena Becker zum Geheimdienst, das mir unverständliche Verhalten des damaligen Generalbundesanwalts sowie die Frage, ob es unerklärliche Ermittlungsfehler oder eine Deckung von Tätern gab, die wesentlichen Punkte waren. In den Vorträgen habe ich jeweils meinen aktuellen Kenntnisstand mitgeteilt, soweit ich nicht verpflichtet war, Informationen für mich zu behalten. Wenn es die Redezeit erlaubte, habe ich zum jeweiligen Ort und Anlass passende Bezüge eingefügt. In Stuttgart lag es nahe, an die düstere Episode zu erinnern, als ich mit meiner Mutter Karl Schiess, den Innenminister von Baden-Württemberg, besuchte, um mit ihm über seine irreführenden Äußerungen zu den Schutzmaßnahmen für meinen Vater zu sprechen.

Nach dem Vortrag merkte ich, dass viele Zuhörer erschüttert waren. Sie hatten auf einen Schlag all diese bedrohlichen Ungereimtheiten gehört, an die ich mich im Verlauf von Monaten gewöhnt hatte, wenn auch nur mit großer Mühe und Überwindung. Es gab noch eine lange Diskussion in kleinerer Runde. Die Leiterin des vier Wochen später in der Evangelischen Akademie Bad Boll stattfindenden Symposiums »30 Jahre nach dem Deutschen Herbst«, Kathinka Kaden, lud mich spontan zur Teilnahme an ihrer Tagung ein.

Am 2. Oktober 2007 fand der nächste Vortrag statt, im Goethe-Institut in Amsterdam. Das Interesse war erstaunlich groß, und es gab zuvor ein Rundfunkinterview. In den engagierten Gesprächen nach meiner Rede spürte ich, dass Aspekte, die zu denken mir noch immer schwerfiel, bei einigen Gästen wenig Verwunderung hervorriefen. Sie hielten bedrohliche Szenarien für durchaus möglich und keinesfalls für abwegig.

Besonders wichtig war mir der Vortrag in Karlsruhe am 14. Oktober 2007. Das Badische Staatstheater hatte eine Veranstaltungsreihe zum Thema »30 Jahre Deutscher Herbst« geplant, die in Verbindung stand mit der Inszenierung von Elfriede Jelineks *Ulrike Maria Stuart*, einem Theaterstück, in dem die Lebensläufe von Ulrike Meinhof und Gudrun Ensslin mit denen von Maria Stuart und Elisabeth I. kombiniert werden. Im Rahmen dieser Veranstaltungsreihe sprachen in Abständen von jeweils ein bis zwei Wochen nach mir noch Generalbundesanwalt a. D. Kay Nehm, der Journalist Ulf Stuberger, der am 7. April 1977 als erster Pressevertreter an den Ort des Karlsruher Attentats gekommen war, und Bettina Röhl, die Tochter von Ulrike Meinhof.

Dem Chefdramaturgen des Badischen Staatstheaters war aufgefallen, dass man sich in Karlsruhe erstaunlich wenig an der Diskussion um die unklaren Aspekte beim Karlsruher Attentat beteiligte. Das sollte durch die Initiative des Staatstheaters verändert werden.

Das Schauspielhaus war gut gefüllt. Ich hatte eine Redezeit

von gut einer Stunde zum Thema »Gründonnerstag 1977 – Gedanken 30 Jahre nach dem Tod des Vaters«. Gleich zu Beginn sagte ich, dass Karlsruhe ein besonderer Ort für mich ist und bleibt:

»In Karlsruhe sind die Morde am 7. April 1977 geschehen, und ich hoffe, dass sie auch in Karlsruhe in naher Zukunft endlich überzeugend aufgeklärt werden.«

Meine Mutter saß in der ersten Reihe, und es waren Angehörige von Georg Wurster gekommen. Enttäuscht war ich, keine Beamten der Bundesanwaltschaft unter den Zuhörern zu sehen. Auch diejenigen unter den Anwesenden, die engeren Kontakt zur heutigen Behörde haben, konnten keinen jetzt in der Behörde tätigen Oberstaatsanwalt oder Bundesanwalt unter den Zuhörern ausmachen. Allerdings war es eine Matinee am Sonntagvormittag, also ein Termin, der oft anderweitig vergeben ist. Das ist schade, denn es wäre mir natürlich wichtig gewesen, wenigstens bei dieser Gelegenheit mit Fachleuten diskutieren oder ihnen meine Sichtweise und meine Fragen darstellen zu können.

Die Atmosphäre im Theater war sehr ungewohnt für mich. Der große Raum lag völlig im Dunkel, es war nur ein Scheinwerferlicht auf mich gerichtet. Ohne räumlichen Bezugspunkt wurde mir fast ein wenig schwindlig, und ich hielt mich am Rednerpult und an meinem Manuskript fest. Auch Elisabeth, die neben meiner Mutter saß, konnte ich nicht sehen und somit auch nicht ihre Zeichen, wenn ich wieder einmal zu schnell sprach.

Im Vorwort zu dem kleinen Band, der später über die vier im Rahmen der Veranstaltungsreihe gehaltenen Reden zusammengestellt wurde, schreibt der Chefdramaturg:

»Die Rede über die Ermordung seines Vaters in Karlsruhe und die Ermittlungen in diesem Falle, von ihm in besonnener

Weise erläutert, wirkte wie eine Bombe. Man hörte fasziniert zu und konnte das Gehörte kaum glauben. Aber wenn dies alles wirklich in die Rubrik ›Verschwörungstheorie‹ gehören sollte, wie einige Journalisten dann meinten, warum kann man die Recherche von Professor Buback nicht widerlegen, oder warum tut es keiner?«

Es war eine schwierige Situation für die Medienvertreter vor Ort. Der Journalist, der danach in den *Badischen Neuesten Nachrichten* über meinen Vortrag berichtete, kannte vermutlich keinen der Beamten, die damals die Ermittlungen geführt hatten, und die Dokumente, aus denen ich zitierte, vor allem die Spurenakte, waren ihm nicht zugänglich. Er kannte nur die Beamten, die jetzt in der Behörde arbeiteten und die das, was ich berichtete, ungläubig registrierten. Kein Wunder also, dass der Journalist mich zwar als ruhig und besonnen schilderte, aber was ich gesagt hatte, sei starker Tobak, schrieb er, und dass man mich auch mit Begriffen wie »Verschwörungstheoretiker« oder »Wichtigtuer« in Verbindung bringe. Mehrfach wurde im Artikel die Frage gestellt, ob ich ein »Gefangener der Vergangenheit« sei.

Angesichts dieser öffentlich geäußerten Einwände und Bedenken war es für mich von großer Bedeutung, dass Kay Nehm, der zwischen 1994 und 2006 Generalbundesanwalt war, im Interview mit den *Badischen Neuesten Nachrichten* vom 29. Oktober 2007 sagte, auch er »möchte einige der Fragen geklärt wissen, die Michael Buback, der Sohn des 1977 von RAF-Terroristen erschossenen Generalbundesanwalts Siegfried Buback, aufgeworfen hat«. Und er fügte an:

»Vieles von dem, was Buback sagt, hat Hand und Fuß.«

Es gab nach meinem Vortrag viele, die mich bestärkten, meinen Weg unbedingt weiterzugehen, aber es gab auch andere Äußerungen. So schrieb mir ein Juristenehepaar, das meinen

Vortrag gehört hatte, sie hielten es nicht für ausgeschlossen, dass sich meine Vermutung, eine Informantin des Geheimdienstes könnte an der Ermordung meines Vaters beteiligt gewesen sein, als richtig erweisen könnte. Trotzdem rieten sie mir von weiteren Aktivitäten ab, denn diese könnten dazu führen, dass unser Rechtsstaat in Frage gestellt würde, was eher den Zielen der RAF als den Intentionen meines Vaters entspräche. Auch könnte so die Achtung junger Menschen vor unserem Staat vermindert werden.

Was soll ich dazu sagen? Ich hatte mir diese Frage in ähnlicher Form zuvor schon selbst gestellt und mehrfach auch mit Elisabeth darüber gesprochen. Natürlich will ich unserem Staat nicht schaden. Aber wäre es denn nicht noch schlimmer, wenn ich meine Bemühungen um Aufklärung einstellen würde, ohne dass eine Klärung erreicht ist? Gerade damit würde ich doch vor mir und auch vor anderen das Zeichen setzen, es sei etwas Schlimmes im Namen des Staates geschehen. Das ist aber nicht meine Absicht. Es entspricht auch nicht meiner Meinung, dass »der Staat« etwas Schlechtes getan hat. Auch wenn sich der schlimmste Fall bewahrheiten sollte und es eine Deckung und Unterstützung von Tätern gab, gehe ich davon aus, dass es ein Fehlverhalten Einzelner war. Und ich habe das Vertrauen in unseren Rechtsstaat, dass er, wenn es so war, dies erkennt und korrigiert.

Von Karlsruhe fuhr ich weiter ins slowenische Maribor, wo das Berichtstreffen unseres europäischen »SuperGreenChem«-Forschungsnetzwerks stattfand. Nach dem belastenden Tag in Karlsruhe empfand ich es als erholsam, über unsere Göttinger Arbeiten zu referieren und mit Kollegen aus vielen europäischen Ländern über die Fortschritte in den zahlreichen Teilprojekten zu diskutieren.

Tags darauf fuhr ich, wie in den Jahren zuvor, zur Jahresversammlung der Acatech, der Deutschen Akademie der Technikwissenschaften, nach Berlin. Der Bundespräsident würde sprechen, und ich freute mich darauf, ihn bei dieser Gelegenheit wiederzusehen, wenn auch nur aus größerer Entfernung. Nach der festlichen Veranstaltung mit vielen hundert Gästen fand ein Empfang statt.

Zu meiner Überraschung war der Bundespräsident noch da. Umringt von zahlreichen Menschen, stand er in einem großen Saal. Ob er sich wohl noch an mich und unser Gespräch erinnerte? Er traf ja jeden Tag so viele Menschen. Elisabeth, der mein innerer Kampf nicht entgangen war, sagte schließlich, obwohl sie eigentlich sehr zurückhaltend ist: »Dann lass uns doch etwas näher zu ihm hingehen.« Als wir ins Blickfeld des Bundespräsidenten gelangt waren, lächelte er mir gleich sehr freundlich zu. Er habe oft an mich gedacht. Wir haben dann inmitten der vielen Menschen vielleicht zehn Minuten lang miteinander gesprochen. Der Bundespräsident fragte, wie es denn stehe. Mit höchster Konzentration versuchte ich eine verdichtete Kurzfassung dessen zu geben, was ich in den Monaten seit unserem Gespräch bemerkt und erfahren hatte. Natürlich war es ganz ausgeschlossen, dass er in irgendeiner Weise eingreifen könnte, aber es war mir wichtig, ihm erzählen zu können, was uns so sehr beschäftigte und belastete. Zum Abschied sagte der Bundespräsident zu Elisabeth: »Frau Buback, unterstützen Sie Ihren Mann.«

Eine Woche später waren Elisabeth und ich wieder in Berlin. Auf Einladung der Alfred-Herrhausen-Gesellschaft, der Hanns-Martin-Schleyer-Stiftung, der Jürgen-Ponto-Stiftung, der Karl-Heinz-Beckurts-Stiftung, der Bundesvereinigung der Deutschen Arbeitgeberverbände, des Bundesverbands der Deutschen Industrie und des Bundesverbands deutscher Banken fand – mit Unterstützung der Bundesregierung – am 24. Oktober im Deutschen Historischen Museum eine Gedenkfeier für die Opfer des Terrors der RAF statt. Ich schämte mich fast ein wenig, dass es keine Siegfried-Buback-Stiftung gab, die auch einen Beitrag zu der Veranstaltung hätte leisten können. Aber woher hätten die Geldmittel kommen sollen?

Es war eine sehr festliche, eindrucksvolle Veranstaltung un-

ter dem Thema: »Die Freiheit ist stärker – Bleibende Verantwortung für Staat und Bürger«. Zwei Bundesminister sprachen, Brigitte Zypries und Wolfgang Schäuble. Auch der Präsident des Deutschen Bundestags, Norbert Lammert, hielt
eine Rede. Viele Angehörige der Opfer waren da, allerdings
kannte ich nur einige von ihnen. Es gab ja keine regelmäßigen
Treffen, auch keinerlei Zusammenschluss der Angehörigen zu
einer Gruppierung. Jörg Schleyer und seine Frau hatten wir
bereits im Hotel getroffen und waren gemeinsam mit ihnen zu
der Veranstaltung gefahren. Die Angehörigen der beiden Begleiter meines Vaters, Wolfgang Göbel und Georg Wurster,
waren auch gekommen. Wie stets, wenn ich sie traf, gab es
mir wieder einen Stich, dass sie einen geliebten Menschen verloren hatten, bloß weil dieser mit meinem Vater gearbeitet
hatte. Ich traf auch Ina Beckurts, die Witwe des 1986 ermordeten Siemens-Vorstands Karl-Heinz Beckurts, mit der ich seit
mehreren Monaten in einem regen E-Mail-Kontakt stand.

Vor dem Zusammentreffen mit Monika Harms war mir etwas bang. Seit langem hatten wir nicht mehr miteinander gesprochen, und noch immer hatte ich auf meinen Brief von
Ende April 2007 keine Antwort erhalten. Auf dem Weg zu
unseren Plätzen sah ich sie und ging zu ihr, um sie zu begrüßen. Die Generalbundesanwältin war sehr förmlich, und in
ihrem Gesicht konnte ich keine Freude über das Wiedersehen
entdecken.

An diesem Tag und in der bevorstehenden Feier ging es ausschließlich um das Gedenken an die von der RAF Ermordeten.
Das war auch für mich der zentrale Punkt. Dennoch wollte
ich versuchen, nach der Gedenkfeier wenigstens kurz mit der
Generalbundesanwältin über die mich bedrückenden Fragen
zu sprechen.

Da ich in Sorge war, die Bundesjustizministerin würde die
Veranstaltung bald verlassen, ging ich unmittelbar nach dem
offiziellen Ende zunächst zu Ministerin Zypries. Ich bedankte
mich für ihren Brief und fragte in Verbindung mit ihrer darin

erwähnten Bitte an die Bundesanwaltschaft, zu meinen Fragen zu berichten, ob sie der Behörde einen Termin für diesen Bericht genannt habe. Die Ministerin verwies mich gleich auf einen ihrer leitenden Mitarbeiter, einen Ministerialdirektor, der sich um mich und meine Fragen kümmern werde. Dieser Beamte stand nicht weit entfernt. Wie wir jetzt merkten, hatte er während der Gedenkfeier ganz in unserer Nähe gesessen und auch beobachtet, wie sehr ich mit mir kämpfte, ob ich mich bei der abschließenden Diskussion zu Wort melden sollte. In mehreren Reden war beanstandet worden, dass sich die Terroristen nicht an der Aufklärung der Taten beteiligten. Hierzu wollte ich anmerken, dass die Terroristen, wie alle anderen Verbrecher auch, nach den Regeln des Rechtsstaats hierzu nicht verpflichtet sind und dass man über die mangelnde Kooperation von Verbrechern nicht erstaunt sein sollte, wenn der Gesetzgeber nicht einmal bei Anträgen auf Haftentlassung nach der Mindestverbüßungsdauer oder auf Begnadigung verlangt, dass sich die Täter zu ihren Verbrechen bekennen. Auch wollte ich darauf hinweisen, dass man Terroristen, die Aussagen zu den damaligen Taten machen, nicht pauschal als Lügner bezeichnen sollte, weil das ihre Aussagebereitschaft sicher nicht gerade erhöhte; außerdem wollte ich erwähnen, dass es ja eine Aussage der ehemaligen Terroristin Becker gegenüber dem Bundesamt für Verfassungsschutz gegeben habe, die aber offenbar über fünfundzwanzig Jahre zu keiner Ermittlungsaktivität geführt habe und inzwischen sogar verschwunden sei. Es war wohl besser, dass ich diese Anmerkungen bei der Diskussion nach der Gedenkfeier dann doch nicht gemacht habe. Ich halte sie allerdings nach wie vor für bedenkenswert.

Elisabeth und ich sprachen ausführlich mit dem Ministerialdirektor, der sich zu unserer Freude sehr positiv über meinen Vater als hervorragenden und integrierenden Chef der Bundesanwaltschaft äußerte. Wir kamen auf viele Aspekte zu sprechen, aber das Gespräch wurde nicht sehr konkret, und es zerstreute meine Bedenken nicht. Bundesanwalt Griesbaum kam noch hinzu, und es wurde in loser Form verabredet, dass wir uns zu einem ausführlicheren Gespräch unter Beteiligung des Bundesjustizministeriums treffen sollten. Da von Seiten des Ministeriums, aber auch der Bundesanwaltschaft deutlich gemacht wurde, dass dieses geplante Gespräch vertraulich sein solle, wandte ich ein, dass mir aufgrund von Informationen aus dieser Unterredung keine Einschränkungen entstehen dürften. Ich wollte weiter öffentlich über das sprechen können, was ich bereits wusste. Um meinen aktuellen Kenntnisstand darzustellen, würde ich dem Ministerialdirektor den Text meines Karlsruher Vortrags schicken, was ich kurz darauf auch tat.

Bundesanwalt Griesbaum hatte in sehr freundlicher Weise an dem Gespräch teilgenommen, so dass ich zuversichtlich war, auch noch mit der Generalbundesanwältin vertrauensvoll sprechen zu können und vielleicht sogar zu erfahren, wie man in der Behörde meine Fragen und Befürchtungen sah. Als ich mit Elisabeth kurz danach auf Monika Harms zuging, empfanden wir ihre Reaktion als frostig, fast eisig. Sie machte mir Vorwürfe wegen meines Verhaltens. Ich wehrte mich dagegen und sagte, dass es mich bedrücke, von ihr öffentlich im Fernsehen angegriffen worden zu sein. Auch beklagte ich mich darüber, dass ich keine Antworten von der Behörde erhielt und man mich so hängenließ. Das »Hängenlassen« wies die Generalbundesanwältin sofort scharf als weiteren Vorwurf von meiner Seite zurück. Man habe mir Gelegenheit zum Gespräch gegeben, ich sei ja als Zeuge vernommen wurden. Das, meine ich, hätte sie besser nicht gesagt. Die Zeugenvernehmung zu meinen Gesprächen mit Peter-Jürgen Boock sollte man nicht mit der Unterrichtung von Angehörigen eines Terroropfers und dem Eingehen auf deren Fragen vermengen.

Die Generalbundesanwältin sagte dann noch, sie wolle jetzt und hier nicht mit mir in der Sache sprechen, dies aber auch nicht an anderer Stelle tun. Ich traute meinen Ohren nicht.

Immerhin war ja eben erst eine Gedenkfeier für die Opfer des Terrorismus zu Ende gegangen. Musste ich mich als Angehöriger eines der Opfer bei diesem für uns ohnehin sehr belastenden Anlass von der Generalbundesanwältin wie ein dummer Junge behandeln lassen? Es war mir unangenehm vor Elisabeth, aber auch peinlich vor anderen, denen der gereizte Ton von Harms nicht entgangen war. Aber was konnte ich machen? Vielleicht galt der eigentliche Zorn von Monika Harms gar nicht mir. Ich versuchte mir ihr Verhalten damit zu erklären, dass sie viel Zeit und Mühe in die Vorbereitung der Gedenkveranstaltung investiert hatte, aber es war mir nicht aufgefallen, dass ihr Beitrag im Programm oder in einer der Reden anerkannt oder zumindest erwähnt worden wäre.

Ich hatte dann noch ein schwieriges Gespräch mit der Angehörigen eines Terroropfers, die beanstandete, dass ich den Eindruck erwecken würde, auch für die Angehörigen anderer Opfer zu sprechen. Anders als ich sei ihre Familie aber der Meinung, man müsse der Generalbundesanwältin und Rainer Griesbaum die Aufklärung des Karlsruher Attentats überlassen. Auf meine Frage, bis wann ich mich denn zurückhalten sollte, sagte sie, es würden von der Behörde noch im Jahr 2007 Ergebnisse präsentiert. Zum Abschluss unseres Gesprächs sagte sie allerdings noch, nach ihrem Bauchgefühl, ohne dass sie dies belegen könne, habe Verena Becker damals in Karlsruhe geschossen.

Ich war perplex. Nie zuvor hatte jemand so klar das ausgesprochen, was ich nach den Erkenntnissen aus den vergangenen Monaten für zunehmend möglich hielt. Um dem Vorwurf zu begegnen, dass ich es mir anmaßte, für mehrere oder gar alle Angehörigen der Terroropfer zu sprechen, nahm ich mir vor, in Zukunft noch deutlicher zu sagen, dass ich nur über das Karlsruher Attentat sprechen kann und darüber auch nur aus Sicht der Familie Buback.

Bereits zwei Tage später hatte ich Gelegenheit, darauf hinzuweisen, dass das »Wir« im Vortrag über unsere Einsichten und Erkenntnisse zum Karlsruher Verbrechen genau genommen sogar nur meine Frau und mich umfasste. Ich hätte ja gar keine Möglichkeit gehabt, etwa die Zustimmung meiner Mutter zu den zahlreichen Äußerungen einzuholen. Den Vortrag zum Thema »Recht auf Klärung« hielt ich auf Einladung der Pröbstin Kirsten Fehrs in der Hauptkirche St. Jacobi in Hamburg. Das Thema war ein Vorschlag aus St. Jacobi, der mein Anliegen sehr gut beschrieb.

Nach dem Vortrag und einer Diskussion gab es im Südschiff der Kirche noch lange Gespräche. Die Reaktionen der Zuhörer bedeuteten mir viel. Es waren ja ungeheuerliche Ahnungen, die Elisabeth und mich seit Wochen bewegten, und mich verlangte es geradezu nach Reaktionen darauf, auch um vielleicht doch noch andere, weniger bedrückende Betrachtungsweisen zu hören.

Am Samstag, dem 27. Oktober, fuhren wir nach Ulm. Wegen des seit langem verabredeten Hamburger Vortrags hatten wir beim Abschluss der Promotion unserer Tochter nicht dabei sein können, und auch jetzt blieb nur wenig Zeit für die Nachfeier, da ich am Sonntagmorgen den abschließenden Vortrag in der Evangelischen Akademie Bad Boll halten würde. Viele Experten nahmen an dieser dreitägigen Veranstaltung teil, und ich habe es sehr bedauert, dass ich nur zum Ausklang kommen konnte.

Zeit für größere Änderungen an meinen Vorträgen hatte ich nicht mehr. Die Art und die Anzahl der Teilaspekte, über die ich jeweils sprach, richteten sich nach dem vorgegebenen Gesamtthema, dem Zuhörerkreis und vor allem nach der verfügbaren Redezeit. In Bad Boll erwähnte ich erstmals – als mir sehr wichtigen Aspekt – ein Werkzeug, genauer einen Schraubenzieher. Mitte September hatte einer der beiden SWR-Journalisten, mit denen ich in häufigem Kontakt stand, in einer E-Mail eher beiläufig erwähnt, dass im Urteil gegen Sonnenberg einige Punkte nicht auftauchten. So sei bei dem Werkzeug, das bei der Verhaftung von Becker und Sonnenberg in

Singen sichergestellt wurde, nicht erwähnt worden, dass es zur Suzuki gehörte, also zu dem bei der Karlsruher Tat benutzten Motorrad.

Ich war wie elektrisiert. In keiner der Anklagen oder Urteile zum Karlsruher Attentat war mir diese bedeutsame Information begegnet. Sowohl in der Anklage gegen Folkerts als auch jener gegen Mohnhaupt/Klar war erwähnt worden, dass die Täter, als sie am 7. April 1977 an der Tankstelle auf den Dienstwagen meines Vaters warteten, mit einem Schraubenzieher hantierten. Angesichts dieser gesicherten Beobachtung war es in meinen Augen von enormer Bedeutung, dass zwei Tatverdächtige bei ihrer Ergreifung in Singen einen Suzuki-Schraubenzieher mit sich führten.

Die Zuhörer in Bad Boll spürten wohl mein Erschrecken über diese neue Information, und meine Bestürzung schien sich auf einige von ihnen zu übertragen. Ein sehr kundiger Tagungsteilnehmer sagte mir nach dem Vortrag, er sei erschüttert über das, was ich berichtet hatte. Er wisse zwar von Tatbeiträgen von V-Leuten des Verfassungsschutzes oder anderer Dienste, aber nie zuvor habe er von einem Beitrag dieser Qualität und Größenordnung gehört oder einen solchen für möglich gehalten.

Generalstaatsanwalt Pflieger war ebenfalls unter den Zuhörern. Schon während der letzten Sätze meines Vortrags war er aufgestanden. Er sagte, man habe sich damals sehr um die Aufklärung des Karlsruher Verbrechens bemüht, und es habe ihm weh getan, dass ich in meinem Vortrag Spekulationen präsentiert hätte, obwohl ich ja bei Fakten hätte bleiben wollen.

Später meldete sich der Politikwissenschaftler Wolfgang Kraushaar zu Wort. Pflieger, meinte er, habe eine Haltung der Ermittlungsbehörden zum Ausdruck gebracht, meine Ausführungen verdienten aber ein konkretes Eingehen auf die einzelnen Punkte. Dafür erhielt Kraushaar viel Beifall.

Der Suzuki-Schraubenzieher ließ mich nicht mehr los. Fieberhaft suchte ich nach Hinweisen auf Schraubendreher oder Schraubenzieher. Es waren ja nun zwei Schraubenzieher: der in Singen bei Becker und Sonnenberg gefundene und der in der Folkerts-Anklage beschriebene, der wenige Tage nach der Tat im Fluchtauto sichergestellt worden war. Er befand sich in der im Alfa Romeo zurückgelassenen Tasche, die zum Transport der Tatwaffe gedient hatte.

Mit geschärfter Aufmerksamkeit für alles, was mit Schraubenziehern zusammenhängt, las ich im Mohnhaupt/Klar-Urteil von 1985 nochmals die Passage, in der beschrieben wird, wie die Täter an der Tankstelle auf den Dienstwagen warteten. Erst jetzt fiel mir auf, dass diese Schilderung von der 1980 gegebenen und somit wesentlich tatnäheren Beschreibung im Folkerts-Urteil abweicht. Im Mohnhaupt/Klar-Urteil von 1985 heißt es auf Seite 46/47 über die Personen, die kurz danach das Attentat begehen:

»Auf dem Tankstellengelände, an welchem der Generalbundesanwalt, wie sie [die Täter] wußten und eingehend ausgekundschaftet hatten, auf der Fahrt von seiner Wohnung zum Dienstgebäude vorbeikam, machte sich der Soziusfahrer zum Schein mit einem einer prall gefüllt wirkenden braunen Reisetasche entnommenen Schraubenzieher am Motorrad zu schaffen.«

Fünf Jahre nach dem Folkerts-Urteil wusste das Gericht demnach, woher der Schraubendreher genommen wurde. Im Folkerts-Urteil von 1980 steht dazu nichts. Es ist mir nicht klar, woher dieser genauere Kenntnisstand stammt, und es stören mich zwei Dinge an der eben zitierten Passage: Wenn man Zeugen hat, die noch Jahre später verfeinerte und erweiterte Aussagen zu den Tätern und ihren Handlungen machen können, warum hat man sie nicht nach der Größe der beiden Täter gefragt? Waren sie eher groß? Waren sie in etwa gleich groß?

Mein zweites Problem ist: Durch die Passage aus dem Mohnhaupt/Klar-Urteil entsteht der Eindruck, in Bezug auf den Schraubenzieher sei alles in Ordnung: Ein Schraubenzieher wurde der zum Transport der Waffe benutzten »prall gefüllt wirkenden« braunen Reisetasche vor der Tat entnommen, und in dieser Tasche wurde nach der Tat, wie in der Anklageschrift Folkerts auf Seite 50 dargestellt, wieder ein Schraubenzieher gefunden. Wer sollte sich da noch für einen weiteren Schraubenzieher interessieren? Nach dem Suzuki-Schraubenzieher, der im Mai 1977 bei Verena Beckers Ergreifung gefunden wurde, konnte ohnehin niemand fragen, da er in keiner der Anklagen zum Karlsruher Attentat erwähnt wurde, nicht einmal im Urteil gegen Becker zum Singener Verbrechen. Dort wird bei der Beschreibung der von Becker und Sonnenberg mitgeführten Ausrüstung nur »Diebeswerkzeug« erwähnt, »wie z. B. Schraubenzieher und Schraubenschlüssel«, ohne einen Bezug zum Tatmotorrad herzustellen.

Dass in keinem der Prozesse zum Karlsruher Attentat der bei Becker und Sonnenberg sichergestellte Suzuki-Schraubenzieher erwähnt wurde, ist mir unbegreiflich. Kein Richter würde doch ahnen oder vermuten, dass motorradspezifische Schraubenzieher im Spiel waren. Nachdem ein Suzuki-Schraubendreher gefunden wurde und (mindestens?) ein Schraubenzieher im Bordset des Tatmotorrads fehlte, war es in meinen Augen unerlässlich, für jeden bei den Ermittlungen auftauchenden Schraubenzieher mitzuteilen, ob es sich hierbei um Suzuki-Werkzeug handelte. Wer besitzt denn schon zufällig einen Schraubenzieher aus dem Bordset eines Suzuki-Motorrads?

Heribert Prantl hatte in der *Süddeutschen Zeitung* vom 22. April 2007 bereits den bei Verena Beckers Ergreifung im Mai 1977 gefundenen Schraubenzieher erwähnt, auch dass er aus dem Bordset der schweren Suzuki stammt, von der aus mein Vater erschossen wurde. Diesen Artikel hatte ich in der Hektik Ende April 2007 nicht gelesen. Ich bin den SWR-Journalisten Hufnagl und Schmidt sehr dankbar, dass sie meine Aufmerksamkeit auf den Suzuki-Schraubenzieher gelenkt haben. Vielleicht hätte ich Prantls Darstellung im April noch gar nicht erfassen können. Ich wusste zu der Zeit auch noch nicht, dass sich Prantl – wie mir andere Journalisten erzählten – auf hervorragende Informationen stützen kann und man seine Berichte zur RAF sehr ernst nehmen muss.

Nun suchte ich nach einer belastbaren Quelle für den Hinweis auf den Suzuki-Schraubenzieher. Die beiden SWR-Mitarbeiter konnten mir nicht sofort sagen, woher sie die Information hatten. Wieder begann eine dieser quälenden Phasen des Wartens. Der Besitz eines Suzuki-Schraubenziehers aus dem Bordset des Tatmotorrads ist in meinen Augen wie ein Kainsmal, das die Person, die dieses Werkzeug besitzt, höchst verdächtig macht, bei dem Anschlag auf dem Motorrad gesessen zu haben – es sei denn, die Person kann erklären, wie der Schraubenzieher in ihre Hände gelangt ist. Die Täter hatten am 7. April 1977 etwa eine halbe Stunde lang an der Tankstelle in der Nähe des Tatorts auf den Dienstwagen meines Vaters gewartet und laut Aussage des Tankstellenpächters erkennbar nur zum Schein den Eindruck einer Montage erweckt. Als der Wagen auftauchte, blieb keine Zeit, den Schraubenzieher wieder im Bordset zu verstauen, er wurde rasch eingesteckt. Die Singener Polizisten haben ihn dann gefunden.

Anfang November erhielt ich schließlich von den SWR-Mitarbeitern ihr Fundstück: die Kopie eines Haftbeschlusses des Ermittlungsrichters am Bundesgerichtshof gegen Verena Becker. Auf dieses Dokument vom 10. Mai 1977 hatte bereits das Urteil gegen Verena Becker wegen ihres Singener Verbrechens hingewiesen. Darin stand,

dass bei der Festnahme der Beschuldigten Verena Becker die Tatwaffe sichergestellt worden sei und außerdem ein Werkzeug, das zu dem Tatfahrzeug – dem Suzuki-Motorrad – gehöre.

Eine unerhörte Nachricht! Was fehlte eigentlich im Mai 1977 noch, um eine Anklage gegen Verena Becker wegen des Karlsruher Attentats vorzubereiten? Sie reiste mit Sonnenberg, war Mitglied in der Bande, die das Karlsruher Attentat ausgeführt hatte, hatte die Tatwaffe bei sich, das Haar in einem der von den Tätern zurückgelassenen Motorradhelme war, wie beim BKA bekannt, identisch mit einem Haar in der Haarbürste von Verena Becker – und nun noch dieser verräterische Schraubenzieher. Dies alles in Verbindung damit, dass Zeugen meinten, auf dem Tatmotorrad habe eine zierliche Frau gesessen: Wer kann da noch verstehen, dass sie nicht wegen des Karlsruher Verbrechens angeklagt, sondern das Ermittlungsverfahren wenige Jahre später sogar eingestellt wurde? Das ergibt eigentlich nur dann einen Sinn, wenn man annimmt, dass es eine Deckung für Verena Becker gab.

Nachdem ich nun von dem Suzuki-Schraubendreher erfahren hatte, vor allem nachdem ich wusste, dass die Information in den Akten der Justiz stand und nicht nur in einem Zeitungsartikel, sah ich meine düsteren Ahnungen bestätigt. Was zunächst eine bedrohliche Vermutung war, hatte sich für mich zur Gewissheit verdichtet.

Anfang November 2007 fragte ich mich, was Verena Becker wohl mehr belaste: die für ihre Mittäterschaft in Karlsruhe sprechenden Indizien oder die auf ihre Deckung hinweisenden Maßnahmen, von wem auch immer diese veranlasst und durchgeführt worden sein mochten? Und wie konnte es damals dazu kommen, dass Verena Becker trotz der nach meinem Dafürhalten fast erdrückenden Hinweise nicht wegen Mittäterschaft beim Karlsruher Attentat angeklagt wurde? Das wollte ich herauszufinden versuchen.

Über das Verhalten der Bundesanwaltschaft im Herbst 2007 war ich nicht sehr glücklich. Die Behörde ermittelte nicht gegen Becker. Sie gab mir das Gefühl, dass sie meine Aufklärungsbemühungen nicht sehr schätzte, nicht einmal gern sah. Die Distanz der Behörde zu meinen Aktivitäten konnte natürlich darin begründet sein, dass sich die Bundesanwaltschaft von einem Grünschnabel in Ermittlungsfragen, der ich ja war, nicht gern etwas sagen lassen wollte. Aber es war schon bedrückend, dass all meine Hinweise auf eine mögliche Tatbeteiligung von Verena Becker irgendwie ins Leere liefen, da die Behörde nur ein Ermittlungsverfahren gegen Stefan Wisnewski aufgenommen hatte.

Ich versuchte zu akzeptieren, dass die Bundesanwaltschaft keine Veranlassung sah, ein Ermittlungsverfahren gegen Becker aufzunehmen. Seinerzeit hatte es ja ein solches Ermittlungsverfahren gegen sie gegeben. Das wurde aber dann eingestellt, und einige Journalisten meinten, die Hürde für ein erneutes Ermittlungsverfahren in dieser Sache sei sehr hoch, und offensichtlich reichten den Experten in der Bundesanwaltschaft die neuen Hinweise nicht aus, um diese Hürde zu überwinden.

Das musste ich so hinnehmen. Aber wieder gab es auch eine alternative Denkmöglichkeit, die ich nicht völlig aus meinem Kopf verbannen konnte.

Was wäre denn, wenn es damals eine Deckung für Becker gegeben hatte und jetzt ein neues Ermittlungsverfahren gegen sie eröffnet würde? Vor allem, wie würde sich Verena Becker verhalten, wenn sie als Mittäterin beim Karlsruher Attentat angeklagt und ihr so eine Verurteilung zu lebenslänglicher Haft drohen würde? Kann man ausschließen, dass sie über eine eventuelle damalige Kooperation mit dem Geheimdienst aussagt? Wenn es aber damals Personen gab, die vermeiden wollten, dass eine Zusammenarbeit des Geheimdiensts mit einer RAF-Tatverdächtigen offenbar wird, wäre es aus deren Sicht kaum wünschenswert, dass dieser Kontakt jetzt öffentlich wird. Somit würde von dieser Seite keine große Neigung bestehen, Verena Becker jetzt durch ein erneutes Ermittlungsverfahren unter Druck zu setzen.

Wenn dieser Gedankengang zutrifft, wäre Verena Becker jetzt vielleicht sogar in einer recht starken Position und nicht, wie man zunächst vermuten würde, eine Tatverdächtige, die in größter Angst lebt, nach so vielen Jahren nun doch noch belangt zu werden. Es könnte ja sogar das Umgekehrte der Fall sein: Staatliche Stellen sind in Sorge vor Verena Becker. Sollte allerdings ein Mörder von einer staatlichen Stelle gedeckt werden, könnte er keinen Vorteil aus dieser Situation ziehen, da ihm ja bei Bekanntwerden des Sachverhalts eine Verurteilung zu lebenslanger Haft droht. Es ist somit wahrscheinlich, dass in dieser Pattsituation keine der beiden Seiten besondere Neigung haben wird, sich zu bewegen.

Solche Gedanken sind geradezu peinigend, aber nicht so einfach zu verdrängen. Es mag sein, dass ihnen keine Realität entspricht. Nur: Warum hilft man den Angehörigen nicht, indem von zuständiger Stelle verbindlich erklärt wird, dass es vor Beckers Aussage beim Bundesamt für Verfassungsschutz definitiv keine Kooperation von deutschen Geheimdiensten mit ihr gegeben hat? Es ist bitter, dass es keine Instanz gibt, die den Angehörigen Antwort auf die bedrückende Frage nach einem Zusammenwirken von RAF-Terroristen und Geheimdiensten gibt.

Einem Reporter der *Bild am Sonntag* war es gelungen, den Experten ausfindig zu machen, der damals die Motorradhelme untersucht und auch als Gutachter vor Gericht ausgesagt hatte. Von ihm erfuhr ich erstmals, dass es Helme für unterschiedliche Kopfgrößen waren. Er habe im Schaumstoff deutliche Schweißspuren der Träger gefunden, sagte er, die man neben dem Haarfund in den Helmen sicherlich per DNA-Analyse zuordnen könne. Nun wartete ich noch dringlicher auf die Ergebnisse der inzwischen veranlassten DNA-Untersuchungen. Eine solche Analyse dauert nicht mehr als zwei bis drei Tage, und ich war einigermaßen enttäuscht, dass bereits mehrere Monate vergangen waren, ohne dass wir etwas von den Ergebnissen gehört hätten.

Inzwischen war es immer wichtiger geworden, dass ich mir Notizen machte. Wenn mich Freunde oder Bekannte nach dem neuesten Stand fragten, dauerte es jeweils mindestens eine halbe Stunde, um die wesentlichsten Dinge zu berichten und die ungläubigen Nachfragen zu beantworten. Es gab auch viele, die meine Aktivitäten ungern sahen. Das war auch Wolfgang Kraushaar aufgefallen. Als wir uns einige Wochen nach Bad Boll wieder trafen, sagte er, die Versuche, mich zu marginalisieren, ins Leere laufen zu lassen, zu diskreditieren oder als Querulanten zu isolieren, seien nicht zu übersehen.

Diejenigen, die so deutlich gegen mich eingestellt waren, werde ich wohl auch bei bestem Bemühen nicht erreichen, aber ich wollte meine Erkenntnisse doch auch für diejenigen in einem Buch zusammenstellen, die nicht grundsätzlich gegen mich waren, aber dennoch meine Bedenken und Sorgen bezüglich der Qualität der Aufklärung nicht teilten. Sachbezogene Kritik und Gegenargumente sind mir natürlich willkommen, weil sie mir die Chance bieten, meine Schlussfolgerungen zu prüfen.

Beim Schreiben konnte und musste ich die vielen Beobachtungen, Gedanken, Ahnungen und Befürchtungen nochmals überprüfen, ordnen und miteinander verknüpfen. Auch Elisabeth war schließlich für das Buchprojekt. Sie wünschte sich so sehr, dass wir bald wieder ein normales Leben führen würden, das nicht mehr von der quälenden Beschäftigung mit dem Karlsruher Attentat und den Ermittlungen dazu beherrscht würde. Ihr war klar, dass dies ohne eine Art »Abschluss«, wie es ein Buch sein könnte, nicht möglich wäre. Ich nahm Verbindung zu drei Verlagen auf, die bereits Bücher mit RAF-Thematik herausgegeben hatten.

Am 14. und 15. November hatte ich die beiden ersten Verlagsgespräche in München. Ich konnte sie gut mit einer Reise nach Wien verbinden, wo mir am 15. November abends in einem festlichen Saal des Bundesministeriums für Wirtschaft und Arbeit die H.F. Mark-Medaille des Österreichischen Forschungsinstituts für Chemie und Technik verliehen wurde. In meinen Dankesworten bei den Preisverleihungen in Wien und zuvor in Graz habe ich jeweils versprochen, mir sehr viel Mühe zu geben, um die Erwartungen, die sich mit der Auszeichnung verbinden, zu erfüllen. Es war merkwürdig, dass ich die Preise ausgerechnet in dem Jahr erhielt, in dem ich – anders als in den Jahren zuvor – nicht auch noch wesentliche Teile meiner Freizeit in den Beruf steckte. Das würde sich aber bald wieder ändern.

Meine neuen Erkenntnisse, so hoffte ich, würden helfen, die Aufklärung voranzubringen und zu einem raschen Abschluss zu führen. Sobald klar war, wer die Tat begangen hatte, wäre es ja auch einfach, die Geschichte aufzuschreiben, dachte ich.

Zu Beginn der folgenden Woche war ich noch bei einem Hamburger Verlag. Damit sollte es sein Bewenden haben. Ich wollte mit dem Buchprojekt nicht hausieren gehen, dafür war es mir zu wichtig. Wenn sich niemand dafür interessieren sollte, würde es bei einer Zettelsammlung und einer privaten Niederschrift bleiben.

Die dienstliche Arbeit ließ mir in den Wochen vor Weihnachten nur noch wenig Zeit für »Ermittlungen« und öffentliche Äußerungen. Allerdings hatte ich schon vor Monaten zugesagt, am 26. November zum *Talk im Bock* nach Leutkirch zu kommen. Als Einzelgast hat man dort in drei Gesprächsblöcken und in einem anschließenden Fragenblock unter Beteiligung des Publikums die Chance, auch kompliziertere Sachverhalte zu verdeutlichen. Die Anwesenheit des gut vorbereiteten Moderators Bernd Dassel und die Abwesenheit von Rundfunk oder Fernsehen schufen eine unangestrengte, geradezu vertraute Atmosphäre. Der Moderator der SWR-Sendung *Leute*, Wolfgang Heim, hatte allerdings erfahren, dass ich im Lande war, und lud mich für den kommenden Vormittag zu einer zweistündigen, von vielen Nachrichten, Wetterberichten und Staumeldungen unterbrochenen Sendung ein. Im SWR waren es acht Gesprächsblöcke, aber jeweils nur von etwa dreieinhalb Minuten Länge. Wegen des

Schnees und der befürchteten Glätte sollte ich noch in der Nacht nach Stuttgart fahren, um in jedem Fall rechtzeitig in der Sendung zu sein, so dass keine Zeit für einen gemütlichen abendlichen Ausklang im Allgäu blieb.

Vor Weihnachten gab es dann nur noch einen weiteren Termin mit Bezug zum Karlsruher Attentat: Zusammen mit den Angehörigen von Georg Wurster und Wolfgang Göbel waren wir für den 7. Dezember in die Bundesanwaltschaft eingeladen, wo man uns über die Ergebnisse der im Verlauf des Jahres vor allem mit DNA-Methoden durchgeführten Untersuchungen informierte. Die Resultate sollten in der folgenden Woche auf einer Pressekonferenz präsentiert werden.

An diesem Gespräch nahmen von Seiten der Behörde die Bundesanwälte Griesbaum und Hemberger teil. Von Rainer Griesbaum wurden wir darauf hingewiesen, von Seiten der Behörde werde erwartet, dass die Angehörigen über alles, was sie bei dieser und eventuellen zukünftigen Unterrichtungen erfuhren, Vertraulichkeit gegenüber Dritten wahrten. Ich werde mich an diese Verabredung halten und keinerlei Einzelheiten wiedergeben. Allerdings habe ich den Eindruck, dass alle wesentlichen uns gegebenen Informationen bei der nachfolgenden Pressekonferenz öffentlich gemacht wurden.

Es war einiges unternommen worden, aber – und das war auch den beiden Bundesanwälten bewusst – es gab keinen Durchbruch bei der Täterermittlung. Die noch vorhandenen Spuren waren teils ungeeignet oder aufgrund früherer, aggressiverer Analysenmethoden verbraucht. Wir hörten von »Mischspuren« oder von Untersuchungen, die eventuell noch eine Aussage über das Geschlecht einer Person erlaubten, aber nichts darüber hinaus. Eindeutige DNA-Zuordnungen der Spuren zu den von Tatverdächtigen vorliegenden Proben hatten sich nicht ergeben. Dabei wäre doch genau das die Stärke der Methode. Und eigentlich kann die DNA-Methode auch nach langer Zeit noch eingesetzt werden. Zum Beispiel war gerade erst Schillers Schädel wieder untersucht worden. DNA verdirbt ja nicht, wenn Spuren sachgemäß gelagert werden. Wir hörten, dass die Untersuchungen noch nicht abgeschlossen seien.

Wir erfuhren einige Tage vor der Öffentlichkeit, dass sich die Bundesanwaltschaft entschlossen habe, Beugehaft gegen Klar, Mohnhaupt, Folkerts und Sonnenberg zu beantragen. Sosehr jede Aktivität zur Klärung des Verbrechens zu begrüßen ist, so sehr war ich über diese spezielle Maßnahme erstaunt. Klar hatte sich inzwischen vierundzwanzig Jahre lang nicht zur Tat geäußert. Warum sollte er es jetzt tun, zumal die Dauer der Beugehaft auf maximal sechs Monate begrenzt ist? Auch hatte er ja nun Chancen, im Januar 2009 nach der Mindestverbüßungsdauer in Freiheit zu gelangen. Konnte er denn überhaupt zu Aussagen veranlasst werde, mit denen er sich eventuell belastete und das Risiko einging, nicht nach der Mindestdauer entlassen zu werden?

Bei Brigitte Mohnhaupt sah die Situation etwas anders aus, da sie bereits aus der Haft entlassen war und sicher nicht dorthin zurückkehren mochte. Ich hielt es aber für unwahrscheinlich, dass sie nützliche Aussagen machen wollte oder könnte. Nach allem, was ich weiß, war sie ja am Gründonnerstag 1977 nicht in Karlsruhe, nicht einmal in Deutschland gewesen.

Knut Folkerts hatte bereits erklärt, dass er nicht an der Ausführung des Attentats in Karlsruhe beteiligt gewesen war. Woher sollte er dann mit Sicherheit wissen, wen das Karlsruher Kommando schließlich als Motorradlenker und als Schützen ausgewählt hatte?

Natürlich konnte man versuchen, durch Androhung einer Beugehaft bei der Klärung des Verbrechens voranzukommen. Allerdings erschien mir dieser Weg nicht übermäßig erfolgversprechend, und er dürfte steinig und langwierig werden.

Nicht nachvollziehbar fand ich, dass auch gegen Günter Sonnenberg Beugehaft beantragt wurde. Bei all der Unsicherheit, die sich im Lauf des Jahres bezüglich der Täterschaft ergeben hatte, war er eigentlich der Einzige, der nach wie vor – und bislang doch auch für die Bundesanwaltschaft – als Tatverdächtiger galt. Da man aber keinen einer Tat Verdächtigen in Beugehaft nehmen kann, um ihn zu Aussagen über ebendiese Tat zu veranlassen, konnte diese Maßnahme bedeuten, dass für die Bundesanwaltschaft nun auch Sonnenbergs Täterschaft fraglich geworden war. Somit gäbe es gar keinen halbwegs sicheren Täter mehr. Entsprechend erleichtert war ich, als der Bundesgerichtshof später der Androhung einer Beugehaft gegen Sonnenberg nicht zustimmte.

Obwohl ich nichts von der Androhung einer Beugehaft gegen Sonnenberg hielt, war und ist es ein Problem für mich, weshalb die Bundesanwaltschaft, nachdem sie sich entschlossen hatte, diese Maßnahme für Sonnenberg vorzusehen, nicht auch gegen Verena Becker Beugehaft beantragte. Der sich gegen Sonnenberg richtende Verdacht einer Beteiligung am Karlsruher Attentat war doch höher als der gegen Verena Becker, so dass eine Beugehaft gegen ihn schwieriger zu erreichen wäre als gegen Becker. Beide wurden mit der Karlsruher Tatwaffe aufgegriffen, und für beide gilt, dass sie wegen des Karlsruher Verbrechens noch angeklagt werden könnten. Wenn nur eine der beiden Personen mit Beugehaft bedroht wird, sollte dies nach meiner Ansicht eher Verena Becker sein, nicht aber der stärker tatverdächtige Sonnenberg. Ich hoffe, noch eine verständliche Erklärung für das von der Behörde gewählte Vorgehen zu erlangen. Es kann doch nicht sein, dass es noch heute Schonung für Verena Becker gibt.

Die Androhung von Beugehaft bereitete mir noch aus einem anderen Grund Sorge: Es würde Wochen, vielleicht Monate dauern, bis zunächst über den Antrag und dann über die zu erwartenden Einsprüche entschieden wäre. Erst dann könnten ja überhaupt Maßnahmen erwogen und in Angriff genommen werden. Falls es dann nach weiteren Wochen oder Monaten überhaupt gelänge, von den früheren Terroristen Informationen zu erhalten, würden ihre Aussagen mit großer

Skepsis aufgenommen. Man hatte ja bereits Boock von mehreren Seiten unterstellt, dass er nicht die Wahrheit sage. Was würden dieselben Zweifler von den unter Druck erreichten Aussagen ehemaliger Terroristen halten? Es würde weitere Zeit kosten, die Angaben abzuklären und zu bestätigen, wobei völlig offen war, auf welchem Weg solche unabhängigen Überprüfungen gelingen könnten.

Aus all diesen Gründen sah ich in der Beugehaft keine geeignete Maßnahme, um in naher Zukunft Gewissheit über die Karlsruher Täter zu erhalten. Aber die Ungewissheit musste doch einmal ein Ende haben! Wir wollten nun endlich etwas erfahren! Ständig weiter zu suchen und zu warten kostete so viel Kraft.

Meine Mutter würde bald achtundachtzig Jahre alt. Seit dreißig Jahren lebte sie ohne ihren Mann in dem Haus, das meine Eltern zwei Jahre vor dem Tod meines Vaters gebaut hatten. Wenn es die Chance einer Klärung gab, sollte meine Mutter unbedingt noch erfahren, wer ihren Mann erschossen hatte und wer mit dem Schützen auf dem Motorrad saß. Im Verlauf des Jahres war es ihr immer schlechter gegangen. Die so langsamen Fortschritte bei den Ermittlungen belasteten sie. Meine Mutter litt auch darunter, dass meine »Aufklärungsbemühungen« so viel Zeit beanspruchten. Ihr wäre es lieber gewesen, wenn ich einen Teil dieser Zeit ihr zugewandt hätte.

Natürlich habe ich in dieser Phase auch daran gedacht, aufzugeben und mich nicht mehr mit dem Attentat zu befassen, aber ich spürte, dass das keine wirkliche Lösung für mich wäre. Es würde mich zu sehr belasten, wenn aufgrund meiner Schwäche und Resignation nur noch wenig geschähe und die Klärungsbemühungen vielleicht ganz einschlafen würden. Ohnehin war ja zu befürchten, dass sich die Tat nicht aufklären lassen würde, aber ich wollte mich dafür nicht mitschuldig fühlen.

Gegen Ende des Gesprächs in der Behörde übergab ich Bundesanwalt Hemberger eine Kopie des Schreibens von Innenminister Schäuble vom Juli 2007, in dem mir der Minister mitgeteilt hatte, dass sowohl das Bundesamt für Verfassungsschutz als auch das Bundeskriminalamt seinerzeit den Generalbundesanwalt zeitnah, umfassend und schriftlich über ihre Befragungen und Vernehmungen in Kenntnis gesetzt hatten. Hemberger hatte mich um diese Kopie gebeten.

Trotz der neuen Ermittlungsaktivitäten waren wir nicht sehr optimistisch, als wir die Bundesanwaltschaft an diesem 7. Dezember 2007 verließen. Wir hatten nichts Konkretes erfahren, nichts, was uns Halt in der Vielfalt verwirrender Details geben konnte. In dieser Situation entschloss ich mich, noch einen anderen Weg zu beschreiten: Ich musste versuchen, mit Horst Herold Kontakt aufzunehmen. Er war, als das Verbrechen geschah, Präsident des Bundeskriminalamts, und er hatte dieses Amt noch mehrere Jahre danach inne. Das Bundeskriminalamt, vor allem die in Bad Godesberg ansässige Terrorabteilung des BKA, hatte eine zentrale Rolle bei den Ermittlungen gespielt. Vielleicht könnte er mir helfen. Einige Journalisten hatten mich in den vergangenen Wochen schon gefragt, weshalb ich nicht mit Herold spräche.

In den Medien hatte ich den Hinweis gefunden, Horst Herold habe am offenen Grab meines Vaters gesagt: »Ich bringe sie dir alle.« Das konnte so nicht ganz richtig sein, da es kein offenes Grab meines Vaters gegeben hat, aber die wesentliche Aussage, dass Horst Herold mit aller Entschlossenheit dazu beitragen wollte, die Karlsruher Mörder zu fassen, konnte sehr wohl zutreffen.

Am 10. Dezember 2007 schrieb ich Horst Herold, es sei für mich sehr wichtig, mit ihm sprechen zu dürfen, und ich würde zu diesem Zweck sehr gern nach Bayern reisen. Seine E-Mail-Antwort kam rasch, und sie war sehr freundlich. Wir verabredeten ein Treffen für Anfang Januar 2008 in München.

9   2008 – Jahr der Klärung?

Zu Weihnachten war unsere Familie wieder in Göttingen beisammen. Äußerlich schien vieles wie in den Jahren zuvor, aber Elisabeth und ich waren doch gezeichnet von den Ereignissen der vergangenen Monate. Ich hatte mit dem Schreiben des Buches begonnen und zog mich an den Festtagen häufiger zurück. Auf meine Bitte hin las Elisabeth das erste Kapitel vor, zunächst in der Familie, dann auch, als wir mit Freunden zusammensaßen. Die Reaktionen waren positiv, aber nicht überschwenglich. Zu fest gefügt und zu persönlich waren die Erinnerungen und Empfindungen jedes Einzelnen, als dass ich eine Beschreibung hätte geben können, in der jeder seine Eindrücke wiederfand.

Silvester feierten wir mit Freunden am Bodensee, wie in den meisten Jahren zuvor. Anschließend fuhren wir mit ihnen einige Tage Ski im Berner Oberland. Während die anderen auf der Piste waren, blieb ich morgens im Hotel, um mit dem Manuskript voranzukommen. Meine schriftstellerischen Aktivitäten lieferten mir einen guten Vorwand, um meine schlechte Kondition zu verbergen; seit Monaten hatte ich kaum noch Sport betrieben. Eigentlich hätte ich an allen fünf Urlaubstagen von morgens bis abends schreiben müssen, um wenigstens so weit zu kommen, dass ich überzeugt war, ich könnte das Buchprojekt schaffen.

Das Treffen mit Horst Herold war für den 8. Januar verabredet. Elisabeth war bei dem Gespräch dabei, auch Wolfgang Kraushaar.

Ich war beeindruckt von Herolds Vitalität, vor allem aber von dem enormen Detailwissen, das er sich bewahrt hatte. Wir sprachen lange und über vieles. Seine für mich alles überragende Aussage war, dass ich auf der richtigen Spur sei und dass er dreißig Jahre lang davon ausgegangen sei, Verena Be-

279

cker wäre wegen ihrer Beteiligung am Karlsruher Attentat zu lebenslanger Haft verurteilt worden.

Erst in Zusammenhang mit meinen Klärungsbemühungen hatte Herold erfahren, dass Verena Becker nur wegen der Singener Verbrechen verurteilt worden war, nicht wegen Karlsruhe. Herolds Aussage stellte natürlich keinen Beweis für Beckers Tatbeteiligung dar, zumal er die Gerichtsverfahren ja offensichtlich nicht mehr verfolgt hatte und wohl auch die Belege nicht kannte, die gegen eine Tatbeteiligung von Verena Becker sprachen. Solche musste es ja auch geben, denn sonst wäre sie wohl angeklagt worden.

Dennoch, wie wichtig war Herolds Mitteilung für mich! Was war ich angegriffen und sogar verspottet worden, als ich auf eine mögliche Tatbeteiligung von Verena Becker beim Karlsruher Attentat hinwies. Und nun erfuhr ich, dass Horst Herold, der von 1971 bis 1981 Präsident des Bundeskriminalamts gewesen war, meine Ansicht teilte. Es ist kaum zu beschreiben, wie erleichtert ich war. Trotz des Gewichts der in vielen Monaten gesammelten Hinweise auf eine Tatbeteiligung von Verena Becker hatten Elisabeth und ich doch auch immer wieder an unseren Zweifeln gezweifelt. Die Folgerungen, die sich aus unseren Überlegungen ergaben, erschienen uns so gewaltig und erschreckend, und wir waren verunsichert, weil von denen, die zuständig waren und ja kompetent sein mussten, niemand diese Spur aufnahm. Aber Vernunft und Logik setzten unsere Zweifel stets wieder in Kraft.

Nun hatte ich plötzlich das Gefühl, gleichsam einen Verbündeten zu haben. Horst Herold konnte man ja nicht als Amateur oder als einen von seinen Emotionen beherrschten Angehörigen abtun. Ich war nun noch um vieles sicherer, auf dem richtigen Weg zu sein.

Horst Herold wollte sich als Vierundachtzigjähriger nicht mehr öffentlich über Ermittlungen zum Karlsruher Attentat äußern. Das verstand ich gut. Ich bin ihm sehr dankbar, dass er so offen mit mir geredet hat.

Auf der Rückfahrt nach Göttingen fragte ich mich, ob wohl auch die Bundesanwaltschaft Kontakt zu Horst Herold gesucht hatte. Aber es fand sich kein Anzeichen, dass die Behörde im Rahmen ihrer Ermittlungen mit diesem kenntnisreichen Mann gesprochen hatte. Zum Zeitpunkt des Treffens mit Horst Herold gab es bereits das SWR-Interview mit einem ehemaligen Mitarbeiter des BKA, in dem Verena Becker als eine der Personen genannt wurde, die im Fokus des BKA standen. Wir kannten dieses Interview im Januar 2008 noch nicht; es wurde erst im Rahmen des Features *Verschlusssache Buback* am 8. Juni 2008 ausgestrahlt. Der Abteilungspräsident a. D. beim BKA Rainer Hofmeyer, der 1977 taktischer Einsatzleiter der Ermittlungen im Mordfall Buback war, sagte darin:

»Dadurch, dass das Tatmotorrad angemietet war von Günter Sonnenberg und wir über den Mietvertrag für dieses Motorrad sofort auf ihn gekommen sind, und dann wussten wir natürlich auf Grund unserer Beobachtungen, die wir recht weit durchgeführt hatten, wer die unmittelbaren Kontaktpersonen sind. Günter Sonnenberg, Verena Becker, Christian Klar.«

Und über die Fahndung nach den Karlsruher Attentätern sagte Hofmeyer:

»Und in dem Fall ist es uns ja auch gelungen, die Fahndung nach den Tätern am Abend des Tattages noch zu personalisieren und mit den entsprechenden Namen in die Öffentlichkeit zu gehen.«

Und weiter:

»Wir ziehen eine Karteikarte oder eine elektronische Karteikarte Günter Sonnenberg und wissen, mit wem Günter Sonnenberg in der Zeit unmittelbar vor der Tat zusammen gewesen ist, gereist ist, und so hatten wir ein relativ schnelles oder relativ dichtes Bild und schnelles Bild über die Täterzusammenhänge. Günter Sonnenberg, Verena Becker, Christian Klar. Diese Namen waren alle in unserem Zielspektrum.«

Das ist wieder solch eine unfassbare Nachricht: Der damalige Einsatzleiter beim BKA nennt im Zusammenhang mit der Fahndung nach den Tätern zweimal die Dreiergruppe Sonnenberg, Becker und Klar, die man bereits am Abend des 7. April 1977 im Zielspektrum gehabt habe. Im Fernsehen wurden aber am 8. April 1977 von Gerhard Boeden, dem Leiter der Antiterrorabteilung des BKA, Sonnenberg, Klar und *Folkerts* als Tatbeteiligte genannt und ausführlich im Bild gezeigt. Kein Wort von Verena Becker! Warum nennt Boeden eine Dreiergruppe, in der Knut Folkerts anstelle von Verena Becker enthalten ist? Warum geht keine der Anklagen zum Karlsruher Attentat auf die vom BKA unmittelbar verdächtigte Tätergruppe Sonnenberg, Becker und Klar ein?

Es ist wirklich nicht zu fassen, dass der Name »Verena Becker« auf diese Weise verschwindet, und das schon so bald nach der Tat. Elisabeths Zeitungsausschnitte liefern einen weiteren Beleg. In den *Badischen Neuesten Nachrichten* vom 23. April 1977 finden sich Fragen des Bundeskriminalamts an die Öffentlichkeit. Sie

»beziehen sich auf den ehemaligen Rechtsanwalt Siegfried Haag und auf die Angehörigen einer von ihm initiierten Terrorbande. Dieser kriminellen Vereinigung werde der Mord an Buback und seinen Begleitern zugeschrieben. Die Polizei bittet um Mitteilung, wann und wo die nachfolgend genannten Personen seit Herbst 1976 im In- und Ausland gesehen wurden.«

Es folgen die Namen Siegfried Haag, Roland Mayer, Sabine Schmitz, Waltraud Boock, Günter Sonnenberg, Christian Klar,

Knut Folkerts und Adelheid Barbara Schulz. Nicht erwähnt wird Verena Becker. Warum fragt man nicht nach ihr? Sie gehörte doch zu der Gruppe um Haag, und das Bundeskriminalamt hatte sie im Visier, wie wir vom BKA-Einsatzleiter Hofmeyer wissen. Heute kann man es sogar bei *Wikipedia* nachlesen, dass Verena Becker zur Haag/Mayer-Bande gehörte. Warum also wollten die Ermittler in der zweiten Aprilhälfte 1977 von der Bevölkerung nichts über Verena Becker wissen, fragten die Öffentlichkeit aber gleichzeitig nach Folkerts, Klar und Sonnenberg? Mir fällt dafür keine akzeptable Erklärung ein. Und was sagten eigentlich die Staatsanwälte dazu? Haben sie diese Merkwürdigkeit nicht mit dem BKA diskutiert?

Inzwischen besaß ich die Kopie einer damals beim Bundeskriminalamt angefertigten Dokumentation der »Spuren- und Beweismittelzusammenhänge« zum »Fall Buback«. Auf dem im Dokumentationsreferat des BKA angefertigten Großblatt ist die aktuelle Sachbeweislage festgehalten. Solche Einzelblätter, die es für jedes einzelne Terrorverbrechen gibt, wurden laufend ergänzt und den Landeskriminalämtern, den Innenministerien und dem Generalbundesanwalt übersandt, damit alle denselben Wissensstand hatten. Zentral angeordnet finden sich auf dieser nach der Singener Festnahme angefertigten Dokumentation die Namen »Sonnenberg, Günther« und »Becker, Verena«. Darunter sind von Sonnenberg und Becker bei ihrer Ergreifung am 3. Mai 1977 mitgeführte Gegenstände aufgelistet, neben anderen:

»Selbstl.Gewehr HK 43 Nr. 1001529 m. Patr. Kal. 223; Bst. FN 74«

mit der Ergänzung:

»(Tatwaffe b. Buback)«

sowie der

»Schraubendreher v. Mororr. ›Suzuki‹«

Unter dem Eintrag zum Schraubendreher steht:

»Haarspur. von Haarbürste V. Becker ident. m. Haarsp. i. Motorradhelm«

Beim Bundeskriminalamt müsste demnach ein Gutachten vorgelegen haben, das die Überstimmung feststellt. Dass diese Identität der Haarspuren in einem der Motorradhelme und in der Haarbürste von Verena Becker amtlich festgestellt worden sein musste, war für mich ohnehin klar, nachdem diese Information am 23. April 2007 in Heribert Prantls Artikel in der *Süddeutschen Zeitung* veröffentlicht worden war. Ein Journalist von diesem Rang erfindet nichts. Im *Spiegel* vom 23. April 2007 ist die Passage noch deutlicher. Danach befand sich in einem der von den Tätern zurückgelassenen Motorradhelme eine »Haarspur« Beckers. All dies wusste ich ja längst, aber es war doch noch etwas ganz anderes, wenn man die Information in einem beim Bundeskriminalamt gefertigten Dokument liest.

Nun hatte ich Hinweise, dass Verena Becker auch für das Bundeskriminalamt eine Tatverdächtige beim Karlsruher Attentat gewesen war. Warum hatten die auf sie hindeutenden Spuren nicht zu einer Anklage geführt? Die Hinweise auf Beckers Mittäterschaft in Karlsruhe erschienen mir um Größenordnungen gravierender als die auf Knut Folkerts Mittäterschaft hindeutenden, und doch hatte der Generalbundesanwalt Folkerts als Schützen auf dem Suzuki-Motorrad angeklagt, nicht aber Becker. Konnte es überhaupt noch Zweifel an einer Mittäterschaft von Verena Becker geben, zumal da ja auch noch die Augenzeugenhinweise auf eine zierliche weibliche Person auf dem Soziussitz des Tatmotorrads waren?

Anfang 2008 befassten sich nur noch wenige Journalisten mit der Aufklärung des Karlsruher Attentats. Einer von ihnen war Thomas Moser, der sich in einem Beitrag für den WDR-

Hörfunk am 16. Januar den im Vormonat von der Bundesanwaltschaft präsentierten Ergebnissen der Spurenanalyse
und besonders dem dabei gefundenen DNA-Material einer
Frau widmete. Moser sagte:

»Eine Frau trug demnach Motorradhandschuhe, -jacke und
einen der -helme. Eine Frau war aller Wahrscheinlichkeit
nach also an dem Mordkommando beteiligt und könnte auch
die Schützin gewesen sein. Bei Verena Becker war bei der
Festnahme im Mai 1977 die Tatwaffe sowie ein Schraubenzieher aus dem Bordwerkzeug des Tat-Motorrades gefunden
worden.«

Moser wies auf das, wie er sich ausdrückte, »staatliche Ver-
steckspiel« mit den Verfassungsschutzakten hin, das die Bundesanwaltschaft mitmache. In einer O-Ton-Einspielung gibt
er eine Äußerung von Bundesanwalt Griesbaum zur Akten-
einsicht durch die Karlsruher Behörde wieder:

»Wir können nur argumentieren, wir können die Herausgabe
nicht erzwingen. / Ich bin mir bewusst, dass das alles schwierig zu verstehen ist, wir tun es auch nur bedingt. Ich muss
hier Rechnung tragen den Verpflichtungen, denen ich unter-
liege, und dass ich über den Inhalt, und da gehört auch dazu,
wer oder die Personen Urheber dieser Informationen sind,
dass ich darüber nicht sprechen kann, solange diese Unterlagen nicht auch insoweit freigegeben werden.«

Mir wurde angst beim Lesen dieser Zeilen. Wie sollte die so in
ihrer Handlungsfähigkeit eingeschränkte Behörde überhaupt
Fortschritte bei der Täterermittlung machen? Allerdings waren wir – auch aufgrund zahlreicher Politikeräußerungen –
recht zuversichtlich, dass die Verfassungsschutzakten der
Bundesanwaltschaft erneut übergeben würden und von ihr
auch uneingeschränkt für Ermittlungen genutzt werden könn-

ten. Auf Antrag des Bundesamts für Verfassungsschutz wurden die Unterlagen dann aber doch Mitte Januar 2008 vom Bundesinnenminister gesperrt. Mir leuchtet nicht ein, weshalb Unterlagen, die dem Generalbundesanwalt fünfundzwanzig Jahre zuvor bereits vollständig und schriftlich übergeben worden waren, dann aber in Karlsruhe verschwanden, der Behörde jetzt nicht erneut zur Verfügung gestellt werden konnten.

Im April 2008 erfuhr ich, dass bereits Mitte Juni 2007 ein kurzes Behördenzeugnis des Bundesamts für Verfassungsschutz an die Generalbundesanwältin geschickt worden sei, wonach – einer älteren unbestätigten Einzelinformation im Bundesamt für Verfassungsschutz zufolge – beim Mord am damaligen Generalbundesanwalt Buback und seinen Begleitern als Tatausführende beteiligt gewesen sein sollen: Wisniewski als Schütze, Sonnenberg als Fahrer des Tatmotorrads und Klar als Fahrer des Fluchtfahrzeugs.

Die Auskunft war keine Überraschung für mich. Genau so lautete ja auch die im Spiegel vom 30. April 2007 mitgeteilte Information. Wie mir gesagt wurde, stammte sie von einem ehemaligen Geheimdienstmitarbeiter, der sich in der Absicht, mich zu unterstützen, mit dem Spiegel in Verbindung gesetzt hatte.

Dieses Behördenzeugnis stimmte also bezüglich des Täterkreises nicht mit der uns von der Bundesanwaltschaft genannten Dreiergruppe überein, aber es stand im Einklang mit der Aussage von Peter-Jürgen Boock, wonach Sonnenberg und Wisniewski auf dem Tatmotorrad gesessen haben sollten. Die im Behördenzeugnis enthaltene Information hatte dann wohl auch Generalbundesanwalt Rebmann Anfang 1982 erhalten, allerdings in umfassender, also wesentlich ausführlicherer Form. Sie hatte ihn aber nicht veranlasst, Stefan Wisniewski anzuklagen, nicht einmal dessen Namen als möglichen Karlsruher Schützen oder als einen der Karlsruher Mittäter in der Anklage zu erwähnen. Nachdem Rebmann etwa zwei Jahre zuvor Folkerts als Schützen angeklagt hatte, wäre es für ihn sicher recht peinlich gewesen, dem Senat nun Wisniewski als Schützen zu präsentieren und zudem mitzuteilen, dass nach den Informationen des Verfassungsschutzes Folkerts keiner der unmittelbar Tatbeteiligten war. Aber darf eine solche Peinlichkeit wirklich ein Argument sein, eine für das Gerichtsverfahren derart wichtige Information zurückzuhalten? Ich vermute, dass dies nicht der Grund für Rebmanns Untätigkeit war.

Nachdem die Verfassungsschutzunterlagen damals vollständig übergeben worden waren, wie ich aus dem Schreiben von Innenminister Schäuble wusste, war die Akte nun im Juni 2007 in der auf einen kargen Sechszeiler geschrumpften Version nach Karlsruhe übermittelt worden. Der umgekehrte Fall wäre eher nachzuvollziehen: Man sah sich 1982 nur in der Lage, dem Generalbundesanwalt einen knappen Hinweis zukommen zu lassen, aber jetzt, fünfundzwanzig Jahre später, konnte man der Karlsruher Ermittlungsbehörde den Vorgang vollständig mit allen Protokollen übergeben. Der sehr merkwürdige Befund ist somit, dass die Unterlagen zu den Aussagen vor dem Verfassungsschutz im Verlauf der vielen Jahre geheimer geworden sind. Wie ist das möglich?

Mein Bild von den Personen, die das Attentat auf meinen Vater verübt hatten, war inzwischen recht konkret geworden. Es wich allerdings von dem Bild ab, das mir die Bundesanwaltschaft vermittelt hatte. Alle sich mir bietenden Gelegenheiten hatte ich genutzt, um den Bundesanwälten meine Erkenntnisse zu präsentieren, aber ich spürte keinerlei Resonanz. Meine Hinweise auf eine mögliche Mittäterschaft von Verena Becker verhallten entweder, oder sie wurden zurückgewiesen. Mehr als einmal hatte ich das frustrierende Gefühl, dass Rechtsanwälte von Verena Becker auch nicht wesentlich anders argumentieren würden, als es die Bundesanwälte mir gegenüber taten. Wieder sah ich keinen anderen Weg, als mich an die Bundesjustizministerin zu wenden. Mein erster Brief vom Sommer 2007 war beantwortet worden. Vielleicht würde mir Brigitte Zypries helfen.

287

Im Brief an die Ministerin wiederholte ich die für meine Familie zentrale Frage, weshalb nicht auch Verena Becker wegen Mittäterschaft beim Karlsruher Attentat angeklagt worden sei. Ich teilte ihr den mir erst kürzlich bekannt gewordenen Umstand mit, dass Becker bei ihrer Ergreifung einen »Suzuki-Schraubendreher« bei sich gehabt habe. (Wenn ich von einem »Suzuki-Schraubendreher oder Schraubenzieher« spreche, so meine ich damit ein Werkzeug, wie es zu dem Tatfahrzeug Suzuki gehörte und wie es auch im Bordset des Karlsruher Tatmotorrads fehlte, als dieses Fahrzeug nach der Tat aufgefunden wurde.) Außerdem bat ich darum, mir die Einstellungsverfügung der Bundesanwaltschaft vom Juni 1977 zugänglich zu machen, die alle nicht in der Singener Anklageschrift gegen Becker enthaltenen Verbrechen und Vergehen umfasst, mithin also auch das Karlsruher Attentat.

Da ich der Justizministerin nicht durch zu viele Briefe lästig werden wollte, nutzte ich die Gelegenheit und äußerte als weitere Bitte, dass ich gern die Stellungnahme von Kurt Rebmann zum Gnadengesuch von Verena Becker lesen würde. Nachdem der Ermittlungsrichter des Bundesgerichtshofs festgestellt hatte, dass Becker Mittäterin in Karlsruhe gewesen sei, wollte es mir einfach nicht einleuchten, dass sich dieser Generalbundesanwalt für eine Begnadigung ausgesprochen hatte. Andererseits musste er das ja getan haben, sonst wäre Verena Becker wohl nicht bereits 1989 begnadigt worden.

Da die verwirrende Situation zu den Unterlagen über die Befragungen und Vernehmungen durch das Bundesamt für Verfassungsschutz unmittelbarer Anlass meines Briefes war, bat ich die Ministerin abschließend noch um Antwort auf folgende Fragen: Waren diese Unterlagen inzwischen wieder in der Bundesanwaltschaft aufgefunden worden? Wenn dies nicht der Fall ist, wüsste ich gern, wieso und seit wann diese wichtigen, auch für die aktuellen Ermittlungen gegen Stefan Wisniewski benötigten Akten in der Bundesanwaltschaft nicht mehr vorhanden waren. Und: Welche der seit März 1982 mit

Staatsschutzstrafsachen befassten Bundesanwälte und Oberstaatsanwälte wussten von der Existenz dieser Verfassungsschutzakten, wer von ihnen kannte deren Inhalt teilweise oder
vollständig, und wann hatte er diese Kenntnis erlangt? Ich
fügte noch einen vierten Punkt an und schrieb:»Herr Baum
wies mich noch darauf hin, dass nur der Bundesminister der
Justiz den Generalbundesanwalt bezüglich der Art der Nutzung von Unterlagen habe anweisen können. Ich wäre Ihnen
sehr dankbar, wenn Sie prüfen ließen, ob Ihre damaligen Vorgänger derartige Weisungen erteilten.«

Wenn ich jetzt – Monate nachdem ich den Brief an die Bundesjustizministerin geschickt habe – meine Fragen nochmals
lese, erschrecke ich fast darüber, wie direkt sie sind. Es sind
Fragen eines Naturwissenschaftlers, der präzise fragt, um klare Antworten zu bekommen. So geht er auch bei seinen Expe-
rimenten vor, die sehr genau konzipiert sein müssen, um aus
dem Messergebnis, das ja eine Antwort des untersuchten Sys-
tems auf die mit dem Experiment gestellte Frage ist, eine möglichst klare Auskunft zu erhalten. Leider habe ich bislang weder von der Ministerin noch von einem ihrer Beamten eine
Antwort auf meinen Brief und auf diese Fragen erhalten.

Am 12. Februar schickte mir Bundesanwalt Hemberger neben weiteren Unterlagen, um die ich gebeten hatte, die Einstellungsverfügung vom 25. Juni 1977 zum Ermittlungsverfahren gegen Verena Becker. Es gab, wie ich dem Anschreiben
entnehmen konnte, zwei Einstellungsverfügungen zu Ermittlungen gegen Becker: Die Verfügung vom 25. Juni 1977 zum
Aktenzeichen 1 BJs 53/77 – dies war das Verfahren wegen der
versuchten Polizistenmorde in Singen – betraf die Einstellung
nach § 154 Abs. 1 StPO für»Beschaffungsstraftaten« wie
Diebstahl, Hehlerei, Verstöße gegen das Waffengesetz, Urkun-
denfälschung und Betrug. Für diese»Beschaffungsstraftaten«
eine Einstellung im Sinne von»nicht beträchtlich ins Gewicht
fallenden Nebenstraftaten« vorzunehmen erschien mir angesichts der Schwere der anderen Beschuldigungen vertretbar.

Dann las ich die zweite Einstellungsverfügung. Sie trägt das Datum 31. März 1980 und betrifft das Aktenzeichen 1 BJs 26/77-7, somit das Karlsruher Attentat. Darin teilt der Generalbundesanwalt der in Frankfurt einsitzenden Verena Becker mit, dass er das Ermittlungsverfahren gegen sie wegen der Beschuldigung, gemeinsam mit anderen RAF-Mitgliedern Generalbundesanwalt Buback, Wolfgang Göbel und Georg Wurster ermordet zu haben, eingestellt habe. In dem Vermerk, den Siegfried Müllenbach und Wolfgang Pfaff im Auftrag des Generalbundesanwalts verfasst haben, wird zunächst festgestellt, dass Verena Becker wegen des Singener Verbrechens durch rechtskräftiges Urteil des Oberlandesgerichts Stuttgart zweimal zu lebenslanger Freiheitsstrafe sowie zu einer Gesamtfreiheitsstrafe von dreizehn Jahren verurteilt worden sei. Es wird die bei der Festnahme von Becker und Sonnenberg sichergestellte Karlsruher Tatwaffe erwähnt und auch der in Zürich sichergestellte Koffer, zu dem Verena Becker den Gepäckschein in Besitz hatte. Im Koffer seien unter anderem eine Jacke und ein Pullover gewesen, an denen sich menschliche Haare befanden, die gleichartig seien mit zwei Haaren, die in dem rotgrundigen Motorradhelm und an einer im Fluchtfahrzeug gesicherten Trainingshose gefunden wurden. Die Haare seien jedoch keiner Person zuzuordnen. Über den bei der Festnahme von Becker/Sonnenberg sichergestellten Schraubenzieher heißt es in der Verfügung, der Verdacht, es handele sich hierbei um den im Werkzeugkasten des im Tatmotorrad fehlenden Schraubenzieher, denn der Geschäftsführer des Motorradgeschäfts Gericke,

der Zeuge Gerlach, habe eine Identität mit Bestimmtheit ausgeschlossen.

Im Vermerk des Generalbundesanwalts wird weiter ausgeführt,

dass zwar ein gewisser Verdacht der Beteiligung von Verena
Becker an den Karlsruher Morden vom 7. April 1977 fortbe-
stehe. (Ein solcher resultiert ja aus den Feststellungen zur
Tatwaffe, und auch bei Haarspuren blieben Fragen, da bei
wichtigen Spuren keine personelle Zuordnung gelang.) Becker sei ja auch ein im Untergrund lebendes Mitglied der RAF
mit enger Verbindung zum dringend tatverdächtigen Günter
Sonnenberg. Darüber hinaus lägen jedoch keine Erkenntnisse vor, so dass ein Nachweis, der in einer eventuellen
Hauptverhandlung eine Verurteilung mit einiger Wahrscheinlichkeit erwarten lasse, nicht zu führen sei. Deshalb sei das
Verfahren insoweit gemäß Paragraph 170 Absatz 2 StPO
einzustellen.

Ich war sprachlos. Paragraph 170 Absatz 2 der Strafprozessordnung sieht vor, dass die Staatsanwaltschaft das Verfahren
einstellen kann, wenn die Ermittlungen nicht genügenden Anlass zur Erhebung öffentlicher Anklage bieten. Ist das noch zu
verstehen? Allein die Tatsache, dass Becker und Sonnenberg
die Tatwaffe bei sich führten, machte beide doch höchst verdächtig. Man stelle sich nur vor, ein Mord würde mit einem
speziellen, eindeutig identifizierten Messer verübt, und es würden zwei Personen aufgegriffen, die genau dieses Messer besitzen und denen das Entkommen mit diesem Messer so wichtig
ist, dass sie, wie in einem Urteil festgestellt wird, einen mehrfachen Mordversuch an den sie verfolgenden Polizisten begehen.
Was würde mit ihnen geschehen, wenn sie nicht erklären könnten, wie sie in den Besitz des Messers gelangt sind?

Warum hatte man im Fall der Karlsruhe Tatwaffe nicht
auch eine solche Auskunft verlangt? Es saßen zwei Personen
auf dem Motorrad, folglich würde man doch zunächst davon
ausgehen, dass die zwei Personen, die mit dem sehr speziellen
Selbstladegewehr aufgegriffen werden, auch die Täter auf dem
Motorrad waren. In Bezug auf Sonnenberg war dies ja ohnehin die Meinung der Ermittler. Warum nahm man es nicht

auch für Verena Becker an? Aber auch wenn sie nicht am Gründonnerstag 1977 auf dem Tatmotorrad gesessen haben sollte, könnte sie es im Rahmen der Planung des Attentats durchaus übernommen haben, die Tatwaffe »außer Landes zu schaffen«, wie es im Urteil zum Singener Verfahren auf Seite 14 heißt. In diesem Fall wäre sie nach meiner Überzeugung eine unmittelbar an der Tat Beteiligte und nicht nur »Gehilfin«. Denn Becker und Sonnenberg wollten, so steht es in demselben Urteil auf Seite 111: »eine Tatspur nicht ans Licht kommen lassen und damit verdecken, wer Generalbundesanwalt Buback und seine zwei Begleiter getötet hatte. Die Tatwaffe war für die Ermittlung der oder des Täters ein äußerst wichtiges Beweismittel.«

Die in der Einstellungsverfügung enthaltenen Anmerkungen zu den Haaren überzeugten mich nicht, und wie der Geschäftsführer des Motorradgeschäfts mit Bestimmtheit ausschließen wollte, dass der in Singen sichergestellte »Suzuki-Schraubenzieher« etwas mit dem Tatmotorrad zu tun hatte, war mir schleierhaft. Ich nahm mir vor, die Bundesanwaltschaft um die Gutachten zu den Haarspuren, aber auch zu dem Schraubenzieher zu bitten.

Wenn die Einstellung des Verfahrens gegen Verena Becker Ende März 1980 nicht allein der Prozessökonomie diente, sondern auch, vielleicht sogar vor allem, dem Zweck, Prozesse gegen unmittelbar am Attentat in Karlsruhe beteiligte Täter zu vermeiden, müssten diejenigen, die eine solche Strategie verfolgten, eigentlich doch auch daran interessiert gewesen sein, dass die Ermittlungen gegen Günter Sonnenberg ebenfalls eingestellt wurden. Immerhin wurde er ja in der Einstellungsverfügung zu Verena Beckers Beteiligung an den Karlsruher Morden als dringend tatverdächtig bezeichnet. Würde ein Prozess gegen ihn stattfinden, könnte Verena Becker doch wieder ins Blickfeld geraten, da sie gemeinsam mit Sonnenberg aufgegriffen wurde. Gab es also auch eine Einstellung des Ermittlungsverfahrens gegen Sonnenberg?

Diese Einstellung gibt es tatsächlich. Der Generalbundesanwalt teilte dem in der Vollzugsanstalt Bruchsal einsitzenden Günter Sonnenberg am 15. Januar 1982 mit, dass er das gegen Sonnenberg gerichtete Ermittlungsverfahren, in dem dieser der Ermordung von Generalbundesanwalt Buback, Wolfgang Göbel und Georg Wurster beschuldigt wurde, nach § 154 StPO eingestellt habe. Wie schon im Fall Becker war die Verfügung von Bundesanwalt Pfaff und Oberstaatsanwalt Müllenbach bearbeitet worden. Somit gab es also doch einen Fall, bei dem das Ermittlungsverfahren gegen einen wegen des dreifachen Karlsruher Mordes dringend Tatverdächtigen mit der Begründung eingestellt wurde, es handle sich um eine »nicht beträchtlich ins Gewicht fallende Nebenstraftat«.

Im Vermerk des Generalbundesanwalts vom 15. Januar 1982 zur Einstellung des Verfahrens gegen Günter Sonnenberg heißt es auf Seite 3:

»Im Hinblick auf
– die rechtskräftige Verurteilung zu (zweimal) lebenslanger Freiheitsstrafe und
– die Tatsache, daß Sonnenberg auf Dauer erheblich gesundheitlich geschädigt und deshalb nur zeitlich beschränkt verhandlungsfähig ist, so daß ein Urteil in angemessener Frist nicht erwartet werden kann,
ist die Einstellung des vorliegenden Ermittlungsverfahrens trotz der Schwere des Schuldvorwurfs gemäß § 154 StPO gerechtfertigt.«

Aber hatte man nicht ein Verfahren gegen ihn wegen des Singener Verbrechens im Jahr 1978 durchgeführt? Das war im Jahr nach der Schussverletzung, als es ihm vermutlich gesundheitlich viel schlechter ging als 1982. Warum sollte man ihn fünf Jahre nach dem Attentat also nicht anklagen können? Das Verfahren wäre nicht sehr kompliziert gewesen: Sonnenberg hatte das Tatmotorrad ausgeliehen; allein dies musste eigentlich genügen, um ihn als Mittäter zu verurteilen. Doch statt ihn anzuklagen, stellte man das Ermittlungsverfahren gegen ihn nach § 154 StPO ein.

*

In seinem Anschreiben vom 12. Februar 2008 hatte Bundesanwalt Hemberger vermutet, dass mich die in Verbindung mit der für Verena Becker verfügten Ermittlungseinstellung erwähnten Haaranalysen sehr interessieren würden. Damit lag er richtig. Am 16. Februar teilte ich ihm mit, dass ich das Gutachten gern einsehen würde. Er schickte es mir wenige Tage später zu.

Das Gutachten stammt vom 2. Dezember 1977. Es war im Bundeskriminalamt Wiesbaden angefertigt worden und an die Abteilung TE 11 des Bundeskriminalamts in Bonn-Bad Godesberg gerichtet, die diese Untersuchung gewünscht hatte. Im Betreff werden genannt:»Ermittlungen wegen des Verdachts des versuchten Mordes u.a. Straftaten z.N. des PHW Seliger hier: Suche und Sicherung von Haaranhaftungen an Asservaten aus dem Fall Nr. CH/77-123 (Hauptbahnhof Zürich) sowie Vergleichsuntersuchungen mit Haarproben des G. Sonnenberg und der V. Becker«.

Es ging also um die Zuordnung der Haare an Kleidungsstücken und sonstigen Gegenständen in dem nach Zürich aufgegebenen Koffer, zu dem Verena Becker in Singen den Gepäckschein bei sich hatte. Mich wunderte zunächst, weshalb dieses Gutachten mit Bezug auf den Polizisten Seliger und somit zum Singener Prozess erforderlich war. Becker und Sonnenberg waren noch in Singen verhaftet worden. Es konnte keinerlei Zweifel geben, dass sie die Singener Täter waren, so dass mir nicht einleuchtete, welche Erkenntnisse sich die Ermittler von Haaren im »Zürcher Koffer« für das Verfahren wegen Singen versprachen. Auch war mir nicht ersichtlich, weshalb eine solche Haaruntersuchung erst mehr als fünf Monate nach der Anklageerhebung im Singener Verfahren erfolgte. Der Koffer war Anfang Mai, also etwa sieben Monate zuvor, gefunden worden, und ebenfalls seit dem 3. Mai 1977 lagen Haarproben von Verena Becker vor.

Mir fiel dann auf, dass am Ende der in das Gutachten einführenden Passage steht,

dass in den Haarvergleich die künstlich getönten Haarspuren einbezogen worden seien, die im Tatkomplex »Mord an Generalbundesanwalt Buback« gesichert worden seien.

Aber im Juni 1977 hatte man doch die beiden Tatkomplexe Karlsruhe und Singen getrennt – und nun vermischte man die Ermittlungen wieder und untersuchte Spuren des Karlsruher Attentats mit Betreff zum Singener Verbrechen, zum Nachteil des Polizeihauptwachtmeisters Seliger, wie es hieß. Im Betreff wird der wichtige Aspekt der Untersuchung von Haarspuren aus dem Tatkomplex »Mord an GBA Buback« nicht einmal erwähnt. Und überhaupt nicht zu verstehen ist, dass man die Analyse der Haarspuren aus einem Verbrechen, bei dem Morde nicht nur versucht, sondern auch vollendet wurden, wie acht Monate zuvor in Karlsruhe, erst so spät angeht. Längst hätte man untersuchen müssen, ob die getönten Haare aus dem Motorradhelm und an der Trainingshose, die in der zum Transport der Tatwaffe benutzten Tasche gefunden worden war, mit Haarproben von Becker, Sonnenberg oder anderen in Frage kommenden Tätern übereinstimmten.

Im Gutachten werden sieben Asservate aus dem »Zürcher Koffer« genannt, an denen Haarspuren gefunden und abgenommen wurden, und es werden insgesamt mehrere hundert Haare erwähnt, die Verena Becker am 3. Mai 1977 und bei einem späteren Termin, laut Gutachten vermutlich am 22. August 1977, entnommen wurden. Die Haarproben von Günter Sonnenberg stammten vom 12. Juli 1977. Das Gutachten ist schwierig zu lesen. Eigentlich muss man sich eine Skizze machen, um die im Gutachten mitgeteilten Befunde nachvollziehen und prüfen zu können. Das habe ich später auch getan (siehe Seite 306).

Im Gutachten wird beschrieben, dass zwei Exemplare der an einer schwarzen Damenhose (im »Zürcher Koffer«) gefundenen künstlich gefärbten Kopfhaare farblich und in den Abmessungen den Vergleichshaaren von Verena Becker entsprachen. Über die künstlich getönten Haarspuren an einer in demselben Koffer enthaltenen Jacke und einem Pullover steht im Gutachten, dass sie nicht mit vorliegenden Kopfhaaren von Verena Becker übereinstimmen. Besonders wichtig ist ja der Vergleich mit den tatrelevanten Haarspuren. Hierzu besagt das Gutachten,

vier der fünf künstlich getönten Haarspuren (eine von der Jacke und drei vom Pullover) ließen im mikroskopischen Vergleich eine gute Übereinstimmung mit den ebenfalls künstlich getönten Haarspuren aus dem rotgrundigen Motorradhelm (Mordfall Buback) und von der Trainingshose aus dem Alfa Romeo (GER–AM 25) erkennen.

Die etwas verzwickte Darstellung besagt, dass im »Zürcher Koffer« Haare von Verena Becker waren, aber auch Haare, die keiner Person zuzuordnen seien, wobei gerade diese nicht zugeordneten Haare mit den tatrelevanten Haaren aus dem Karlsruher Attentat übereinstimmen. Eine Übereinstimmung der Haarspuren mit Haarproben von Günter Sonnenberg wurde nicht festgestellt. Allerdings seien Schlussfolgerungen aus dem Haarvergleich für Sonnenberg fragwürdig, da dessen Haarproben aus der Zeit nach seiner Festnahme und der Operation wegen seiner Kopfverletzung stammen, es sich also um nachgewachsene Haare handelt.

Das Gutachten ist mithin günstig für Verena Becker, denn auf der Grundlage der mitgeteilten Befunde wären es nicht ihre Haare, die im Helm und an der Trainingshose gefunden wurden.

296

Nun war ich ja aufgrund vieler Beobachtungen skeptisch geworden gegenüber den Ermittlungen zu Verena Becker. Was mir an dem Gutachten nicht gefiel, war, dass man die tatrelevanten Haarspuren vom April 1977 nicht längst mit den Haarproben verglichen hatte, die Verena Becker am 3. Mai 1977 entnommen worden waren, und dass man jetzt, Monate später, den Vergleich auf dem Umweg über die Haare im »Zürcher Koffer« ausführte. Welche Haare hätte man eigentlich verglichen, wenn es den »Zürcher Koffer« nicht gegeben hätte oder sich darin keine Haare befunden hätten? Warum ging man so indirekt vor?

Jeder Haarvergleich birgt Unsicherheiten, wie Fachleute mir mehrfach gesagt haben. Deshalb stellt sich die Frage: Welchen Sinn macht es, die tatrelevanten Haarspuren von Helm und Trainingshose mit Haarspuren im »Zürcher Koffer« zu vergleichen, wenn die Ermittler doch über Haarproben der Tatverdächtigen verfügten und leicht weitere Proben der inhaftierten Täter hätten erhalten können. Ist wirklich keiner der ermittelnden Experten auf die naheliegende Idee gekommen, Haarproben der Inhaftierten mit den tatrelevanten Haarspuren zu vergleichen? Es beunruhigte mich, dass kein Gutachten auffindbar war, in dem über diese unbedingt erforderliche Analyse berichtet wird.

In Verbindung mit dem vorliegenden Haargutachten gab es Merkwürdigkeiten, die wiederum besser zu verstehen waren, wenn man annahm, dass es eine Deckung für Verena Becker gab und dass man ein für sie günstiges Gutachten brauchte, das sie nicht als Mittäterin in Karlsruhe belastete. Aufgrund der damals beim Bundeskriminalamt angefertigten Aufstellung der »Spuren- und Beweismittelzusammenhänge: Fall Buback« stand Becker meiner Ansicht nach unter erdrückendem Tatverdacht. In diesen BKA-Unterlagen war vermerkt, dass das Haar in einem der Motorradhelme identisch mit Haaren in der Haarbürste von Verena Becker sei. Und dass sich in Beckers Haarbürste auch Beckers Haare befanden, war naheliegend. Konnte es wirklich sein, dass jemand so systematisch eine Strafvereitelung zugunsten von Verena Becker betrieben hatte?

Im Gutachten vom 2. Dezember 1977 werden zwei frühere Gutachten des Bundeskriminalamts zu Haarvergleichen erwähnt, die Bundesanwalt Hemberger mir auf meine Bitte hin mit Schreiben vom 11. März 2008 übersandte. Das erste dieser Gutachten datiert vom 13. Juni 1977 und war wiederum im BKA in Wiesbaden für die Abteilung TE des Bundeskriminalamts in Bonn-Bad Godesberg angefertigt worden. Auftragsgemäß sollte die im Zürcher Hauptbahnhof, also wohl im »Zürcher Koffer«, sichergestellte Haarbürste auf Haarspuren überprüft und sollten Vergleiche mit Kopfhaaren von Verena Becker und Günter Sonnenberg durchgeführt werden. Allerdings lagen keine Vergleichshaare von Sonnenberg vor, so dass nur der Becker betreffende Teil des Auftrags bearbeitet werden konnte.

Im Gutachten wird gerügt, dass die von Verena Becker vorliegende Haarprobe nicht den Erfordernissen fachgerecht entnommener Vergleichskopfhaare entspricht. Das ist verwunderlich, da Verena Becker ja inhaftiert war und es keine großen Probleme hätte bereiten sollen, eine zweite, fachgerecht entnommene Haarprobe von ihr zu beschaffen. Trotz der Vorbehalte gegen die vom Landeskriminalamt Baden-Württemberg übersandte Haarprobe von Verena Becker besagt der Befund im Gutachten,

dass der makro- und mikroskopische Vergleich eine gute Übereinstimmung erkennen lasse, so dass danach die Herkunft der Haarspuren aus der Bürste vom Kopfe der Verena Becker nicht ausgeschlossen werden könne.

Man hätte diesen Befund leicht mit besserem Vergleichsmaterial zusätzlich absichern können. Das geschah nicht. Es war wohl zu wahrscheinlich, dass sich in der Haarbürste im »Zürcher Koffer«, zu dem Verena Becker den Gepäckschein hatte, auch ihre Haare befanden, so dass man eine weitere Bestätigung offenbar nicht mehr für erforderlich hielt. Diese Zuordnung wurde von den Ermittlern in der Folgezeit nicht mehr in Frage gestellt.

In Verbindung mit der Information, dass die Haarspuren in Bürste und Motorradhelm identisch waren, verdichtete sich der durch den Fund der Tatwaffe und des »Suzuki-Schraubendrehers« wachgerufene Tatverdacht gegen Verena Becker immer mehr. Wegen Singen musste sie ja in jedem Fall angeklagt werden, denn das Verbrechen dort war, wie es mehrfach hieß, »vor den Augen der Stadt« geschehen. Aber nun führte eigentlich kein Weg mehr daran vorbei, sie auch wegen des Karlsruher Attentats anzuklagen. Die Indizien waren so zahlreich, wobei ich aus den Unterlagen nicht ersehen kann, wann diese Hinweise der Bundesanwaltschaft übergeben wurden. Das wollte ich noch herausfinden, es zumindest versuchen. Die Spurenakte zur Aussage des »Zeugen vom Vortag« war Oberstaatsanwalt Lampe, der die Anklage gegen Becker 1977 bearbeitete, ja nicht bekannt gewesen. Vielleicht hatte man auch das Haargutachten erst nach 1977 an die Karlsruher Behörde weitergeleitet.

Wenn es Personen gab, die Verena Becker vor Strafverfolgung wegen des Karlsruher Attentats schützen wollten, mussten sie jetzt, Mitte 1977, erneut aktiv werden. Die Entscheidung der Bundesanwaltschaft, die Verfahren zu den Singener und Karlsruher Verbrechen zu trennen, wäre in diesem Zusammenhang hilfreich gewesen, denn sie brächte zumindest einen Zeitgewinn. Beispielsweise könnte man in der Phase, in der sich das Augenmerk auf den Singener Prozess richtete, versuchen, die Verdachtsmomente zu zerstreuen, die für Beckers Mittäterschaft in Karlsruhe sprachen. Um diese Annahme überprüfen zu können, brauchte ich von der Bundesanwaltschaft das Gutachten zum Vergleich der Haarspuren in der Bürste und im Motorradhelm. Dabei war neben dem Ergebnis der Untersuchung das Datum von großem Interesse. Doch zunächst zu dem zweiten mir am 11. März 2008 zugesandten Gutachten.

Dieses Gutachten des Bundeskriminalamts stammt vom 18. November 1977. Darin werden die beiden Motorradhelme sowie verschiedene Asservate aus dem von den Tätern zur Flucht genutzten Alfa Romeo mit dem Kennzeichen GER-AM 25 auf Haarspuren überprüft. Kaum fassbar, dass über diese unbedingt erforderlichen Untersuchungen erst sieben Monate nach dem Attentat und ebenso lange nach Auffinden der Helme und des Fluchtautos berichtet wird.

Im Gutachten vom 18. November steht, dass im Futterstoff beider Helme Haarspuren gesichert wurden. Im weißgrundigen Helm befanden sich das Bruchstück eines Menschenkopfhaares, fünfundzwanzig Millimeter lang, und ein dünnes, helles menschliches Flaumhaar, neun Millimeter lang; im rotgrundigen Helm ein fünfundvierzig Millimeter langes Menschenkopfhaar mit Kolbenwurzel, das künstlich getönt war, und weiterhin vier dünne, helle menschliche Flaumhaare von vier bis dreizehn Millimeter Länge.

An den Asservaten im Alfa Romeo wurden insgesamt neunzig Haarspuren gefunden. Davon sei nur ein Haar, das sich an einem Schal befand, zur Bestimmung des Kerngeschlechts geeignet. Dieses Haar stammte von einer weiblichen Person – eine Information, die ich in den Prozessakten, in denen nur männliche Täter als unmittelbare Tatbeteiligte genannt wurden, nicht gefunden habe.

In Verbindung mit der Zuordnung der menschlichen Haare wird im Gutachten noch mitgeteilt,

dass an der Trainingshose ein künstlich getöntes Kopfhaar gefunden worden sei, das der künstlich getönten Kopfhaarspur aus dem rotgrundigen Motorradhelm entspreche.

Diese Information stand auch in den Gerichtsakten. Das Gutachten verdeutlichte nun, dass man nur jeweils eine Haarspur im rotgrundigen Motorradhelm und an der Trainingshose hatte, die vermutlich nicht einmal optimal waren, aber dennoch für einen Vergleich der Haare untereinander ausreichten; dieser Vergleich ergab, dass sich diese zwei Haarspuren »entsprechen«. Warum aber verglich man nicht jede dieser beiden Haarspuren oder wenigstens eine von ihnen mit den vielen Haarproben, die man von Becker und Sonnenberg besaß? Diesen Vergleich hätte man bei Verena Becker seit dem 3. Mai 1977 vornehmen können. Ich halte es für eine unerhörte Unterlassung, dass dies nicht geschah.

Das Fehlen dieser unabdingbaren Analyse nährt die Befürchtung, dass es eine Deckung für Verena Becker gab, denn von guten Ermittlern wäre ein anderes Vorgehen zu erwarten, wenn sie etwas herausbekommen wollen. Über die Zuordnung oder über einen Vergleich des Kopfhaars aus dem weißgrundigen Helm findet sich übrigens kein Wort im Gutachten, nicht einmal der Hinweis, dass dieses Haar für Analysen ungeeignet war.

Am 23. März schrieb ich Bundesanwalt Hemberger, dass ich keine Gutachten über einen direkten Vergleich der tatrelevanten Haarspuren in den Motorradhelmen und an der Trainingshose im Alfa Romeo mit den Haarproben von Becker und Sonnenberg gesehen hätte, und bat ihn zu prüfen, ob diese direkten Vergleiche nicht doch durchgeführt worden seien. Als ich dann im April 2008 zu einem Termin in der Bundesanwaltschaft war, sagte mir Hemberger, dass es keine derartigen Gutachten gebe. Kann es sein, dass das Interesse an der Aufklärung des Mordes am Generalbundesanwalt und seinen beiden Begleitern damals nicht ausreichte, um diese unverzichtbaren Haaruntersuchungen auszuführen?

In meinem Brief hatte ich auch noch nach dem Gutachten zum Vergleich der Haare in der Haarbürste mit dem Haar im rotgrundigen Motorradhelm gefragt. Dieses Gutachten war mir nicht zugesandt worden. Im Schreiben an Bundesanwalt Hemberger zitierte ich die Passage aus Heribert Prantls Artikel in der *Süddeutschen Zeitung* vom 23. April 2007:

»In einem dieser [Motorrad-]Helme fand sich eine Haarspitze, die mit den Haaren identisch war, die bei der Festnahme Verena Beckers in deren Haarbürste gesichert wurden.«

Angesichts der Qualität der Heribert Prantl vermutlich zur Verfügung stehenden Informationen müsse man, so schrieb ich an Hemberger, davon ausgehen, dass seine Aussage zum Vergleich der Haarspuren nicht aus der Luft gegriffen sei. Die Auskunft der Bundesanwaltschaft im April 2008 war aber, ein solches Gutachten existiere nicht.

Es musste aber doch ein solches Gutachten, zumindest einen Vermerk dazu in den Akten geben. Wenn man schon die Haarspuren im Motorradhelm nicht mit den Haarproben der Tatverdächtigen verglichen hatte, musste man zumindest den Vergleich mit den Haaren in der Bürste durchführen, zumal diese Haare bereits analysiert worden waren. Warum hätte man sonst überhaupt die Haare in der Bürste mit denen von Verena Becker verglichen? Für sich allein genommen wäre das Ergebnis dieser Untersuchung doch recht unerheblich.

Schwerer noch wog, dass in der mir vorliegenden BKA-Dokumentation vermerkt ist, dass die Identität der Haarspuren in Helm und Bürste festgestellt worden war. Die vom BKA ständig aktualisierten »Spuren- und Beweismittelzusammenhänge: Fall Buback« wurden an mehrere Stellen weitergeleitet, darunter auch an den Generalbundesanwalt. Wenn ein solch gravierender, stark für eine Täterschaft von Verena Becker sprechender Befund ohne gutachterlich fundierten Hintergrund in den BKA-Berichten aufgeführt worden wäre, hätte doch sicher eine der beteiligten Stellen nachgefragt oder widersprochen.

Nein, hier stimmte etwas nicht. Und die einzige mir einleuchtende Erklärungsmöglichkeit war, dass ein Gutachten deshalb nicht mehr auffindbar war, weil es Verena Becker entscheidend belastete.

Mir fiel noch auf, dass die Haarbürste nach Auskunft des BKA-Gutachtens vom 13. Juni 1977 (Seite 1/2) im Hauptbahnhof Zürich sichergestellt wurde, während es in der gerade zitierten Passage aus der *Süddeutschen Zeitung*, aber auch in der Zusammenstellung der Spuren- und Beweismittelzusammenhänge beim BKA so klingt, als sei diese Haarbürste unmittelbar bei Verena Beckers Verhaftung in Singen sichergestellt worden. Leider vermittelt mir das Urteil zum Singener Prozess keine Klarheit zu diesem Punkt. Darin finde ich überhaupt keinen Hinweis auf die Haarbürste, auch nicht in den beiden Prozessen zum Karlsruher Attentat. Dort kann man es eher verstehen, da Verena Becker wegen der Karlsruher Tat ja gar nicht angeklagt wurde.

Das Fehlen von Vergleichen der tatrelevanten Haarspuren mit Haarproben von Becker und Sonnenberg veranlasste mich, bei der Bundesanwaltschaft nachzufragen, ob es denn im Fall von Knut Folkerts einen solchen direkten Vergleich gebe. Ich hielt es für durchaus möglich, dass es ein entsprechendes Gutachten nicht gab, zumal im Verfahren gegen Folkerts kein Ergebnis einer solchen Haaranalyse mitgeteilt worden war. Zu meiner Überraschung erhielt ich aber am 7. April von der Bundesanwaltschaft ein Gutachten des Bundeskriminalamts zu Haaren von Knut Folkerts. Es stammte von demselben wissenschaftlichen Direktor beim BKA in Wiesbaden, der alle Haargutachten angefertigt hatte, die ich bislang gesehen hatte.

Dieses Gutachten vom 12. Januar 1979 war in zweierlei Hinsicht besonders: Es war an den Generalbundesanwalt gerichtet und nicht an die Abteilung TE 11 des Bundeskriminalamts in Bonn-Bad Godesberg, die aber, wie der Briefkopf ausweist, nachrichtlich informiert wurde, und es hatte einen Bezug zum Beschluss eines Ermittlungsrichters des Bundesgerichtshofs. In dieser Form hätte ich mir all die anderen Gutachten auch gewünscht, denn dann wäre klar, dass die das Verfahren leitenden Beamten in der Bundesanwaltschaft – und nicht nur die Ermittler bei der Abteilung TE 11 im BKA – zeitnah Kenntnis von den jeweiligen Untersuchungsergebnissen erhalten hatten. Bei den anderen Gutachten, auch denen in Verbindung mit Haarproben von Verena Becker, war nicht zu erkennen, ab wann die Bundesanwaltschaft vom Untersuchungsauftrag und vom Ergebnis wusste, da sie nicht einmal nachrichtlich von den Gutachten in Kenntnis gesetzt wurde. Es könnte also sein, dass die Informationen jeweils erst Monate später oder vielleicht sogar erst nach mehr als einem Jahr in Karlsruhe vorlagen. Im Fall Verena Becker erscheint es sogar möglich, dass belastendes Material erst in Karlsruhe eintraf, als sie bereits wegen des Singener Verbrechens zu zweimal lebenslanger Haft verurteilt war. Vielleicht interessierte man sich dann gar nicht mehr für weitere Erkenntnisse zu ihren Tatbeiträgen, da man kein neues, dazu noch wesentlich aufwendigeres Verfahren gegen sie führen wollte.

Ich wollte also wissen, wann die Unterlagen von Vernehmungen, Spurenakten und Gutachten vom BKA in Bad Godesberg an die Bundesanwaltschaft übergeben worden waren. Bundesanwalt Hemberger teilte mir dazu jedoch mit, aus den Akten lasse sich nicht feststellen, zu welchem Zeitpunkt die einzelnen Vernehmungsunterlagen und Spurenakten bei der Bundesanwaltschaft eingegangen waren.

Der zweite besondere Punkt im Gutachten bei Knut Folkerts war, dass auch der Haarvergleich so durchgeführt worden war, wie ich es in allen Fällen erwartet hätte: Die tatrelevanten Haare im Helm und an der Trainingshose wurden mit Kopfhaarproben des Tatverdächtigen verglichen. Mit Bezug auf die damaligen technischen Möglichkeiten wurde im Gutachten allerdings festgestellt, dass Haarspuren keine Identifizierung von Personen erlauben. Im Vergleich zu den mehr als ein Jahr zuvor durchgeführten Analysen mit Haaren von

Verena Becker wurden die Möglichkeiten solcher Untersuchungen erstaunlich kritisch dargestellt: Nur unter günstigen Vergleichsbedingungen, wie sie im Fall Folkerts wegen des erheblichen Zeitraums zwischen Spurensicherung und Entnahme der Vergleichshaarprobe nicht vorliegen, könnten Haarvergleiche manchmal zu der Schlussfolgerung »gemeinsame Herkunft möglich« beziehungsweise »gemeinsame Herkunft auszuschließen« führen, heißt im Folkerts-Gutachten. Am Ende des Gutachtens steht:

»Die Beantwortung der Frage, ob die beiden inkriminierten Haarspuren vom Kopf des Knut D. Folkerts stammen, muss daher offen bleiben.«

Diese Feststellung ließ die Möglichkeit offen, Knut Folkerts als Schützen auf dem Karlsruher Tatmotorrad anzuklagen, was ja dann auch kurze Zeit später geschah.

Nachdem ich gesehen hatte, wie direkt der Haarvergleich bei Knut Folkerts durchgeführt worden war, fertigte ich die folgende Abbildung an, um für mich, aber auch für alle anderen, die sich der Mühe des Nachverfolgens unterziehen wollen, das umständliche und eher verwirrende Vorgehen beim Vergleich der tatrelevanten Haarspuren mit den Haarproben von Verena Becker zu illustrieren.

Als Fundorte der Haarspuren sind oben in der Abbildung auf Seite 306 die Motorradhelme und der Flucht-Pkw angegeben, wobei sich die im Pkw gefundenen Haare an Kleidungsstücken in der zum Transport der Tatwaffe benutzten Tasche befanden. Links sind die Haarspuren aus dem in Zürich sichergestellten Koffer aufgeführt. Das Datum in Klammern bezeichnet den Tag, an dem die jeweilige Haarspur entdeckt wurde. Im rechten unteren Teil sind die Verena Becker entnommenen Haarproben angegeben, wobei das Datum in Klammern den Tag der Entnahme bezeichnet. Um die Bedeutung der Haarproben zu betonen, sind sie kursiv hervorgeho-

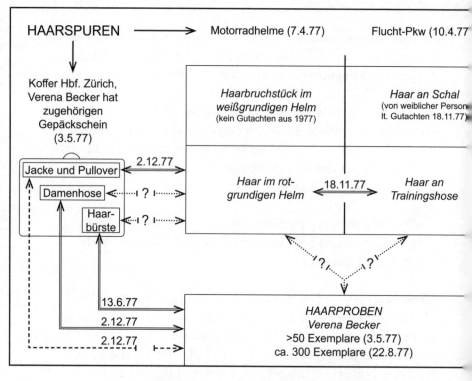

Übersicht zu den tatrelevanten Haarspuren sowie
den Haarproben von Verena Becker
Pfeile mit doppelt durchgezogener Linie: »Übereinstimmung«
oder »Entsprechung«
Pfeil mit gestrichelter Linie: »keine Übereinstimmung« oder
»keine Entsprechung«
Pfeile mit gepunkteter Linie: keine Gutachten vorhanden

ben. Ebenfalls kursiv sind die tatrelevanten Haarspuren in den Motorradhelmen und an den Kleidungsstücken im Flucht-Pkw. Die Haarspuren aus dem »Zürcher Koffer« sind nicht kursiv geschrieben, um anzudeuten, dass es sich hierbei um Spuren handelt, die lediglich für einen indirekten Vergleich tatrelevanter Haare mit Haarproben in Frage kommen.

Vergleiche zwischen Haarspuren und/oder Haarproben, die eine »Übereinstimmung« oder »Entsprechung« anzeigen, sind mit einer doppelt durchgezogenen Linie gekennzeichnet. Der Vergleich, bei dem die Ergebnisse auf eine fehlende Übereinstimmung von Haaren hindeuten, ist durch eine gestrichelte Linie markiert. Das Datum an den Pfeilen bezeichnet jeweils das Datum des Gutachtens. Die mit einem Fragezeichen versehene gepunktete Linie bezieht sich auf Vergleiche, von denen ich meine, dass sie hätten durchgeführt werden müssen. In den Akten finden sich aber – nach Auskunft der Bundesanwaltschaft – keine Gutachten über diese Untersuchungen.

Die Haarspur im weißgrundigen Helm ist aus für mich unerfindlichem Grund in keinem mir vorliegenden Gutachten mit anderen Haaren verglichen worden. Auch das Haar am Schal (aus der Tasche im Flucht-Pkw), das von einer weiblichen Person stammt, wurde nicht mit anderen Haaren verglichen, zumindest findet sich dazu kein Gutachten.

Zentrale Bedeutung haben die Haare in den Helmen und an der Trainingshose. Sie hätten mit den seit dem 3. Mai 1977 reichlich verfügbaren Haaren von Verena Becker verglichen werden müssen. Wie die beiden gepunkteten Pfeile andeuten, geschah das offensichtlich nicht. Vergleiche mit Haarproben von Verena Becker erfolgten ausschließlich auf dem Umweg über Haarspuren im »Zürcher Koffer«. Das erste der hierzu erstellten Gutachten, vom 13. Juni 1977, verglich unter den »Zürcher Haarspuren« lediglich die in der Haarbürste gefundenen Haare mit Haarproben von Verena Becker. Dabei wurde, wie der Pfeil mit der Doppellinie anzeigt, eine »Entsprechung« festgestellt. Nachdem nun schon der direkte Vergleich tatrelevanter Haare mit Haarproben Beckers nicht durchgeführt wurde, wäre zumindest ein Vergleich der Spuren in der Haarbürste mit denen im Motorradhelm und in der Trainingshose erforderlich gewesen. Dieser Vergleich wurde, wie der gepunktete Pfeil andeutet, nach Auskunft von Bundesanwalt Hemberger nicht durchgeführt. Das halte ich nach wie vor für ein gravierendes Versäumnis, zumal nicht erklärlich ist, warum dann überhaupt der Vergleich der Haare in der Bürste mit den Kopfhaaren von Verena Becker durchgeführt wurde. Die Tatsache, dass ich das Ergebnis des Vergleichs der Haare in Bürste und Motorradhelm in einer BKA-Dokumentation gesehen habe, und die Erwähnung dieses Analyseergebnisses in den Medien deuten darauf hin, dass dieser Vergleich wohl doch vorgenommen wurde.

Merkwürdigerweise geschah dann nach dem 13. Juni 1977 viele Monate gar nichts mehr zum Thema Haarvergleiche. Erst am 18. November 1977 wurde wieder über eine Untersuchung berichtet: Das Haar an dem in der Tasche gefundenen Schal stamme von einer weiblichen Person, und die Haare im rotgrundigen Helm und an der Trainingshose »entsprechen« einander, was der Pfeil mit der Doppellinie ausdrückt. Vergleiche mit Haarproben von Verena Becker oder mit Haarspuren aus dem »Zürcher Koffer« fehlen weiter.

Im Gutachten vom 2. Dezember 1977 wurden dann Ergebnisse des Vergleichs der Haarproben Becker mit den Haarspuren im »Zürcher Koffer«, und zwar an Jacke und Pullover sowie an der Damenhose, präsentiert. Für die Haare an der Damenhose wurde dabei eine Entsprechung, für die Haare an Jacke und Pullover dagegen keine Entsprechung gefunden. Auffällig ist, dass nur die Haare an Jacke und Pullover, die *keine* Übereinstimmung oder Entsprechung mit den Kopfhaarproben von Verena Becker zeigen, mit den tatrelevanten Haaren verglichen wurden. Im Gutachten steht hierzu, dass diese Haare an Jacke und Pullover mit den tatrelevanten Haarspuren an Helm und Trainingshose übereinstimmen. Unverständlich, dass man nicht auch die Haarspuren an der Damenhose und an der Haarbürste mit den tatrelevanten Haarspuren verglich.

Alles in allem eine vertrackte Situation, die deshalb so unbefriedigend ist, weil wichtige Vergleiche fehlen. Die Abbildung verdeutlicht, dass der für die Haaranalysen in Bezug auf Verena Becker gewählte Weg seltsam indirekt ist. Bundesanwalt Hemberger hatte mich in seinem Anschreiben vom

12. Februar 2008 rein »fürsorglich«, wie er sich ausdrückte, darauf hingewiesen,

> »dass die Haarspuren aus dem Koffer, die mit je einem Haar aus dem Helm und der Trainingshose mikroskopisch eine gute Übereinstimmung erkennen lassen, nicht mit vorliegenden Kopfhaaren der V. Becker übereinstimmten.«

Da diese Feststellung als Entlastung für Verena Becker genutzt worden ist, habe ich mir die zugehörige Passage im Gutachten noch einmal genauer angesehen. Was war eigentlich so unterschiedlich an den Haaren von der Damenhose einerseits und von Jacke und Pullover andererseits, die sich alle im »Zürcher Koffer« befanden? Im Gutachten vom 2. Dezember 1977 wird zu den Haaren an Jacke und Pullover mitgeteilt,

> dass sie im Gegensatz zu den beschriebenen dunkelbraun gefärbten Haarproben von Verena Becker im gefärbten Bereich des Haarschafts zusätzlich noch die natürlichen Pigmentgrana erkennen ließen. Sie würden insofern nicht mit den vorliegenden Kopfhaaren der V. Becker übereinstimmen.

Dies klingt eindeutig. Aber besagt es wirklich zwingend, dass die Haare an Jacke und Pullover keinesfalls Kopfhaare von Verena Becker sind? Immerhin enthält das Gutachten durch das Wort »insofern« und den Begriff »vorliegende Kopfhaare« zwei Einschränkungen, und zwar auf das Charakteristikum »natürliche Pigmentgrana« und auf die für den speziellen Vergleich verfügbaren Kopfhaare bezogen. Was sind denn eigentlich Pigmentgrana? Die Suche im Internet ergab, dass es sich wohl um die nicht mehr gebräuchliche Bezeichnung für »Pigmentkörnchen«, genauer die Pluralform von Pigmentgranum (lat. *granum* = Korn, Kern) handelt. Um noch genauer zu verstehen, worum es ging, sprach ich mit Wissenschaftlern und Ärzten, und Elisabeth versuchte auch im Gespräch mit ihrem

Friseur Näheres zu erkunden. Unsere Informationsausbeute war gering, und ich wüsste gern, ob die Ermittler und Staatsanwälte, die mit dem Begriff »Pigmentgrana« konfrontiert wurden, eine bessere Vorstellung davon besaßen als ich jetzt. Dabei geht es im Gutachten doch um eine sehr wichtige und folgenschwere Aussage.

Nach allem, was ich jetzt weiß, bezeichnen die »Pigmentgrana« vor allem die Farbträger im Haar, aber sie enthalten wohl auch morphologische Informationen. Der Unterschied zwischen den an Jacke und Pullover gefundenen Haarspuren und den Beckerschen Haarproben bestand im Vorliegen der natürlichen Pigmentgrana, die durch einen Bleichvorgang zerstört werden können. Also schaute ich nach Anzeichen eines Bleichens der Haare von Verena Becker. Über ihre, wie es im Gutachten vom 2. Dezember 1977 heißt, »vermutlich am 22. August 1977« entnommene Haarprobe las ich im Gutachten,

die Haare seien künstlich dunkelbraun gefärbt. Hierzu sei das Haar vor dem eigentlichen Färbeprozess offensichtlich künstlich gebleicht worden, wobei die natürliche Pigmentierung (zum Beispiel oxidativ durch Wasserstoffperoxid) entfernt worden sei. Die Haare ließen zum Teil ungefärbte Basalzonen mit natürlicher dunkelblonder bis hellbrauner Pigmentierung erkennen. Die Länge der Basalzonen – an den wurzeltragenden Haaren auswertbar – betrage maximal fünfundfünfzig Millimeter.

Das »Hierzu« am Beginn dieser Passage des Gutachtens ist nicht nachvollziehbar, da kein Bleichen erforderlich ist, um dunkelblonde bis hellbraune Haare dunkelbraun zu färben. Es suggeriert, dass der Bleichvorgang unmittelbar vor der Färbung lag. Hierfür gibt es aber in meinen Augen keinen Hinweis. Das Gutachten bedeutet: Verena Becker hat ihre Haare gebleicht. Nimmt man ein typisches Haarwachstum von zehn Millimetern pro Monat an, so ermöglicht die Angabe einer

Haarlänge von maximal fünfundfünfzig Millimetern mit natürlicher Pigmentierung eine Abschätzung des Termins, an dem gebleicht wurde: Wenn die nach dem Bleichen aus der Kopfhaut neu herausgewachsene Haarlänge mit natürlicher Pigmentierung fünfundfünfzig Millimeter beträgt, muss das Bleichen etwa fünfeinhalb Monate vor der Entnahme der Haarproben stattgefunden haben. Das wäre also etwa Anfang März 1977. Verena Becker hatte sich demnach im März, also vor dem Karlsruher Attentat, die Haare gebleicht, vielleicht um bei einer bevorstehenden Tat anders als gewohnt auszusehen, also helle anstelle von dunklen Haaren zu haben. Mir fällt dabei eine im SWR-2-Feature *Verschlusssache Buback* am 8. Juni 2008 als O-Ton ausgestrahlte Zeugenaussage ein. Unmittelbar nach den Schüssen hatte die Zeugin Edith Neukirch die Täter von ihrer Wohnung aus gesehen. Über den Täter hinten auf dem Motorrad, der gerade etwas in seine Aktentasche stopfte (vermutlich die Tatwaffe), sagt sie, er sei »vergnügt und fröhlich« und »hell« gewesen,

»also ein helles Gesicht und helle Haare, aber das kann ich nicht beschwören…«

Vielleicht waren die hellen Haare gebleichte Haare? Bei der Beschreibung der Haarspuren, die Anfang Mai 1977 in der Haarbürste gefunden wurden, sind Einzelhaare erwähnt, die eine helle, nicht gefärbte Zone von zwei bis maximal zwölf Millimeter Länge über der Haarwurzel erkennen lassen. Wenn Verena Becker diese Haarbürste noch kurz zuvor benutzt hat, weist die größere Längenangabe des hellen Haaransatzes von etwa zehn Millimetern darauf hin, dass sie ihre Haare etwa einen Monat zuvor, also Anfang April 1977, dunkel gefärbt hat. Die Haare mit kürzerer ungefärbter Länge hätten sich dann kürzere Zeit auf dem Kopf und länger in der Bürste befunden.

Aus diesen Erkenntnissen ließe sich ableiten: Im Zeitraum März bis Anfang April 1977 hätte Verena Becker nach dem

Bleichen helle Haare gehabt und sich dann im April die Haare gefärbt, um eine dunkle Farbe wie vor dem Bleichen zu erreichen. Bei der Verhaftung in Singen waren ihre Haare dunkel. Von diesen Haaren wurde am 3. Mai 1977 die erste Haarprobe genommen.

Was bedeuten diese Erkenntnisse für die Haare an Jacke und Pullover im »Zürcher Koffer«? Wenn Verena Becker diese beiden Kleidungsstücke unmittelbar vor dem Karlsruher Attentat, also im März 1977, nicht mehr getragen hat, vielleicht weil sie nicht benötigt wurden oder bereits eingepackt waren, so könnten die daran haftenden Haare eine dunkelbraune Färbung von der Zeit Anfang März oder früher, also vor dem Bleichen, haben, aber zusätzlich noch die natürlichen Pigmentgrana, die ja erst durch das Bleichen im März 1977 zerstört wurden. Dieses Szenario erscheint mir durchaus möglich, da nicht jeder Mensch jedes seiner Kleidungsstücke täglich trägt. Ein Anfang Mai 1977, in Zürich gefundener Pullover und eine Jacke können durchaus zuletzt Ende Februar oder noch früher getragen worden sein. Andererseits kann es sein, dass die Damenhose nicht zehn oder mehr Wochen ungenutzt war. Vielleicht wurde sie in Kombination mit einer anderen Jacke getragen. Dann würden die Haare an der Damenhose aus der Zeit nach dem Bleichen und Färben stammen.

Bei der Haarbürste ist anzunehmen, dass derjenige, der sie mit auf Reisen nimmt, sie auch häufiger benutzt. Es ist unwahrscheinlich, dass sie zuletzt vor zehn oder mehr Wochen benutzt wurde. So verwundert es nicht, wenn die Haare in der Bürste – wie die an der Damenhose – den Verena Becker am 3. Mai 1977 entnommenen Haarproben »entsprechen«, beide dunkel gefärbt sind und Zonen ohne Pigmentierung aus der Zeit nach dem Bleichen aufweisen.

Mit diesen Überlegungen kann ich nichts darüber aussagen, von wem die Haarspuren stammen. Ich will lediglich zeigen, dass man allein aus dem Fehlen der Pigmentierung, die durch ein Bleichen der Kopfhaare von Verena Becker etwa Anfang

März 1977 eingetreten sein könnte, nicht mit Gewissheit schließen kann, dass die Haare an Pullover und Jacke im »Zürcher Koffer« *keine* Kopfhaare von Verena Becker sind. Leider ist nicht für alle in den Vergleich einbezogenen Haare bekannt, ob sie eine natürliche Pigmentierung besitzen. Das Vorliegen oder Nichtvorliegen von Pigmentgrana allein kann die Schlussfolgerung, die mit tatrelevanten Haarspuren übereinstimmenden Haare im »Zürcher Koffer« würden keine Übereinstimmung mit Kopfhaaren von Verena Becker zeigen, nicht fundiert absichern, da man nicht weiß, wann Pullover und Jacke zuletzt getragen wurden. Um die Feststellung treffen zu können, dass die tatrelevanten Haare nicht mit Kopfhaaren von Verena Becker übereinstimmen, wären weitere sorgfältige Analysen erforderlich gewesen.

Da der direkte Weg bei der Haaranalyse nicht gewählt wurde, die Umstände um das nicht existierende oder nicht auffindbare Gutachten zum Vergleich der Haare in Bürste und Motorradhelm unklar sind, weitere als notwendig anzusehende Haargutachten nicht in Auftrag gegeben wurden und die Analyse von Haarspuren, wie gerade beschrieben, nicht eben schlüssig war, führt die Analyse der Abbildung erneut zu der durch mehrere andere Befunde gestützten Erklärung, dass eine Deckung für Verena Becker vorgelegen haben könnte. Das heißt, man könnte vermuten, dass der Haaranalyse Becker eine andere Strategie zugrunde lag als die einer rückhaltlosen und unvoreingenommenen Tataufklärung.

Neben den sachlichen Bedenken gegen das Vorgehen bei den Haarvergleichen bedrücken mich die Termine, zu denen Gutachten erstellt wurden: In den ersten sechs Monaten nach der Ergreifung von Verena Becker ist nur ein Haarvergleich durchgeführt worden, wobei die wenig erhellende Entsprechung ihrer Haare mit denen an der Haarbürste festgestellt wurde. Im August wurden weitere Haarproben von ihr entnommen, aber erst in der zweiten Novemberhälfte und Anfang Dezember 1977 wurden dann die nächsten (und letzten)

Haargutachten geliefert. Zu diesem Zeitpunkt, im November/ Dezember 1977, fand das Verfahren gegen Verena Becker wegen des Verbrechens in Singen statt.

Das Gutachten vom 2. Dezember 1977 kann, wenn man es unkritisch liest, als Entlastung für Verena Becker gedeutet werden. Am 5. Dezember 1977, also drei Tage nach dem für Verena Becker günstig interpretierbaren Haargutachten, wurde mit Zustimmung der Bundesanwaltschaft das Verfahren gegen sie wegen Bildung oder Beteiligung an einer terroristischen Vereinigung (§ 129a StGB) und wegen des ihr ebenfalls zur Last gelegten Verbrechens des Bandenraubs (§ 250 Abs.1 Nr. 4 StGB) vorläufig eingestellt. Nach diesem Beschluss verzichtete das Gericht auf die für den 22. Dezember 1977 geplante Vernehmung eines Sachverständigen, der zu den sogenannten Haag-Papieren geladen war.

Die zeitliche Nähe von Haargutachten und Einstellungsbeschluss mag zufällig sein. Sicher war es für Verena Becker aber kein Nachteil, dass aufgrund des Beschlusses vom 5. Dezember 1977 kein Sachverständiger über die »Haag-Papiere« mehr im Verfahren aussagte.

*

Das Studium der Haargutachten war schwierig gewesen und hatte mich über mehrere Wochen im April/Mai 2008 beschäftigt. Ich hoffte, das Vernehmungsprotokoll zum »Suzuki-Schraubenzieher«, das mir Bundesanwalt Hemberger am 23. April 2008 zuschickte, würde mir weniger Probleme bereiten. Für mich stellte dieser Schraubenzieher einen nicht aufzulösenden Bezug zu dem in Karlsruhe benutzten Motorrad und somit zum Mord an meinem Vater und seinen beiden Begleitern her. Nun hatte mir Bundesanwalt Hemberger bereits einige Wochen zuvor am Telefon gesagt, der in Singen sichergestellte »Suzuki-Schraubendreher« sei nicht der aus dem Bordset des Tatmotorrads; es habe ergänzende Untersuchungen gegeben. Auch in der Einstellungsverfügung vom 31. März 1980 zum Verfahren gegen Verena Becker hatte ich ja inzwischen gelesen, der bei der Festnahme von Becker und Sonnenberg sichergestellte Schraubenzieher sei nicht das beim Tatmotorrad fehlende Werkzeug. War also ein weiteres Mal durch eine »Nachbefragung« ein klar auf Verena Becker als Karlsruher Mittäterin hinweisendes Beweismittel geschwächt oder zurückgewiesen worden? Noch für den Ermittlungsrichter des Bundesgerichtshofs war das Suzuki-Werkzeug immerhin ein Argument für Verena Beckers Mittäterschaft gewesen.

Bei dem von Hemberger geschickten »Vernehmungsprotokoll« handelte es sich um eine eineinhalbseitige Erklärung des Geschäftsführers des Düsseldorfer Motorradgeschäfts Gericke, bei dem das Tatmotorrad am 2. April 1977 entliehen worden war, gegenüber zwei BKA-Beamten. Angesichts der Bedeutung des Suzuki-Werkzeugs hätte ich gern gewusst, wer den Auftrag zu dieser ergänzenden Ermittlung gegeben hatte. Im Briefkopf des Schreibens vom 26. August 1977 stand, wie in mehreren Gutachten, die ich inzwischen gesehen hatte, die Abteilung TE 11 des Bundeskriminalamts. An wen das Schreiben gerichtet war, wurde nicht klar, nicht einmal, ob es überhaupt an jemanden gerichtet war. Der Geschäftsführer erklärte,

ihm sei an diesem Tag von Beamten des Bundeskriminalamts der Schraubenzieher gezeigt worden, der bei Günter Sonnenberg gefunden worden sei.
Es handele sich dabei um einen Steckschraubenzieher.

Schon dieser Anfang war verwunderlich. Wie kann der Geschäftsführer der Motorradfirma behaupten, dass der Schraubenzieher bei Sonnenberg gefunden wurde? So etwas darf nach meiner Ansicht gar nicht im Protokoll stehen. Der Geschäftsführer kann schließlich beim besten Willen keine Aussage darüber machen, bei welcher Person der Schraubenzieher in Singen entdeckt wurde. Der Ermittlungsrichter des Bundesgerichtshofs hatte geschrieben, dass der Schraubendreher bei der Festnahme von Verena Becker gefunden wurde. Wenn der Düsseldorfer Zeuge nun gesagt hätte »bei Becker und Sonnenberg gefunden«, wäre das eventuell noch hinnehmbar gewesen, obwohl auch diese weniger konkrete Aussage seine Zeugenkompetenz weit übersteigt. Die Feststellung »bei Günter Sonnenberg gefunden« jedoch machte mich sehr skeptisch. Der Geschäftsführer des Motorradgeschäfts erklärte dann,

er könne dazu nur sagen, dass dieser Schraubenzieher mit großer Wahrscheinlichkeit zum Werkzeugsatz einer Suzuki-Maschine gehöre.

Er könne es sich jedoch auf keinen Fall vorstellen, dass dieser ihm gezeigte Schraubenzieher aus der Maschine stamme, die am 2. April 1977 in seinem Motorradgeschäft angemietet worden sei. Dieser Schraubenzieher sei nämlich ganz neu und bisher noch nicht zu Reparaturen benutzt worden.

Den Schraubenzieher, der in der am 2. April 1977 angemieteten Suzuki gewesen sei, habe er selbst öfter zu Reparaturen gebraucht. Der Schraubenzieher sei deshalb ziemlich verkratzt gewesen und habe im Griffstück und im vorderen Teil schon tiefe Scharten gehabt.

Er könne also mit Bestimmtheit sagen, dass der Schraubenzieher, der ihm gezeigt werde, auf keinen Fall in der am 2. April 1977 angemieteten Suzuki-Maschine gewesen sei.

Es falle ihm außerdem auf, dass der ihm gezeigte Schraubenzieher aus einer späteren Serie stammen müsse als derjenige, der sich normalerweise bei dem Werkzeugbesteck der am 2. April 1977 angemieteten Maschine hätte befinden müssen. Bei dem vorliegenden Schraubendreher habe das Griffstück nämlich genau die Form, die jetzt im Handel sei. Das sei bei dem Schraubenzieher, der sich bei dem Werkzeug der Tatmaschine befunden hätte, nicht der Fall gewesen.

Er stelle ein Griffstück zur Verfügung, wie es sich üblicherweise in der angemieteten Maschine hätte befinden müssen. Dieses Griffstück bestehe aus einem Kunststoff, der im Spritzverfahren hergestellt worden sei. Weitere Angaben könne er nicht machen.

Wurde tatsächlich mit dieser Erklärung der enorme, sich auf den Besitz des »Suzuki-Schraubenziehers« gründende Tatverdacht gegen Verena Becker und Günter Sonnenberg einfach weggewischt?

Die Bundesanwaltschaft glaubt vermutlich fest daran, dass in ihren Akten die Wahrheit steht. Vermutlich bleibt ihr auch gar nichts anderes übrig, als den Akten zu vertrauen und auch die Gerichtsentscheidungen, die auf Anklagen des Generalbundesanwalts hin ergingen, zu akzeptieren und zu verteidigen. Und ich befürchte, dass ich sie in diesem Glauben nicht werde erschüttern können. Dennoch will ich darstellen, weshalb mich diese Nachermittlung der Abteilung TE 11 des BKA nicht überzeugt, sondern eher die gegenteilige Wirkung hat.

Mehrere Punkte stören mich an diesem Vernehmungsprotokoll. Wenn im Lauf des Jahres 1977 eine neue Generation von Suzuki-Schraubenziehern eingeführt wurde, so hätte der Düsseldorfer Motorrad-Fachmann sagen oder man ihn fragen müssen, ab wann denn diese neue Serie verfügbar war. Wenn der Geschäftsführer der Motorradfirma ausschließt, dass der ihm vorgelegte Schraubendreher am 2. April 1977 im Suzuki-Motorrad war, weil er einer späteren Serie angehört, wäre dies nur dann ein Argument, wenn die neue Serie in der kurzen Zeitspanne von Anfang April bis Anfang Mai 1977 in den Handel gebracht worden ist, denn der Schraubendreher wurde ja am 3. Mai 1977 in Singen sichergestellt. Wenn der Geschäftsführer am 28. August 1977 davon spricht, der ihm gezeigte Schraubenzieher habe einen Griff, wie er *jetzt* im Handel sei, und dieses *Jetzt* den Zeitraum Juli/August, vielleicht noch Juni 1977 beschreibt, würde diese Aussage im Umkehrschluss bedeuten, dass ihm ein anderer Schraubendreher vorgelegt wurde als der, der Anfang Mai in Singen sichergestellt wurde. Ohne Klärung der Frage, ab wann genau »Suzuki-Schraubendreher« der in Düsseldorf dem Zeugen vorlegten Art im Handel waren, hat die Erklärung dieses Zeugen in meinen Augen kein Gewicht.

Auch wenn man annimmt, es habe ab April 1977 neuartige »Suzuki-Schraubenzieher« gegeben, ist die Aussage des Geschäftsführers noch nicht schlüssig. War der Geschäftsführer die einzige Person in der Firma, die mit der Wartung der Motorräder befasst war? Kann man ausschließen, dass einer seiner Mitarbeiter einen abgenutzten Schraubenzieher im Bordset der Maschine noch vor oder bei der Vermietung erneuert hat oder den aus einer Vorvermietung unvollständigen Werkzeugsatz ergänzt hat? All das müsste doch geprüft werden. Zumindest hätte man danach fragen müssen, aber davon lese ich nichts.

Wie oberflächlich oder wie gezielt nachlässig ermittelt wurde, erkennt man auch daran, dass es in Verbindung mit dem Karlsruher Attentat zwei Schraubenzieher gab, wobei nur von dem in Singen sichergestellten Werkzeug bekannt ist, dass es sich um einen »Suzuki-Schraubenzieher« handelte. Ein weiterer Schraubenzieher war schon bald nach der Tat im Flucht-Pkw in der zum Transport der Mordwaffe benutzten Tasche gefunden worden. Das ist auf Seite 50 der Anklage des Generalbundesanwalts gegen Knut Folkerts beschrieben. Es hätte unbedingt, vor allem wenn Nachuntersuchungen zum Singener Schraubenzieher durchgeführt wurden, geprüft werden müssen, ob es sich bei dem im Flucht-Pkw gefundenen Schraubenzieher ebenfalls um ein »Suzuki-Werkzeug« handelte. Da im Bordset des Tatmotorrads wohl nur ein Schraubenzieher fehlte, wobei auch das leider nirgendwo klar nachzulesen ist, müssten die Täter sich einen weiteren Schraubenzieher besorgt haben. Dass eine gute Möglichkeit bestand, sogar einen »Suzuki-Schraubenzieher« zu beschaffen, lässt sich ebenfalls aus der Anklage gegen Knut Folkerts erkennen. Darin wird auf Seite 49 beschrieben:

>»Einen Tag vorher, am 4. April 1977, hatte ein junger Mann, wahrscheinlich ebenfalls Sonnenberg, bei der Firma REIMO-Reinhard in Ludwigshafen eine Betriebsanleitung sowie einen rechten Rückspiegel für eine Suzuki 750 GS erworben.«

Wie schließt man aus, dass bei dieser Gelegenheit – im Fachgeschäft – ein weiterer, neuer oder neu aussehender Suzuki-Schraubenzieher in den Besitz der späteren Täter gelangte? Es ist nicht erkennbar, dass man der wichtigen Frage nach der Art und Herkunft des zweiten Schraubenziehers nachgegangen wäre. Das ist ein weiterer Grund, weshalb die Aussage des Geschäftsführers der Motorradfirma in meinen Augen ohne Beweiswert ist.

Ich weiß nicht, wann diese »Düsseldorfer Erklärung« bei der Bundesanwaltschaft eintraf. Bundesanwalt Hemberger konnte meine Frage danach nicht beantworten. Er konnte mir auch nicht sagen, wer den Auftrag für diese Nachermittlung bei der Motorradfirma erteilt hatte. Dabei wäre es so wichtig zu erfahren, für wen es überhaupt fraglich war, dass ein »Suzuki-Schraubendreher«, der sich im Besitz jener Personen befand, die auch die Tatwaffe mit sich führten, ein unabweisbares Argument für eine Mittäterschaft beim Karlsruher Attentat darstellt.

*

Die Düsseldorfer »Nachermittlung« steht in einer beunruhigenden Reihe von »Nachermittlungen«, die jeweils zu einer Entlastung von Verena Becker führten, obwohl mir das sorgfältigere Studium in allen Fällen den Eindruck vermittelte, dieses »Nacharbeiten« würde Verena Becker eher belasten als entlasten: Die merkwürdige Nachbefragung bei der Familie des »Zeugen vom Vortag« drängte den indirekten Hinweis auf eine Frau auf dem Motorrad zurück, der in der *Tagesschau* vom 7. April 1977 noch verbreitet worden war. Der in Singen sichergestellte Schraubenzieher war nach dem Besuch der BKA-Beamten in dem Motorradgeschäft am 26. August 1977 nicht mehr derjenige aus dem Tatmotorrad. Die wenig aussagekräftigen Ergebnisse aus den Nachuntersuchungen der Haare im Spätjahr 1977 traten an die Stelle der Verena Becker belastenden Feststellung, dass die Haare in ihrer Haarbürste mit denen in einem der bei der Tat getragenen Motorradhelme identisch seien. Ich will nicht bitter sein, aber angesichts all dessen empfand ich es als beruhigend, dass nicht auch noch Nachermittlungen zur Tatwaffe durchgeführt wurden, die möglicherweise zum Ergebnis gehabt hätten, dass es sich bei der in Singen sichergestellten Waffe zwar um ein Selbstladegewehr der Firma Heckler & Koch handelte, aber »mit Bestimmtheit« nicht um das Gewehr, mit dem Generalbundesanwalt Buback und seine beiden Begleiter erschossen worden waren.

All diese »Nachermittlungen« waren ja keine hektischen Unternehmungen am Tattag oder an den unmittelbar folgenden Tagen, deren Unzulänglichkeiten sich durch das Entsetzen, die enorme Anspannung und den öffentlichen Druck in dieser schwierigen Zeitspanne erklären ließen. Sie fanden vielmehr Wochen, teils Monate später statt, und allem Anschein nach wurde dabei gezielt und systematisch vorgegangen. Der Aufwand, der dabei getrieben wurde, lässt befürchten, dass er von Personen veranlasst wurde, die neben dem Täter oder der Täterin auch sich selbst schützen wollten.

Die veränderte Situation bei den Beweismitteln spiegelt sich, wie zu erwarten, auch in BKA-Dokumentationen wider. In einer 1978 beim BKA gefertigten Zusammenstellung der Personenidentifizierungen beziehungsweise Personenerkenntnisse über Sachbeweis- und Tatzusammenhänge ist unter den in Singen bei Verena Becker und Günter Sonnenberg sicherge-

stellten Gegenständen nur noch die Karlsruher Tatwaffe aufgeführt, nicht mehr der Schraubendreher vom Suzuki-Motorrad. Und für Verena Becker fehlt in dieser Aufstellung der
Hinweis, dass sich in ihrer Haarbürste Haarspuren befanden,
die identisch mit einer Haarspur in einem der Karlsruher Motorradhelme sind.

Die ständig aktualisierten Blätter, von denen ich nur wenige
gesehen habe, müssten damals alle auch an den Generalbundesanwalt gegangen sein. Ich befürchte allerdings, dass sie
dort jetzt nicht mehr auffindbar sein werden. In Verbindung
mit einem dreifachen Mord muss aber doch geklärt werden,
ob das Gutachten oder eine äquivalente Sachfeststellung zum
Vergleich der Haarspuren in Verena Beckers Haarbürste mit
der Haarspur in einem der Motorradhelme erstellt wurde
oder nicht. Wenn es das Gutachten gab und die Information
daraus zu Recht in der Dokumentation geführt wurde, muss
ermittelt werden, warum der Hinweis danach wieder herausgenommen wurde. Wenn es kein solches Gutachten gab, muss
untersucht werden, wer die Information über diese Haarspuren »erfunden« und in wenigstens eine der Dokumentationen
eingefügt hat. Es geht ja um einen sehr wichtigen Aspekt.

Nimmt man an, dass schon vor dem Karlsruher Attentat
versucht worden war, Verena Becker als Informantin oder V-
Frau des Geheimdienstes zu gewinnen, so wäre dieser Versuch prinzipiell durchaus nachvollziehbar und bräuchte nicht
verschwiegen zu werden. Jedem leuchtet ein, dass ein Anwer-
bungsversuch nicht stets zum gewünschten Ziel führt. Allein
der Versuch wäre aber doch sehr anerkennenswert gewesen.
Wenn dann im Karlsruher Verbrechen deutlich geworden
wäre, dass sich die Kontaktperson doch der RAF stärker verbunden fühlte als dem Geheimdienst, wäre das natürlich eine
Enttäuschung für diejenigen, die den Kontakt aufzubauen
versucht hatten. Andererseits wäre damit klar, dass keine Zusammenarbeit entstanden war. Wegen der außerordentlichen
Schwere des Verbrechens gäbe es dann aber auch keinerlei

Veranlassung, ein eventuell zuvor in Aussicht gestelltes Schutzversprechen einzuhalten.

In diesem Zusammenhang habe ich gelegentlich das Argument gehört: Wenn staatliche Stellen Terroristen ein Schutzversprechen gegeben hätten, müsse es eingehalten werden. Das würde auch einschließen, dass Unterlagen über eine Befragung vor dem Bundesamt für Verfassungsschutz gesperrt werden. Es könne sogar so weit gehen, dass auch Beweise, die ohne Geheimdienstbeiträge erlangt wurden, etwa durch polizeiliche Ermittlungsarbeit, ungenutzt blieben, um die Zusage von staatlicher Stelle in jedem Fall einzuhalten.

Es würde mich sehr erschrecken, wenn dies wirklich so wäre. Wenn es bereits vor der Ermordung meines Vaters eine Vereinbarung zwischen einer RAF-Terroristin und dem Verfassungsschutz gab, darf diese Vereinbarung doch nicht die Mitwirkung der Terroristin bei der Ermordung des Generalbundesanwalts einschließen! Falls die Terroristin dann aber doch Mittäterin beim dreifachen Karlsruher Mord war, so hätte sie die Vereinbarung gebrochen, das ihr gegebene Schutzversprechen dürfte nicht mehr gelten.

Sollte aber doch eine Verabredung bestanden haben, die auch ein so schweres Verbrechen wie die Ermordung des Generalbundesanwalts einschloss und dafür Straffreiheit in Aussicht stellte, dann müssten die Hintergründe unbedingt und restlos aufgeklärt werden; ein solcher Verrat darf nicht verschwiegen, die Aufklärung nicht durch einen Sperrvermerk für die Akten behindert werden. Das könnte das Vertrauen in den Rechtsstaat schwer beschädigen.

Übrigens ist der Staat ja auch ein unausgesprochenes, aber selbstverständliches Schutzversprechen gegenüber meinem Vater und dessen Mitarbeitern eingegangen. Dieses Versprechen darf nicht der einer Terroristin gegebenen Zusage nachgeordnet sein, zumal der am 7. April 1977 ermordete Generalbundesanwalt und seine Begleiter ihre Pflicht gegenüber dem Rechtsstaat mit letzter Konsequenz erfüllt haben.

In den vielen Monaten, in denen ich mich mit der Täterschaft beim Karlsruher Attentat befasst hatte, war immer deutlicher geworden, dass es eine Deckung gegeben haben muss – allem Anschein nach zumindest für Verena Becker. Es gab zu viele Beobachtungen, die anders nicht mehr zu verstehen waren.

Bei Annahme einer Deckung und Unterstützung für Verena Becker, etwa von Geheimdienstseite, ließ sich alles, was ansonsten unverständlich war, widerspruchsfrei erklären: Die wenigen und nur unmittelbar nach der Tat aufgekommenen Hinweise auf eine weibliche Täterin wurden, wenn überhaupt, ohne Nachdruck verfolgt. Bereits am Tag nach der Tat wurden Folkerts, Klar und Sonnenberg als Tatverdächtige präsentiert; diese drei Männer prägten sich im Bewusstsein der Bevölkerung, natürlich auch in meinem und dem meiner Familie, als die unmittelbaren Täter ein. Die Möglichkeit, dass eine Frau auf dem Tatmotorrad gesessen haben könnte, wurde in der Öffentlichkeit nicht mehr beachtet.

Oft hat man mir gegenüber eingewendet, welchen Grund die Ermittler gehabt haben sollten, RAF-Täter zu schützen. Da kein Grund erkennbar sei, könne es auch keine Deckung gegeben haben, wurde argumentiert. Wenn es nur so einfach wäre! Wie viel Schreckliches hat sich in der Geschichte ereignet und ereignet sich noch heute, und oft ist es nicht möglich, nachvollziehbare Gründe zu nennen, aber das Furchtbare ist dennoch geschehen.

Einige Wochen nach dem Attentat hatte sich Verena Becker offenbar so sicher gefühlt, dass sie gemeinsam mit Sonnenberg die Tatwaffe in die Schweiz bringen wollte, was ja ein wirklich kühnes, um nicht zu sagen dreistes Unterfangen war. Das Vorhaben wäre vermutlich sogar geglückt, wenn nicht einer älteren Dame am 3. Mai 1977 das Pärchen in dem Singener Café verdächtig vorgekommen wäre. Der sich hieraus ergebende Einsatz der Singener Polizei war für alle, die von einer Deckung wissen konnten, unvorhersehbar. Er führte zu mehreren Schießereien und anschließend zur Festnahme von Becker und Sonnenberg.

Um die Vorgänge noch besser zu verstehen, habe ich versucht, mich in die Singener Situation hineinzudenken. Verena Becker muss beim ersten Kontakt mit der Polizei in dem Singener Café schlagartig das enorme Risiko bewusst geworden sein, das nun plötzlich für sie bestand. Zwar wurde sie nicht als Mittäterin beim Karlsruher Attentat gesucht, sie konnte aber nicht damit rechnen, ungeschoren davonzukommen, wenn sie sich an weiteren schweren Verbrechen beteiligen würde. Dann wäre es wohl auch denen, die ihr vielleicht bisher Schutz gewährt hatten, nicht mehr möglich, ihr zu helfen. Man hatte in diesem Café ihr Gesicht gesehen. Sie trug keinen Helm, und man würde sie sicherlich identifizieren. Also durfte sie keinesfalls weitere Menschen schwer verletzen oder gar töten, sondern musste alles tun, um zu fliehen, denn auf keinen Fall durfte die Karlsruher Tatwaffe bei ihr gefunden werden.

Im Rahmen dieser Erwägungen ist es geradezu zwingend, dass sie den Polizisten Uwe Jacobs, als er kurze Zeit später wehrlos vor ihr auf der Straße lag, *nicht* erschoss, obwohl sie den Mord leicht hätte ausführen können. Sonnenberg traf den zweiten Polizisten mehrfach, wenn auch nicht tödlich. Das könnte bedeuten, dass für ihn andere Überlegungen galten als für Verena Becker.

Die Flucht in Singen gelang nicht, und Verena Becker, von der man ansonsten vielleicht nie wieder etwas gehört hätte, zumindest nicht in Verbindung mit dem Karlsruher Verbrechen, war nun nicht nur als Singener Täterin überführt, sondern auch dringend verdächtig, Mittäterin in Karlsruhe gewesen zu sein. Die Tatwaffe und der »Suzuki-Schraubendreher«, den die Singener Polizisten gefunden hatten, sprachen eine eindeutige Sprache.

Wenn es Schutz für sie nach der Karlsruher Tat gegeben hatte, traten jetzt nicht nur für sie, sondern auch für diejenigen, die ihr bisher Deckung verschafft hatten, Probleme auf.

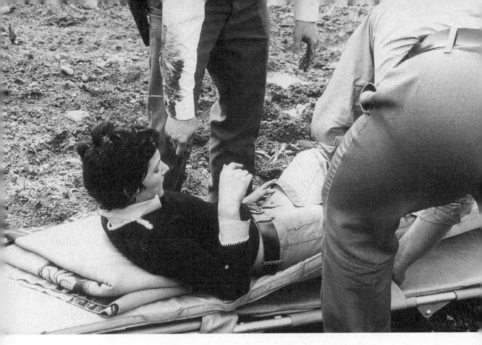

Festnahme von Verena Becker in Singen am 3. Mai 1977

Sie mussten versuchen, Verena Becker weiterhin zu helfen, weil sonst die Gefahr bestand, dass die Zusammenarbeit mit dem Geheimdienst in einem Prozess zum Karlsruher Attentat aufgedeckt würde.

Insofern war es günstig, dass die Bundesanwaltschaft das Singener Verfahren von dem Ermittlungsverfahren wegen Karlsruhe abtrennte. Den Prozess zum Singener Verbrechen konnte man Verena Becker nicht ersparen; was sich hier zugetragen hatte, war eindeutig, und es war öffentlich bekannt. Verena Becker wurde für das Singener Verbrechen, bei dem sie unter Schusswaffeneinsatz einer Verhaftung zu entgehen versuchte, hart bestraft. Andererseits war die lebenslängliche Strafe in gewisser Weise auch nützlich, denn man konnte nun jederzeit sagen,

dass Verena Becker durch ein rechtskräftiges Urteil des Oberlandesgerichts Stuttgart vom 28. Dezember 1977 wegen

- zweier Verbrechen des versuchten gemeinschaftlichen Mordes
- eines Verbrechens des gemeinschaftlichen räuberischen Angriffs auf einen Kraftfahrer, tateinheitlich zusammentreffend mit einem Verbrechen der gemeinschaftlichen schweren räuberischen Erpressung und
- vierer tateinheitlich zusammentreffender Verbrechen des versuchten gemeinschaftlichen Mordes

zweimal zu lebenslanger Freiheitsstrafe sowie zu einer Gesamtfreiheitsstrafe von dreizehn Jahren verurteilt worden sei.

Das besagt die Verfügung vom 31. März 1980, mit der die gegen Verena Becker geführten Ermittlungen zum Karlsruher Attentat eingestellt wurden.

Während der Vorbereitung des Singener Prozesses wurden – mit besonderer Aktivität bei der Bad Godesberger Abteilung TE 11 des Bundeskriminalamts – Maßnahmen getroffen, die im Ergebnis stets zu Entlastungen für Verena Becker führten. Knut Folkerts hingegen wurde 1979 als Schütze auf dem Soziussitz des Motorrads angeklagt, obwohl die Hinweise dafür, dass er diesen speziellen Tatbeitrag geleistet hatte, sehr dürftig waren, möglicherweise sogar jeder Grundlage entbehrten. Falls in Wahrheit Verena Becker auf dem Soziussitz gesessen haben sollte, war es im Sinne ihres Schutzes sehr günstig, einen Täter zu haben, dem man gleichsam diesen Platz zuweisen konnte. Dadurch wurde es noch leichter, ihren Tatbeitrag zu verdecken. Das Verfahren gegen sie wegen des Karlsruher Attentats wurde dann am 31. März 1980 eingestellt.

Der Prozess gegen Folkerts 1979/1980 führte zu einer lebenslänglichen Verurteilung, wobei das Gericht dem Generalbundesanwalt allerdings nicht darin folgte, dass Folkerts vom Soziussitz aus geschossen habe. Die Verurteilung brachte dennoch einen Vorteil für Verena Becker, indem Folkerts nun als Karlsruher Täter gleichsam amtlich feststand und Sonnenberg und Klar als weitere Täter galten. Man hatte somit drei Täter, und es bestand keine Notwendigkeit, nach einer weiteren unmittelbar tatbeteiligten Person zu suchen, also auch nicht, dem dringenden Tatverdacht gegen Verena Becker nachzugehen. Dieses Gedankenexperiment lässt sich noch weiterführen: Verena Beckers Situation hätte sich durch das Folkerts-Urteil deutlich verbessert. Wer auch immer sie decken und schützen wollte, könnte nun sogar daran denken, noch etwas mehr für sie zu tun. Falls es eine Abmachung zwischen ihr und dem Geheimdienst gegeben haben sollte, würde Verena Becker es wohl auch erwartet, vielleicht sogar verlangt haben, dass etwas für sie geschieht. Als zu zweimal lebenslänglicher Haft Verurteilte hätte sie keine günstige Perspektive auf vorzeitige Entlassung. Das könnte sich ändern, wenn sie ein deutliches Zeichen der Bereitschaft zur Zusammenarbeit mit den Ermittlungsbehörden oder mit Geheimdiensten setzen würde. Eine umfangreiche Aussage wäre solch ein gutes Signal. Natürlich dürfte sie dabei nichts erwähnen, was sie belastete. Auch wäre es für diejenigen, die sie eventuell gedeckt hatten, nicht günstig, wenn bekannt würde, dass Verena Becker vielleicht schon vor der Ermordung des Generalbundesanwalts mit dem Geheimdienst kooperiert hätte. All das wäre kontraproduktiv, zumal so ja auch die Gefahr bestünde, dass ihre Mitwirkung beim Karlsruher Attentat wieder ins Gespräch käme. Ihr »lebenslänglich« könnte dann sehr lang werden.

In dieser Situation könnte die Idee aufgekommen sein, Verena Becker solle eine Aussage vor dem Bundesamt für Verfassungsschutz machen. Das könnte diejenigen Mitarbeiter im Bundesamt für Verfassungsschutz, im Bundeskriminalamt und in anderen Behörden, die von dieser Aussage erführen, aber nicht in Deckungsmaßnahmen wegen des Karlsruher Attentats eingeweiht waren, positiver gegenüber Verena Becker stimmen. Wenn sie in gutem Licht dastehen sollte und wollte, dürfte natürlich, falls sie in Karlsruhe auf dem Motorrad gesessen hatte, dieser Tatbeitrag nicht in den Protokollen erscheinen. Man könnte aber Stefan Wisniewski als Schützen nennen, der ja bei den Vorbereitungen im Jemen als Schütze vorgesehen worden war, dem Plan vermutlich zugestimmt hatte und insofern ohnehin als Mittäter betrachtet werden könnte.

Um Beckers Aussage gegenüber dem Verfassungsschutz Gewicht zu verleihen und somit die Stimmung für sie nachhaltig günstig zu beeinflussen, müsste die Aussage unbedingt dem Generalbundesanwalt übergeben werden. Nur durch die so zumindest scheinbar ermöglichte Nutzung der Angaben in Ermittlungsverfahren der Bundesanwaltschaft würde die Aussage ihren besonderen Wert erhalten. Das könnte dann zu einer milderen Sicht auf das Singener Verbrechen führen.

Falls diese Strategie angewendet wurde, wäre es erforderlich gewesen, dass auch Generalbundesanwalt Rebmann eingeweiht wurde, denn er dürfte ja tunlichst nicht gegen Wisniewski ermitteln oder ihn gar anklagen, weil in einer Hauptverhandlung zum Karlsruher Attentat zwangsläufig auch die Tatumstände erörtert würden. Die dann eventuell einsetzende Entwicklung wäre nicht kalkulierbar gewesen, und man hätte riskiert, dass ein Tatbeitrag von Verena Becker zur Sprache kommt.

Nur im Rahmen dieser Denkmöglichkeit, auf die ich zum ersten Mal am 7. April 2008 auf der Fahrt zur Kranzniederlegung am Karlsruher Gedenkstein kam, wird für mich verständlich, weshalb Generalbundesanwalt Rebmann, nachdem er wohl umfassend und schriftlich über Verena Beckers Aussagen in Kenntnis gesetzt worden war, nichts unternahm und auch nicht die Vertreter der Bundesanwaltschaft im Mohnhaupt/Klar-Verfahren über die Unterlagen des Verfassungsschutzes informierte.

Legt man diese Annahmen zugrunde, wäre der Plan aufgegangen: Verena Becker wurde 1989 durch Bundespräsident von Weizsäcker begnadigt. In dem am 8. Juni 2008 ausgestrahlten SWR-2-Feature *Verschlusssache Buback* präsentierten die Autoren Tobias Hufnagl und Holger Schmidt auch zu diesem Aspekt eine bedeutsame Information:

>>Am 14. Juli 1989 gab es in Köln ein Gespräch zwischen Vertretern der Bundesanwaltschaft und des Bundesamtes für Verfassungsschutz sowie dem Bundesnachrichtendienst. Der damalige Bundespräsident Richard von Weizsäcker hatte zuvor den Generalbundesanwalt um eine Stellungnahme zur Begnadigung von Verena Becker gebeten. Warum in diesem Zusammenhang ein Gespräch mit dem Bundesamt für Verfassungsschutz und dem Bundesnachrichtendienst geführt wurde, ist unklar. Rechtlich einzig zuständig ist der Generalbundesanwalt. Mit Datum vom 22. Juli 1989 äußert er sich jedenfalls in einem vertraulichen Schreiben an den Bundespräsidenten höchst positiv zu einer Begnadigung.<<

Wenn mein Gedankenexperiment im Wesentlichen zutreffend sein sollte und wir ein Zusammenwirken von Generalbundesanwalt und Geheimdiensten bei der Deckung von Verena Becker annehmen müssen, wäre es naheliegend, sich auch in Zusammenhang mit der Begnadigung von Verena Becker abzustimmen. Verena Becker wurde am 30. November 1989 aus der Haft entlassen, ein halbes Jahr vor der Pensionierung von Generalbundesanwalt Rebmann.

*

Es ist nur eine Denkmöglichkeit, die ich hier präsentiert habe, aber ich vermute und befürchte, dass sie nahe an der Wahrheit liegt. Und es ist keine Verschwörungstheorie, was viele gern als grobschlächtiges Gegenargument benutzen, um einer sachlichen und detaillierten Diskussion auszuweichen. Vielmehr versuche ich, ein widerspruchsfreies Verständnis der zunächst verwirrenden Beobachtungen zum Karlsruher Attentat zu erarbeiten. Die vielen bedrückenden Aspekte habe ich mir nicht ausgedacht und danach die Erkenntnisse zur Tat und zu den Tätern so hingebogen, dass sie meiner Vorstellung entsprechen. Es war umgekehrt: Mein Ausgangspunkt war das völlige Vertrauen in die Arbeit der Ermittlungsbehörden. Dieses Vertrauen hatte seinen Ursprung in der über die Person meines Vaters geschaffenen gefühlsmäßig engen Verbindung zur Bundesanwaltschaft und somit zu staatlichen Ermittlungsbehörden generell. Erst die gänzlich unvoreingenommene Auseinandersetzung mit den Ermittlungen zwang mich dann, Gedanken zu erwägen, die mir zuvor undenkbar waren. Die Denkmöglichkeiten, die ich dargestellt habe, sind in diesem Sinne für mich eher Denknotwendigkeiten. Ich sehe keine andere halbwegs nachvollziehbare Möglichkeit, das in Verbindung mit dem Karlsruher Attentat Geschehene, aber auch das Unterlassene zu verstehen.

Rebmanns Verhalten war für mich das letzte größere Rätsel bei meinen Ermittlungsbemühungen gewesen. Wie konnte es einem so herausragenden Juristen entgangen sein, dass Verena Becker im Fall des Karlsruher Attentats dringend tatverdächtig war? Warum ermittelte er nicht gegen Wisniewski, nachdem ihm dieser als Mörder genannt worden war? Rebmann galt doch als sehr eigenständiger und resoluter Mann, und mit der lückenlosen Aufklärung des Mordes an seinem Vorgänger im Amt hätte er sich in besonderer Weise auszeichnen können. Warum unternahm ein so ehrgeiziger Beamter nichts? Das war mir in den vielen Monaten seit April/Mai 2007 völlig unbegreiflich. Zudem: In welch fatale Lage brachte er sich, wenn er die für den Mohnhaupt/Klar-Prozess relevante Information über Wisniewski dem Stuttgarter Senat vorenthielt? All das wäre für mich nur verständlich, allerdings nicht entschuldbar, wenn er, aus welchem Grund auch immer, eingebunden wurde in eine Deckungsmaßnahme zugunsten von Verena Becker.

Die Vorstellung erscheint wahnwitzig: Der Generalbundesanwalt hätte auf Strafverfolgung verzichtet und damit zum

Schutz der Person beigetragen, die seinen Vorgänger ermordet hat. Wer meint, damit würde ich einen ungeheuerlichen, absurden Gedanken äußern, möge bedenken, dass die eigentliche Ungeheuerlichkeit in der gesicherten Tatsache liegt, dass das Bundesamt für Verfassungsschutz dem Generalbundesanwalt den Namen Stefan Wisniewski als Mörder meines Vaters mitteilte und Rebmann *kein* Ermittlungsverfahren aufnahm. Eine harmlosere Erklärung für diese Ungeheuerlichkeit ist mir nicht eingefallen, aber ich bin gern bereit dazuzulernen.

Welche Erklärung könnte es sonst geben? Als seinem Staat treu ergebener Beamter – so wurde mir Rebmann geschildert – war er vielleicht willens, an einer besonderen Maßnahme mitzuwirken.

Im *Stern* vom 11. Oktober 1979 lese ich über Rebmann: »Der Mann hat seinen Hegel gelesen, der ›Staat‹ ist die Entschuldigung für alles Tun.« Kontakte zu Geheimdiensten besaß er ja. Im *Spiegel* vom 10. September 2007 wurde geschildert, wie sich Rebmann 1975 aktiv dabei engagierte, die Unterstützung des Geheimdiensts für die Installation von Abhöranlagen in Stammheim zu erhalten. Damals war Rebmann als Ministerialdirektor im baden-württembergischen Justizministerium für den Komplex Stammheim zuständig. Falls Rebmann in Maßnahmen zugunsten von Verena Becker eingeweiht war und dabei mitmachte, würde etwas Weiteres nur zu gut verständlich: Im *Spiegel* vom 30. April 2007 hatte ich über Rebmann gelesen, dass der oberste Ankläger bei Besprechungen mit seinen Bundesanwälten mehrmals verkündete:

»Den zweiten Platz auf dem Motorrad haben wir freigehalten.«

Eine solche Äußerung aus dem Munde eines Generalbundesanwalts, der die Pflicht hat, die Strafverfolgung für drei Morde – noch dazu an Mitgliedern der von ihm geführten Behörde –

zu leiten, ist absolut unverständlich. Sie ergibt dagegen durchaus Sinn, wenn sich auf diesem Wege der Wunsch umsetzen lässt, jemanden vor Bestrafung für dieses Verbrechen zu schützen. Die Annahme einer Täterdeckung ermöglicht also auch für das ansonsten rätselhafte Verhalten von Kurt Rebmann eine in sich stimmige, wenn auch beängstigende Deutung.

In Gesprächen hörte ich gelegentlich den Einwand, was ich berichte, sei unvorstellbar. Ich verstehe das nur zu gut, denn auch noch nach über einem Jahr intensiver Beschäftigung mit dem Karlsruher Attentat gibt es Phasen, in denen wir, Elisabeth und ich, uns fragen, ob es denn wirklich so gewesen sein kann, wie wir es nun vermuten müssen. Den Zweiflern gebe ich zu bedenken, dass wir über das Jahr 1977 reden, und ich frage sie, was sie wohl im Sommer 1977 oder auch zuvor gesagt hätten, wenn jemand erklärt hätte, Andreas Baader habe eine schussbereite Pistole in seiner Zelle im Stammheimer Hochsicherheitstrakt. Sie hätten das höchstwahrscheinlich für abwegig gehalten – und doch war es so.

Falls es nicht bereits unmittelbar nach dem Attentat eine Täterdeckung gab, bleibt wohl nur die Erklärung, dass in der Startphase der Ermittlungen eine erhebliche Zahl sehr gravierender Fehler gemacht worden ist. Als diese Fehler bemerkt wurden, hatte man möglicherweise nicht mehr die Kraft und den Mut, sich und anderen diese Fehler einzugestehen. Das könnte dann zu Deckungsmaßnahmen geführt haben, die primär dazu dienten, eigenes Unvermögen zu verbergen, aber dabei auch Verena Becker schützten.

Ich halte es für nicht sehr wahrscheinlich, dass diese zweite Erklärungsvariante zutrifft. Auch wäre es nicht sehr tröstlich, wenn anfängliche Fehler zu immer mehr und immer schwerer wiegenden Fehlleistungen geführt hätten.

*

Ich würde gern mit denen sprechen, die damals die Ermittlungen führten. Gerhard Boeden, der die Antiterrorabteilung des Bundeskriminalamts in Bad Godesberg leitete und später Präsident des Bundesamts für Verfassungsschutz wurde, müsste alle meine Fragen beantworten können. In *Wikipedia* lese ich, dass er seit Beginn seines Ruhestands, anders als viele seiner Vorgänger und Kollegen, jede öffentliche Äußerung zu den Nachrichtendiensten und ihrer Tätigkeit strikt vermieden habe. Dann brauche ich wohl gar nicht erst versuchen, ihn um eine Stellungnahme zu bitten. Dabei würde ich sehr gern Gespräche mit Fachleuten führen und mich mit kritischen Kommentaren zu meinen Überlegungen auseinandersetzen. Mir geht es nicht darum, meine Einschätzungen durchzusetzen. Ich möchte die Wahrheit wissen.

Was ich aber nicht möchte, sind pauschal gegen mich gerichtete Argumente in der Art, ich solle bei meiner Technischen und Makromolekularen Chemie bleiben. Oder: Man dürfe nicht so ernst nehmen, was ich sage, denn offensichtlich sei ich auch nach der langen Zeit noch immer traumatisiert, zutiefst verletzt und zu nüchtern objektivem Denken in Verbindung mit der Ermordung meines Vaters nicht fähig. So ist es nicht. Von denjenigen, die mir widersprechen, erwarte ich, dass sie mit sachlichen Argumenten auf meine Darlegungen eingehen und sich im Detail mit den einzelnen Gesichtspunkten auseinandersetzen. Auch möchte ich von denen, die mir widersprechen, schon erfahren, welche meiner Befürchtungen nicht zutreffen, und eine Begründung hören, warum dies so sei. Gut wäre ferner, wenn diese Kritiker mir sagen würden, wer nach ihrer Meinung am Gründonnerstag 1977 in Karlsruhe auf dem Tatmotorrad gesessen und wer geschossen hat.

Seit Anfang April 2008 hatte ich den dringenden Wunsch, mit einigen der damals an den Ermittlungen beteiligten Beamten der Bundesanwaltschaft zu sprechen, vor allem mit den inzwischen aus dem aktiven Dienst ausgeschiedenen Bundesanwälten Lampe, Müllenbach und Zeis. Die Kontaktaufnahme erwies sich als schwierig; ich hatte keine Anschrift, keine Telefonnummer und keine E-Mail-Adresse. Von der Bundesanwaltschaft erhielt ich diese Daten nicht. Einige der Journalisten, mit denen ich noch immer in lockerem Kontakt stand, kannten die Telefonnummern vielleicht, aber ich wollte sie nicht darum bitten, weil dabei deutlich würde, dass ich keinen Zugang zu früheren Mitarbeitern der Behörde hatte, was mir zunächst peinlich war. So versuchte ich es ganz offiziell und bat Bundesanwalt Hemberger, meinen Gesprächswunsch an die betreffenden Bundesanwälte weiterzuleiten, was er auch gleich tat.

Joachim Lampe rief mich bald danach an, und ich bin ihm dankbar dafür. Wir trafen uns zu zwei längeren Gesprächen. Es leuchtet mir nicht alles ein, was damals unter seiner Mitwirkung geschah, aber ich kenne jetzt seine Beweggründe. Aus den Gesprächen mit Joachim Lampe habe ich gelernt, dass er damals von den Ermittlern der Sonderkommission nicht alle wesentlichen Informationen erhalten hat. Beispielsweise wusste er nichts von den Vernehmungen der Familie des »Zeugen vom Vortag«.

Von den Bundesanwälten Müllenbach und Zeis kam keine Reaktion. So schrieb ich am 26. Mai 2008 an Bundesanwalt a.D. Zeis. Den Brief und eine für die Bundesanwaltschaft bestimmte Kopie schickte ich an Bundesanwalt Hemberger mit der Bitte um Weiterleitung. Ich schrieb an Zeis:

»In den mir von der Bundesanwaltschaft überlassenen Auszügen aus der Anklage Mohnhaupt/Klar zum Karlsruher Attentat fällt auf, dass im Unterschied zur vorangehenden Anklage Folkerts aus dem Jahr 1979 der Name von Verena Becker nicht mehr auftaucht. An folgenden Stellen (a) bis (d) sind in einer nicht zu übersehenden Weise der Name von Verena Becker oder Spuren, die eine Verbindung zu Verena Becker herstellen, nicht mehr erwähnt.«

In dem fast dreiseitigen Brief erläuterte ich die einzelnen Punkte. Sie betrafen (a) die Haarspuren im Motorradhelm, (b) den Schraubenzieher, (c) das Haar an der Trainingshose und (d) den jugoslawischen Augenzeugen sowie den Umstand, dass Verena Becker eine der beiden Personen war, bei denen die Karlsruher Tatwaffe in Singen gefunden wurde. Abschließend dazu fragte ich Zeis, der damals als einziger Bundesanwalt mit zwei Oberstaatsanwälten und einem Staatsanwalt die Anklage gegen Mohnhaupt/Klar vor dem Oberlandesgericht Stuttgart vertrat:

»Auf wessen Initiative geht es zurück, dass Frau Becker betreffende Passagen nicht in die Anklage Mohnhaupt/Klar aufgenommen wurden?«

Zum Schluss des Briefes hatte ich noch eine persönliche Frage zum Leserbrief im *Spiegel* 32/2007, in dem Zeis – unter Berufung auf die von mir vermisste Gegenüberstellung von Zeugen mit den vermummten Tätern – geschrieben hatte, dass ich abenteuerliche Beanstandungen äußern würde. Ich wies ihn darauf hin, dass mehrere Zeugen, die die Täter auch nur vermummt gesehen hatten, von den damaligen Ermittlern nach Holland zu Gegenüberstellungen mit Knut Folkerts gebracht worden waren und dass ein solcher Fall sogar im Urteil gegen Knut Folkerts geschildert werde. Ich wollte nun von Zeis wissen, ob er diese Gegenüberstellungen und somit das damalige Vorgehen der Ermittlungsbehörden auch für »geradezu abenteuerlich« halte, und fügte an:

»Falls Sie die Aktivitäten Ihrer Kollegen aber nicht so despektierlich bewerten, muss ich Sie fragen, warum Sie dann meinen entsprechenden Vorschlag öffentlich abqualifizieren.«

Bundesanwalt a.D. Zeis antwortete mir mit Schreiben vom 7. Juni 2008, wobei mir sein Brief auf dem Weg über die Bun-

335

desanwaltschaft zuging. Er bedauere, mir als Privatperson keine Aufklärung zu ihm bei seiner amtlichen Tätigkeit bekannt gewordenen Angelegenheiten geben zu können.

Es war ein sehr kurzer Brief, drei Textzeilen. Er wollte mir also nichts sagen. Vielleicht durfte er es auch nicht. Vor allem aber: Was sollte er sagen? Das Verschwinden der direkten und indirekten Hinweise auf Verena Becker war wohl nicht zu erklären. Andererseits erstaunte es, dass ein Mann, der sich im Leserbrief so vehement und öffentlich über mich geäußert hatte, nun so gar nichts in der Sache sagte. Der Brief ist zudem insofern unklar, als nicht mit Sicherheit zu erkennen ist, ob Zeis keine Aufklärung geben kann, weil *ich* Privatperson bin oder weil *er* sich jetzt als Privatperson sieht. Wenn er das Erstere meint, so hoffe ich, dass ihm von offizieller Seite nochmals die Fragen zum Verschwinden der Hinweise auf Verena Becker gestellt werden, da sie nicht nur für mich von Interesse sind. Es wäre ja kaum zu verstehen, wenn man von Behördenseite Beugehaft gegen Terroristen beantragt und andererseits wertvolle Kenntnisse der pensionierten Beamten, die damals die Verfahren bearbeiteten, nicht aufnimmt und nutzt.

Warum hatte Zeis nicht wenigstens ein versöhnliches Wort zu seinem Leserbrief gesagt? Dabei ging es doch nur um Privates. Es gibt für mich keinen guten Grund, warum er auch auf diese Frage in meinem Brief nicht eingegangen ist. Um diesen Punkt nochmals anzusprechen, müsste ich erneut an Zeis schreiben und dazu wieder den aufwendigen Weg über die Bundesanwaltschaft wählen. Ich bin also in der bedrückenden Situation, dass ein Bundesanwalt, der nach eigener Angabe meinen Vater hoch verehrt hat, mir die Chance verwehrt, direkt Kontakt mit ihm aufzunehmen. Es ist schon makaber: Inzwischen ist mir sogar eine Anschrift von Verena Becker bekannt, nicht aber die von Bundesanwalt a.D. Peter Zeis.

Am 26. Mai 2008 hatte ich auch an Bundesanwalt a.D. Müllenbach geschrieben und diesen Brief ebenfalls über Bundesanwalt Hemberger geschickt. Anders als bei Zeis kannte ich seit wenigen Wochen Müllenbachs Anschrift, hielt es aber für besser, mich auf demselben Wege an Zeis und Müllenbach zu wenden.

Es waren eher technische Fragen, die ich an Müllenbach richtete: Wann er die Ermittlungen zum Karlsruher Attentat übernommen hatte, ob er die Nachermittlung zum »Suzuki-Schraubendreher« bei der Düsseldorfer Firma angeordnet habe und seit wann er das Ergebnis dieser Vernehmung kenne, außerdem, ob er von einem Gutachten Kenntnis habe, in dem die Haare in der Haarbürste von Verena Becker mit der Haarspur in einem der von den Tätern zurückgelassenen Helme verglichen wurden. Besonders wichtig war mir auch Müllenbachs Auskunft zur Spurenakte mit der Aussage der Familie des »Zeugen vom Vortag«, denn Müllenbach hatte am 23. Januar 1979 auf der letzten Seite dieser Spurenakte einen Vermerk gemacht, musste die Akte also kennen. Deshalb wollte ich gern von ihm wissen, wann er diese Spurenakte erstmals gesehen oder von ihr gehört hatte. Ich teilte ihm aber auch mein Erstaunen mit, dass damals keine weitere Vernehmung durchgeführt wurde, um die offensichtlichen Widersprüche in den beiden, im Abstand weniger Wochen von Kriminalbeamten protokollierten Befragungen zu klären. Beispielsweise sei es aufgrund der darin enthaltenen Angaben unmöglich zu entscheiden, wo die Ehefrau des Hinweisgebers das Fahrzeug verlassen habe und ob mein Vater mit den Bundesgrenzschutzbeamten an der Pforte des Bundesverfassungsgerichts gesprochen hatte oder nicht.

Die Antwort kam per Post direkt an mich. Allerdings nannte auch Müllenbach im Brief weder seine Anschrift noch seine Telefonnummer. Sein Brief hat zehn Textzeilen, und Müllenbach äußert darin Verständnis für mein Interesse zu erfahren, wer die tödlichen Schüsse abgegeben habe. Er meint allerdings, dass mir letztlich nur einer der bislang weiterhin beharrlich schweigenden Täter selbst verbindlich im Sinne einer mathematischen Sicherheit die Antwort geben könne. Ich bin mir da nicht so sicher, denn es kann sich durchaus ein Terrorist einer Tat bezichtigen, die er nicht begangen hat, sei es um die Ermittlungen zu erschweren, die Ermittler zu irritieren, sie vielleicht sogar vorzuführen oder um sich wichtig zu machen. Sicher, ein Geständnis wäre wichtig und nützlich, aber es muss mit kriminalistischer Akribie überprüft und abgesichert werden.

Es erstaunt und beunruhigt mich, dass Juristen, auch einige noch aktive Beamte, so hohe Erwartungen an Verbrecher richten. Sollten die Verbrecher denn die Aufklärung ihrer eigenen Taten unterstützen?

Zum Abschluss seines Briefes bittet Müllenbach mich um Verständnis dafür, dass es ihm als Ruhestandsbeamten nicht anstehe, sich in Verfahren des Generalbundesanwalts an letztlich mehr oder weniger spekulativen privaten Nachforschungen zu beteiligen.

Ich verstand Müllenbach nur zu gut. Er wollte seine Ruhe haben. Sein Satz zeigte andererseits sehr deutlich mein Problem: Die Bundesanwaltschaft kannte meine Bedenken zur damaligen Tataufklärung seit langem. Vor mehr als einem Jahr hatte ich darauf hingewiesen, dass auch gegen Verena Becker ermittelt werden müsse. Es war aber nichts Erkennbares geschehen. Die Aufklärungsbemühungen, zu denen ich mich verpflichtet fühlte, wurden als spekulativ abgetan. Ja, wenn diejenigen, die sicher vieles wissen – wie Zeis und Müllenbach – nichts sagen wollen, habe ich kaum Chancen weiterzukommen. Falls dann auch noch die jetzt an der Behörde tätigen Beamten darauf verzichten, die im Ruhestand lebenden Beamten ausführlich nach ihren Kenntnissen zu befragen, wird kaum etwas vorangehen. Dabei hatte die Bundeskanzlerin eine restlose Aufklärung des Mordes an Generalbundesanwalt Buback verlangt. So stand es in der *Süddeutschen Zeitung* vom 24. April 2007 und in vielen anderen Zeitungen.

In den gut fünf Monaten seit Dezember 2007 hatte ich von keinen Fortschritten bei den Ermittlungen gehört, und ich litt sehr darunter, dass alles so schleppend lief. Wir wollten endlich wieder an andere Dinge denken als an das Verbrechen vor einunddreißig Jahren. Je weniger Aktivität die Bundesanwaltschaft aber zeigte, umso mehr meinte ich, etwas tun zu müssen. Trotz der starken Hinweise auf eine Mittäterschaft von Verena Becker hatten wir nichts davon gehört, dass Ermittlungen gegen sie wegen des Karlsruher Attentats aufgenommen worden wären. Somit könnten neue Erkenntnisse über Verena Becker wirkungslos verhallen, wenn Ermittlungen nur gegen Stefan Wisniewski geführt werden.

*

Zu meiner großen Überraschung informierte mich der Journalist Thomas Moser Ende Mai 2008 darüber, dass im April ein Ermittlungsverfahren gegen Verena Becker eröffnet worden sei. Ich konnte es kaum glauben und rief gleich Bundesanwalt Hemberger an, der die Nachricht bestätigte. Die Information hatten inzwischen auch andere. Sie wurde in dem SWR-Feature am 8. Juni ebenso erwähnt wie in einem *FAZ*-Artikel von Ulf Stuberger, der bereits am 6. Juni 2008 auf dieses Feature aufmerksam machte. Gleich nach Erscheinen des *FAZ*-Artikels erhielt ich Anrufe, in denen ich beglückwünscht wurde, dass sich die Bundesanwaltschaft nun meinen Bedenken angeschlossen habe. Das sei ein großer Erfolg für mich.

Ich bin da weniger euphorisch. Es war natürlich gut, dass die Behörde endlich die überfälligen Ermittlungen aufgenommen hatte, aber dass ich diese Nachricht nicht von der Karlsruher Behörde erhalten hatte, die doch wusste, dass ich seit einem Jahr auf Klärung des Tatbeitrags von Verena Becker drängte, war sehr bitter. Bundesanwalt Hemberger hatte in seinem Schreiben vom 10. Juni 2008, mit dem er mir die Zeis-Antwort übermittelte, wieder als Betreff genannt: »Ermittlungsverfahren gegen S. Wisniewski wegen Mordes (Ermor-

dung von Generalbundesanwalt Buback und seinen beiden
Begleitern Wurster und Göbel am 7. April 1977)«. Kein Wort
von einem Ermittlungsverfahren gegen Verena Becker. So
machte mich die lange erhoffte Nachricht gleichzeitig auch
besorgt: Warum hatte die Behörde das Verfahren jetzt eigentlich eröffnet?

Walter Hemberger hatte bei unserem Telefonat am 29. Mai
erwähnt, dass es um weitere Analysen von »Mischspuren«
gehe. Damit ist DNA-Material von mehreren Personen gemeint. Es muss sich dabei nicht um Zellmaterial von Frauen
und Männern handeln, es kann auch nur von Männern oder
nur von Frauen stammen. Im konkreten Fall würde es bei den
Mischspuren wohl kaum um Haare gehen, da diese ja einzeln
vorliegen oder leicht zu trennen sind, sondern vermutlich um
vermischte Schweißspuren. Ich war bei diesem Gespräch zu
verblüfft über die Bestätigung, dass man jetzt gegen Verena
Becker ermittle, als dass ich sofort genauer nachgefragt hätte.
Mir wäre es viel lieber, man würde *alle* noch verfügbaren Spuren einer vergleichenden Untersuchung mit DNA-Material
von Verena Becker, aber auch von anderen Tatverdächtigen
unterziehen.

Und um welchen Motorradhelm ging es jetzt, um den rotgrundigen oder den weißgrundigen? Der rotgrundige Helm
war ja in Verbindung mit einem Haar von Verena Becker erwähnt worden. Falls jetzt nur Spuren aus dem weißgrundigen
Helm untersucht würden, wäre das nicht ausreichend. Mir
war auch nicht klar, wie es überhaupt gelingen sollte, aus der
Untersuchung nur *eines* Helms Rückschlüsse über die Täter
bei einem Verbrechen von *zwei* unmittelbar Tatbeteiligten zu
ziehen. Völlig schleierhaft war mir, wie aus der Untersuchung
von Spuren an einem Helm, einem Handschuh und einer Jacke Hinweise auf die dritte Person erhalten werden könnten,
die im Fluchtauto wartete. Diese dritte Person wäre aber doch
auch – wie oft hatte man mir das gesagt – wegen Mittäterschaft anzuklagen.

Als beunruhigend empfand ich die Aussage der Behördensprecherin Sonja Heine, ein sicherer Hinweis auf Becker sei auch nach der neuerlichen Analyse nicht zu erwarten, allenfalls eine gewisse Wahrscheinlichkeit. Denkbar sei aber auch, dass Becker am Ende mit hundertprozentiger Sicherheit als Täterin ausgeschlossen werden könne. Wie sollte das gehen? Andererseits war ich froh, dass überhaupt etwas geschehen würde und dass nun die Chance bestand, wenigstens einen der Täter auf dem Motorrad über die DNA-Spuren im Helm sicher zu identifizieren.

Bei den im vergangenen Jahr unumgänglich gewordenen DNA-Untersuchungen waren Mischspuren aufgetreten. Für weitere Untersuchungen wurde DNA-Material von Verena Becker benötigt und das kann wohl nur mit richterlicher Anordnung entnommen werden, für die wiederum ein Ermittlungsverfahren eröffnet sein muss. Das wird der Grund für die Wiederaufnahme gewesen sein. Warum war dieser Schritt aber nicht schon längst erfolgt? Von den Mischspuren wurde bereits Anfang Dezember berichtet, und vermutlich wusste man in der Behörde schon einige Zeit zuvor von der Existenz dieser Mischspuren. Ich sah noch immer nicht, dass die Behörde konsequent und zügig alle auf eine mögliche Tatbeteiligung von Verena Becker beim Karlsruher Attentat hinweisenden Spuren untersucht, aber ich lasse mich da gern eines Besseren belehren.

Mit meiner Skepsis stehe ich allerdings nicht allein. In der 3Sat-Sendung *Kulturzeit* am 6. Juni 2008 sagte die Moderatorin:

»Heute haben wir im Fall Verena Becker mit der Sprecherin der Bundesanwaltschaft telefoniert und hatten doch den Eindruck, dass hier nicht ein Neustart der Ermittlungen versucht wird, sondern man weiterhin trotz anderer Hinweise Verena Becker aus dem Täterkreis ausschließen möchte. Warum nur?«

Ich mache mir keine großen Hoffnungen, dass es noch zu einer Aufklärung des Karlsruher Verbrechens durch die zuständigen Stellen kommt. Die Unterlagen aus den Befragungen des Verfassungsschutzes sind jetzt gesperrt. Das hat die ohnehin nur schleppend geführten Ermittlungen und das öffentliche Interesse weiter gedämpft. Es ist eine Situation eingetreten, mit der sich viele anfreunden können. Die Bundesanwaltschaft, aber auch das Bundesamt für Verfassungsschutz kann man dabei durchaus loben: die Bundesanwaltschaft dafür, dass sie versucht, die in der Behörde verlorengegangenen (oder vernichteten?) Unterlagen ein weiteres Mal zu erhalten, und das Bundesamt für Verfassungsschutz dafür, dass es seine Informanten schützt, wie sich das für einen ordentlichen Geheimdienst gehört.

Diejenigen, die meinen, dass vieles bei der Täterermittlung nicht in Ordnung sei, werden mit Befriedigung aus dem jetzt erlassenen Sperrvermerk ablesen, dass ihre Zweifel berechtigt sind. Diejenigen, die stets meinten, alles sei in bester Ordnung, werden sich ebenfalls bestätigt sehen, da ja kein konkreter Fall eines Fehlverhaltens auf Ermittlerseite festgestellt wurde. Bei Sperrung der Akten und einer Einstellung der Untersuchungen wird dies auch in Zukunft so bleiben. Das Bittere ist nur: Das Karlsruher Verbrechen ist nicht aufgeklärt, im Gegenteil. Es ist alles vager geworden. Zu den uns stets, zuletzt im Dezember 2007, von der Bundesanwaltschaft genannten Tätern Folkerts, Klar und Sonnenberg sind nun mit Stefan Wisniewski und Verena Becker zwei weitere als unmittelbare Täter verdächtige Personen hinzugekommen.

Die Diskussion zur Freigabe der Verfassungsschutzakten hat, obwohl sie nicht einmal sehr engagiert geführt wurde, einen wichtigen Aspekt verdeckt: Es gibt auch ohne die Unterlagen des Bundesamts für Verfassungsschutz genügend tragfähige Hinweise aus den Ermittlungen der Polizei und des Wiesbadener Bundeskriminalamts, um bei der Klärung des Karlsruher Verbrechens voranzukommen und vermutlich sogar zum Ziel zu gelangen. Die Dokumente des Verfassungsschutzes würden erst dann besondere Bedeutung erlangen, wenn man der Frage nachgehen will, warum das Karlsruher Attentat nicht bereits wenige Wochen oder Monate nach der Tat aufgeklärt wurde. Hierfür spielt es eine wichtige Rolle, welche Art von Kontakten der Geheimdienst in die RAF hinein hatte, von wann an und über welchen Zeitraum sie bestanden.

Für mich ist noch eine andere Frage bedeutsam: Haben Angehörige der Bundesanwaltschaft bei der eventuellen Täterdeckung eine wesentliche Rolle gespielt? Wenn ja, waren darunter auch Beamte, die der Behörde bereits zur Amtszeit meines Vaters angehörten? Es wäre für mich eine zusätzliche Grausamkeit, wenn aus der Gruppe derer, denen mein Vater, wie es Max Güde ausdrückte, in Treue verbunden war und vor die er immer den Schild der eigenen Verantwortung gehalten hat, einer oder sogar mehrere gegen ihn agiert hätten, indem sie strafvereitelnde Maßnahmen in Verbindung mit dem Karlsruher Attentat ergriffen oder unterstützt hätten.

Mit Sicherheit kann ich diese Frage nicht beurteilen. Die in Betracht kommenden Beamten leben teils nicht mehr oder sind schwer krank. Viel würde ich dafür geben, wenn ich Kurt Rebmann befragen könnte. Er wusste sicher alles, was die Bundesanwaltschaft ab Mitte 1977 bei den Ermittlungen getan und was sie unterlassen hat. Da er tot ist und nicht mehr Stellung nehmen kann, will ich ihn nicht angreifen, aber ich kann nicht umhin zu sagen, dass sein Verhalten für mich fragwürdig bleibt.

Die jetzige Bundesministerin der Justiz wird mir auch nicht weiterhelfen können, denn ihr Freiraum für eine kritische Analyse Rebmannschen Verhaltens scheint mir begrenzt zu sein. Brigitte Zypries hat diesen Generalbundesanwalt in einem Nachruf im April 2005 mit folgenden Worten gewürdigt:

»Kurt Rebmann hat sich in außergewöhnlichem Maße um unser Gemeinwesen verdient gemacht.«

Sie sagte außerdem:

»Seinem Engagement, seiner Entschlossenheit und seinem unermüdlichen Einsatz ist es zu verdanken, dass der Kampf gegen den Terrorismus in der Bundesrepublik Deutschland so erfolgreich war.«

Und sie fügte noch an:

»Unter seiner Leitung hat die Behörde den Beweis dafür erbracht, dass sich der Rechtsstaat mit rechtsstaatlichen Mitteln des Terrorismus erwehren kann.«

Angesichts dieses herausragenden Lobes aus dem Munde der Bundesministerin sollte ich als unbedeutender und ohnmächtiger Mensch das Verhalten dieses Mannes nicht hinterfragen.

Der zweite Beamte, der damals eine wichtige Rolle gespielt hat, ist der ehemalige Bundesanwalt Wolfgang Pfaff, der in der Behörde mit den Kontakten zu Geheimdiensten befasst war. Es sieht so aus, als habe er diese Rolle gern übernommen. Er verließ sogar 1991 die Bundesanwaltschaft und wurde Präsident des brandenburgischen Verfassungsschutzes. Wie ich auf der Gedenkfeier für die Angehörigen des RAF-Terrors im Oktober 2007 hörte, sei Pfaff jetzt so krank, dass er mir bei den mich interessierenden Fragen nicht werde weiterhelfen können.

Die dritte Person ist Bundesanwalt Gerhard Löchner. Er ist tot und soll, wie ich mehrfach hörte, auf dem mir so wichtigen Bereich kaum eigene Vorstellungen umgesetzt, sondern auf Anweisung gewartet und danach gehandelt haben.

Natürlich würde ich nach wie vor gern mit weiteren Bundesanwälten sprechen. Für die meisten von ihnen gilt aber, dass sie damals als abgeordnete Staatsanwälte, also ohne Planstelle in der Behörde, oder als junge Oberstaatsanwälte in den schwierigen Verfahren eingesetzt waren und dort wohl nur geringe Gestaltungsmöglichkeiten hatten. Es gibt darüber hinaus zunehmend Hinweise, dass die Bundesanwaltschaft im Jahr 1977 und vielleicht auch noch 1978 nicht oder nicht angemessen über Ermittlungsergebnisse der Sonderkommission unterrichtet wurde. Der damalige Bundesminister der Justiz, Hans-Jochen Vogel, könnte wissen, ob es Fehler und Unterlassungen bei den Ermittlungen gab. Aber würde er mir etwas sagen?

Ich habe auch ihm im Mai 2008 geschrieben. Er antwortete mir, dass er sich nicht an Maßnahmen erinnere, die die weitere Strafverfolgung von Verena Becker wegen eines konkreten Tatverdachts der Mitwirkung an dem Attentat am 7. April 1977 erschwert hätten. Er wolle sich, um diese Frage mit Sicherheit beantworten zu können, an die Justizministerin wenden und werde mich dann unterrichten.

Es bleiben als einflussreiche, mit den Ermittlungen zum Karlsruher Attentat befasste und mit Handlungsspielraum ausgestattete Beamte im Wesentlichen Kurt Rebmann und Wolfgang Pfaff, der nach *Spiegel*-Informationen vom Verfassungsschutz über Beckers Aussage zum Karlsruher Attentat unterrichtet wurde. Er leitete in der Bundesanwaltschaft das sogenannte Fahndungsreferat. Das Verhalten dieser beiden Personen erscheint mir nicht akzeptabel, und ich bin sehr froh, dass sie der Bundesanwaltschaft nicht schon zu der Zeit angehörten, als mein Vater Chef der Behörde war.

Für uns Angehörige ist die Frage nach den unmittelbaren Tätern noch immer von großer Bedeutung, und es ist schlimm, dass wir uns an der Suche nach den Tätern beteiligen müssen, aber den jetzt zuständigen Beamten waren ja offensichtlich wichtigste Fakten nicht bekannt. Dennoch wurden unsere Beiträge zu den Ermittlungen, die meine Frau und mich in den vergangenen Monaten nahezu unsere gesamte frei verfügbare Zeit gekostet und uns oft an die Grenzen unserer Kraft geführt haben, von den zuständigen Stellen nicht übermäßig positiv gesehen. Wir hatten oft den Eindruck, dass eher die *Gerichte* als die *Gerechtigkeit* geschützt werden.

Es wurde und wird viel über die Gnade für Täter gesprochen. Man sollte aber auch gnädig mit den Angehörigen sein. Dazu gehört, dass die Verbrechen, denen ihre nächsten Verwandten zum Opfer fielen, aufgeklärt werden. Zwar hat die Bundesregierung Ende April 2007 erklärt, dass sie auf einer restlosen Klärung der Umstände bei der Ermordung meines Vaters und seiner Begleiter bestehe, aber dass diese Anordnung zielstrebig umgesetzt wird, ist für uns nicht zu erkennen. Um wie vieles mehr könnten einige engagierte Fachleute erreichen, wenn bereits Laien wie Elisabeth und ich in unserer Freizeit Fortschritte bei der Tataufklärung erzielen?

Tatbeiträge nicht aufzuklären, obwohl dies möglich erscheint, ist nicht akzeptabel. Eine solche Unterlassung kann zur Folge haben, dass anderen Menschen Taten aufgebürdet werden, die sie nicht begangen haben. Es ist durchaus denkbar, dass terroristische Täter Interesse an einer solchen Verwirrung hatten und bewusst zu einem Durcheinander bei der Zuordnung von Taten beigetragen haben. So konnten sie noch aus der Haft heraus die Justiz bekämpfen und verhöhnen, indem sie sich für Taten verurteilen ließen, die sie nicht begangen hatten, während sie für einige ihrer tatsächlichen Verbrechen nicht bestraft wurden.

Es würde mich schon sehr interessieren, wen Bundesanwalt Griesbaum jetzt, im Juni 2008, als die unmittelbaren Täter beim Karlsruher Attentat ansieht. Immer noch Folkerts, Klar und Sonnenberg, die er mir im April 2007 nannte und die noch im Dezember 2007 für die Bundesanwaltschaft die Personen auf dem Motorrad und im Fluchtauto waren?

Als Leiter einer leistungsstarken Abteilung in der Bundesanwaltschaft laufen bei Rainer Griesbaum alle Fäden im Ermittlungsverfahren zusammen. Er kennt die Materie seit etwa fünfundzwanzig Jahren, als er einer der Staatsanwälte im Mohnhaupt/Klar-Prozess war, und konnte sogar Einblick in

Unterlagen beim Verfassungsschutz nehmen. Sind ihm nicht inzwischen auch Zweifel daran gekommen, dass Folkerts, Klar und Sonnenberg die drei unmittelbaren Täter waren?

Ich wurde von der Bundesanwaltschaft vorgeladen und musste alle Fragen zu den Gesprächen mit Peter-Jürgen Boock wahrheitsgemäß beantworten. Wem gegenüber ist eigentlich Bundesanwalt Griesbaum auskunftspflichtig? Warum muss er nicht mir und den anderen Angehörigen, die nach der Wahrheit suchen, vollständig und umfassend Auskunft darüber geben, was er weiß? Die Angehörigen sind doch die Geschädigten. Hat nicht meine Mutter mit ihren achtundachtzig Jahren den Anspruch, jetzt alle wesentlichen Informationen zum Mord an ihrem Mann wahrheitsgemäß zu erhalten? Das bloße Wiederholen fragwürdig gewordener Informationen kann uns nicht zufrieden stellen.

Für uns Angehörige hat sich in den vergangenen zwölf Monaten eine veränderte Sicht auf das Karlsruher Attentat ergeben. Über dreißig Jahre lang war es für uns ausschließlich ein dreifacher Mord durch Terroristen. Nun ist ein neuer Aspekt aufgetaucht: Wir wissen jetzt, dass der Geheimdienst in Verbindung mit einer dringend tatverdächtigen Person stand und dass es im Rahmen der Ermittlungen Kontakte zwischen dem Geheimdienst und der Spitze der Bundesanwaltschaft gab, die uns erschrecken.

Beiträge staatlicher Stellen zur Unterstützung der Verbrecher, etwa durch Gewährung von Deckung und Schonung für Karlsruher Täter, sind in meinen Augen ein Verrat an meinem Vater, der mit all seiner Kraft für den Rechtsstaat eingetreten ist und dafür sein Leben gelassen hat. Für mich ist es wie ein zweiter Tod meines Vaters, wenn diejenigen, die ihn und seine Begleiter ermordeten, von staatlichen Stellen vor Bestrafung geschützt wurden. Wie unsagbar bitter, wenn im Tausch gegen Informationen für Geheimdienste auf Strafverfolgung der Mörder verzichtet worden wäre, wenn man meinen Vater wie eine Handelsware benutzt und missbraucht hätte. Das wäre eine ungeheuerliche Beschädigung der Würde der Opfer, und ich müsste mich fragen, ob die beteiligten Ämter oder Dienste dieselbe Verfassung schützen, für die mein Vater gearbeitet und gelebt hat und für die er und seine Begleiter gestorben sind.

Verena Beckers Tatbeitrag sollte vordringlich untersucht werden, vor allem auch der Beginn und die Dauer ihrer Kontakte zu Geheimdiensten.

Für mich steht fest, dass sie bereits unmittelbar nach dem Attentat gedeckt wurde, und es drängt sich die Frage auf, worin ihre Gegenleistung für den Schutz vor Strafverfolgung wegen Mittäterschaft bei einem dreifachen Mord bestand. Wenn sich die Gegenleistung wirklich nur darauf beschränkte, dass Verena Becker bereit war, dem Geheimdienst Informationen zu geben, so hätten diejenigen, die ihr Deckung gewährten, gleich nach dem Karlsruher Mord von ihr die Erläuterung der Begriffe »Big Money« und »Big Raushole« einfordern müssen. Beide waren in den »Haag-Papieren« enthalten, die bei der Ergreifung von Siegfried Haag am 30. November 1976 sichergestellt wurden und den Ermittlern Rätsel aufgaben. Die Bedeutung des ebenfalls in den »Haag-Papieren« enthaltenen Begriffs »Margarine« war ja durch das Karlsruher Attentat schlagartig klar geworden: Die Initialen »SB« des Generalbundesanwalts stimmten mit einer Margarinemarke überein. Selbst noch im Mai 1977, nach ihrer Verhaftung in Singen, hätte Verena Becker bei der Deutung der Begriffe »Big Money« und »Big Raushole« wertvolle Hilfe leisten können. Da lebten der Vorstandssprecher der Dresdner Bank Jürgen Ponto und Arbeitgeberpräsident Hanns Martin Schleyer noch. »Big Money« und »Big Raushole« waren die Decknamen für die gegen sie gerichteten Verbrechen.

*

Seit längerem frage ich mich, ob ich überhaupt weiter eine Aufklärung einfordern und mich an Bemühungen darum beteiligen sollte. Schon nach meinem Vortrag im Badischen Staatstheater hatte mir ja ein Karlsruher Juristenehepaar von weiteren Aktivitäten abgeraten, weil sie dazu führen könnten, dass unser Rechtsstaat in Frage gestellt würde, was eher den Zielen der RAF als den Intentionen meines Vaters entspräche. Aber ist es wirklich gut und im Sinne des Rechtsstaats, wenn eventuelle Unkorrektheiten oder Fehler bei den Ermittlungen verdeckt werden? Mein Wunsch ist doch gerade, dass geklärt wird, ob und von wem Fehler begangen wurden, um so zu vermeiden, dass staatliches Handeln pauschal in Zweifel gezogen werden kann.

Manche werden mein Vorgehen nicht positiv sehen und beanstanden, dass ich überhaupt Punkte anspreche, die ein ungünstiges Licht auf unser Land werfen könnten. Ich will unserem Staat nicht schaden, im Gegenteil. Es spricht sehr für unser Land, dass ich dieses Buch schreiben kann, und ich weiß das Privileg zu schätzen, hier leben zu dürfen. Aber gerade weil ich dieses Land liebe, ist es mir so wichtig, dass es keine dunklen Bereiche gibt.

Bereits Ende April/Anfang Mai 2008 merkte ich, dass mich die Aufklärungsbemühungen erschöpften. Nur wenig ging voran. Es deprimierte mich, immer wieder scheibchenweise Informationen bei der Bundesanwaltschaft zu erfragen. Ich litt auch unter den Gesprächen mit Bundesanwalt Hemberger, obwohl wir inzwischen einen guten, völlig korrekten Kontakt hatten. Mir tat es weh, in Gesprächen mit ihm den Eindruck zu gewinnen, dass er eine Front halten wollte, vielleicht halten musste, die eigentlich nicht mehr zu halten war. Sie stand, so ist mein Eindruck, aufgrund der Macht der Behörde, aber nicht wegen der Kraft der Argumente.

Ich verzichtete zunehmend darauf, weitere Fragen zu stellen, obwohl ich gern von der Bundesanwaltschaft erfahren hätte, wieso die vor fünfundzwanzig Jahren der Behörde übergebenen Akten nicht mehr auffindbar waren. Immerhin geht es um einen Mordfall, und der verjährt nicht. Die anderen Akten waren doch auch aufbewahrt worden, sogar die »Spurenakte«, mit der mir gegenüber versucht wurde, die Fragwürdigkeit der Informationen des »Zeugen vom Vortag« zu belegen, warum dann nicht die Informationen vom Verfassungsschutz? Waren die inzwischen pensionierten Beamten nach dem Verbleib der Verfassungsschutzunterlagen befragt worden? Was wussten sie noch von deren Inhalt?

Mich belastete die Erkenntnis, dass es in der Bundesanwaltschaft in wichtiger Sache wissende Beamte neben unwissenden gegeben hat und dass die Behördenleitung wesentliche Informationen nicht an die mit dem Karlsruher Attentat befassten Oberstaatsanwälte und Bundesanwälte weitergeleitet hat. Auch beim Bundeskriminalamt finden sich Hinweise für ein solch unbefriedigendes Nebeneinander. Hier könnte es allerdings umgekehrt gewesen sein, indem wichtige Kenntnisse bei der Abteilung TE des Bundeskriminalamts in Bad Godesberg der Leitung des BKA in Wiesbaden nicht mitgeteilt wurden.

Auch bei der RAF könnte es Personen mit sehr unterschiedlichem Informationsstand gegeben haben. Es finden sich Anzeichen dafür, dass es inzwischen dem einen oder anderen der ehemaligen Terroristen dämmert, dass ihre verbrecherischen Aktionen auch anderen Zielen gedient haben könnten als denen, die ihnen damals ihre unmittelbaren Anführer verkündeten.

Es sieht also so aus, als habe es an vielen Stellen eine hässliche Mischung von Verheimlichung, Täuschung und Illoyalität gegeben.

Auch bei Journalisten entstand der Eindruck, dass die Ermittlungen zum Karlsruher Attentat wohl bald eingestellt würden. Am 8. Juni wurde das bereits mehrfach erwähnte SWR-Feature *Verschlusssache Buback* ausgestrahlt. Die Autoren Tobias Hufnagl und Holger Schmidt hatten eine beeindruckende Ermittlungsarbeit geleistet. Niemand sonst hat in meinen Augen an so vielen Stellen so wichtige Erkenntnisse gesammelt. Ich bewundere diese Leistung, wenn ich auch nicht jede Folgerung der Autoren teile. In dem zentralen Punkt, dass Aufmerksamkeit auf Verena Becker gelenkt wird, bin ich allerdings in voller Übereinstimmung mit Hufnagl und Schmidt. Allerdings hat sich in den Wochen nach der Ausstrahlung des SWR-Features kein für mich erkennbarer neuer Schwung bei den Ermittlungen eingestellt.

Seit über einem Jahr beherrscht die Klärung des Karlsruher Verbrechens unser Leben. Ich bin es inzwischen leid, immer wieder etwas zu belegen und zu beweisen, was mir längst klar ist. Selbstverständlich versuche ich, jede neue Information zur Kenntnis zu nehmen. Passt sie in das Bild, das Elisabeth und ich nun gewonnen haben, oder muss unser Bild ergänzt oder modifiziert werden?

Aber alles, was wir auch in den letzten Wochen und Monaten noch erfahren haben, festigte unser Bild. Es gibt für uns keinen vernünftigen Zweifel mehr daran, dass es bereits unmittelbar nach der Tat, wenn nicht sogar schon davor, eine Deckung für Verena Becker gegeben hat. Da sie rasch und gezielt aus dem Kreis möglicher Karlsruher Täter herausgehalten wurde, gerieten die gesamten Ermittlungen zum Attentat in eine völlige Schieflage. Die Erörterung des Tatgeschehens vor Gericht in den Prozessen gegen Folkerts (1979 bis 1980) und gegen Mohnhaupt/Klar (1983 bis 1985) erscheint mir inzwischen fast absurd, da ja mit erheblicher Wahrscheinlichkeit in diesen beiden einzigen Verfahren zum Karlsruher Attentat nur RAF-Mitglieder angeklagt wurden, die nicht auf dem Tatmotorrad saßen, also auch nicht die tödlichen Schüsse abgegeben haben.

Mir ist klar, dass aus dem Verena Becker möglicherweise gewährten Schutz nicht zwingend geschlossen werden kann, dass sie am Tatort war und auf dem Motorrad saß. Es könnte noch eine weitere zierliche Frau oder einen bislang nie verdächtigten kleineren Mann gegeben haben, die oder der vom Soziussitz aus geschossen hat. Aber das ist nicht sehr wahrscheinlich. Die zwei Personen, die vom Motorrad aus den dreifachen Mord begingen, stammen mit hoher Wahrscheinlichkeit aus der Dreiergruppe Günter Sonnenberg, Verena Becker und Stefan Wisniewski. Man kann drei Zweierkombinationen aus diesen Personen bilden und dann noch bei jeder dieser Kombinationen Lenker und Soziusfahrer vertauschen. Man kann sogar daran denken, dass im Verlauf der Tat die Plätze getauscht wurden oder die Waffe von einem Täter zum anderen übergeben wurde. Ich habe versucht, all diese Kombinationen zu erwägen. Zahlreiche Aspekte können eine Rolle gespielt haben: Die letztlich eingesetzten Täter mussten sehr gut schießen und auch Motorrad fahren können. Wenigstens eine der beiden Personen sollte gute Ortskenntnisse in Karlsruhe gehabt haben. All die hieraus resultierenden Erwägungen und Spekulationen will ich nicht schildern. Ein sehr wichtiger Punkt ist ohnehin völlig unabhängig von der Frage nach der tatsächlichen Zweierkombination und danach, wer vorn und wer hinten gesessen hat: Keine der drei Personen, Becker, Sonnenberg und Wisniewski, wurde wegen des Karlsruher Verbrechens angeklagt. Ist das hinnehmbar?

Die Mehrzahl der Beobachtungen zur Tat und zu den Beweismitteln und Spuren spricht in meinen Augen dafür, dass Sonnenberg das Motorrad lenkte und dass Verena Becker auf dem Soziussitz saß. Inzwischen habe ich den Eindruck, dass es ein nicht einmal sehr schwierig aufzuklärendes Verbrechen war; es wurde erst durch unzulässige Eingriffe und bewusste Störungen kompliziert und schwer entwirrbar. Am Vortag der Morde wurde eine zierliche Frau in einer Bekleidung, wie sie auch bei der Tat benutzt wurde, auf dem Soziussitz des späteren Tatmotorrads gesehen, das ein recht großer Mann mit Bart lenkte. Auch am Tattag gab es Hinweise auf eine Frau auf dem Soziussitz. Eine zierliche Frau und ein großer Mann mit Bart wurden vier Wochen nach dem Attentat mit der Tatwaffe aufgegriffen. Sie hatten einen »Suzuki-Schraubenzieher« bei sich, wie er im Tatmotorrad fehlte. Beide Personen waren im Jemen bei der Vorbereitung der Tat dabei gewesen. Sie hatten 1976 zu den identifizierten Besuchern der konspirativen Wohnung Veilchenstraße 17 in Karlsruhe gehört, in der sich die RAF-Bandenmitglieder trafen. In BKA-Unterlagen steht, dass Haarspuren in der Haarbürste von Verena Becker identisch seien mit der Haarspur in einem der Motorradhelme. Welche Beweise fehlten eigentlich noch? Wenn uns all diese Befunde als *Tatort*-Kriminalfall vorgeführt würden, könnte ich mir gut vorstellen, dass viele Zuschauer den Fernseher abschalten würden, weil ihnen die Täterschaft zu offensichtlich und der ganze Fall zu langweilig wären.

*

Würden wir uns noch einmal mit den Tatumständen befassen, wenn wir wüssten, wie sich die Situation nun entwickelt hat? Ich denke *ja*, zumal sich eine Eigengesetzlichkeit aus den ersten, sehr unschuldigen Fragen entwickelt hat, der wir kaum entrinnen können. Es waren sehr schwere Monate, aber ich bereue es nicht, so viel Kraft aufgewendet zu haben. In all der Zeit habe ich mich davon leiten lassen, wie wohl mein Vater an meiner Stelle handeln würde. Er ist mir im Verlauf des vergangenen Jahres wieder sehr vertraut geworden. Ich habe erkannt, dass wir beide, auf unterschiedlichen Feldern zwar, er als Staatsanwalt und ich als Naturwissenschaftler, Ermittler sind auf der Suche nach Wahrheit. Es ist zu befürchten, dass die Wahrheit darüber, weshalb mein Vater ermordet wurde und weshalb das Verbrechen nicht zufriedenstellend aufgeklärt wurde, sehr bitter ist, aber sie bringt die Chance, mit dem schlimmen Geschehen eher fertig zu werden. Zweifel und düstere Ahnungen sind quälender.

Trotz all der Schrecken, die uns das vergangene Jahr brachte, sind wir aber auch zufrieden über das Erreichte. Was wir jetzt über die Täter wissen, genügt unseren Ansprüchen. Somit hat sich der enorme Aufwand gelohnt. Wir können jetzt mit dem Geschehen abschließen, zumindest hoffen wir das. Am 26. Juni 2008 fliege ich zum World Polymer Congress nach Taiwan. Mein Plenarvortrag ist zwar noch immer nicht fertig vorbereitet, aber bis zu diesem Tag werde ich weiter am Buchtext arbeiten und das Manuskript dann an den Verlag schicken.

Wir können nicht immer weitermachen, aber ich merke auch, wie wichtig es für mich ist, zur Klärung des Mordes an meinem Vater und seinen Begleitern, Wolfgang Göbel und Georg Wurster, beigetragen zu haben. Sie verdienen es, dass der Mord aufgeklärt wird. Trotz Bedrohungen und Anfeindungen hat mein Vater seinen schweren Beruf mit großer Hingabe ausgefüllt. Ich sehe ihn noch vor mir, wenn er spätabends nur kurz ins Wohnzimmer schaute, um dann bald wieder hinter den Akten in seinem Arbeitszimmer zu verschwinden. Fast entschuldigend sagte er dann, er müsse noch länger arbeiten. In seinen letzten Monaten war er sehr ernst. Vielleicht spürte er, dass es allmählich um sein Leben ging.

Der Gedanke tut sehr weh, dass mein Vater nicht nur im Lager der RAF Feinde hatte. Wem er sonst noch im Wege stand, ist schwierig aufzudecken, denn es gibt auch außerhalb der RAF Schweigekartelle. Ich werde dieser Frage nicht nachgehen, da ich für mich keine Chance sehe, hierbei Fortschritte zu erzielen.

Meine Frau und ich haben eine klare Vorstellung davon, wer auf dem Tatmotorrad saß, auch davon, wer es lenkte und wer die drei Menschen erschoss. Das muss uns genügen. Andere, deren Möglichkeiten viel weiter reichen als unsere, mögen entscheiden, ob es wichtig ist, in noch ausstehenden Gerichtsverfahren zu klären, wer am Gründonnerstag 1977 den Generalbundesanwalt und seine beiden Begleiter ermordet hat. Für uns besteht kein Zweifel mehr: Es gab einen Schutz für RAF-Täter. Das verletzt in unverzeihlicher Weise die Würde von drei tapferen und völlig unschuldigen Menschen. Ein wichtiger Grund für mich, dieses Buch zu schreiben, war darum auch, dass diejenigen, die sich in Verbindung mit dem Karlsruher Attentat fragwürdig, fehlerhaft und schandbar verhalten haben, wissen sollen, dass ich es gemerkt habe.

Nachwort

Es ist inzwischen September 2008. Das redigierte Manuskript habe ich in mehreren Portionen im Verlauf der letzten Wochen erhalten, und die Änderungsvorschläge sind eingearbeitet. Für Elisabeth und mich bedeutet der jetzt erreichte Abschluss eine enorme Erleichterung, aber wir spüren auch Sorge und Angst. Es wäre bitter für uns, wenn es keine Reaktionen auf das Buch gäbe, aber auch, wenn man nun über mich herfiele. Viele Menschen – so auch ich – möchten lieber gute Nachrichten hören. Bedrückendes, wovon es in diesem Buch leider eine Menge gibt, soll, wenn überhaupt, eher vage präsentiert werden. Das geht in diesem Fall nicht. Da es sich um eine wichtige Angelegenheit handelt, muss sie besonders klar beschrieben und erläutert werden. Als Naturwissenschaftler sehe ich da keine Alternative. Was ich weiß und was ich nach sorgfältiger Prüfung für richtig und bedeutsam halte, will ich in der größten mir möglichen Präzision mitteilen.

Leider gibt es im Buch noch immer schwierige und knifflige Stellen. Ich bitte die Leser, mir dies nur zum Teil anzulasten. Das viele Verworrene, Undurchsichtige und unnötig Komplizierte, das ich vorgefunden habe, kann ich nicht verändern.

Dieses Buch ist den Publikationen, die ich sonst verfasse, nicht unähnlich. Hier wie dort gilt, dass ich nach intensiver Befassung mit einem Thema meine Ergebnisse veröffentliche; ansonsten könnte der Eindruck entstehen, ich hätte nichts Wesentliches getan und nichts herausbekommen. Auch muss ich meine Erkenntnisse präsentieren, damit andere sie prüfen, zu ihnen Stellung nehmen und sie auch nutzen können. Für sachorientierte und faire Kommentare zu meinen Arbeiten bin ich sehr dankbar, sie müssen nicht positiv sein. Kritische und zweifelnde Anmerkungen haben mich oft weitergebracht. Einschätzungen meiner Arbeit bin ich von meinem Beruf her gewöhnt, ich erhalte sie zu jeder meiner Publikationen, zunächst von Gutachtern, dann auch von Lesern. Jeder Diskussionsbeitrag zu meinen Vorträgen ist gleichzeitig eine Bewertung, und all meine Forschungsanträge werden natürlich begutachtet.

Die Ermittlungen zum Karlsruher Attentat sind in den vergangenen zwei Monaten nicht stehengeblieben, aber auch nicht wesentlich vorangegangen. Der nach Ablehnung einer Beugehaft für Sonnenberg verbliebene Teilantrag der Bundesanwaltschaft auf Anordnung von Beugehaft für Folkerts, Klar und Mohnhaupt wurde vom Staatsschutzsenat des Bundesgerichtshofs abgelehnt, was für mich nicht unerwartet kam. Es bedrückt mich, dass man die Erfolgschancen solcher von der Öffentlichkeit erwartbar stark wahrgenommenen Maßnahmen nicht schon vor Antragstellung sicherer abklären kann.

In der zweiten Julihälfte 2008 teilte die Bundesanwaltschaft der Öffentlichkeit das Ergebnis der DNA-Untersuchungen an den »Mischspuren« mit. Bundesanwalt Hemberger schickte mir, ohne dass ich ihn darum gebeten hatte, das Gutachten des Kriminaltechnischen Instituts des BKA zu. Im Anschreiben von Walter Hemberger, diesmal mit dem Betreff: »Wiederaufgenommenes Ermittlungsverfahren gegen V. Becker« steht: Wie ich dem Gutachten entnehmen könne, »ist die beschuldigte Becker als Verursacherin bzw. als Beteiligte an den im Gutachten vom 25. Oktober 2007 beschriebenen Mischspuren an den Anschlagsasservaten (Motorradhandschuh Bensheim; weißgrundiger Helm; Motorradjacke aus Alfa Romeo) auszuschließen.«

Das Ergebnis überraschte mich nicht, zumindest nicht bezüglich des Helms. Es war ja nur *ein* Helm untersucht worden, und noch dazu der weißgrundige. Mit Verena Becker aber war eine Haarspur im rotgrundigen Helm in Verbindung gebracht worden. Von Schweißspuren in dem weißgrundigen Helm erwartete ich deshalb keine Übereinstimmung mit Beckers Genmaterial.

Die Information der Bundesanwaltschaft wurde nach meiner Einschätzung in der Presse durchgängig überinterpretiert. So schrieb etwa Christian Rath am 23. Juli 2008: »Frühere RAF-Terroristin war doch nicht am Buback-Mord beteiligt.« Wie kam er darauf? Mir wurden in den Folgetagen merkwürdige Fragen gestellt: »Erscheint denn Ihr Buch nun überhaupt noch, nachdem klar ist, dass Verena Becker keine Mittäterin beim Karlsruher Attentat war?«

Ich konnte mich nur wundern. Derartiges hatte die Bundesanwaltschaft doch gar nicht behauptet und auch nach Vorliegen des Gutachtens das Verfahren gegen Verena Becker nicht eingestellt.

Der aus Karlsruhe berichtende SWR-Journalist Michael Reissenberger verfasste am 22. Juli 2008 einen Kommentar zur Analyse der Mischspuren, der im Deutschlandfunk ausgestrahlt wurde und auf den mich Freunde und Bekannte erschreckt aufmerksam machten. Reissenberger sagte: »Die Verdächtigungen gegen Verena Becker, sie sei die Todesschützin im Buback-Mord, sind in sich zusammengebrochen.« Danach äußert er: »Mit teilweise erschütterndem Laientum hatte vor allem der Sohn des Todesopfers, Michael Buback, eine Privatkampagne zur Entlarvung der wirklich wahren Todesschützen seines Vaters mit teilweise willfährigen journalistischen Unterstützern betrieben und dabei freihändig den Verdacht vor allem auf Verena Becker, die einstige Freundin des verurteilten RAF-Mitglieds Günter Sonnenberg, gelenkt.«

Was für einen Unsinn schrieb der Mann da! Warum greift er mich in solcher Weise an, ohne je mit mir gesprochen zu haben? Meine Familie hat nie eine Kampagne gegen Terroristen unterstützt oder gar gestartet. Warum sollte ich jetzt, einunddreißig Jahre nach dem Attentat, eine »Privatkampagne« gegen eine Täterin anstoßen? Ich habe lediglich, gestützt auf Akten der Justiz und auf zuverlässige, meist nachprüfbare Informationen, darauf hingewiesen, dass für mich auch Verena Becker zum Kreis der Tatverdächtigen gehört.

Reissenberger sagte mir, als ich ihn einige Tage nach Ausstrahlung seines Kommentars anrief, er hätte den Artikel wohl nicht so geschrieben, wenn er vorher mit mir gesprochen hätte. Warum hatte er mich denn nicht angerufen? Es bedrückt mich sehr, dass nach dem Zeisschen Leserbrief im *Spiegel* wieder eine mich persönlich angreifende Wortmeldung aus dem Bereich Karlsruhe kam, zumal interessierte Hörer und Leser davon ausgehen werden, dass aus der »Residenz des Rechts« zu juristischen Fragen besonders kompetent berichtet wird.

Am Schluss des Kommentars von Michael Reissenberger steht: »Die Verschwörungstheoretiker sind jetzt blamiert, dieser Verdacht gegen Verena Becker, die nach Strafverbüßung ja auch einen Anspruch hat auf Resozialisierung in die Gesellschaft, ist mit dem heutigen Tag eindeutig widerlegt.« Ich kann nur hoffen, dass Reissenberger mein Buch genau liest, und bin auf seine Reaktion gespannt.

Mir fehlt noch etwas beim Gutachten zu den DNA-Mischspuren: Warum gibt es keine Hinweise darauf, ob diese Spuren von Stefan Wisniewski verursacht wurden? Noch besser wäre es, wenn gesagt würde, ob die uns stets genannten Täter Folkerts, Klar und Sonnenberg, von denen doch auch DNA-Material vorliegt oder beschaffbar sein sollte, Verursacher dieser DNA-Mischspuren sind. Damit könnte auch geklärt werden, ob diese Mischspuren überhaupt von Karlsruher Tätern stammen und – viel wichtiger noch – von welchen. Wenigstens einer der Täter müsste doch auf diesem Wege aufspürbar sein, wenn es sich um tatrelevantes Genmaterial handelt.

Wenn man nüchtern nach der im Gutachten enthaltenen Information fragt, so ergibt sich: Es ist eine Entlastung für Verena Becker, und so wurde das ja auch weit überwiegend in den Medien vermittelt. Nachdem ich nun schon so viele Hinweise auf Schutz- und Deckungsmaßnahmen für Verena Becker entdeckt habe, beunruhigt mich dieser Umstand sehr. Zweifellos wäre ein fundierter Beleg, der eine Mittäterschaft von Verena Becker beim Karlsruher Attentat mit Sicherheit ausschließt, sehr wichtig, auch für mich. Aber ein solcher Beleg wird durch das Gutachten nicht geliefert.

Inzwischen hatte mir auch Hans-Jochen Vogel, der damalige Bundesminister der Justiz, geschrieben, nach gerade erfolgter Auskunft der Bundesjustizministerin habe nicht festgestellt werden können, dass während seiner Amtszeit Maßnahmen getroffen worden seien, die die Strafverfolgung von Verena Becker wegen des Attentats auf meinen Vater erschwert hätten. Nun müsste ich mich an Brigitte Zypries wenden, um zu erfragen, ob eine entsprechende Erklärung auch für Vogels Nachfolger Jürgen Schmude und Hans Engelhard gilt. Gerade im Zeitraum 1981/1982, in dem die Aussagen vor dem Bundesamt für Verfassungsschutz angeblich gemacht wurden, gab es mehrere Bundesminister der Justiz. Nach Vogel hatte Schmude das Amt vom 28. Januar 1981 bis zum 1. Oktober 1982 inne. Ihm folgte Engelhard. Aber ich werde mich wohl doch nicht erneut in dieser Sache an das Ministerium wenden. Am 28. Januar 2008 hatte ich Brigitte Zypries ja bereits nach eventuellen Weisungen ihrer damaligen Vorgänger an den Generalbundesanwalt gefragt und keine Antwort erhalten.

Meinen Bemühungen, doch noch eine Klärung des Karlsruher Verbrechens zu erreichen oder wenigstens dazu beizutragen, stehen vielerlei Schwierigkeiten gegenüber. Es ist alles so lange her, und angesichts vieler aktueller Probleme kann ich nicht erwarten, dass es noch nennenswertes Interesse an einer Aufklärung gibt. Ich bin überzeugt, dass der Schutz für Täter sowie haarsträubende Fehler und Mängel bei den damaligen Ermittlungen die zeitnahe Aufklärung verhindert und somit zur jetzigen schwierigen Situation geführt haben. Ein wesentliches Hemmnis liegt auch darin, dass Elisabeth und ich zwar sehr viele Erkenntnisse gesammelt haben, wir aber nicht über genügend Einfluss oder gar irgendwelche Macht verfügen, um ihnen Aufmerksamkeit zu verschaffen. Wissen, das nicht von Macht begleitet ist, trägt in der Regel nicht weit.

Das größte Problem bei unserem Anliegen scheint mir zu sein, dass es fast unglaubliche Vorkommnisse bei den damaligen Ermittlungen gab. Und Unfassbares kann viel leichter verborgen werden als Unkorrektheiten, wie sie tagtäglich geschehen und von denen manche als Kavaliersdelikt eingestuft werden. Dass solch kleinere Delikte passieren, glaubt jeder. Aber wer kann es fassen, dass ein Generalbundesanwalt nicht alles Erforderliche getan hat, um die Mörder seines Vorgängers anzuklagen, die zudem zwei weitere Mitglieder der Bundesanwaltschaft umgebracht hatten? Ich verstehe nur zu gut, dass man so etwas nicht glauben kann, vielleicht auch nicht will.

Ich hatte sehr viel Hilfe beim Schreiben dieses Buches. Manche gewährten sie mir, ohne es zu wissen, vielleicht sogar ohne es zu wollen. Gern würde ich alle nennen, die mich unterstützt haben, aber viele wollen keinen Dank dafür und ziehen es sogar vor, gar nicht erwähnt zu werden. Nicht übergehen kann ich aber den »Zeugen vom Vortag«. Ohne seine Aussage hätte ich die Spur wohl gar nicht erst aufgenommen. Auch während des Schreibens habe ich stets Kontakt mit ihm gehalten und viele Aspekte ausführlich mit ihm diskutiert. Ich bin sehr froh, dass ich ihn kennengelernt habe.

Die mit Abstand größte Unterstützung erhielt ich von meiner Frau. Wenn das Buch eine wissenschaftliche Publikation wäre, müsste sie unbedingt Koautorin sein. Ihre Klugheit, ihr im Germanistikstudium geschultes Sprachgefühl und ihr schon im Elternhaus geweckter Sinn für Juristisches waren von unschätzbarem Wert für mich.

Soweit meine Zeit und Kraft es erlauben, werde ich versuchen, auch nach Erscheinen des Buches für Diskussionen bereitzustehen, aber ich hoffe natürlich, dass nun andere die Aufklärung weiterführen und zum Ziel bringen.

Michael Buback,
im September 2008

Bildnachweis